沈阳故宫四百年

一部叙事体的文化史记

武斌　著

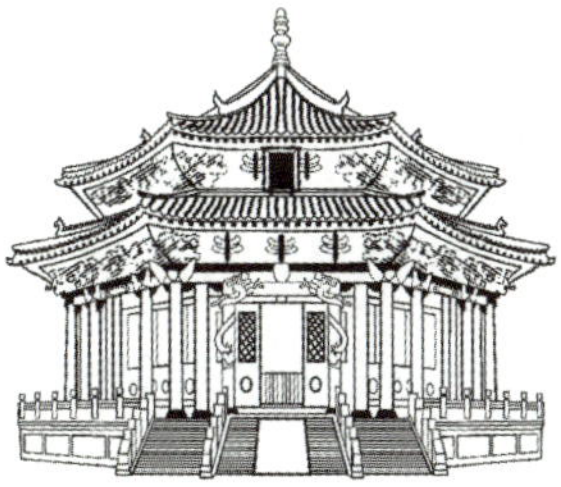

山东人民出版社·济南
国家一级出版社　全国百佳图书出版单位

图书在版编目（CIP）数据

沈阳故宫四百年：一部叙事体的文化史记/武斌著. — 济南：山东人民出版社，2021.7（2024.5重印）

ISBN 978-7-209-13333-3

Ⅰ. ①沈… Ⅱ. ①武… Ⅲ. ①故宫博物院－沈阳－通俗读物 Ⅳ. ①G269.263-49

中国版本图书馆CIP数据核字（2021）第126250号

沈阳故宫四百年：一部叙事体的文化史记

SHENYANG GUGONG SIBAI NIAN：YI BU XUSHITI DE WENHUA SHIJI

武斌 著

主管单位 山东出版传媒股份有限公司
出版发行 山东人民出版社
出 版 人 胡长青
社　　址 济南市市中区舜耕路517号
邮　　编 250003
电　　话 总编室（0531）82098914
　　　　 市场部（0531）82098027
网　　址 http://www.sd-book.com.cn
印　　装 山东临沂新华印刷物流集团有限责任公司
经　　销 新华书店

规　　格 16开（170mm×240mm）
印　　张 26.75
字　　数 360千字
版　　次 2021年7月第1版
印　　次 2024年5月第2次
印　　数 5001-7000
ISBN 978-7-209-13333-3
定　　价 98.00元

盛京輿地全圖
盛京城圖
北

大美之境

——清王朝的发祥之地与精神故乡

清帝国初建的胜迹——从十三副遗甲起兵到定鼎中原

在我国东北地区的沈阳市，有一座辉煌巍峨的古代建筑群，这就是当年的盛京皇宫，如今叫沈阳故宫。

沈阳故宫建成已经将近四百年了。在这座巍峨而壮观的皇家院落里，发生了许许多多的历史事件，出现了清朝前期众多著名的历史人物。四百年间，它本身也历尽沧桑，一直和中华民族的命运密切相连，与中华民族的历史、文化同行。

四百多年前，努尔哈赤父子率领八旗雄师，从赫图阿拉那偏远的山寨出发，迅速崛起于辽东大地，金戈铁马，炮火硝烟，东征西伐，横扫千军，最后定都沈阳，创建了一个与明王朝相抗衡的清王朝；就是在辽东大地活跃的短短几十年间，努尔哈赤和他的子孙们，上演了一幕幕威武雄壮的历史活剧，创造了一个弱小民族成就霸业的传奇。而现存的沈阳故宫，作为一代王朝的胜迹，保存着那一段历史的辉煌故事。历经几百年的沧桑，沈阳故宫已成为那一段历史记忆的物质载体，成为一个传奇的具象表征。

沈阳故宫是清朝前期营建和使用的宫殿，是目前中国保存完好的两大古代宫殿建筑群之一。中国自古就是礼仪之邦，在都城和皇居的营建上也有一套严格的规制。宫殿作为全国的政治和文化中心，特别注重规模建制，以显示皇权的至高无上和神圣不可侵犯。当年汉王朝初定天下，萧何负责营建都城和宫殿，刘邦埋怨他建得过于豪华。萧何回答说："天子以四海为家，非壮丽无以重威。"所以，中国历史上的都城和皇宫往往都气势雄伟、规模宏大。唐代诗人骆宾王也有诗说："山河千里国，城阙九重门。不睹皇居壮，安知天子尊。"我们今天看到的沈阳故宫，虽然经历了近四百年的风雨岁月，但厅堂楼阁，红墙绿瓦，飞檐斗拱，雕梁画栋，仍然在太阳底下熠熠生辉，巍峨壮观，不减当年风采。雄伟的大政殿，庄严的崇政殿，高耸的凤凰楼，略带神秘气息的台上五宫，都以其独特的建筑风格和艺术形式，完美地再现着当年盛京皇宫的风采与胜景。

盛京皇宫作为清朝前期的皇宫，实际上只有不到二十年的时间。之后，宫殿的主人们挥师西进，定鼎中原，建立中国历史上最后一个统一的封建王朝。那时候，整个朝廷都搬走了。但是，盛京和盛京皇宫作为清王朝的发祥之地，作为他们的精神故乡，始终是他们魂牵梦萦的地方。在清朝的二百多年间，盛京作为陪都，盛京皇宫作为陪都宫殿，一直受到精心保护，更作为康熙、乾隆等四代皇帝十次东巡的驻跸之所，享受到无上的荣光。同时，大规模的扩建和修缮，使这座皇宫建筑群比以往更加金碧辉煌。

一座城市的历史与文脉——从文化传统中寻找对历史的敬意

经过近四百年的风云变幻，从盛京皇宫到陪都宫殿，再到博物院，沈阳故宫几经历史的沧桑。皇朝远去，风光不再。但它留下的宏丽宫殿、万千文物，依然闪耀着熠熠光华。今日的沈阳故宫，旧宫依旧，但它早已不再是禁闭森严的皇家旧院，而是供人们凭吊历史、参观游览的文化景区，是得到较好保护的世界文化遗产。今天，人们走进这座当年曾经壁垒森严的皇家禁苑，回望那一代王朝远去的背影，或凭吊、或追思、或惊叹，感受曾经有过的光荣与梦想，感受中华传统文化的大美之景。

沈阳故宫是清王朝缔造的第一座庄严恢宏的帝王宫殿建筑群，具有浓郁的满族风格和中国东北地方特色。它以满族在政治制度、宗教信仰和生活习俗上的特点与传统宫殿建筑完美融合的风格为主，同时兼收并蓄蒙古、藏、汉等民族的建筑结构和装饰方法，形成了个性飞扬、魅力四射且自成体系的建筑风格，是将满汉建筑艺术融合得尽善尽美的范例。沈阳故宫的建筑群，在中国古代建筑史上具有独特的艺术价值和科学价值。

沈阳故宫的文物佳作、国宝珍藏，具有极高的艺术价值，是体现中华民族艺术精神难得的珍品。这些特定历史时期的历史见证物，以及这些古建筑和文物藏品所包含的无形的文化遗产，从一个侧面反映了清朝的历史进程，满族的文明程度和文化积淀，折射出社会的文明进程、传统习俗，以及人们的文化心态、精神追求。

沈阳故宫是中华民族几千年来建筑文化积淀的典型代表。它既是物质文明的载体，又具有精神文明的含义；是人类文化的历史标记，也是人类历史的文化象征。它体现了东北地域文化与满族民族特色，传承着沈阳这座城市的历史与文脉。皇宫自古就是都城的核心。现存完好的沈阳故宫古代宫殿建筑群，体现了古都沈阳当年的雄伟壮丽以及不同凡响的气势与风貌。沈阳故宫蕴含了沈阳城市历史上那一辉煌时期的各种信息与文化。从沈阳故宫所体现的浓重的文化氛围中，人们能够强烈地感受到悠久的传统文化魅力。

在我的人生经历中，有一段不短的岁月，曾担任沈阳故宫博物院的院长。在那些年中，我徜徉在这红墙绿瓦的旧日宫苑，漫步在这风情浓郁、排云台榭的殿堂楼阁，仿佛穿越了历史的时空，与那些曾经生活在这里的古人对话，倾听他们的娓娓诉说。遥想当年，我心里不断涌出缅怀历史的种种思绪。这不仅仅是思古之幽情，也是对历史和文化的敬畏之情，更是对民族文化传统的珍重之情。

这种对历史文化传统的敬畏、珍重之情，一直萦绕在我的心里。中华优秀传统文化是伟大的文化。历史上中华民族所进行的文化创造是相当辉煌、相当壮观的。在人类文化所发展出来的各个方面，中华文化都有巨大的成就，包含着丰富的内容。中华优秀传统文化是我们今天进行社会主义现代化建设的精神资源，也是我们民族文化自信的源泉。中华传统文化的核心价值、文化理想，以及它所锻造的思维方式和精神力量，仍然以强大的生命力展现在新时代的生活中，开辟出新的境界、新的气象，仍然照耀着我们中华民族前进的脚步。

沈阳故宫是中华传统文化的一个载体，是一段历史记忆的物质表征。走进沈阳故宫，不仅能够领略古代文明的大美之境，也能够从中学习和感悟先辈们的智慧和精神。

目录

第一编　从兴京到盛京

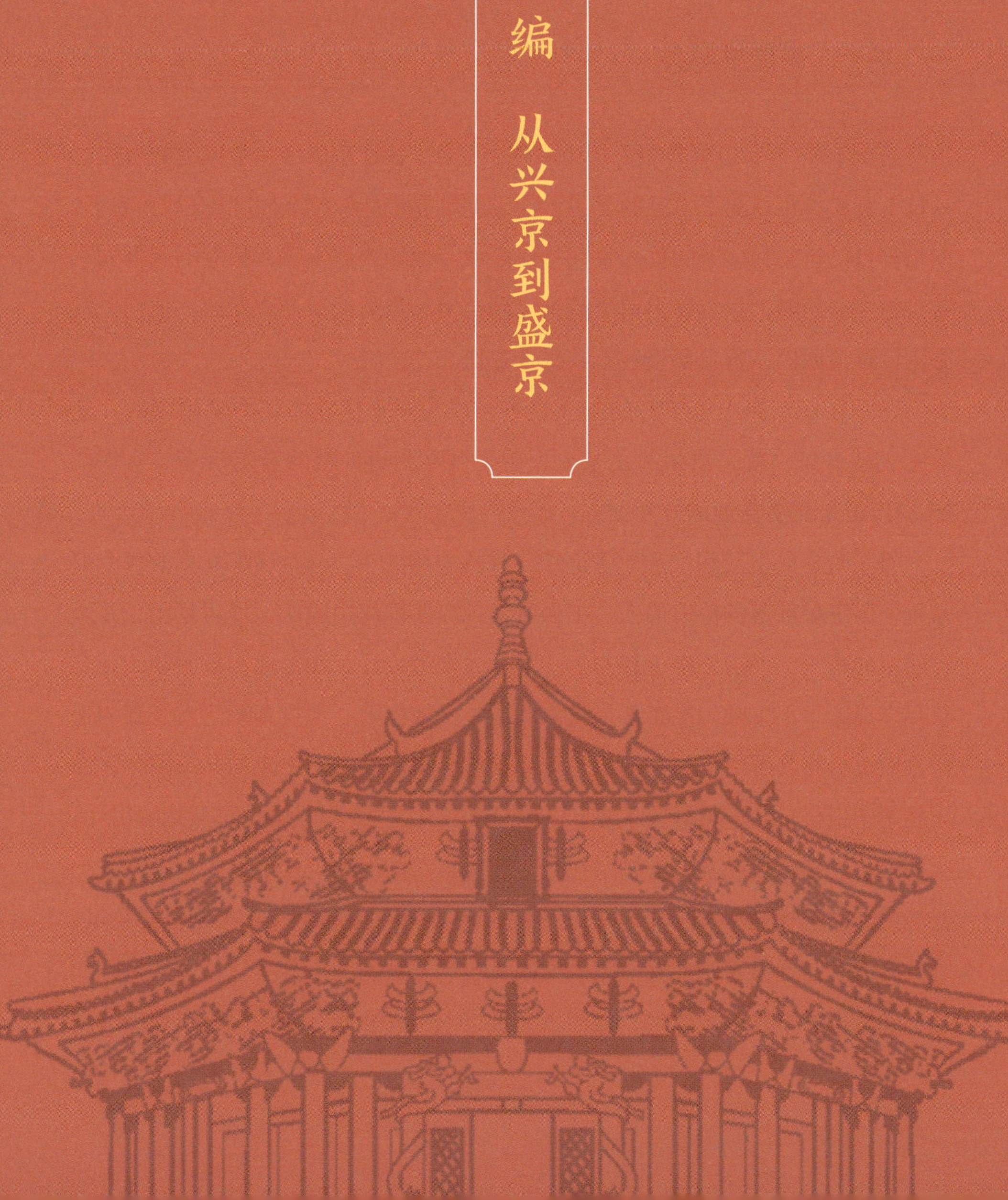

第一章　兵起辽东

一、以十三副遗甲起兵

公元1583年，也就是明万历十一年，五月，在辽东山区一个偏远的村庄，一位女真族青年召集了自己的兄弟子侄，还有同村的乡亲族人，商议举兵起事，向杀害自己祖父和父亲的仇人发起复仇之战。他们人数不多，只有不到百人，装备也十分简陋，只有先祖留下的十三副铠甲和粗陋的兵器。然而，他们血气方刚，群情激愤，誓死要报这不共戴天之仇。

这一在辽东深山里孕育的起兵之事，成为未来建立清朝的肇始之战。这位女真族青年，就是清朝的奠基人、后来被称为清太祖的努尔哈赤。这年他25岁，正是建功立业的好年纪。

努尔哈赤的祖父和父亲死于这年二月的一场战斗。当时辽东女真的各个部落里，以王杲部落的势力最强。王杲时常掠夺明朝周边地区，侵犯辽阳，并杀害明军的将士。万历二年（1574），王杲大举进攻辽、沈等地，被明朝的辽东总兵李成梁率军击败。次年王杲再次起兵，又被挫败。他投奔海西女真部的王台，而王台将其绑缚交与李成梁，王杲被押赴京城处死。王杲的儿子阿台，为了替父亲报仇，突袭明军。万历十一年（1583）二月，李成梁率军从抚顺出兵，直捣阿台的住地古勒寨。古勒寨在当时苏克素浒河南，现辽宁省新宾满族自治县境内。这一战史称“古勒之战”。努尔哈赤的祖父是觉昌安，父亲是塔克世，阿台的妻子是觉昌安的孙女。觉昌安眼见古勒寨被围，十分着急，为使自己的孙女和城内的百姓免于战难，就同塔克世进入古勒寨城，准备说服阿台投降。

古勒寨易守难攻，明军久攻不下，死伤惨重。明军将领李成梁让同是女真人的图伦城主尼堪外兰对城里喊话说："官府的大军到了，你们不投降就是死路一条，谁杀了阿台，太师就让他做一城之主。"阿台的部下信以为真，杀死了阿台并投降。不料李成梁根本不守承诺，他将城内百姓诱骗出城，无论男女老幼一概杀死。而在乱军之中，努尔哈赤的祖父觉昌安和父亲塔克世也被明军杀死。

年轻的努尔哈赤惊闻父祖蒙难的噩耗，悲痛不已，怒火中烧。他到明边吏处质问："我祖父、父亲为何被害？你们与我有不共戴天之仇！你们有何说辞？"明朝派官员解释说，并非有意，实为误杀。并送还其祖父、父亲遗体，对其厚加抚恤，给予敕书三十道、马三十匹，准其承袭建州左卫官职以示抚慰，相当于给努尔哈赤一个补偿。对于居高临下的大明王朝来说，这也是给边地的少数民族部落一定的礼遇了。这个结果对于努尔哈赤来说也是不错的，因为有了朝贡得赏的资格，还可以率队到马市开展贸易，也就是有了稳定的财富来源，还可号召属众以形成自保的形势。但努尔哈赤志不在此，区区小惠难平他心中的怒火。

明政府一方面安抚努尔哈赤，另一方面帮助尼堪外兰筑城，扶植他做建州之主。当时建州女真的许多部落，都是看明政府的眼色行事。他们见尼堪外兰势力很大，又受到明朝的支持，就纷纷投归尼堪外兰。就连努尔哈赤同族的宁古塔诸祖的子孙，也对天立誓，要杀死努尔哈赤，投归尼堪外兰。

努尔哈赤对明朝扶持尼堪外兰极为不满，但又无力兴兵攻明，便将杀父祖之仇倾泻到尼堪外兰身上。努尔哈赤把尼堪外兰作为起兵借口和第一个目标，在追杀仇人的过程中集结自己的势力。他提出："杀我父祖者实为尼堪外兰唆使，把他交出来，由我处置方可罢休。"他的这一要求遭到官府的拒绝。于是，他打着为父祖报仇的名义，椎牛祭天，含恨起兵，向尼堪外兰的图伦城发动进攻。图伦城在今新宾满族自治县上夹河境内。努尔哈赤一举战败尼堪外兰，攻克了图伦城，收服了尼堪外兰部众。尼堪外兰败逃到抚顺附近的界藩城避难。

努尔哈赤首战告捷，崭露头角，并以此为起点，南征北战，开始了统一女

辽宁新宾赫图阿拉努尔哈赤出生地

真各部的事业，就此开启了清朝开基创业的历史。

攻克图伦城后，努尔哈赤又乘势计取萨尔浒城，斩杀了暗助尼堪外兰的城主诺米纳。万历十二年（1584）正月，他攻击李岱驻守的兆佳城（今辽宁新宾赵家村），并生擒李岱。六月，努尔哈赤以400人的兵力攻取马尔墩寨；之后，又取安图瓜尔佳城，首先统一了本部所在的苏克素浒河部。随即展开更大攻势，火攻齐吉答城，血战翁洛科洛城，其后又征界凡、陷托漠河、取巴尔达城，用武力兼并了相邻的董鄂部及哲陈部所属的部寨山城。

万历十四年（1586），努尔哈赤得知尼堪外兰躲在浑河部的鹅尔浑城处，急率兵往取。尼堪外兰先行出走明边，受到明军庇护。后来明政府见努尔哈赤势大，而尼堪外兰已毫无利用价值，决定不再对其进行庇护，并暗示努尔哈赤派兵径自处理。于是努尔哈赤趁此机会派部下杀了尼堪外兰，得以报仇雪恨。

《满洲实录》载《初战图伦城图》

二、他们从大山走来

女真人发源于东北地区，世代生活在东北地区的深山老林之中。长白山是东北地区最高的山峰。长白山的主峰白头山插向天际，时而隐没入浩茫的云海，时而显露出洁白的峰巅。山顶有池，称为天池。天池之东，有布库里山，山下有布勒瑚里湖，波光粼粼，景色怡人。这个布勒瑚里湖现在被称为“小天池”。

女真的起源与长白山紧密相连。

女真人中流传着一个神话故事，说是有一天，天降三仙女在布勒瑚里湖沐浴。浴毕上岸时，有神鹊衔一朱果，置于三仙女中的小妹佛库伦衣上，色甚鲜艳。佛库伦衔在口中，穿衣服时，其果入腹中，即感而成孕。佛库伦告诉两位姐姐，自己觉得腹中沉重，不能跟她们一起回天上了。两位姐姐只好留下她飞回天上。

后来佛库伦生下一个男孩，姓爱新觉罗氏，名布库里雍顺。布库里雍顺长大成人后，举止非凡，相貌奇伟。佛库伦给他一条船，让他乘船顺牡丹江而下，穿过丛林峡谷，到了牡丹江与松花江汇流处的斡朵里（今黑龙江省依兰县南）这个地方。后来仙女佛库伦升天去了。传说这个仙女所生的布库里雍顺，就成为女真的始祖。

这个美丽的神话，透露出这样的历史信息：长白山和黑龙江一带的广阔地域，是努尔哈赤先祖的历史活动舞台。

女真人是繁衍生息在东北地区的一个很古老的民族。女真先民最早可追溯到商周时代的肃慎人，属于东迁的通古斯人南支，是我国东北地区最古老的居民之一。他们居住在“不咸山”（长白山）北，东濒大海及黑龙江流域的广大地区。传说，肃慎人在大禹时代就与中原王朝建立了联系。禹定九州时，东北夷之“息慎”亦来贡。“息慎”就是“肃慎”。周武王时，肃慎人又以“楛矢石砮”来贡。成王、康王以后更是贡奉不断。周王朝将肃慎人的居地视为“吾北土也”。

从史籍和近年的考古发现可以看出，居住在长白山以北、以东广大地区的肃慎人以狩猎为生，住在长白山以西、黑辽分水岭以北、松辽平原中部的肃慎人，已经以农业为主，家庭饲养业也发展起来。他们处于氏族制阶段，过着定居的生活，房舍为长方形半地穴式，有公共的墓地。

战国以后，肃慎人被称为“挹娄”。挹娄人的居住范围与肃慎人大体相同，即在今辽宁省东北部，吉林、

《满洲实录》载《三仙女浴布勒瑚里湖图》

满族源流神话故事中的仙女佛库伦

黑龙江以北、乌苏里江以东的广大地区。他们不仅狩猎，也从事农业。产五谷，善养猪。会织麻布，会造小船。房舍亦如先人，为半地穴式，“大家”土穴，“以深为贵，至接九梯”。“邑落各有大人”，但没有统一的首领。三国时期以前，挹娄受“夫余”王朝的统治；三国时期以后，挹娄直接臣服于中原王朝，与中原地区在政治、经济、文化等方面的联系十分密切。“挹娄貂”在当时的中原社会已成为名贵的御寒佳品。

北朝以后至隋唐，肃慎、挹娄的后裔被称为“勿吉”“靺鞨”。北魏太和十七年（493），勿吉人推翻了夫余奴隶主政权。自北魏起，勿吉人或一年一次，或一年数次，或两年一次，向中原王朝纳贡。靺鞨逐渐发展为七大部，分布在东临大海、西至嫩江、南抵吉林、北达黑龙江以北的广大地区。各部经济社会发展水平不平衡，以处在最南端的粟末部最发达。粟末部会种植粟、麦、穄，已采用了“耦耕法”；畜牧业也很发达，主要养马、养猪；会酿酒，已经发展到较高的生产水平。处在北部的黑水靺鞨发展缓慢，还处在以射猎为业的原始状态，但他们已使用铁器，会制毒药并将其涂在箭头上以增加杀伤力。到唐代，其族较先进的部分以粟末靺鞨为主体建立了渤海政权，统治者被唐王朝封为渤海郡王；较为落后的部分（黑水靺鞨）依然生活在松花江下游地区，并保持着原有的生活状态。

契丹人兴起以后，灭掉渤海政权，并臣服了黑水靺鞨。此后，黑水靺鞨的一部分逐渐南迁并占了渤海故地，又改称“女真”。因避辽兴宗耶律宗真名讳，“女真”改称“女直”或“女质”。由于女真人不堪契丹人的压迫，于1114年在完颜阿骨打的带领下起兵反辽，建立了金王朝。1234年，金王朝又被蒙古汗国所灭。蒙古政权对张广才岭以西、以南的女真人推行杀戮与同化政策。因此，只有张广才岭以东和岭北的黑龙江、松花江下游地区的女真人延续了下来。蒙古统治者曾在松花江下游女真、水达达地区设立征东元帅府和五万户府管理女真和水达达事务。元末明初，一部分女真人迁出世居的黑龙江、松花江下游地区，他们最终辗转迁移到建州和海西地区，成为明代女真。

三、统一女真的崛起

明代女真人按居住区域分为建州、海西、野人三部，隶属奴儿干都司管辖。部族首领既为酋长，又任卫所官吏，他们凭朝廷颁发的印信和敕书，定期入京都朝贡。朝廷酌其贡品数量按官秩给予回赐和抚赏。由于明政府招抚政策的成功推行和汉族先进文化的吸引，加之迫于残元势力的不断侵扰等原因，从永乐七年（1409）起，建州女真和海西女真纷纷离开世居之地，开始大规模向南迁徙。到明中叶，建州女真三卫定居于邻近抚顺关口的苏子河畔，即努尔哈赤兴起之地。海西女真则定居于开原、清河边外，逐渐形成“扈伦四部”，即叶赫、辉发、哈达、乌拉。他们占据适宜农作的沃壤、交通方便的贡道，受到邻近汉人和朝鲜人先进文化的影响，除传统的渔猎、采集外，农耕经济也相当发达。而生活在黑龙江、乌苏里江流域广大地区的野人女真，则仍处于比较原始的社会状态。

各部分的女真人分为多个部落，互不相属，“各部蜂起，互争雄长”，部落间的斗争日趋尖锐，部族间的战争愈演愈烈。各大酋长的利益和权力骤增，分别管辖多个小部落。在明廷封官授爵政策的推动下，建州女真各部逐步进入王权形成和发展时期，其统一趋势日益明显。

建州女真逐步强盛后，成为各部统一的核心力量。明王朝为时势所迫，对其统治政策有所改变，即强化“分而治之”之策，女真各部与明廷的矛盾日益加深。于是，女真人频繁入边掠抢，明军屡屡出兵讨伐。兵事往来使双方关系进一步恶化，加重了辽东危机，导致明与后金辽东战争的爆发。

努尔哈赤打败尼堪外兰后，以此为起点，继续征战，努尔哈赤部族的势力由小变大、从弱到强，逐渐使复仇战争演变为兼并、统一女真各部的战争。在10年之内，努尔哈赤使整个建州女真归于统一，“各部环满洲而居者，皆为削平”，形成了以赫图阿拉城为中心，囊括苏子河、浑河及浑江流域大部的新的势力范围。这一范围大致相当于辽宁新宾全部，清原南部，抚顺东部，桓仁、宽甸北部，东西长 200 余里，南北宽 150 余里。

海西女真是明朝末年女真族中势力较强、分布较广的一支。其居地靠近明边，东界邻建州女真境。他们对努尔哈赤日渐强盛深感不安，四部首领经常在一起商讨应对之计，先是以通婚方式与建州女真结好，并借此对其加以牵制；后几次遣使到费阿拉向努尔哈赤索要土地和财物，遭到努尔哈赤的严词拒绝；又以武力相挟责令建州屈服，于是双方兵戎相见。

万历二十一年（1593）九月，海西女真叶赫部首领布寨、纳林布禄联合乌拉部、辉发部、哈达部及蒙古科尔沁部等九部，组成三万联军，号称“九部联军”，分三路向建州发动进攻。这是努尔哈赤起兵之后的一次关键性战役。九部联军声势浩大，兵力占压倒优势。但是，努尔哈赤临危不惧，从容不迫。他满怀信心地鼓舞将士，分析形势，并迅速行动，抢在联军的前头，在古勒山立营，“立险要之处，诱彼来战”，集中兵力，重点出击，斩杀叶赫首领布寨，俘获乌拉首领满泰的弟弟布占泰。同来贝勒等皆大惊失色，顾不上自己的军队，四散而逃。努尔哈赤取得了“破九部三万之众”的重大胜利，这次胜利为他进一步统一女真各部奠定了基础。

努尔哈赤破九部联军后，乘胜挥军东进，征服了朱舍里、讷殷二部，力量迅速壮大。

从万历二十七年（1599）七月起，努尔哈赤对扈伦四部展开进攻，先近后远各个击破，形成对叶赫部的强大威胁。此时的叶赫如惊弓之鸟，极力请求明政府的保护。努尔哈赤为了避免与明军发生正面冲突，暂时停止了对叶赫的进攻。直到万历四十七年（1619），努尔哈赤在萨尔浒之战中击败明军四路进攻，趁明军无力支援叶赫时，才出兵将其灭掉。

努尔哈赤在统一海西女真的同时，也在逐步招徕地处东海和黑龙江流域的野人女真。万历二十四年至四十三年间（1596—1615），努尔哈赤以征抚并举的策略，迅速降服野人女真的主要部分。野人女真的渥集部虎尔哈路路长、瓦尔喀部蜚悠城城主等纷纷来建州通好纳贡。在他们遇到危难时，努尔哈赤也遣兵援助。同时，他利用蒙古各部的分裂着手征抚漠南蒙古。

努尔哈赤起兵后，团结宗族，知人善任，发展实力，带领兄弟子侄及归附者东征西讨，南征北战，“自东海至辽边，北自蒙古、嫩江，南至朝鲜鸭绿江，同一语音俱征服”，使“诸部始合为一”，基本上完成了统一女真各部的大业。努尔哈赤成为统辖各部的最高首领。从此，女真社会消除了长期分裂、割据、动乱的局面，在努尔哈赤的努力下慢慢形成了满族共同体，更进一步奠定了建立清朝的基础。

在努尔哈赤的领导下，女真人在辽东地区重新崛起。万历二十四年（1596），明朝官员余希元到佛阿拉，入城前，有建州骑兵四五千成列随行；又有“步兵万数，分左右列立道旁者，到建州城而止”。由此推算，当时建州的步骑兵有两三万人。到万历三十六年（1608），后来担任明朝兵部尚书的薛三才在《请剿奴酋酌议兵食第二疏·剿奴兵食》中说，努尔哈赤“鸣镝控弦之众，不下

《满族实录》绘图中记载《太祖富尔佳齐大战》

五六万”。努尔哈赤不再只是一个酋长了，他所统领的女真族，也不再是一个落后原始的渔猎民族，已然有了一个国家的雏形。晚明重臣徐光启也说：据朝鲜报称，奴寨北门铁匠居之，专治铠甲，向亦闻其铁工所居，延袤数里。可见其实力之强大。到天命元年（1616），八旗军队已经有 6 万人。而到天命六年（1621）进入辽沈地区时，达 9 万到10 万人之众。

四、天眷兴京

当初，努尔哈赤仓促起兵，并没有也不可能设立相应的政治统治机构，因此其居住之处与建州女真一般民宅并无很大差异，既无戒备森严的高墙深院，亦无用途不同的众多房舍，只是与妻子儿女同住于赫图阿拉城内普通的民居之中。

此后，随着统一建州女真事业的步步推进，努尔哈赤统属的势力也不断壮大。至万历十五年（1587），于赫图阿拉之南 4 公里处的佛阿拉山城正式修建，作为其统治中心的“都城”和“宫室”。“佛阿拉”是满洲语 feala 的音译。满文 fe 是“老的”“旧的”意思，ala 是“山”“岗”的意思。佛阿拉是一座山城，有苏克素浒河流经山下。佛阿拉原是努尔哈赤远祖建州左卫的酋长董山的营地，明人称其为“虎城”“建州老城”，位于今新宾满族自治县永陵镇二道村。

同年六月，努尔哈赤在佛阿拉城“定国政”，在本部落范围之内初步建立了统治秩序，“凡作乱、窃盗、欺诈，悉行严禁”。他正式在佛阿拉“自中称王”，自称“淑勒贝勒”，建立王权，同时建立起一支纪律严明的军队。他的“王”不仅是对内的大家长，也是与明朝鼎立的邦国之首。努尔哈赤还制定了初具规模的礼仪。如在城门设乐队，他出入栅城时，乐队吹打奏乐，以显示威严。佛阿拉已经初具政权规模，成为女真人政治、经济和军事的中心。

万历二十三年（1595）十二月二十八日至次年正月初五日，朝鲜南部主簿申忠一出使至佛阿拉城并在城中居住，回国后根据沿途及城内见闻写成《建州纪程图记》。努尔哈赤在栅城的客厅里接见了申忠一。申忠一记述说，努尔哈赤长得“不肥不瘦，躯干壮健，鼻直而大，面铁而长”。他头戴貂皮帽，“上防耳掩，防上钉象毛如拳许。又以人造莲花台，台上作人形，亦饰于象毛前”，脖子护着貂皮围巾，身穿貂皮缘饰的五彩龙纹衣，腰系金丝带，佩帨巾、刀子、砺石、獐角，足纳鹿皮靰鞡靴。他们男子都剃发，只在脑后留发，分结两条辫子垂下，口髭左右仅留十余根，其余都镊去。在接见申忠一时，努尔哈赤坐在中厅的黑漆椅子上，诸将佩剑卫立。宴会时，大厅内外，吹洞箫，弹琵琶，爬柳箕，拍手唱歌，以助酒兴。酒行数巡后，努尔哈赤高兴地离开椅子，“自弹琵琶，耸动其身；舞罢，优人八名，各呈其才”。

努尔哈赤成为雄踞一方的女真贝勒，有较多的军政事务需要处理，而且已娶有佟佳氏、兆佳氏、钮祜禄氏、富察氏、伊尔根觉罗氏等几位妻妾，并生育

沈阳故宫藏爱新觉罗玉牒

子女。地位的变化和政务、家居的需要，使努尔哈赤意识到有必要建立一座与一般民宅不同的合适居所。申忠一在《建州纪程图记》中比较详细地记录了佛阿拉内城、外城及努尔哈赤住宅的情形。据其所述：

> 外城周仅十里，内城周二马场许。外城先以石筑，上数三尺许，次布椽木；又以石筑，上数三尺，又布椽木，如是而终。高可十余尺。内外皆以黏泥涂之，无雉堞、射台、隔台、壕子。……内城之筑，亦同外城，而有雉堞与隔台。自东门过南门至西门，城上设候望板屋，而无上盖，设梯上下。内城内，又设木栅，栅内奴酋居之。

佛阿拉的栅城，以木栅围筑城垣，略呈圆形。栅城内为努尔哈赤行使权力和住居之所。努尔哈赤的家址在栅城居中的最高处，栅城正中有砖墙一道，将栅城均匀地分成东西两院。东院有房6所，二十几间多为砖瓦顶，为神殿、会客厅、楼宇。东院的“客厅”很像举行礼仪活动和接待来宾的“殿”，应是举行公共集会的场所。西院有建筑9所，二十几间，其中有楼3座。楼宇高二层，上覆鸳鸯瓦，也有的盖草，墙抹石灰，柱椽彩绘。西院建筑应属供努尔哈赤及家庭成员居住的“家”，当时努尔哈赤已娶妻妾八人，生九子、四女，多数应居于此院中。早期满语中“宫”与“家”同作“boo”，说明后来宫殿中的“宫”是由汗王的“家”演变而成的专门称谓。这处住宅的建筑和使用按区域划分，体现了“东朝西寝”的规划，成为满族宫殿建筑的雏形。

佛阿拉是具有进攻、防御和瞭望功能的堡垒，又是具有军事、行政和祭祀功能的建州左卫治城。努尔哈赤在佛阿拉居住了16年。努尔哈赤就是在这样的“宫室”，统一了建州女真各部，吞并了海西女真的哈达部，建立了一支以“牛录”为基础的八旗前身军队。

万历三十一年（1603），努尔哈赤把统治中心迁移到位置更为优越的赫图阿拉山城。“赫图阿拉”是满语，汉意为“横岗”，位于永陵东南八里，苏子河与二道河汇合处的左岸山岗上，其实离佛阿拉并不远。此处应为努尔哈赤祖父觉昌安所居之城，努尔哈赤在迁居佛阿拉之前也应生活于此城中。在离开十几年后又重回故里，此时努尔哈赤羽翼更加丰满，准备以这里为新的大本营进一步扩大统一女真各部的事业。天命元年（1616）建国称汗后，赫图阿拉城成为满族政权的第一个都城。

据近年的考古发掘调查，赫图阿拉城（内城）南北长512米，东西宽551米，城周长2027米，占地面积远比佛阿拉内城（城墙周长仅960米）宽阔。在对原有的城墙等设施进行修缮加固后，努尔哈赤又命“于赫图阿喇城外更筑大城环之”，即增建外城。据调查，其外城各方向的城墙长度大致与佛阿拉相等。原本规制不如佛阿拉完备的山城，经过改建和增建后，也成为由内外两城组合，而且内城更为宽广、地势更为优越的新都城。

赫图阿拉城设九门，即南三门、北三门、东二门、西一门。外城驻扎着八旗精锐部队，建有点将台、校场、仓廪区。内城依山势建于横岗之上，城内地势南高北低，南部高于地面约20米，北部高于地面约9.8米，中部低洼。城内偏北为“尊号台”，是努尔哈赤发号施令的地方，稍北为汗王居所。东门内协领衙门，西南民衙门，南门内为城隍庙，西为关帝庙，北门偏东为昭忠祠、八旗衙门，中部饮水井。城内有望楼两座，于东南、西北角各一，是该城的制高点。

据《满文老档》《清太祖高皇帝实录》等典籍记载，城内建有供汗王努尔哈赤居住的“宫”和“楼”，又有举行大典和接见宴请宾客、传集诸王大臣议事聚会的“殿”（或称“大衙门”）。近年来有关研究人员对城中的部分宫殿遗址进行了调查发掘，结果证明，后金建国之初的“金銮殿”是一座面阔三间的青砖瓦顶木构架平房，其遗址是一个长18米、宽11米、高2.5米的土台，通过勘测估算，该土台上的建筑长12米、进深7米，系硬山顶大型建筑。正脊大吻作兽头式，斜插灰陶剑把，屋面覆布筒瓦，瓦当和滴水上有虎面、牡丹、番莲等纹饰。这座“金銮殿”在建造技术和装饰方法上已经达到当时女真地区的最高水平。尊号台后有两个长方形土台，东西横列，长、宽各约12米，高

辽宁新宾赫图阿拉城遗址

约 2 米，应该是努尔哈赤及后妃住所遗址。

赫图阿拉曾居住人口十万余众，辟有十里商贾闹市。努尔哈赤迁走以后，在赫图阿拉还建有协领衙门、理事通判衙门等。

作为满族崛起的开端，赫图阿拉城隐身于辽东葱岭之中。后金天聪八年（1634），皇太极尊称赫图阿拉为“天眷兴京”。康熙三十七年（1698），康熙皇帝第三次出关拜谒祖陵时写下了《兴京》一诗，诗云：

霭霭兴王地，风云莫可攀。
潆洄千曲水，盘叠百重山。
瞻拜陵园肃，凝思大业艰。
茏葱松柏茂，瑞鸟满林间。

乾隆皇帝东巡时曾来到兴京，亲笔题诗：

赫图阿拉连兴京，依山树栅聊为城，
秋风策马一凭阅，兆基缔构钦龙兴。

1904年，在日俄战争中，沙俄军队将古城破坏殆尽，古城的原有风貌荡然无存，只剩下一些断壁残垣。现在的赫图阿拉城是20世纪80年代以后复建的，如今已成为一个旅游景区，无数游客在这里凭吊遥远年代老汗王的故事。

自迁入赫图阿拉城后，努尔哈赤东征西战，相继灭掉了海西女真的辉发、乌拉二部，沉重打击了强大的叶赫部，并不断派兵征服居住在边远地区的野人女真（东海女真）部落，政治与经济实力大增，逐步实现了女真的统一。此间，努尔哈赤创制了满文（老满文），建立起真正的八旗军队。与八旗制度相配套，设立了兼具军、政、刑多重职能的“五大臣”官制，其下设扎尔固齐主刑政、巴图鲁主军政、巴克什主文书，为满族国家的产生奠定了政治基础。随着势力的逐渐壮大，努尔哈赤的名号亦从“聪睿贝勒”发展到“女真国建州卫管束夷人之主”，再到“建州等处地方国王”，再到喀尔喀蒙古上尊号“昆都伦汗”。

而此时的明朝，万历皇帝已经多年不上朝理政，朝廷上下对努尔哈赤的异军突起和勃勃雄心浑然不觉。

五、建金国，称大汗

努尔哈赤最初起兵，只是为父祖报仇，抵御对他有威胁的女真各部落，进而统一女真，而不是要反皇帝、反明朝。他还没有实力与明朝分庭抗礼，兵戎相见。明朝廷也没有认为他是什么威胁。在这些年间，他曾多次亲自去北京向明朝朝贡。这些朝贡的时间分别是在万历二十年（1592）、万历二十一年（1593）、万历二十五年（1597）、万历二十六年（1598）、万历二十九年（1601）、万历三十六年（1608）、万历三十九年（1611）。

复建的赫图阿拉城汗王殿

努尔哈赤频繁进京朝贡，起初肯定是为了向朝廷献“忠诚”。努尔哈赤自己说，他给明廷“忠顺看边”。他还受明廷之命征讨阿扎木河女真，屡次将他部女真掠抢的汉人及牛畜归交明朝，以尽边臣之责，换取明廷的信任。明廷认为他“忠顺学好”。在著名的“壬辰倭乱”（今称“抗倭援朝”）发生时，他甚至主动向明廷请命，希望带领自己的队伍，入朝对日作战。万历二十三年（1595），努尔哈赤致书明廷驻朝鲜军官，申明遵守明朝国法，保卫950里明边境。努尔哈赤希望对女真其他部落的征服能获得朝廷的认可，借助明廷的信任提高威望，扩展自己的势力。明廷为了酬庸其“忠诚”，先后三次给予加官晋爵。万历十一年（1583）始授其为建州左卫指挥使，十七年（1589）加都督职，而后封为都督佥事，二十三年（1595）又以“保塞有功”封作“龙虎将军”。

然而，从偏远的辽东山区来到京师，紫禁城的巍峨壮丽，帝都的市井繁华，不能不给他巨大的心灵震撼，不能不激起他内心的波澜。也许，就是这一次次

北京故宫藏《努尔哈赤坐像图》

的朝贡、一次次的震撼，使努尔哈赤在心里产生“王侯将相宁有种乎”的感慨，乃至取而代之的野心。所以，后来“朝贡”更大的意义可能就在于侦察和迷惑朝廷了。据史学家谈迁记载，即使到了万历四十三年（1615），即努尔哈赤上尊号、建立后金国的前一年三月，努尔哈赤还曾到北京“入贡”。此行收获极大，礼品带得足，让朝中得到实惠的大臣们极为高兴，异口同声地褒扬努尔哈赤。

努尔哈赤既暗藏雄心，又佯装臣服，使明廷麻痹，进而放松警惕，这样，也为自己赢得了发展壮大的时机。

这时的万历皇帝，还沉浸在帝国江山永固的迷梦之中。不过，这期间，万历皇帝也做了一个噩梦。当代作家祝勇用现代文学的笔法为我们描绘了这个梦：

> 万历四十一年（1613）九月的那个早上，一个异族女子，骑在一匹烈马上，出现在万历皇帝的视野里。不知为何，这一场景令皇帝感到窒息，狂乱的马蹄，仿佛踩踏着他的神经，令他疼痛难忍。那匹马荡起一片飞尘，仿佛一团团祥云，在马的四周飘动。它由远及近，他还没有来得及看清骑手的相貌，她已经出现在他的面前，手持一柄长戈，向他刺来。他大叫一声，发现自己正躺在龙榻上，额头冒出许多虚汗。
>
> 万历皇帝惊魂甫定，虚弱的身体便隐隐作痛。贴身太监为他擦去额角的汗珠。他命太监宣大臣们进宫。对于大臣而言，这样的面见皇帝的机会并不多得。他们纷纷跑到龙榻前。皇帝向他们讲述了这个奇怪的梦。史官根据皇帝的叙述，将这个梦写进《明神宗实录》，这使我们有可能在将近四百年之后，依然对这场梦了如指掌。皇帝希望臣子们能够为他解梦，他说：“诸位可以不必忌讳，其意如何？直言讲来。”
>
> 官员们很快提供了他们的答案：梦中的异族女子，就是古代的女直（女真），现在的满洲。乘马持矛，用意在于夺取大明帝国的江山。[①]

① 祝勇：《辽宁大历史：中华文明的抽样观察》，东方出版社2013年版，第6—7页。

祝勇在讲完万历皇帝这个诡异的梦后，接着说："如果史书的记载是正确的，那么，我们应当惊异于历史的提示。在明朝开始向着那个万劫不复的深渊滑落的时候，命运已经以梦的方式向明朝的主人发出了提示，它甚至指明了危险的来源，以及挑战者的身份。……这个梦是耐人寻味的。……然而，万历显然把官员们的分析视为危言耸听，而所有的警示都如堆积如山的奏章一样，被视为陈词滥调，无论怎样严峻的局势和慷慨的进言，都敌不过酒色仙丹的力量，无力将皇帝从他亲手炮制的虚幻的满足中解脱出来。"①

《清仁宗实录》说："明之亡，不亡于崇祯之失德，而亡于万历之怠惰。"此言诚为不虚。

就在万历皇帝这个噩梦后的第三年，即明朝万历四十四年（1616），也就是努尔哈赤最后一次进北京入贡的后一年，在"十三副遗甲"起兵之后的第二十九年，正月，努尔哈赤于赫图阿拉登基称汗，号"奉承天命养育列国英明大汗"，采蒙古汗制，以示自立。《满文老档》记载，这年的正月初一日，国中诸贝勒、大臣及众人会议，认为："我国因未立汗，深受其苦，天乃生汗以安国人也。汗既天生，仁抚贫困国人，豢养贤达，即应上尊号。"

议定后，八旗诸贝勒、大臣率众成四面四角，立于八处，有八大臣持书自八旗出跪于前，八旗诸贝勒、大臣率众跪于后。立于汗右侧之阿敦侍卫及立于汗左侧之巴克什额尔德尼，各自出迎，接八大臣跪呈之书，放置于汗前御案。巴克什额尔德尼立于汗左前方，宣书咏诵"天任抚育列国英明汗"。宣罢，诸贝勒、大臣起，继之，各处之人皆起。于是，汗离座出衙门，叩天三次。叩毕回位后，八旗诸贝勒、大臣依次庆贺元旦，各向汗行三叩首。

至此，努尔哈赤正式建国，立国号为"大金"，建元"天命"。这一年努尔哈赤58岁。两到三年后铸造满文"天命金国汗之印"行用。努尔哈赤之所以建国号为"金"，是因为他把自己建立的国家，看作是历史上金朝之复兴和继续。为了区别于彼时的金朝，史家称之为"后金"。

---

① 祝勇：《辽宁大历史：中华文明的抽样观察》，东方出版社2013年版，第7页。

《满洲实录》载《努尔哈赤建元即帝位图》

后金建立后，赫图阿拉城内供汗王居住、使用的建筑便成为开国宫殿。《满文老档》记载：五月初五日“辰时，汗登衙门就座。衙门两侧设凉棚八处，八旗诸贝勒、大臣等分坐八处”。其中所谓“凉棚八座”，无论是临时性建筑还是永久性建筑，在清入关前宫殿的历史上都具有十分重要的意义。这些“凉棚”显然是建于汗所用的殿（衙门）之前，并与之形成一个整体，标志着以殿为核心新的建筑组合的出现。此后直至清太宗皇太极时期，史书中不断有相关记载，并在沈阳故宫东路大政殿（大衙门）前正式建造了“十王亭”或称“八旗亭”，成为清入关前宫殿建筑的一大特色。

建国称汗，不仅仅是改变了一个称号，也不是他们自娱自乐，而是有一系列相应的政权组织建设，初具国家政权机构的形式。努尔哈赤封代善、阿敏、莽古尔泰、皇太极为“八和硕贝勒”，并称“四大贝勒”。“贝勒”在汉语中就是“大人”的意思。命额亦都、费英东、何和里、扈尔汉、安费扬古为“五大臣”，同听国政，又称“议政五大臣”。同时设有扎木固齐十人，亦称“理事十大臣”，与五大臣佐理国政，厘治政刑。凡有听断之事，先经十大臣审问，然后言于五大臣再审，最后由努尔哈赤亲审。天命五年（1620）三月，他又仿明制将八旗下的各官分为总兵官、副将、参将、游击、备御五个等次，但并非官制官职的创设，而是建立区别等级的“世职制”。这是一个以家庭成员为核心、以满族八旗为统治基础而创建的地方政权。

努尔哈赤政权建设中最重要的是创立了八旗制度。

八旗制度是努尔哈赤的一大创造。具有军政合一、军民合一政治特征的八旗制度，使女真族社会走上了严密组织化的道路，是满族崛起和成为全国性政权的重要因素之一。

八旗制度最初源于女真人的狩猎组织。这种制度最早来源于行围打猎，是源于渔猎生产的一种组织形式。满族的先辈以渔猎采集为主要生业，需要一再迁徙住地。随着人口的增加，以氏族为单位已经不能适应生产的需要，于是在他们的住地逐渐形成了由同一氏族或不同氏族成员组成的地域组织——“噶栅”（即村屯）。在一个部落或氏族中，又形成了从事渔猎和采集的生产组织——牛录。牛录，满语为niru，是“箭”和“大箭”的意思。这时的牛录组织只是围猎时临时组建的小组，在军事活动中也起一定的作用。女真人在对外防御与征伐过程中采取了以牛录额真（首领）统领牛录的组织形式，从而使牛录组织具有了军事职能。

为便于统一指挥大规模的围猎或作战，需将若干个牛录组成一个更大的单位，以旗帜为标志作导引而不使方位错乱。旗帜在满语中称为“固山”，因而这个高于牛录的、最大的单位称为固山，汉语称“旗”。明万历二十九年（1601），努尔哈赤建立了黄、白、红、蓝四旗，称为正黄、正白、正红、正蓝，旗皆为纯色。

万历四十三年（1615），也就是建立金国的前一年，努尔哈赤为适应满族社会发展的需要，在原有牛录制的基础上创建了八旗制度，把管辖下的所有人都编在旗内。即在原有的四旗之外，增编镶黄、镶白、镶红、镶蓝四旗，旗帜

北京故宫藏清八旗甲胄

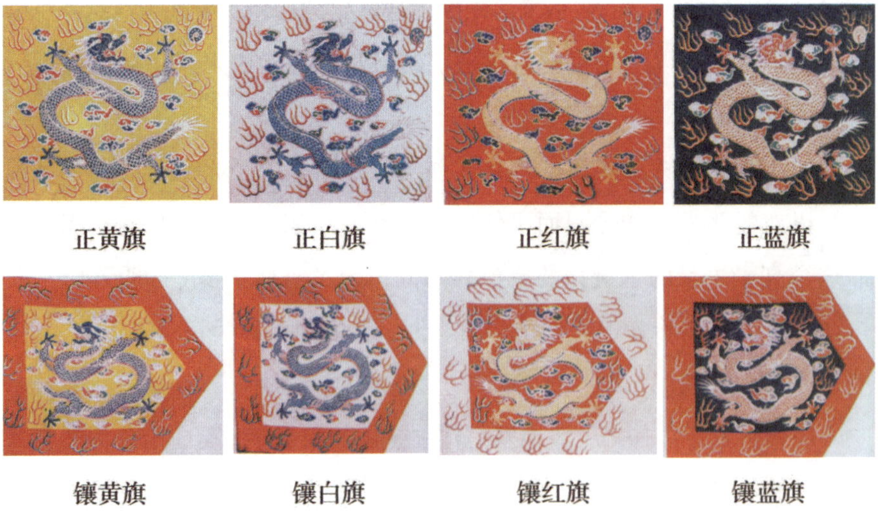

清八旗旗帜

除四正色旗外，黄、白、蓝均镶以红，红镶以白。此时所编设的八旗，即后来的满洲八旗。旗主又称领旗贝勒。八旗分左右翼，设左右翼长，称“众之主”，各领左右四旗。

八旗制度下的所有部众，即所谓属人，都与旗主有君臣之分，各旗的上层分子居住在城中，固山和牛录居住在村寨。住在城中的诸贝勒、大臣，凡出征、狩猎、征调各种徭役，皆从城堡以箭传至各个村寨；而各地的大臣轮番到都城居住、守卫，形成上自汗、八和硕贝勒，下至牛录额真、章京、领催，直至普通部众的等级制。史家称这种体制为“联旗制”。一旗之事，他旗不得干预。如捕猎、市易、赏赐、家事等，一律由本旗旗主贝勒决断，并立有条规，凡田猎之事，“须先告知本旗贝勒”，不得擅自行动。各旗属下人交易须在本旗，如买卖人口，如果“越至他旗市”，一旦被执，便将所卖人口“身价二分入官，一分给拿获之人”。贝勒“勿越旗赏赉。诸申不得越旗向他旗贝勒求索，否则将以应得之罪”。旗与旗之间互不相通，俨然八个独立王国。努尔哈赤通过设立五大臣为代表的行政执法者来解决旗与旗之间的纠纷。这也是中央机构的雏形。

女真社会历史发展与生产关系所产生的独特社会结构——八旗制度，既有利于社会生产力的发展，又有利于民族共同体的形成。八旗的建立，最终结束了女真“部落无统”、关系涣散的落后局面。“一国之众，八旗分隶”，从而在政治上为国家的建立奠定了基础，经济上为实现向农业社会的全面过渡准备了组织条件。

努尔哈赤的另一项重要举措是创立了本民族的文字。女真的祖先肃慎人有无自己的文字，因没有明确的文字记载，现在已经无从考证。但有据可考的是，女真人起先有自己的语言，却没有自己的文字，而借用契丹字。女真首领阿骨打建立金国后，出于治国的需要，命完颜希尹创制女真文。完颜希尹奉命“依仿汉人楷书字，因契丹字制度，合本国语，制女真字”。这种“女真字”史称“女真大字”。“女真大字”通用十几年后，金熙宗完颜亶又创制了一种女真字，史称“女真小字”。从此以后，两种女真字开始并行通用。

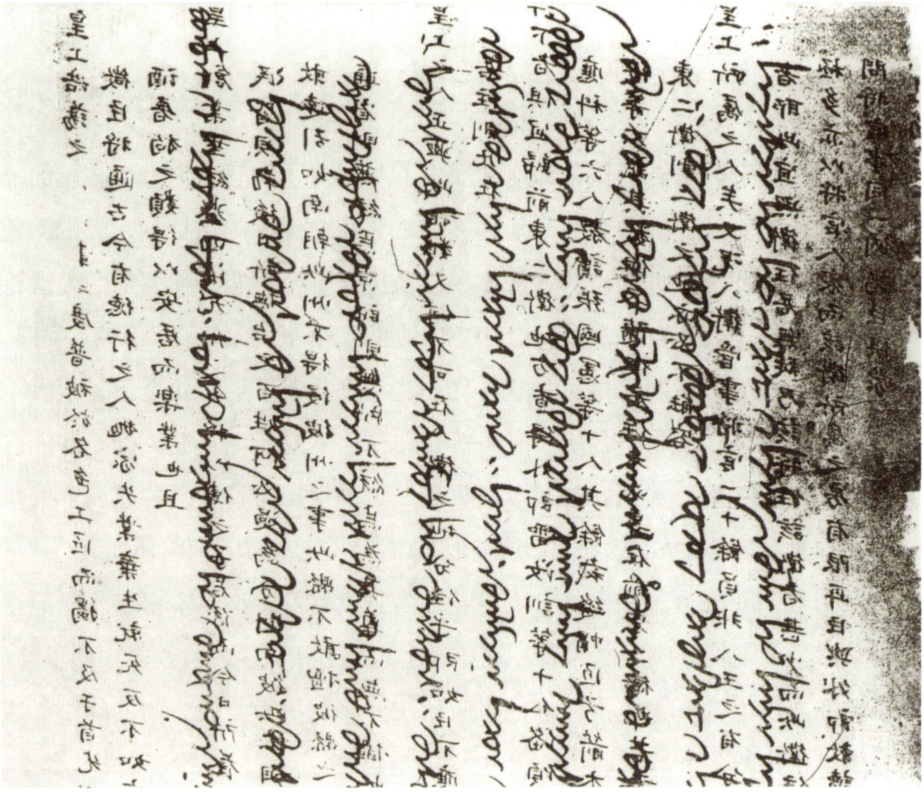

写在明朝公文纸上的老满文

到明朝后期，除本民族的语言仍被使用外，文字已开始被废弃，女真人改用蒙古文字。

早在后金建立之前，万历二十七年（1599）二月，努尔哈赤决定创制本民族的文字，并命额尔德尼和噶盖创制。具体创制的过程，在《满洲实录》中有比较详细的记载。额尔德尼和噶盖奉命创制满文后不久，噶盖“以事伏法”，故由额尔德尼单独承担并完成了创制任务。额尔德尼所创制的满文，是在蒙古文字基础上创制的，其字母基本上仿照蒙古文字母而成，没有圈点，称为“无圈点满文”，或“老满文”。它的出现对女真社会的发展具有积极的作用，标志着一个民族发展的成熟。

建国称汗，就意味着努尔哈赤正式举起了与明朝分庭抗礼、争夺天下的旗帜。“从这一天开始，一个以‘金’命名的朝代，进入中国的朝代序列中……曾经一团散沙的女真人在努尔哈赤的聚合之下，终于变成铁板一块，出现在大明帝国的卧榻之侧。统一战争使女真人在动荡中壮大，将这个分散而积弱的民族凝聚成一个强大的民族。在消灭了所有的敌人之后，骁勇的女真人需要新的敌人，这时，一个更大的野心开始在努尔哈赤心中孕育，那就是吞并大明王朝。对此，自得其乐的万历皇帝，一无所知。”①

此时后金的疆域，东起东海，西至辽东边墙，南达鸭绿江，北接嫩江，占据了东北大部分地区。而后金与明朝的决战，也正在酝酿之中，而且马上就要开始了。

努尔哈赤和他的子孙们，从这里出发，到最后取明朝的天下而代之，还有近 30 年的路要走。虽然在历史的长河中，30 年微不足道，而在当时的东北大地上，却是血雨腥风、刀光剑影的 30 年，是金戈铁马、战火纷飞的 30 年，这也是改变中国历史走向、改变中国命运的 30 年。

---

① 祝勇：《辽宁大历史》，东方出版社 2013 年版，第 67 页。

第二章　挺进辽沈大地

一、血战萨尔浒

努尔哈赤在赫图阿拉称汗后，军事上不断取得胜利、政治上日益强大，他把战略重点转移到对明朝的抗争上。天命三年（1618），后金建立的第三年，即明朝万历四十六年，四月十三日，努尔哈赤在赫图阿拉"告天"誓师，宣读了与明朝结有"七大恨"的讨明檄文，正式与明朝决裂，开始了与明朝的决战。

"七大恨"的内容主要是，努尔哈赤的祖父、父亲被明军杀害；明朝政府对待女真各部不公平，偏袒叶赫，压制建州；明朝政府不守信义，不遵界约，侵占建州取得的哈达的土地。其中有四条直指明政府。除了"七大恨"，还有数不清的许多小恨。"七大恨"作为反明檄文，道出了努尔哈赤埋藏在心底的积怨，在某种意义上代表了女真人反抗民族压迫的强烈复仇愿望，因此具有极大的号召力。

努尔哈赤在赫图阿拉"告天"誓师，宣读了"七大恨"的讨明檄文后，当天就率步骑2万，兵分两路，向明朝辽东的咽喉要地抚顺城发起进攻。守抚顺城的明军守将李永芳寡不敌众，率军500人投降。抚顺城以东诸堡，大都为后金军所攻占。辽东巡抚李维翰急命总兵张承胤率军1万反击。努尔哈赤分兵三路迎战，全歼明军，获马9000匹，甲7000副，兵器装备甚众，并攻略劫掠500余所村寨屯堡，掳获人畜30万，后毁抚顺城而还。

抚顺之战是努尔哈赤公开反明实施的第一个军事行动，它检验了后金八旗的战斗力，暴露出明军防御能力的薄弱。

初战告捷，更增强了努尔哈赤取明而代之的信心。五月，后金军再次出征，所谓横排“百里”进军，就是如入无人之境，大跨步进军，相继攻克抚安堡、花豹冲堡、三岔儿堡（均在今辽宁铁岭东南）等11个屯堡。七月，继入鸦鹘关，袭破清河堡（今辽宁本溪东北）。返兵之时，努尔哈赤割去掳来汉人的双耳，令其送信与明：“若以我为非理，可约定战期出边，或十日，或半月，攻城决战；若以我为合理，可纳金帛以图息事。”公然向明廷下战书，还让俘获的各地商人带上“七宗恼恨”，令他们传递战书。

沈阳故宫藏清锁子甲

努尔哈赤欲乘胜进攻沈阳、辽阳，但因力量不足，且侦知明廷将派大军增援辽东，遂于九月主动撤退。

“抚顺之战”是后金与明朝的第一次大战，在明辽东长城打开了一个缺口，对后金以后的发展影响深远。嘉庆皇帝东巡时作《抚顺城》诗，其中写道：“德洽群黎拓疆域，我朝自此建鸿基。”就是说抚顺之战在后金发展历史上具有奠基性作用。

抚顺兵败城陷的消息传到北京，“举朝震骇”，造成了当时朝内的紧张局面，让明朝廷感到事态严重，真正认识到了辽东局势的危机。直至此时，明朝才开始对建州女真的骚扰产生了危机感。多年不理朝政的万历皇帝惊呼：“辽左覆军陨将，建州势焰益张，边事十分危急。”尽管此前，一些有识之士已经洞察到了建州女真对明朝的潜在威胁。在努尔哈赤起兵的33年中，不断有人对建州的迅猛发展表示担心，但都没有引起明廷的真正重视。此役之后，明朝才真正开始将辽东的稳定纳入国家的军事防御计划之中，边防重心开始转移到辽东，遣兵布将，集结军队，设防御敌。

明朝为了保卫辽东、消灭后金势力，决定发动一次大规模的征讨战争，以期一次性彻底消灭努尔哈赤领导的后金。明朝派兵部左侍郎杨镐为辽东经略，主持辽东防务，并从川、甘、浙、闽等省抽调兵力，增援辽东，又通知朝鲜、女真部落之一叶赫出兵策应。天命四年（1619）二月，明抵达辽东的援军有8万余人，加上叶赫兵一部、朝鲜军队1万多人，共约10万，号称20万（一说47万）。杨镐坐镇沈阳，命兵分四路围剿后金。由此爆发了举世闻名的“萨尔浒大战”。

四路明军出动之前，作战意图即为努尔哈赤所侦知。他认为明军南北二路道路险阻，路途遥远，不能即至，宜先败其中路之兵，于是决定采取“凭尔几路来，我只一路去”的集中兵力、逐路击破的作战方针，将10万兵力集结于都城附近，准备迎战。

二月二十九日，后金军发现明朝刘綎军先头部队自宽甸北上，杜松率领明军主力已出抚顺关东进，但进展过速，孤立突出。努尔哈赤以原在赫图阿拉南驻防的500兵马迟滞刘綎，乘其他几路明军进展迟缓之机，集中八旗兵力，迎击杜松军。三月初一，杜松军突出冒进，已进至萨尔浒，分兵为二，以主力驻萨尔浒附近，自率万人进攻铁背山的吉林崖。努尔哈赤看到杜松军孤军深入，兵力分散，一面派兵增援吉林崖，一面亲率六旗兵4.5万人进攻萨尔浒的杜松军。次日，两军交战，明西路军全军覆没。

萨尔浒之战书事碑，沈阳故宫藏

努尔哈赤在歼灭杜松军

后，即将八旗主力转锋北上，去尚间崖方向迎击马林军，明北路军除主将马林率数骑逃回开原外，全军覆没。正在路上准备支援潘宗颜部的叶赫贝勒金台石、布扬古听闻明军大败，遂撤回叶赫。

刘綎所率的南路军因山路崎岖，行动困难，未能按期进至赫图阿拉。努尔哈赤击败马林军后，立即移兵南下，迎击明南路军。努尔哈赤采取诱其速进、设伏聚歼的打法，事先以主力在赫图阿拉南的阿布达里岗布置埋伏，另以少数士兵冒充明军，诈称杜松军已迫近赫图阿拉，要刘綎速进。刘綎信以为真，立即下令轻装急进。刘綎的先头部队进至阿布达里岗时，遭到伏击，刘綎兵败身死。努尔哈赤乘胜击败其后续部队。

杨镐坐镇沈阳，掌握着一支机动兵力，对三路明军未作任何策应。及至杜松、马林两军战败后，才在三月初五，慌忙调李如柏军回师。李如柏军行动迟缓，仅至清河堡东的虎拦岗。当接到撤退命令时被后金哨探发现，后金哨探在

辽宁抚顺萨尔浒之战遗址

山上鸣螺发出冲击信号，大声呼噪。李如柏军以为是后金主力发起进攻，惊恐溃逃，自相践踏，死伤1000余人。朝鲜军队元帅姜弘立率领剩余的5000兵力下山投降。

5天之内，八旗军即击败明军全部精锐，除李如柏军逃回外，明军损失4.5万余人，宿将军官战死者300多人，丢失骡马2.8万余匹，火炮多门以及鸟铳2万多支。

“萨尔浒大战”是明朝与后金力量消长的关键一战，在明清战争中占有十分重要的地位。此役以努尔哈赤全胜而告终。这一胜利奠定了后金在辽东战场上的主导地位，使努尔哈赤信心大增，成为后金进入中原的决定性战役。

萨尔浒大战的胜利，从根本上改变了辽东的形势，从此明朝在关外被迫由战略进攻转为战略防御，由主位转为客位；而后金力量猛增，由被动变为主动，由战略防御转为战略进攻。辽沈大片土地，不久后都成了后金的领土。有人甚至极而言之，说“萨尔浒大战是改变中国历史进程之战”。

北京故宫藏努尔哈赤盔甲

二、一路向西

萨尔浒大战胜利之后，后金政权在辽东地区与明朝的力量相比，已占有优势。努尔哈赤为便于实现进攻辽东腹地的战略计划，即决定将统治重心向西迁移。

1619年六月下旬，努尔哈赤在率兵攻克明开原城后，并未返回赫图阿拉，而是入驻界藩城，使这座城不仅作为“屯兵防卫”之地，也成了汗王后妃的安家之处。界藩城距赫图阿拉城 120 里，位于今抚顺县章党乡高丽营子村南数里浑河与苏子河交汇之处、大伙房水库东北的铁背山上。

铁背山上树木浓密、怪石嶙峋，三面临水、一面连山，地理位置极为险要。早在战国时期，这里就有了界藩城，明代中晚期，界藩城为建州女真哲陈部城寨，后被努尔哈赤收服。萨尔浒大战前，努尔哈赤派遣 1.5 万名步兵增筑界藩城，作为防御明官军从这里进攻的第一道防线。战后，后金动用 1 万余人运筑城石料，“卜基筑城”，六月，努尔哈赤迁居界藩城。据抚顺历史考古工作者实地考察，此山有东、中、西三个山头，分别建有主城和东、西卫城，总周长为4600多米，面积约6.3万平方米，城中也曾建有相当于“殿”的建筑。按其所述：界藩城主城中的 1、2 号房址居于全城的高险平坦之处，规模大于其他房址。房址周围发现了大量的建筑构件和饰件，如条瓦、滴水、板瓦、乳钉砖等，又出土了青花瓷片等生活器皿残片，这显示出此二处房址的与众不同与规格之高。故此判断，一门三套间的 1 号房址当为后妃所居之处，而 2 号大型房址，当为努尔哈赤本人所居。

由于界藩城面积较小，而且山势险峻，建筑房屋和交通往来都很不便，努尔哈赤对居住于此处并不十分满意，当年便开始在附近物色更为合适的建城居住之地，于是在这座城以西筑萨尔浒城。天命五年（1620）三月，“议自界藩迁往萨尔浒地方，汗亲往勘视，指拨众贝勒建房居住之地”。当时所修整的既有努尔哈赤“建房居住”之处，还需另建“诸贝勒聚会筵宴之大衙门”。此城城墙及城内房舍的整修和兴建应自 1620 年春全面开始，当年九十月间，努尔哈赤正式由界藩迁居于萨尔浒，“建军民房舍，至十一月乃成”。

萨尔浒城位于今抚顺县李家乡竖碑村西北的萨尔浒山上，隔浑河与界藩城相望。其所处地势较铁背山平坦，城内面积也远比界藩城大，而且全城为一个整体，只以城墙分隔为内外两部分，东为外城，西为内城，努尔哈赤及诸贝勒驻于内城。

界藩城和萨尔浒城的性质，在努尔哈赤命迁居界藩的谕旨中已经说得比较明确，即为便于向西进攻明朝而建的前沿指挥中心，与正式作为政权大本营和统治中心的都城赫图阿拉相比，在地理位置、人文环境和经营力度等方面都有一定区别。但其中所建的“汗宫”“衙门”等，仍承袭以往的传统，并对此后辽阳、沈阳都城中的宫殿产生了重要的影响，成为清入关前满族政权宫殿发展过程中的一个重要节点。

三、进军辽沈

萨尔浒之战后，明军一时无力进行大规模军事进攻，分别退守城池。天命四年（1619）六月，后金兵万骑从静安堡入，乘开原疏于防守之机，一举而下，明总兵马林战死，来自铁岭的援兵也被击败。后金从这里掠回的人畜财物运了三日犹未尽。开原城大民众，是明朝联络女真和蒙古一些部落的重镇。后金占了开原，既形成了进取辽沈的有利态势，也导致明朝边患日益严重，还有了牵制蒙古的条件，在军事上和政治上都有深远的意义。

六月，明廷命熊廷弼为辽东经略。熊廷弼面对辽东的残破局面，力排朝中“进剿”之议，坚持主张“坚守渐逼之策”，实施积极的战略防御：在叆阳、清河（今辽宁抚顺东南）、抚顺、柴河（今辽宁铁岭东）、三岔儿（今辽宁抚顺市北）、镇江（今辽宁丹东东北）各重要关口，布置重兵，构筑工事，形成灵活机动的防御体系，企图首尾呼应，小警自为堵御，遇大敌互相应援，不时出击骚扰敌人，伺机进行反攻。熊廷弼把开原、辽沈和京师视作一条不可分割的防守链条。七月二十五日（1619 年 9 月 3 日），努尔哈赤亲自领兵攻打铁岭。明军英勇抵抗，从寅时血战到辰时，但被后金内应开城，参将丁碧以下将士殉国者颇多，千总卢孔时手执铁棍，杀死数十名后金军，力战身亡。铁岭被围后，同时向辽东总兵李如桢和驻虎皮驿的总兵贺世贤求救，李如桢路近却不去，贺世贤路远急驰往救，遇援助后金的东蒙古各部联军，大战一场，因城陷而还。

天命五年（1620），后金军两入明边，劫掠花岭山城，俘获约 400 人。八月，努尔哈赤带领诸王大臣统兵围懿路、蒲河，兵临沈阳城下。熊廷弼乘马趋救，督将策应，后金兵在沈阳被击败，退屯灰山。熊廷弼进攻灰山，努尔哈赤撤回建州界藩城。

正当辽东形势趋于好转之时，明廷发生重大变故，神宗朱翊钧及新即位的光宗朱常洛在不足两月的时间里相继死去，熹宗朱由检即位；时三案（梃击、红丸、移宫）构争，党祸益炽。性情刚直的熊廷弼成为党争的牺牲品，以莫须有的罪名被迫解职，由袁应泰代为辽东经略。袁应泰一改熊廷弼的积极防御政策，力主积极进攻，使得辽东军心涣散，边防紊乱。

努尔哈赤抓住战机，于天命六年（1621）二月，趁辽东经略换人、守备空虚之机，亲率大军分八路进攻奉集堡、虎皮驿，打开沈阳门户。又于三月初十日，在萨尔浒新城誓师起程，亲率大军，载云梯营栅等战具，自浑河顺流而下，水陆并进直奔沈阳。两日后兵临城下，于城东七里河结营列阵。

此时，沈阳城有贺世贤、尤世功两位总兵官领兵万余驻守。努尔哈赤见城外坚壕宽堑，枪炮众多，未敢贸然进攻。又得知明川浙总兵陈策、童仲揆率精锐兵万余，已从辽阳出发北上驰援沈阳；奉集堡总兵李秉诚、守武靖营总兵朱万良等领兵 3 万也来增援。努尔哈赤认为，如果战事有所拖延，待援沈明军到达，势必前后受敌，于攻城不利。于是果断采用智取与力攻并举之策，以迅速攻取沈阳城。他先派数十骑兵于城外诱战，明军中武举出身的尤世功率家丁出击，斩获四人得意而返。次日，努尔哈赤再派骑兵挑战，贺世贤贪功出城应战，声称要“尽敌而返”。后金军诈败，贺世贤中计乘锐轻进，八旗精骑从四面合围，将其困于阵中。贺世贤力战突围，退至西门时战死城下。尤世功率兵赶到西门营救，遭后金军阻截，也被杀死。努尔哈赤见时机已到，即令步兵用云梯、循车攻城，八旗兵乘势越壕攻城。守城明军见主将已死，军心涣散，皆“汹汹而逃”，城内众多蒙古降卒起而内应，砍断吊桥，后金军拥门而入。“坚城”沈阳被后金军攻破。

而此时，陈策军刚刚到达浑河，于桥南北驻营。后金军先以右翼四旗进攻桥北周敦吉、秦邦屏军，经过三个回合的激战，明军饥疲不支，二主将皆战死。

之后，后金军渡浑河进攻桥南陈策军。明军列置火炮掘壕扎营，严阵以待，后金军一上岸，即火器齐发。火药用尽则短兵相接，与之展开血战，直至全部阵亡。另一路援军朱万良、李秉承到达浑河南后领兵来援，遭后金军阻击一战即逃。后金军在一日之内，击败明军六七万，斩杀3万余人。

辽阳是东北的首府，沈阳是它的屏蔽，沈阳一失，辽阳岌岌可危。辽阳的地理条件十分优越。辽阳城地理形胜险要，规制宏伟，守御严密，居东北之诸城之首，有着悠久的历史和重要的地位。明代城高广大，墙垣包砖，城之四隅有角楼，周围有城壕（护城河），沿壕排列众多火器枪炮，环城四面分兵把守。在后金攻占辽阳前夕，明朝辽东经略袁应泰、巡按张铨部署兵力，严加坚守，挖了三四层城壕，还命令放太子河水于城壕，想以此来抵御后金汗国八旗兵的进攻。

攻克沈阳后的第五天，三月十八日，后金发兵攻辽阳。袁应泰督催总兵官侯世禄、李秉诚等出城扎营与后金兵对垒，本人也宿营中。二十日，后金兵分

《满洲实录》记载《太祖克沈阳》

两路攻城，右翼攻东门，左翼攻小西门闸口。努尔哈赤在右翼指挥。他们堵塞入水口，城壕开始干涸，遂布列楯车攻城。明步兵在前，骑兵在后，骑兵先动摇，步兵力战不支，向城内败退，人马拥挤，践踏及坠水而死者甚多。攻小西门的后金兵，欲挖开闸口，被明军炮火所阻，又冒着炮火夺桥而入并登上城墙。二十一日，后金发起更猛烈的攻势，袁应泰督诸军应战失利。傍晚，城内起火，守军大乱，袁应泰知城已陷，遂自焚。巡按御史张铨被俘，劝降不服，自缢死。

经过 3 天的浴血奋战，后金军大获全胜。《清太祖高皇帝实录》载辽阳城民“阖城结彩焚香，以黄纸书万岁牌”来欢迎天命汗。

沈阳、辽阳被攻占，辽东地区明军纷纷投降，金、复、海、盖州卫“悉传檄而陷”，大小 70 余城尽入后金之手，努尔哈赤遂迁都辽阳。

辽沈失守，广宁（今辽宁北镇）成为明朝政府在关外的最大基地。为了挽救残局，明朝再次起用熊廷弼为兵部尚书兼右副都御史，驻山海关经略辽东军务，又用王化贞为右佥都御史，巡抚广宁，以期扭转战局。

熊廷弼力主“三方布置策”：集中辽东步兵扼守广宁，从正面与后金军对峙，牵制其主力行动；以天津为基地，集中水师主力，随时准备由水路进击辽阳附近地区；在登州（今山东蓬莱）建立船舰基地，集中部分水陆两栖部队，适时袭扰后金的腹心地区。等待时机，大举反击。而王化贞则违背军事常识，主张将辽东主力呈一字阵摆开，分兵扼守辽河。“经抚不和”与朝内党争搅在一起，使得防御上集中与分散的分歧进而演变为防御与进攻的分歧。王化贞在其朝内党羽的支持下，取得了辽东战场的实际指挥权，并部署诸将，准备渡河进战。正当经抚矛盾日趋激烈之时，天命七年（1622）正月，努尔哈赤趁机发兵攻占广宁，明朝总兵刘渠、祁秉忠等部全军覆没。熊廷弼、王化贞带领辽东军民逃入山海关，关外几无遗土。

自“七大恨”誓师伐明以来，4 年之间，努尔哈赤兵锋所向，锐不可当。整个辽东形势大变。

三月，明廷改命王在晋为辽东经略，袁崇焕为兵备佥事，指挥辽东战局。但王、袁战略方针相左，不久即由兵部尚书孙承宗接替王在晋为辽东经略。孙承宗兼取袁崇焕等人的意见，一面派袁崇焕固守宁远，一面派水师驻守觉华岛（今辽宁兴城南菊花岛），以便水陆配合，屏蔽山海关。同时出兵收复锦州、松山（今辽宁凌海南）、大凌河（今凌海东）、小凌河（今凌海东南）、杏山（今凌海西南）、右屯（今凌海东）诸要地，作为宁远外围据点，将明军防线向前推进 200 多里，辽东战局初步稳定下来。

第三章　建都：从辽阳到沈阳

一、营建东京

迁居萨尔浒城后不到半年，努尔哈赤就实现了预先设想，攻克沈阳、辽阳等城，进而占领明辽东地区全境。随之，将统治中心西移，迁都辽阳城，并把辽阳称为东京。

辽阳是一座历史悠久的古城，有两千多年的建置历史，一直是东北地区的政治、军事和文化中心。辽阳古称襄平，其名称始于汉代，因地处小辽水之北，故名曰辽阳。燕昭王二十八年至三十三年（约前 284 至前 279），燕国大将秦开奔袭东胡，使“东胡却千余里”，又进击箕氏朝鲜，“取地二千里”，然后在辽河流域设置辽东郡，同时置襄平县，郡、县治地均在今辽阳市老城区的襄平城。此后，辽阳一直是中国东北地区的政治、经济、文化中心和交通枢纽，也是军事重镇，历代的政权治所都设在辽阳，沈阳则长期是辽阳的卫城。明朝立国后，在东起鸭绿江、西抵嘉峪关长达万里的防御线上，设置了 9 个国防重镇，其中辽东镇就在辽阳。同时，还在东北各要塞修建了 18 座城池，辽阳城是其中最大的一座。据《辽东志》记载，辽阳城从洪武五年至十六年（1372—1383），历时十余载，在旧城址的基础上，几经修筑和扩建而成为一座砖石结构、周长 24 里多的方城。明朝在此设都指挥使司，又置经略衙署，是明朝在东北的统治中心和军事重镇。

努尔哈赤率兵夺取辽阳后，以其远见卓识立即决定迁都辽阳。他在排除诸臣的反对意见时说：“天既眷我，授以辽阳，今将移居此城耶，抑仍还我

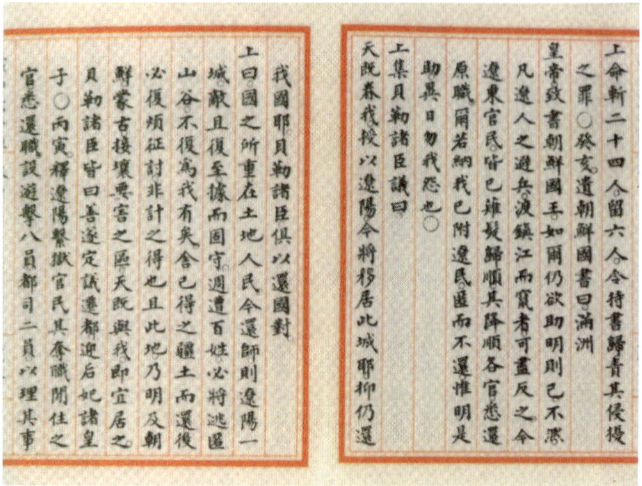
上命斬二十四人留六人令持書歸責其侵擾
之罪○癸亥遣朝鮮國書曰滿洲
皇帝致書朝鮮國王如爾仍欲助明則已不然
凡遼人之避兵渡鎮江而竄者可盡反之今
遼東官民皆已薙髮歸順其降順各官悉還
原職爾若納我已附遼民匿而不還惟明是
助異日勿我怨也○
上集貝勒諸臣議曰
天既眷我授以遼陽今將移居此城耶抑仍還
我國耶貝勒諸臣俱以還國對
上曰國之所重在土地人民今還師則遼陽一
城敵且復至據而固守週遭百姓必將逃匿
山谷不復為我有矣舍已得之疆土而還後
必復煩征討非計之得也且此地乃明及朝
鮮蒙古接壤要害之區天既與我即宜居之
貝勒諸臣皆曰善遂定議遷都迎后妃諸皇
子○丙寅釋遼陽繫獄官民其奪職閑住之
官悉還職設遊擊八員都司二員以理其事

《清太祖高皇帝实录》迁都之议

国耶？”贝勒诸臣都说还是回去，努尔哈赤说：“国之所重，在土地人民，今还师，则辽阳一城，敌且复至，据而固守，周遭百姓，必将逃匿山谷，不复为我有矣，舍已得之疆土而还，后必复烦征讨，非计之得也。且此地乃明及朝鲜、蒙古接壤要害之区，天既与我，即宜居之。”意思是说，一旦撤军，明朝军队必然卷土重来，那时土地人民不再为后金所有，所以还是迁到辽阳为好。遂定议迁都辽阳。

后金政权迁都辽阳，标志着明朝在辽东统治的结束，也标志着后金政权在辽东统治地位的确立。天命六年（1621）三月二十一日，后金军队攻占辽阳城。努尔哈赤于当日入城，居住在明辽东经略袁应泰的都司衙门中，并“遣人往迎众妇人及诸子来城居住”。

从努尔哈赤几次迁移都城的历史看，基本上都是在取得新的战略胜利后，即将统治中心移至靠近下一个发展目标之处或新占领区，而且始终是向外扩展，绝不再回到以前的旧都。此次占领辽东地区后也是如此。据《满文老档》的记载，他在命参将阿胡图回萨尔浒接后妃等人至辽阳时，即已吩咐“命尽宰家中猪家，（用于）祭祀，而后引众福晋前来”，表露出不想再返回原居住地之意。

努尔哈赤迁都辽阳后，暂住在原辽东都司衙门。按明代《全辽志》内附图标示，辽东都司衙门位于城内东南，是包括正房、中厅、后堂等百余间房屋的大型衙署兼住宅的建筑群。此时的都司衙门起到了临时宫殿的作用。

天命六年（1621）四月初五，大福晋乌拉纳拉氏率众侧妃到达辽阳，入城内汗王居所。

但此时的辽阳城虽系辽东重镇，地域辽阔，却难以固守。另外，由于努尔哈赤以前所居的赫图阿拉等女真地区山城面积都不大，住在位于平地而且面积较大、周围汉人较多的辽阳城内似乎不太习惯，因此曾想在辽阳城中再修一座围绕其住宅和“汗衙门”的“汗城”。于是，努尔哈赤与众贝勒商议后，决定修建新城。

从天命六年（1621）八月起，努尔哈赤命人在旧辽阳城外修筑新城，作为后金的都城和宫殿所在地。新城位于辽阳旧城东约 8 里的太子河畔的山岗上，今辽阳市太子河区新城村。其东南依韩家碏（鹊）山，东南傍老大石山，西濒太子河，建在山川突起的台地上。新城虽然是在高低不平、方圆不整的山坡上，却也修筑了八座城门，并分别命名为“抚近”“怀远”“内治”“外攘”“天佑”“地载”“德盛”“福胜”。天命七年（1622），努尔哈赤尊辽阳新筑之城为“东京”。后金的领导中心从此由浑河上游迁移到辽沈平原，帝国大业又迈出了一大步。

修筑城池及宫殿的工程应从天命七年（1622）三月以后

辽阳东京城东门遗址

正式开始，“宫殿与城同时建”，其使用应自天命八年（1623）开始。关于辽阳新城的规模，康熙二十年（1681）的《辽阳州志》所记如下：

东京城在太子河之东，离辽阳城八里。天命六年建。城周围六里零十步，高三丈五尺，东西广二百八十丈、南北袤二百六十二丈五尺。城门八：东门二，一曰抚近，一曰内治；西门二，一曰怀远，一曰外攘；南门二，一曰德胜，一曰天佑；北门二，一曰福胜，一曰地载。

辽阳东京城南门遗址

此虽是稍晚的记载，但辽阳东京城在努尔哈赤迁都沈阳后即未再增修，所以上述记载应与建城时的情形差别不大。后金在修筑宫殿的过程中，启用了许多汉族工匠，借鉴了汉族宫殿的建筑设计、技术以及材料，因而辽阳皇宫与赫图阿拉城宫殿相比有了很大的进步。营建东京城所使用的木材大部分选自新宾、浑河、苏克素浒河上游，即今新宾、桓仁一带的山区。石材多是辽宁本溪桥头一带的“红小豆石”，这种石料在后来所建的沈阳故宫中随处可见。辽阳东京城的建筑材料以木材、青砖、石料、琉璃砖、琉璃瓦等为主，在构筑方法和质料上，已不再是像赫图阿拉城那样的原始状态，开始转入以砖石筑城的阶段。在筑城结构上开清入关前都城“城墙用砖石包砌、木柱用柱础石为基”之先河。

《满文老档》中关于辽阳东京城政务活动最早的确切记录，是在天命八年

（1623）的四月二十九日，是日：

> 以额勒齐布、萨比干合为备御，达岱、方喀拉合为备御，达吉哈、阿纳布合为备御，于诸贝勒集八角殿之日乞请在案。

“八角殿”是对东京城内新建之汗王与诸贝勒集会、审案、筵宴的“大衙门”的俗称，盖因其殿顶为八角攒尖式之故。此时有使用八角殿之记载，说明该殿在此前已建成并付诸使用。殿为八角形亭式，时称“大殿”“八角殿”，用作议政、筵宴、审判甚至禁闭犯罪贵族之处所。考古发掘结果表明，这座大殿以内外各8根圆柱结合梁枋组成木构架，柱直径约45厘米，其下各有7厘米见方、12厘米厚的柱础石。殿顶为八角攒尖式，上铺黄绿两色琉璃瓦，殿内地面铺设六角形琉璃面砖。这些琉璃构件的使用，标志着后金宫殿在建筑材料上已与民间截然分开，更具皇家宫殿气派。

除八角殿外，东京城内还建有努尔哈赤住宅，即史料中所谓“汗家”或“汗宫”“内廷”。用于处理政事的“殿”和汗及福晋们居住的“宫”各成单元，都位于城的中心。东京城宫殿的宫区，位于八角殿之西100米左右的夯土高台之上。根据遗址勘测判断，台高在3米之上，长宽各为16米左右，外表砌砖石。据史书记载，这里有中宫、配宫、便殿等建筑。考古发掘结果证明，宫区内还建有楼阁，与赫图阿拉、佛阿拉时期的汗宅相依承。殿在东，宫在西。东京城中的汗王宫与八角殿呈现“东朝西寝”的特点，沿袭了费阿拉以来宫殿制度的传统。

从佛阿拉至萨尔浒的几座山城和汗王居室，都是依女真族住宅习俗的传统，结合其民族政权发展壮大的进程而建造的。虽然已经有别于一般民居，但与中原王朝的宫殿有明显区别，具有鲜明的民族特色。辽阳东京城都城与宫殿，是后金进入辽沈汉族居住地区后，为供汗王及八旗贝勒大臣居住而专门建造的，尽管承袭了原辽东山区同类建筑的一些传统制度和做法，但由于对汉族先进思想文化的学习和吸收，对喇嘛教的接受与扶持等因素，其宫殿建筑在保持本民族特色的前提下，呈现出多民族建筑风格相融合的特点。不过，本民族宫殿制度的特色仍然十分鲜明，诸如汗王之家（宫）与处理国家政务的衙门（殿）分在两处建造，殿前设有八旗贝勒大臣使用的建筑，以及汗王宫殿位于城内高处等，对此后沈阳宫殿建筑风格的形成产生了直接的影响。

二、迁都决策

努尔哈赤在新营建的东京城住了不到四年，后金天命十年（1625）农历三月初三日，他出于长远战略发展的考虑，决定离开刚刚建成的辽阳东京城，将都城北迁至距辽阳 180 里的沈阳。

本次迁都前，与自赫图阿拉迁界藩、自萨尔浒迁辽阳一样，面对部分贝勒大臣的反对意见，努尔哈赤力排众议、乾纲独断，并向众人说明了这样做的原因。《清太祖高皇帝实录》记载：

> 上欲自东京迁都沈阳，与贝勒诸臣议。贝勒诸臣谏曰：迩者筑城东京，宫室既建，而民之庐舍尚未完缮，今复迁移，岁荒食匮，又兴大役，恐烦苦我国。上不许曰：沈阳形胜之地，西征明由都尔鼻渡辽河路直且近。北征蒙古二三日可至。南征朝鲜可由清河路以进，且于浑河、苏克素浒河之上流伐木顺流下，以之治宫室、为薪，不可胜用也。时而出猎，山近兽多，河中水族亦可捕而取之。朕筹此熟矣，汝等宁不计及耶？

《满文老档》中亦记载了迁都之事：

> 三月初三日，汗迁往沈阳。辰时出东京，谒父祖之墓祭扫，于两殿杀五牛，备纸钱而祭之。祭扫毕前往沈阳，宿虎皮驿堡。
>
> 初四日，于河水桥台有巴珲台吉叩见。于沈阳河渡口，有率兵往征瓦尔喀之塔玉、噶尔达、富喀纳叩见。未时入城。

这次迁都并非仓促间决定并实行的。迁都的原因，按《清实录》所记，是努尔哈赤出于日后西征明、北征蒙古、南征朝鲜等考虑，另外，因为浑河、苏克素浒河与老家的交通便利，所以补给也较方便。虽然努尔哈赤的理由很充分，但事情并不是那么简单。事实上，当时还有一些清史书中不便明言的原因。

民间有一个传说，说在修建东京城的时候，风水先生告诉努尔哈赤，必须在东京城的西南角盖一座娘娘庙，在东门内盖一座弥陀寺，在龙凤岭盖一座千佛寺，才能压住龙脉。但这样只压住了龙头、龙爪和龙尾，中间的龙脊没有压住，所以，龙一拱腰，飞上天空，一直飞到浑河岸边。努尔哈赤就在龙潜伏的地方重建新都，并认为龙是奉上天的旨意，于是改沈阳为“奉天”。

对于这样的民间传说，可以姑且听之，但许多研究者都注意到，后金迁都的原因，并非像记载中努尔哈赤所说的那么富有远见、英明伟大。实际的情况是，进入辽东地区后，女真人和当地汉人的民族矛盾比较尖锐，而且辽阳又是本地区大量汉族人口长期聚居的中心城市，后金国内又逢饥荒严重、粮食匮乏，汉人的反抗此起彼伏，以此为都城很可能产生民族冲突。而沈阳城规模较小，比较容易控制，可以大大减少这种冲突，这也是后金此次迁都的一个重要原因。明朝一直把沈阳作为军事重镇来经营，所以中卫时期沈阳的人口，与辽金时代的沈州相比，甚至与元代的沈阳路相比，都要少得多。与辽阳相比，沈阳的人口少，汉人更少。在努尔哈赤迁都之前四年，女真人攻下沈阳城前，这里几乎是一座兵营。天命六年（1621）三月防守沈阳的明军有 7 万之众。清史学者佟悦在《清代盛京城》一书中说：“区区几平方公里的范围内即有如此多的驻军，哪还会有普通老百姓？”[1] 佟悦这话的意思是说，当八旗大军占领沈阳的时候，这里几乎就是一座空城！

所以，此次迁都，并非只是为了战略进攻，相反极有可能具有“战略退却”的意味。因为当时明朝军队在辽南地区不断袭扰后金，加上后金统治区域内汉人的反抗，这些让努尔哈赤颇感难以应付，而沈阳城不仅具有努尔哈赤所说向

---

① 佟悦：《清代盛京城》，辽宁民族出版社 2009 年版，第 19 页。

西、向北、向南进攻的位置优势，也同样有东达建州女真大本营（今抚顺、新宾一带）相对便利的交通优势，努尔哈赤决定迁都时应该考虑到了这一点，而且这很可能是重要的因素。

总之，无论是进是退，迁都沈阳之举都是具有战略意义的转移，为后金立足东北、扩大影响，进一步与明朝抗衡，到最终图谋天下提供了广阔的发展空间。

无论出于何种原因，努尔哈赤于三月初三日早晨率部众离开东京城，当晚宿于沈阳附近的虎皮驿，次日未时正式进入沈阳城，这一史实是明确无误的。

沈阳城的历史进入一个新的阶段，沈阳故宫建造的历史也由此揭开了序幕。

这一年是明朝的天启五年（1625），魏忠贤当权，由于朝廷忙于镇压东林党人，好像没有谁注意到努尔哈赤的这一举措。

三、定都与沈阳城崛起

在沈阳城市发展史上，努尔哈赤定都沈阳，是一个具有重要影响的节点。此后，沈阳由一个普通的关外小城一跃而成为一代都城，成为东北地区的中心城市，进而成为现在的历史文化名城。

沈阳拥有优越的自然环境，这是日后发展的重要条件。沈阳处在一片大平原中间。说是平原，其实距山陵也不远，东部即为辽东丘陵山地，再往东，就是抚顺地界，便进入了辽东山区。背对着那些茂密的深林和峻岭，沈阳的地势向西、向南逐渐开阔平坦，由山前冲洪积平原过渡为大片冲积平原，具有倚山面水，背高望远，远可攻、近可守的地理大势。广袤的平原使沈阳城视野开阔，起伏的丘陵又给这座城市平添了几分坚实感和安全感。沈阳市区地势平坦，少有起伏，平均海拔 45 米左右，适宜人类居住，也适合大规模的城市建设。

所有文明的发源多与河流有关。最初人类都是逐水而居，才产生了不同的生活形态。黄河、长江这样的大江大河自不必说，汉唐以长安为都城，就是因为有八水绕长安。沈阳其实也是八水绕城。有辽河、浑河两大水系，西部有独立的小水系——绕阳河水系，有柳河、蒲河、养息牧河、北沙河、秀水河，还有一些细小的支流。它们滋养着这片大平原。

有山有水，还是一片大平原，这真是一片沃土。《大清一统志》说：

> 盛京形势崇高，水土深厚。长白峙其东，医闾拱其西，沧溟鸭绿绕其前，混同黑水萦其后。山川环卫，原隰沃饶。洵所谓大地之奥区也。天作地藏，自开辟以来，以待圣人。

《盛京通志》说：

> 盛京沧海朝宗，白山拱峙。浑河绕其西南，混同环其东北。缔造鸿规，实基于此。

沈阳城就伫立在这片沃土上。沈阳有着悠久的历史。早在原始社会中晚期，即7200多年前，先民们就在今沈阳市区北半部的新乐遗址处繁衍生息，创造出令世人瞩目的沈阳古代文明。通过考古发掘，考古学家在一至二米厚的文化层中，发现了原始村落的房址和火膛，并出土有陶器、石器等大量历史遗存，包括木雕艺术品和“煤精”制品。新乐遗址的考古发现说明，当时的沈阳地区已进入了氏族社会的繁荣阶段。沈阳城郊的郑家洼子遗址下层也已被考古界公认为青铜文化层，其14座墓葬出土的青铜器兵器形制与中原的同类器物有所区别，但以青铜短剑为代表的器物所表现出的典型特点，仍能证明其文化内涵与铸铜技术与中原地区有明显的传承关系，代表着沈阳地区青铜文化的最高成就。

距今4100—3100多年前，在我国中原地区，相继建立了夏、商王朝。东北地属幽、营二州，周代（约公元前11世纪）以前，沈阳作为原始村落出现在营州的版图上。商周时期，沈阳地区为东胡游牧区。文献记载，沈阳最早的名称是汉代的候城，西汉时期属辽东郡。1993 年，考古工作者在沈阳市沈河区宫后里发现汉代古城墙遗址，地表有很多绳纹砖瓦，还有不少夹砂红陶器具残片。宫后里古城遗址的发现，使汉代候城县的位置得到确认。《汉书·地理志》中提到，候城县的始建年代为战国的燕昭王后期，即公元前 300 年左右。那时处于河北一带的燕国，为了抵御北方和东方骑射民族的侵扰，派大将秦开统率兵马北击东胡，“东胡却走千里”，在今我国东北地区南部建立了辽东郡和辽西郡，并在郡下陆续设县。这是我国历史上在辽宁境内设郡的开始。西汉时，沈阳已开始初具城镇规模，驻有军队，并有了正式的城名“候城”，属县制，一改过去普通村落的旧貌，变成了置有军政设施的边远重镇，其都尉治所在今沈河区公安分局附近。东汉时，候城改属玄菟郡，直至三国时期，曹魏两次出征辽东，废候城县，在今沈阳境内设置了高显、辽阳、望平等县，区域范围仍归属于玄菟郡。两晋南北朝时，东北地区的鲜卑、匈奴、高句丽等少数民族政权相继在沈阳地区建立过行政建制。高句丽曾在今沈阳苏家屯区塔山设置盖牟城，在今沈阳东陵区汪家乡上伯官村设置玄菟城。唐时，中央政权逐渐强大，对东北地区进行了几次大规模的用兵。在这几次用兵中，作为大军经过或攻取的重要地方之一，沈阳被列入皇帝的诏书中，说明沈阳历来在军事上占据重要地位。其间，大将李勣率兵破盖牟城，将其改设为盖州。唐咸亨元年（670），唐灭高句丽后于辽东重置州县，又将盖州改为盖牟州，属安东都护府管辖。

辽时，辽太祖耶律阿保机迁大批民户于沈阳地区。契丹神册六年（921），于今沈阳大北门长安寺附近建三河县，后改称乐郊县。契丹天显三年（928），辽太宗耶律德光于乐郊县筑土城，称“沈州”，将在原渤海国基础上建立的东丹国举国南迁至沈州，使沈州人口显著增加，经济出现繁荣的景象。当时州县同治一城，归东京道。金时，沈州改属东京路。此时的沈州城，居住人口达 3 万余户，周边辖 5 县，成为辽东颇具规模的重要州城。金末元初，沈州城因连遭兵火而几为废墟。经过 40 余年的荒凉废置，元至元三年（1266），元世祖忽必烈于废墟之上重建城郭，改沈州为“沈阳路”，归辽阳行省管辖。这是“沈阳”这一名称第一次见诸史册，而镌刻有“沈阳”一词的实物见证——元代“沈阳城隍庙碑”现藏于沈阳故宫内。沈阳之得名，是因元筑土城恰在浑河北岸，而浑河又名沈水，按中国习俗，“水南为阴，水北为阳”，故名“沈阳”。沈阳路辖乐邦、章义、辽滨、进城四县，逐渐发展成为一座拥有5000多户、多个民族共同生活的州城。

明朝取代元朝统治后，并未使用辽金时期的“沈州”旧名，而采用了元代晚期“沈阳路”的称谓，叫作“沈阳中卫”。

明朝统一东北地区后，在管理体制上没有实行中原地区那样的行省制，而是建立了特殊的卫所制。卫所制度，是明朝一项重要的军事制度。它是明太祖朱元璋称帝前在南京创建的，是明朝军队最为重要的一部分。在北部边疆，士兵全部驻守于这些小型城池中，大者为卫，小者为所。这些小型城池大多环卫在长城以外，与长城形成战略上的纵深，或者说，它们与长城形成了一套完整的防御系统。在明初统治者的设计中，这些貌似分散的卫、所，如同锁的各个零件一般环环相扣、严丝合缝。

沈阳故宫藏沈阳路城隍庙碑

明朝先后设置了辽东、奴儿干两个都司及北平行都司，下辖400余卫，卫下辖所。洪武十九年（1386）八月，明朝诏令，设置“沈阳卫”，领5个“千户所”。后来，又在沈阳东北80里处的贵德州（抚顺高尔山一带）地界设置“抚顺千户所”，在沈阳北40里处的蒲河镇设置“蒲河千户所”。其余卫所分设于沈阳西部、南部。这次设“卫”，标志着明代朝廷已经确定了“沈阳护卫都司”镇守边墙的战略地位。洪武二十年（1387）八月，诏令设置“沈阳中卫”，领“左、右、中、前、后5所（千户所）俱卫治内”，属辽东都指挥使司管辖。沈阳中卫是辽东都司25个卫之一。沈阳卫城驻军达9000多人，军事地位进一步加强。

明洪武二十一年（1388），因沈阳城墙毁于战火，朝廷批准沈阳中卫城指挥闵忠的奏请，对沈阳中卫城进行了大规模的改扩建。此次所修的沈阳城，第一次将外城改建成砖城，周围方圆9里30步，城高2丈5尺，十分牢固。内城为夯土筑成，城有东、西、南、北四座城门，由两条十字大街相连。这次重新修建，城址及规模已经近似于今天沈阳的老城区，奠定了以后沈阳城发展的基础。在城内中心十字大街交叉路口，建有下设四面券洞门的街楼一座（如内置钟鼓则称钟鼓楼），成为城内正中心的标志性建筑和瞭望制高点。

沈阳卫是当时明朝设在辽东的军事重镇，城的规模较前代扩大，建造水平也提高到新的层次，在明辽东都司范围内（包括辽西地区）十几座城池中，排在辽阳城、广宁城和开原城之后，居第四位，属于中等偏大的城池。而排在它之前的三座城，分别是辽东都司首府（辽阳）和对蒙古、女真防守和通商的边塞重镇。

沈阳卫城经蒲河、懿路、嚚州（铁岭），可直奔“三万卫”（开原北），又可连接抚顺，南距都司辽阳仅百余里之遥。与此同时，明代朝廷将“三万卫”置于开原，将“铁岭卫”置于奉集县（苏家屯区陈相屯镇附近）。“沈阳中卫”与这些卫城，加之都司治所辽阳，构成了完整的明朝辽东戍边卫城体系。

沈阳城之所以会有这样的规模，是由于对于明朝来说，它在防守东、北两面女真人方面具有重要战略地位，特别是对东部的建州女真，从沈阳向东经抚顺两日内即可到达建州女真的腹地。1619年春萨尔浒大战时，沈阳就是明军的大本营，大帅杨镐就在这里坐镇指挥战斗。而努尔哈赤领兵进入辽东汉人区域之际，在先攻下抚顺城后，攻取的下一个目标就是沈阳城。

天命六年（1621），努尔哈赤攻下沈阳中卫城。天命十年（1625），在努尔哈赤的主张下，后金的都城从辽阳东京城迁至沈阳。

经过东京的暂住，他走过了从兴京到盛京40多年的漫长之路。

从此，沈阳开始了作为都城的历史。所以，在沈阳这座城市里，努尔哈赤的地位十分重要，影响十分深远。沈阳作家马秋芬说："直到现在，沈阳的老百姓还都觉得与努尔哈赤很近很熟。就像他曾是住在自家就近的一位上了岁数而又不同凡响的老邻居一般。沈阳人都称他为老罕王，透着谙熟的尊敬。"①

四、从兴京到盛京

努尔哈赤的迁都之举，把后金政权的中心移到沈阳，使沈阳具有了政治、经济、文化中心的综合功能。这一迁都之举，为现代沈阳城所获得的重要地位奠定了基础。正是从这时起，沈阳从一个军事重镇一跃而成为帝王之都，成为辽宁乃至整个东北地区的中心城市。

沈阳故宫创建之时，距努尔哈赤起兵创业已有40余年的时间。天命十年（1625）努尔哈赤迁都沈阳之前，曾先后在佛阿拉、赫图阿拉、界藩、萨尔浒和辽阳等地建立统治中心。从兴京到盛京，是一个边远民族崛起的过程，是一个地方政权从弱小到逐步强大的过程，也是逐渐完成最后夺取全国政权、成为全国统一的封建王朝的准备过程。

在这个过程中，伴随着都城的几经迁徙，伴随着宫室建筑的不断完善，最后在沈阳建成了具有皇家规制和皇家气派的盛京皇宫。盛京皇宫的建成，标志着满族政权建制的完备和完善，标志着中国历史上一个新的也是最后一个皇族的诞生。

在此40年前，努尔哈赤以一个地方官吏的身份，挟"十三副遗甲"起兵，所统部下不过百人，并没有也不可能设立相应的政治统治机构，因此其居住之

① 马秋芬：《盛京流云》，沈阳出版社2018年版，第12页。

处与建州女真一般民宅并无很大差异，既无戒备森严的高墙深院，亦无用途不同的众多房舍，只是与妻子儿女同住于赫图阿拉城内普通的民居之中。

此后，随着统一建州女真事业的节节胜利，努尔哈赤统属的势力也不断壮大。1587 年，正式修建位于赫图阿拉之南的佛阿拉山城，并将其作为其统治中心的“都城”和“宫室”。努尔哈赤在佛阿拉居住了 16 年。在努尔哈赤统一女真各部的战争中，佛阿拉是具有进攻、防御和瞭望功能的堡垒，又是具有军事、行政和祭祀功能的建州左卫治城。

1603 年，努尔哈赤把统治中心迁移到位置更为优越的赫图阿拉山城。天命元年（1616），努尔哈赤在此登基称汗，立国号为大金，建元天命，使赫图阿拉城内供汗王居住、使用的建筑成为开国宫殿。赫图阿拉城成为满族政权的第一个都城。

天命四年（1619）春取得萨尔浒战役的胜利之后，后金政权在辽东地区与明朝的力量相比，已占有优势。努尔哈赤为便于实现进攻辽东腹地的战略计划，即决定将统治重心向西迁移，先后入驻界藩城和萨尔浒城。

如前所述，在迁居萨尔浒城后不到半年，努尔哈赤就实现预先设想，攻克沈阳、辽阳等城，进而占领明辽东地区全境。随之实施了统治中心的西移，迁都辽阳城。后金政权迁至辽阳，标志着明朝在辽东统治的结束，也标志着后金政权在辽东统治地位的确立。天命十年（1625）农历三月初三日，努尔哈赤决定离开刚刚建成的辽阳东京城，将都城北迁至距辽阳 180 里的沈阳。沈阳成为盛京，后金政权在这里建造了后金最后的宫殿，也是清朝开基的宫殿。

从兴京到盛京，是一段用血与火写就的历史，是一个弱小民族迅速崛起、成就一代霸业的传奇，是一幅丰富多彩的历史画卷。从兴京到盛京的道路，也就是短短的几十年，经历了两代人。而就是在这几十年间，这两代人上演了一幕威武雄壮的历史活剧，完成了从落后的渔猎生产方式向先进的封建生产方式的转变，完成了从四分五裂分散各地的小部落向统一强大的八旗建制的转变，完成了从偏居山地密林一隅向占据整个东北地区的转变，完成了从臣服于明朝的边城小镇向公开分庭抗礼、占据半壁江山的转变。

在辽东的大山深处，努尔哈赤和他们的子弟兵迅速崛起，建赫图阿拉京城，创后金国，开基创业。努尔哈赤父子率领八旗雄师，奋力拼杀，“将士各欲建功，一闻攻战，无不忻然。功必争前，战则奋勇，威如雷霆，势如风发。凡遇战阵，一鼓而胜”。凭着这样的威武精神和雄才大略，剑锋所指，战无不胜，所向披靡，经过举世闻名的萨尔浒大战，打败明军，取得了在辽东地区的战略优势。尔后，后金大军进入辽东汉人居住区，连克 70 余座大小城池堡寨，把国都迁到明朝辽东首府辽阳城，建东京，形成与明朝对峙的态势。天命十年（1625），又将都城从辽阳迁至沈阳，于兹定鼎。进而改国号，陟中坛，创建了一个与中原帝国相抗衡的清王朝。继而，他们挥师西进，最后兵进中原，成为中国历史上最后一个统一封建王朝。

从兴京到盛京的道路，是一个民族崛起壮大的道路，是一个王朝发迹兴起的道路，是中华民族历史上一段很辉煌、很壮观的道路。在这条道路上，有很多事件值得思索，有很多战事耐人寻味，有很多体现历史规律性的东西值得深入挖掘、理解和诠释。

第二编　盛京皇宫

第四章　大政殿与十王亭

一、八角重檐大政殿

沈阳故宫因努尔哈赤迁都而建。迁都于此之时，满族统治者对汉族文化已不陌生，于是，在这座新都城里，他们继承了兴京和东京的建设经验，实现了满族宫殿的正规化。盛京皇宫具备了真正意义的宫殿规模，创造出融满汉等民族文化于一体的新的城市和宫殿面貌，成为当时中国城市建设和宫殿建筑中富有特色的杰出之作。

努尔哈赤从天命十年（1625）三月定都沈阳，至天命十一年（1626）八月十一日去世，共在沈阳居住了一年零五个月的时间。在此期间，他作为后金政权的汗王，除因出征、狩猎等离开沈阳外，其余时间都要在城内居住并处理政务，因此他开始兴修他的宫殿建筑。这一过程大体而论，努尔哈赤迁居沈阳后，以靠近城北门的一处宅院作为自己的汗宫，并开始在其南不远的城中心兴建大衙门、十王亭等建筑。皇太极继位后，这座大衙门正式投入使用，后为沈阳故宫最早形成的建筑“大政殿”。

中国古代皇宫建筑，主要由“宫”和“殿”两个部分组成，即所谓“前朝后寝”的格局，“宫”为起居生活之所，“殿”为处理政务、举行庆典等礼仪活动的地方，其他还有一些附属建筑。努尔哈赤在沈阳的居所，并不在现在的沈阳故宫院内，而是位于中街北面的汗王宫内。

汗王宫的具体位置，在沈阳城北，即福胜门（大北门）与地载门（小北门）之间，亦即明修镇边门（俗称“九门”）的西南，明代“沈阳中卫”城南北中轴街道的最北端。“汗王宫”保留了满族传统的台式建筑风格，是一座两进院落，坐北面南，前为山门，入门为第一进院落，山门与宫门有御路相连。二进院落正中有一座三楹大殿，建于高台之上，当为努尔哈赤与大妃乌拉纳拉氏的正寝。正殿两侧各建三楹配殿，只在举架和体量上稍次，应是其侧妃或未成年子女的居址，建筑形式为硬山出廊式。汗王宫殿顶使用了象征皇权至尊的黄琉璃瓦加饰绿琉璃镶边，正脊还雕出鸱吻等装饰。整座建筑庄重典雅，配置和谐。

岁月悠悠，几百年过去了，汗王宫的地面建筑早已荡然无存。据说，努尔哈赤去世后，汗王宫为努尔哈赤的后妃们居住的地方，清入关后就废弃不用了，康熙时开始坍塌，逐渐成为一片废墟。再后来，废墟也不见了，上面建筑了一些民房，只留下“汉宫巷”这样一个带有符号性的地名。而地下的遗迹，却还保留着早年的历史记忆。

努尔哈赤在城中偏南的位置修建了后金国的办事衙署——大政殿与十王亭，加左、右翼王亭，即今日的“大政殿”与“十王亭”建筑。关于努尔哈赤在沈阳兴建“殿”（衙门）的时间，在《清实录》《满文老档》等史料中，均未发现太祖时期在沈阳城内使用“殿”的可靠记载，因而可以推断，至天命十一年（1626）八月努尔哈赤去世之前，这座殿尚未正式建成并投入使用。有关沈阳的“殿”的最早记录，是在皇太极继位后的天聪元年（1627）。这年正月初一日：

> 诸贝勒大臣及文武官员等，于五更末即集大殿，各按旗序排列。黎明，天聪汗率众贝勒大臣，诣堂子拜天，行三跪九叩礼。还，汗升殿落座，众贝勒大臣各按旗分依次行三跪九叩礼。

由于此后并无皇太极另建大殿的记载，而且这座大殿沿用至崇德年间命名为大政殿或笃恭殿，故此时所用之殿应该就是至今仍位于沈阳故宫东路的大政殿，即沈阳故宫最早出现的一座单体建筑。

大政殿位于沈阳故宫最显著的位置。大政殿俗称“八角殿”，也叫“大殿”，皇太极称帝定宫名时，称为“笃恭殿”，后改为“大政殿”。无论从建筑形式、装饰手法还是工艺上，大政殿都突显出了与众不同的地位。大政殿是沈阳故宫中最具民族特色的一座建筑，充满了浓郁的满族风格，又融合了汉、蒙古、藏的文化内涵及建筑技法，是满族崛起特定时期的历史产物。

大正殿平面为正八角形，坐落在 1.5 米高的须弥座台基上，屋顶采用重檐

八角攒尖顶。这种独特的建筑造型用在皇家的主要议政建筑上是很少见的。大政殿采用了黄琉璃瓦绿剪边的色彩搭配形式，屋面的一些琉璃装饰物，体现了各民族大融合的特点。殿顶每条垂脊上站有一个威武的蒙古力士塑像，手握铁链，仰视宝顶，象征着“八方归一”。八条垂脊向上延伸攒聚于殿顶中心，相轮、宝瓶、宝珠等组成的琉璃“宝顶”由海水云龙琉璃饰件承托立于其上，使

沈阳故宫大政殿

沈阳故宫大政殿与十王亭

整个建筑看起来庄严肃穆、雄伟壮观。这种宝顶是典型的佛教建筑造型，是把佛教艺术与满族建筑风格相结合的一大创举。

大政殿的建筑结构是八角重檐廊柱式大木结构，外廊柱为 24 根，内外金柱均为 8 根，由各种角梁、檩、枋、单双步梁榫卯相接，层层加高，最后是由戗支顶雷公柱而形成的攒尖式屋顶。室内天花步步升高逐步向里侧收拢。第一部分天花是在外围金柱与里围金柱形成的空间里安置的，它由上檐的挑尖梁和里曳斗拱的天花枋与里围金柱额枋组成一个梯形平面。在这个平面内，共 8 面 40 块天花板，上绘龙凤和梵文。第二部分天花是在里围金柱的斗拱上搭设趴梁形成的八角形空间，趴梁上安设瓜柱，瓜柱上置挑梁，挑梁一头放在由戗之下，一头悬挑藻井的垂莲柱。垂莲柱共有 8 根，构成斗八藻井，在垂莲柱的侧面用花板组成藻井壁。在藻井壁之上用众多的组合斗拱装饰，向上收攒，逐渐聚拢承托明镜，明镜中心雕有降龙。整个龙体精雕细刻，栩栩如生。圆形的明镜用白色的连珠围绕，明镜内云龙构图疏密得当，色彩以朱红为地衬托金色的降龙。整个藻井形成一个构图美妙、做工精细的“穹隆”。

大政殿的彩画是沈阳故宫建筑群中的上乘之作，独具特色，融会了汉、满、蒙古、藏的多种艺术手段。大正殿外檐装饰着“旋子”与“和玺”混合型的等级较高的彩绘图案。廊内穿插方、抱头梁，老檐檩、枋等，基本上都是旋子彩画。每面两个小次间挑檐檩和额枋上则装饰着金龙和玺彩画。檐下每面的明间额枋上饰旋子彩画，枋心绘二龙戏珠图案，盖斗枋是属于和玺类的行龙、火焰珠、流云装饰。

大政殿坐斗枋是通过雕刻与彩画相结合的形式来装饰的，雕刻有“二龙戏珠”流云图案，行龙在浮云间若隐若现，姿态秀美，做工精细。外檐装饰的另一个艺术特点是斗拱疏朗，两攒斗拱间的垫拱板较大，采用了暖色调作底色，其上用沥粉贴金成两个对称的降龙，中间为火焰珠，色彩明快，工艺精湛。这两条升龙盘绕于柱上，左右对称，形象生动。两条蟠龙身体及腿部贴满金，龙爪、龙角用白色、黑绿色陪衬。龙角间距加宽，基本平行，越向后分开越大，

沈阳故宫大政殿门廊上的二龙戏珠

角距宽出头部，腿部细雕鳞片，面部鼻翼、鼻梁明显，五爪雕饰鳍张开。朱红色的火焰在整个构图中穿插点缀，增加了画面的动态感，使龙体更加栩栩如生。

大政殿的石栏杆包括栏板、望柱、抱鼓石、地袱等，均布满文饰。题材基本上以牡丹、荷花、灵芝、菊花等花卉为主，配有吉祥卷草、如意纹、连珠、仰俯莲及龙纹、灵芝净瓶图案和少量的动物纹饰。大政殿共有 70 根望柱，望柱呈八角形，每个角的望柱上雕有石狮一只。其余均无石狮装饰。望柱上的石狮两两相对，狮身上配有“盘肠花结带”。狮身造型独特，为半蹲半卧式，突出狮耳，聆听八方。望柱间为雕刻精细的灵芝净瓶石栏杆。栏板上雕刻的各种花卉，千姿百态，无一雷同。南侧中间为石雕，御路两侧为踏跺。御路石雕为二龙戏珠图案，构图别致，升龙与降龙交相辉映，中间夹火焰珠，其下为海水江涯与流云相间布置，变化有序。龙身变化自然，雕刻刀法如行云流水，细致入微。大政殿月台前端矗立有一对石狮。狮子通高 1.5 米，宽为 0.62 米，长为 0.76 米。狮子神态威严，但并无狰狞之感，这是典型的地方风格。

大政殿内地坪之上设宝座、屏风。木雕金漆宝座造型方正沉稳，遍雕各式云龙、宝相花、螭等纹饰，嵌玉多块。屏风亦木雕金漆，七扇相连，体势高大，雕饰手法与宝座相同。后柱对悬木质金漆铜字长联，为乾隆御制御书。座前置珐琅角端、太平有象等陈设。大政殿用于举行大典，如皇帝即位，颁布诏书，宣布军队出征，迎接将士凯旋等。此殿为皇太极举行重大典礼及重要政治活动的场所。崇德八年（1643）清世祖福临在此登基继位。

大政殿的使用虽在天聪元年（1627）以后才见诸记载，但其兴建应从努尔哈赤时开始，至晚应在天命十一年（1626）农历九月之前即基本竣工，转年元旦皇太极称汗后的朝贺礼就在大政殿举行。根据很多学者近年来对现存大政殿建筑技术和装饰艺术的研究，大政殿某些方面的特征应是在乾隆时期维修后才最终形成的。清入关前所建的原建筑，在结构和装饰工艺等方面应较现存大政殿简单。沈阳的大殿与辽阳的八角殿形制基本相同，也是“殿制八角”，应是以辽阳“八角殿”为蓝本的，这就省去了设计时间。同时，施工者已有辽阳建造八角殿的成熟经验。后金国放弃了辽阳东京城后，也很可能就拆迁了八角殿

沈阳故宫大政殿内景

的主要构件和建筑材料，到沈阳“易地重建”。所以，在从天命十年（1625）三月至次年九月一年半的时间里，完全有可能完成。

大政殿及其殿前广场主要是供举行大型典礼时皇帝升殿使用，平时的议政王大臣会议也在此举行。

清定都沈阳后共有三次汗王（皇帝）登基仪式。一是天命十一年（1626）九月初一日皇太极即汗位的典礼。二是崇德元年（1636）四月皇太极受宽温仁圣皇帝尊号后，改国号为“大清”、年号为崇德时的登基典礼，庆贺大典于大政殿举行。第三次则为崇德八年（1643）八月二十六日清世祖福临的即位典礼。福临由寝宫区经东掖门出至大政殿，接受群臣的三跪九叩朝贺。

元旦的朝贺典礼，也在大政殿前举行。皇帝升坐大政殿，众人按满、蒙古、汉、朝鲜使臣、入贡部落的顺序进表朝贺。行礼毕，于殿前赐大宴，宴间还要演出“百戏”。清迁都北京后，皇帝虽然不常驻盛京，但盛京城内官员逢元旦、冬至、万寿节“三大节”仍要在大政殿前象征性地举行朝贺仪式。清帝来盛京东巡时，也要在大政殿设大宴。此项筵宴属清宫正式专项典礼，仪注载入国家典制。据乾隆四十八年（1783）盛京内务府档案记载，当年皇帝东巡时，大政殿筵宴共为一百零一桌，其中大桌一张设于殿内，为皇帝专用，其余一百桌为随驾及盛京王公官员等与宴者所用。

很多需众人周知的重要诏令，都于大政殿集合众官员宣示。如崇德元年（1636）改元称帝和次年关睢宫宸妃诞生皇子等重要事件后的颁诏大赦，均是集众官员于大政殿宣布。

排列在沈阳故宫东路的其他建筑，包括十王亭、奏乐亭和銮驾库等，是否也与大政殿在同一时期修建，史书和档案中没有相关的记载。现存十王亭建筑，从梁架结构及屋顶形式观察，应是经乾隆年间改建以后的面貌。奏乐亭、銮驾库的情况也大致如此。不过，在大衙门前建朝会、筵宴时八旗贝勒大臣所用的建筑，早在赫图阿拉时期即有记载。迁都沈阳后，在有关皇太极外出扎设营帐的记述中，也多次见到中间立一黄幄、两侧各立青幄的记载，其排列形式和帐幄颜色与大政殿、十王亭相同。这说明大殿与十王亭同在一处，是与满族兴起初期政权特色相关的一种建筑布局形式。从沈阳故宫东路的实际情况观察，大政殿前开阔的空间既为举行大型典礼所用，不可能再有其他建筑存在。因此可以认为，十王亭、奏乐亭及銮驾库，都应是在努尔哈赤时期与大政殿同时规划和兴建的，同样是沈阳故宫最早的建筑。

以上所述，说明沈阳故宫始建于努尔哈赤时代。但是，由于当时的建筑布局是“宫”与“殿”分离，并不属于一个建筑群，不在一个统筹的规划内，所以，此时的“沈阳故宫”还不是完整意义的皇家宫殿，还不能作为中国古代宫殿建筑的一个个案。这就是说，当时的努尔哈赤还没有建筑完整的皇家宫殿的想法，起居所还是按照“王府”的思想建造的，只不过比其他王府的规模要大一些，而“殿”即大政殿和十王亭建筑群，则延续了“大衙门”的理念，实际上是一个君臣合署办公的大型广场。

二、雁行八阵十王亭

十王亭分列大政殿前东西两侧。次序由南至北：东侧为正蓝旗亭、镶白旗亭、正白旗亭、镶黄旗亭、左翼王亭，西侧为镶蓝旗亭、镶红旗亭、正红旗亭、正黄旗亭、右翼王亭。十王亭在排列的顺序上以汉族阴阳五行学说为依据，两黄在北，两蓝在南，两红在西，两白在东。十王亭以亭子的建筑形式出现，又高于亭子的结构形势，外观上以布瓦歇山起脊的形式出现，两个大吻威武雄壮。梁架是卷棚。歇山起脊在建筑级别上要高于歇山卷棚，结构上又高于普通园林内的亭子。十王亭单从柱网布局上看，是典型的四角亭，但同常规的四角亭不同的是加了外墙，檐柱均是瓜楞柱，角柱却是圆柱。这样的亭在我国现存的古建筑中应该是绝无仅有的。它四周设有围廊，亭子的正面有隔扇门，其他三面用青砖砌墙。亭子的后面设有灶火门，是烧炕用的。亭内设有火炕，八旗大臣在炕上办理日常政务，这反映了满族习俗。

十王亭为“诸王议政之所”。左右翼王是分别掌管军事和民事的两大机构，十王亭是八旗的最高衙署。皇太极时期，十王亭先变成了八旗合署办事和值班的处所，后来随着权力的进一步集中，只作为八旗值班官员听候传唤的处所。

大政殿与十王亭的建筑布局，反映了浓厚的满族特色和时代特征。大政殿和十王亭建筑群，是八旗制度的形象性体现，是以建筑形式表现八旗制度的文化符号。

大政殿十王亭建筑群，是八旗制度在宫殿建筑中的反映，脱胎于当时兴兵打仗讨论军国大计时的“营帐”。努尔哈赤立国之初，凡遇军国大事，必于“殿之两侧搭八幄，八旗之诸贝勒、大臣于八处坐”，共商大计。这种时候，通常都是主帅设大帐，而其余八旗诸将设凉幄于两厢。如天命四年（1619）五月初五日在界藩城时，清晨努尔哈赤来到“衙门”，两侧就设“凉幄八座，八旗诸贝勒大臣按所属旗分坐其中”。天聪七年（1633）六月初三日，明朝降将孔有德、耿仲明等来沈阳朝见皇太极，皇太极率众出城至浑河岸边迎接，当时设有

沈阳故宫十王亭之正蓝旗亭

皇太极的“大黄幄”以及两侧诸贝勒居息的“青幄”各5座。因此，大政殿和十王亭将八旗制度在国家中的地位和八旗贝勒“共理国政”的政治制度以及他们讨论军国大计的军营“帐殿”形式，用砖木结构的形式固定下来，是努尔哈赤时期“君臣合署办公”政治体制的写照。所以，在沈阳故宫中出现了大政殿与十王亭这一君臣联席会议式的特殊建筑格局，而不是千百年来封建帝王们为体现唯我独尊的朝政体制而形成的那种宫殿布局形式。

在大政殿与十王亭的建筑群中，自然要突出汗王的尊贵地位，所以大政殿建筑不论体量、举架及装饰艺术，均不同凡响。它建在高约1.5米的须弥座台基上，突出其中心地位。大政殿高居台上，与两侧灰瓦红柱的十座“旗亭”有机和谐地组成东路建筑群，打破了传统的庭院式建筑模式。

十座王亭以大政殿为中心向两侧外展，形成了一个开阔的梯形广场。两列

远观沈阳故宫十王亭

亭子向南开展、向北收拢，使人们在视觉上增加了空间的深度感，突出了大政殿的高大宏伟和尊贵地位。登大政殿向南眺望，十亭排列似群星拱卫，南宽北狭，似无穷尽。综观整个建筑群布局，两侧各五亭向南呈八字排列，大政殿则处于八字顶端正中，形成一个南北长 100 多米、东西宽 30 多米的殿廷区，其内部不再分割，成开敞的大空间，气势恢宏。就其空间关系而言，若无十亭则大殿失去衬托和辅弼，若无大殿则十亭失去归属和统御。大政殿居中，威风凛凛地控制着整个空间，十王亭肃然矗立，雁翅般列于大政殿前，似在待命出征，动感很强。而站在这组建筑群中轴线的最南端，举目北望，八字排列的十王亭将透视的“灭点”集中于大政殿，这种视觉上的引导突显了大政殿的显赫地位。同时，这种布局无形中拉长了大政殿前御路的长度，在视觉上使得大政殿更为深远。这就在有限的空间范围内，增添了皇权的威严，也使得整个建筑群显得格外雄伟，气势宏大。

这组建筑，配以色彩多变的青绿彩绘，覆盖着金碧辉煌的殿顶，又以红檐柱等形成了统一的格调，虎踞龙盘，气宇轩昂，庄重大方，华贵而不失古朴，雄伟中突显多姿，实为中国宫殿建筑宝库中独树一帜的珍贵遗产。

乾隆皇帝东巡时，缅怀祖先开基创业的艰难，曾赞美此处建筑“规模迥不群”，为历代皇家宫苑所鲜见。

三、宁远之战与老汗王之死

迁都沈阳之后，除了建造大政殿广场和汗王宫外，努尔哈赤并没有来得及进行大规模的营造都城活动。次年（1626）八月，努尔哈赤就离开了人世。在这不到一年半的时间里，他继续进行着进攻明军的大事业，发动了宁远战役。

明天启元年（后金天命六年，1621），后金军继辽沈之战获捷后，又克广宁等 40 余城堡，并企图进兵山海关。明天启三年（后金天命八年，1623）九月，明辽东经略孙承宗命袁崇焕与副总兵满桂领兵万余驻防宁远（今辽宁兴城）。明天启五年（后金天命十年，1625）夏，孙承宗采纳袁崇焕的建议，派兵据守锦州、松山、杏山、右屯及大、小凌河等城，将辽西防线向前推进200里，使宁远亦有所屏障。

十月，因朝内党争，辽东经略孙承宗被迫辞职回家，该职务由不谙军事的兵部尚书高第接任。高第一反孙承宗所为，认为关外必不可守。他到达山海关之后，撤了山海关总兵马世龙的职务，同时下令将锦州、右屯、大凌河三城的守军撤回关内，将所有的军事设施和粮食向关内转移，放弃了关外辛辛苦苦开拓的400里土地。袁崇焕以死相争，才得以孤守宁远。

天启六年（后金天命十一年，1626）正月，努尔哈赤侦悉明军经略易人，大军撤入关内。此时已经68岁的努尔哈赤乘辽东明军易帅和匆忙撤军之机，率领诸贝勒，亲统八旗劲旅6万人，号称20万大军，直扑宁远城，发动了明金之间的一次大会战。他们于正月十四日出沈阳，正月十六日抵达东昌堡，十七日西渡辽河，“于旷野布兵，南至海岸，北越广宁大路，前后络绎，首尾莫测，旌旗剑戟如林”。这时，辽东经略高第严令从锦州、右屯、大凌河、小凌河、杏山、松山、塔山等城撤防，尽驱屯兵居民入关，焚烧房舍，遗弃米粟十余万石，搞得锦州等城兵民“死亡载途，哭声震野，民怨而军益不振”。后金军一路未遇任何抵抗，如入无人之境，接连占据了右屯、大凌河、锦州、小凌河、松山、杏山、塔山、连山等8座城堡，二十三日即抵达宁远城郊。努尔哈赤率领军队在离宁远城5里的地方安营，将宁远重重包围。

此时的宁远城，城中士兵不到2万人。宁远处于危急时刻，辽东经略高第和总兵杨麒却拥兵山海关不救。宁远城孤零零地悬在关外，与外界所有的联系都已经中断。前有劲敌，后无援兵，形势险恶。袁崇焕决定采取坚壁清野之策，组织军民共同守城。他在将士面前刺血为书，以表守城决心，并派大将满桂，副将左辅、朱梅，参将祖大寿分守各城门；在城内查缉奸细，同时通告邻近各地，凡见到从宁远逃跑的将士立即斩首，很快稳定了军心和民心。

袁崇焕在宁远城上架设了当时最先进的武器红夷大炮。红夷大炮是葡萄牙制造的加农炮，具有炮身长、管壁厚、射程远、威力大的特点，是击杀密集骑兵冲锋最好的武器。早先，袁崇焕从澳门买了4门，后来又买了26门，一共30门。快开战时，袁崇焕将红夷大炮11门运进城，架在城墙上，备足了弹药。由受过葡萄牙人训练的孙元化、彭簪古等官员培训炮手。这11门西洋大炮成为袁崇焕守城的最新式的强大武器。

此时，努尔哈赤派被俘的汉人送来劝降书，谕告袁崇焕说，我用20万军队攻宁远，肯定会攻破它，你们这些将官，如果献城投降，就封你们高官，给予丰厚的赏赐。袁崇焕回答说："义当死守，岂有降理！"

正月二十三日，后金军进抵宁远，离城五里横截山海大道，安营布阵，切断宁远与关内的联系，在城北扎设大营。袁崇焕命向城北后金军大营放红夷大炮，后金军伤亡甚重，被迫将大营西移。正月二十四日，努尔哈赤派兵猛力攻城，宁远军民依托坚城，浴血奋战。后金军顶着猛烈的炮火，用楯车撞击城门；冒着严寒，用大斧企图凿穿城墙。袁崇焕亲自带兵用铁索裹着棉絮蘸油点燃，垂下来烧挖城之敌。二十五日，袁崇焕命用红夷大炮从城上往下轰击。十一门大炮不断燃放，每一炮打出去，火药和铁沙四处飞迸，打得后金军尸横遍野。袁崇焕又让士兵把被褥卷裹上火药，一捆一捆地投到城下，"火星所及，无不糜烂"。精于骑射的八旗将士，被阻于深沟高垒之前，矢石炮火之下，难以发挥骑战的特长，伤亡甚重，"工具焚弃，丧失殆尽"。

袁崇焕及祖大寿、满桂率军民凭城固守，激战3日，终于击退后金军的进攻。

宁远之战，以明朝的胜利和后金的失败而结束。明朝由"宁远被围，举国汹汹"，到闻报宁远捷音，京师士庶，空巷相庆。宁远大捷是明朝从抚顺失陷以来的第一个胜仗。兵部尚书王永光向皇帝盛赞袁崇焕的功绩，称"辽左发难，各城望风奔溃，八年来贼始一挫"，是"遏十余万之强虏，振八九年之积颓"的一个大胜仗。明天启帝旨称："此七八年来所绝无，深足为封疆吐气！" 袁崇焕率军乘胜反击，收复了高第放弃的地区，重新筑起了巩固的宁锦防线。

据传，努尔哈赤就是在宁远之战中受到明军红夷大炮的炮伤，后来伤口感染，最后不治身亡的。对于这个传说有不同的看法。但此战是后金发动对明战

沈阳故宫藏清太祖高皇帝努尔哈赤玉册

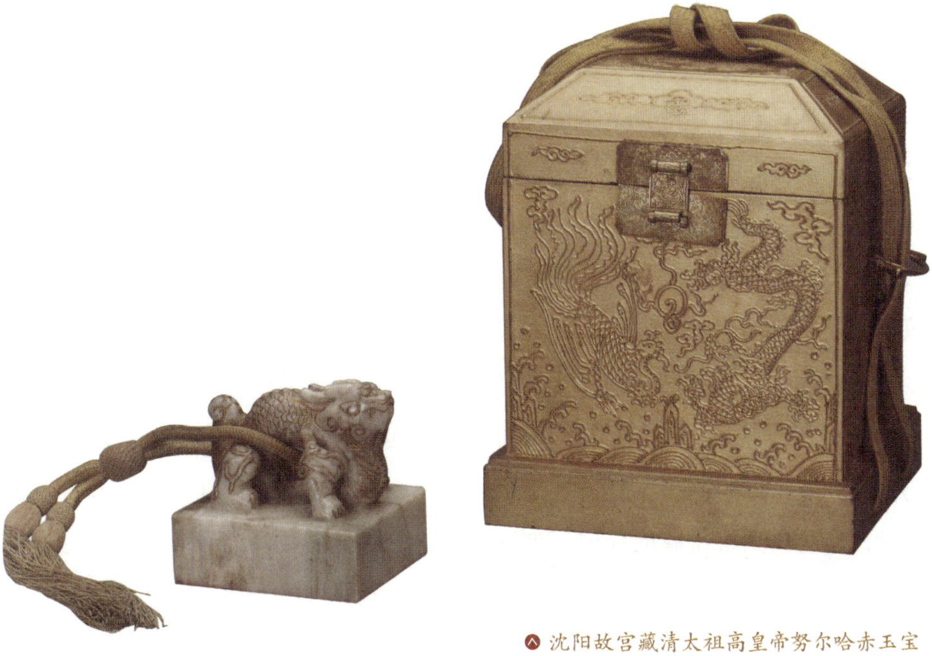

沈阳故宫藏清太祖高皇帝努尔哈赤玉宝

争以来遭到的第一次重大挫折，无论努尔哈赤是否受伤，宁远之败对他来说都是一个沉重打击。努尔哈赤在归途中慨叹："朕自二十五岁征伐以来，战无不胜，攻无不克，惟宁远一城不下！"

从这年五月起，努尔哈赤因背部长了痈疮，前往清河温泉治疗。八月初，因病情恶化急返沈阳，在距城还有 40 里的时候，便在浑河北岸的一个小村庄叆鸡堡去世，这一天是天命十一年（1626）八月十一日。

努尔哈赤从 25 岁为父祖报仇起兵，40 多年的戎马生涯，成就了他的事业。他首先统一了女真诸部，结束了女真内部长期分裂、争战不休的混乱局面。在统一女真的过程中，他又以本族人为核心，吸收了部分汉族、蒙古族等人士，形成了满族共同体，进而为清朝的建立及统一中国奠定了基础。

四、皇太极登上汗位

努尔哈赤生前曾经考虑过汗位的继承问题。他曾一度想仿效汉人制度，立太子继承汗位。他先后立过长子褚英和次子代善，都没有成功。后来又出现了一系列问题，最后他决定不立嗣子，金国大政将来由他的子侄们共治，于是立代善、阿敏、莽古尔泰、皇太极等人为八和硕贝勒，先让他们按月轮流值班，处理国中事务。天命七年（1622），努尔哈赤颁布了实行八和硕贝勒共治的正式诏谕，使后金政权掌握在八和硕贝勒手中，八和硕贝勒"同心谋国"。他们可以推举新汗，共议国事，断理诉讼，并能罢黜大汗。这是按照女真部落贵族议事会的传统而提出的一种汗位继承和共治制度。

但努尔哈赤对于继任的大汗也有要求。在他去世前一个月，努尔哈赤对儿子们说："继我之后嗣登大位为君的，不要选择那种恃强恃力的人，因为这样的人往往依恃暴力行事，必得罪于上天。你们八王中应选择既有才能又善于接受劝谏意见的人继承我的汗位。推选时，一定要合谋共议，谨慎择贤，特别要防止品行不端的人侥幸被推举。"

努尔哈赤还向他的儿子们提出如果继承人不合格的处置办法，并警告说：“嗣位后，若发现才能浅薄，不能主持正义，甚至坐视不管，应经过众议，把他换掉，在你们的子弟当中选取贤者为君。”随后，他又给儿子们写了一份训词，叫他们按照这个要求规范个人的行为。

当时的后金，八旗并立，各有其主：大贝勒代善领正红旗，其子岳托领镶红旗，皇太极领正白旗，皇太极长子豪格领镶白旗，阿敏领镶蓝旗，莽古尔泰领正蓝旗，努尔哈赤的两黄旗分别由其幼子多铎及阿济格继承。这些旗主都有资格被推举为新的大汗。

努尔哈赤一过世，争夺汗位的斗争就暗潮涌动。努尔哈赤病重期间陪伴在身边的大妃阿巴亥便向诸位皇子传达，称努尔哈赤临终时曾立下遗嘱，要她的儿子多尔衮继位，由大贝勒代善辅政。

遗嘱一出，满朝骇然，努尔哈赤生前总是强调“八和硕贝勒共治国政”，现在又冒出立年少的多尔衮为汗的遗嘱，可以说疑点重重。多尔衮继位，最大的受益者必定是大妃阿巴亥了，那时阿巴亥只有 37 岁，年少的多尔衮继位以后，她就能独掌朝政大权了。所以，代善、阿敏、莽古尔泰和皇太极四大贝勒立刻提出了反对意见，坚决予以否认。接下来，几位大贝勒闯入阿巴亥的后宫，传达所谓的“帝遗言”，强迫阿巴亥从先帝之命而殉葬。阿巴亥正值盛年，出于对尘世的留恋和对爱子的牵挂，她百般支吾，希望能有转机，但诸王寸步不让。八月十二日辰时，阿巴亥在被逼无奈的情况下，自缢殉死。

努尔哈赤八月十一日下午未时去世，群臣将其灵柩抬至沈阳宫中已是夜初更。代善的长子岳托和三子萨哈廉首先连夜向其父代善建议：“国不可一日无君，宜早定大计。四贝勒才德冠世……应速继大位。”动员代善立皇太极。早年从汗位继承人上退下来的代善早已将心气磨平，虽然现在他是众人中德高望重的一员，却早已放弃对汗位的渴望。对于这个建议，代善表示赞同：“此吾素志也，天人允协，其谁不从！”

翌日清晨卯时，以代善为首包括皇太极在内的诸贝勒召集会议，参加这次议立新汗会议的成员有：代善、阿敏、莽古尔泰、皇太极、阿巴泰、德格类、济尔哈朗、阿济格、多尔衮、多铎、杜度、岳托、硕托、萨哈廉、豪格等 15 人。在这次会议上，代善提议立皇太极为汗。代善推举皇太极，占得先机，为推举皇太极创造了十分有利的条件。

在代善的全力支持下，皇太极在几次表面推让后，正式继承努尔哈赤汗位。皇太极率领代善等大小贝勒 14 人向天地发誓："皇太极谨告于皇天后土，今我诸兄弟子侄：以国家人民之重，推我为君。敬绍皇考之业，钦承皇考之心。我若不敬兄长，不爱子弟，不行正道，明知非义之事而故为之，兄弟子侄微有过愆，遂削夺皇考所予户口，或贬或诛，天地鉴谴，夺其寿算。"其后，代善、阿敏、莽古尔泰三个大贝勒和阿巴泰、德格类、济尔哈朗、阿济格、多尔衮、多铎、杜度、岳托、硕托、萨哈廉和豪格等诸贝勒也都对天发誓，表示对国、对上的效忠，否则"天地谴责之，夺其寿算"。

他们还在代善的带领下向皇太极宣誓："我等兄弟子侄，合谋一致，奉皇太极嗣登大位，为宗社与臣民所倚赖。如有心怀嫉妒，将损害汗位者，定不得好死。我代善、阿敏、莽古尔泰三人如不教养子弟或加诬害，必自罹灾难。如我三人好好待子弟，而子弟不听父兄之训，有违善道的，天地谴责，如能守盟誓，尽忠良，天地爱护。"

同时，皇太极"以三大贝勒推戴，初登宸极，不遽以臣礼待之。率诸贝勒行三拜礼，各赐雕鞍马匹"。皇太极向三大贝勒行三拜大礼，宣称以后对他们不以臣礼相待，而以兄弟礼事之，规定四人同时面南而坐受朝，共听国政。

皇太极是努尔哈赤的第八个儿子，出生于明万历二十年（1592），生母孟古姐姐是叶赫部首领杨吉砮的小女儿，是努尔哈赤的第七位妻子。据说皇太极生来面色赤红，眉清目秀，行动稳健，举止端庄。他自小聪慧，耳目所经，一听不忘，一见即识。他很爱看书学习，在努尔哈赤的诸将中唯有他识字。《清太宗实录》中称，他得父亲之宠爱，3 岁时即颖悟过人，7 岁时，父亲还把某些家事交给他办理。当然，因为皇太极是皇帝了，所以《清太宗实录》所记载的这些，难免有夸大之词，未必都是实录。《清史稿》还说，皇太极"仪表奇伟，聪睿绝伦，颜如渥丹，严寒不栗。长益神勇，善骑射，性耽典籍，谘览弗倦，仁孝宽惠，廓然有大度”。“太宗允文允武，内修政事，外勤讨伐，用兵如神，所向有功。”我们在读历代有关皇帝的官方记载时，都会遇到同样的问题。

皇太极 12 岁时，其母亲去世。皇太极跟随父兄南征北战，迅速成长，立下了赫赫战功。每次战斗，皇太极总是冲锋陷阵，如萨尔浒大战、辽沈战役、驰援科尔沁，他都是独当一面的将领，军功显著。“勇力绝伦，颇有战功，所领将卒皆精锐。”天命元年（1616），皇太极与代善、阿敏、莽古尔泰同被封为和硕贝勒，在后金政权中是颇有权势的人物，当时他只有 24 岁。

努尔哈赤对皇太极格外关爱，每次出征，总叮嘱他不要亲身上前，以免发生意外。天命八年（1623），努尔哈赤特意单独叫来皇太极进行训话说：“你是贤人，那么做什么事都该恰如其分，宽以待人，让兄弟们敬佩。你却独善其

沈阳故宫藏皇太极御用黄色团龙纹常服袍

身，放纵诸兄弟任意行事，这是很不对的。”接着，努尔哈赤竟然直白地问：“你想当汗吗？你退朝时先送你的哥哥，那么你哥哥们的子弟必回报你，送你回家。”这句话批评皇太极未能在兄弟之间树立谦虚的形象，并说皇太极这样处事，难免自高自大，引起了兄弟德格类、济尔哈朗，还有侄儿岳托等人的不满。最后努尔哈赤颇为动情地说：“你乃是我嫡妻所生，我是很喜爱你的。可是你不能因为这个缘故就自以为贤明了。”

天命十一年（1626）九月初一日，“天气澄明，风日清美”，大政殿前“具法驾，设卤簿”，“三大贝勒、诸贝勒大臣及文武各官聚于朝”，皇太极的继位大典正式举行。皇太极先率“诸贝勒群臣焚香告天，行九拜礼”，后即登上汗位接受“诸贝勒大臣文武官员行朝贺礼”，并“诏以明年丁卯年为天聪元年”，“颁赦国中”以示庆贺，后金国进入了一个新的发展阶段。皇太极登上汗位时是 34 岁。

皇太极即位之初，仍然奉行其父的共议国政制度，规定四大贝勒同时面南而坐受朝，共听国政。每当朝会、盛典、筵宴及与群臣见面时，兄弟四人皆南面并列而坐，俨然如四汗在位。于是，一种集体统治格局形成了。

不过，这很可能是一种令人不安且难以持久的安排。

第五章 皇宫巍峨，帝都气象

一、营建盛京皇宫

天命十一年（1626）八月努尔哈赤病逝后，皇太极继承汗位，沈阳宫殿建设的历史进入了一个新的阶段。

沈阳故宫通常被称为“一朝发祥地，两代帝王宫”，说的是努尔哈赤和皇太极两位开国君主营建和使用的宫殿，也有的人再加上顺治皇帝，说是“三代帝王宫”。这两种说法都无大错。一方面，努尔哈赤迁都沈阳后一年多就去世了，顺治皇帝登基不久就迁都北京，而皇太极则是在盛京皇宫登上汗位，开始了他一生的事业。皇太极在这里改元称帝，建立清朝，最后在盛京皇宫驾崩。所以，严格来说，皇太极是盛京皇宫的主人。在今天沈阳故宫的院落里，处处都有皇太极的遗迹，处处都有他那遥远的身影。另一方面，盛京皇宫的主体建筑群主要是中路建筑群，都是在皇太极时期营建的。

皇太极继位后所用“大殿”，即努尔哈赤时期兴建于沈阳故宫东路的大政殿，但他所用的“宫”并非沿袭其父在北城的故居，而是重新建造的，即现存沈阳故宫中路建筑南北中轴线上的主体建筑，包括大清门、崇政殿、凤凰楼、清宁宫等在内的清入关前“大内宫阙”。现在的研究认为，这处新的宫殿区域，应是在皇太极继承汗位之后，在自己原来的“四贝勒府”基础上增建改造而成的。

后金定都沈阳后，各大小贝勒都在城内建有自己的府邸，除少数获罪削爵者外，这种制度延续至清入关后。这些贝勒王府分布于内城的东、西两侧和北部，呈三面拱卫之势，围绕着宫殿建筑群。这里曾分别建有 11 座王府，在“太祖住的宫”附近有3座王府。第一座为豫亲王府，是太祖第十五子多铎的王府，这座王府距太祖的汗宫最近。在通天街以东，南临中街的位置上毗连着两座王府：其东为巴图鲁郡王府，即太祖第十二子阿济格的王府；其西为睿亲王多尔衮的王府。这三府的规模、建筑形式相同。另有8座王府：在西起外攘门，南至怀远门，东南到武功坊外的地区，横向坐落着两座王府，其东为肃亲王府，即皇太极长子豪格的府第，其西为饶余郡王府，为太祖第七子阿巴泰的王府。在地载门通往天佑门大街，即鼓楼南大街到武功坊外大街偏东有一座较小的王府，为庄亲王府，即努尔哈赤胞弟舒尔哈齐王府，今日仍存“庄王胡同”之名。

沈阳故宫文德坊和武功坊

在沈阳故宫大政殿的东墙外，有一座礼亲王府，即代善的府第。在东起内治门，南至抚近门，西到文德坊外大街的区域内，有两座王府，为代善两个儿子的宅院，分别是颖亲王萨哈廉与成亲王岳托的王府。在西起怀远门，南至城墙根，东南至天佑门的区域内，也有一座王府，为郑亲王府，是舒尔哈齐之子济尔哈朗的王府。坐落在东起抚近门、南至城墙根、西南至德胜门区域的为敬谨王府，此乃太祖孙、褚英之子、时封敬谨郡王的尼堪的府第。在上述11座王府中，除庄亲王府较小外，其余10座王府在形制、体量、装饰上皆雷同，均为两进院落，前为山门，正殿建在高台之上，两院各有配殿两座。在后来盛京都城改建完成后，这些王府基本上按努尔哈赤时期的八旗旗色方位顺序排列于宫殿周围的城内各区，也成为这座满族政权都城中一种极富特色的标志。

据专家们分析，当时作为四大贝勒之一的皇太极，其府第应靠近大政殿的西侧，即沈阳故宫大内宫阙所在的地方。

关于皇太极将自己的王府改建成汗王“大内宫阙”的时间，大体在天聪二年到天聪六年（1628—1632）之间。据史料记载，天聪五年（1631）皇太极命令扩建沈阳城，天聪六年（1632）八月，建于城内的六部衙门也全部竣工。汗王宫殿的修筑应当纳入都城改造的整体规划之中，而且应先于其他公共建筑完成。文德坊、武功坊两座牌坊的坊心有“崇德二年孟春吉日立”字样，可知建成于1637年。这也是清入关前唯一有确切年代记载的宫殿建筑。

崇德元年（1636）四月，皇太极改国号为大清，将沈阳宫殿各主要建筑分别予以正式命名：

> 中宫为清宁宫，东宫为关雎宫，西宫为麟趾宫，次东宫为衍庆宫，次西宫为永福宫，台东楼为翔凤楼，台西楼为飞龙阁，正殿为崇政殿，大门为大清门，东门为东翼门，西门为西翼门，大殿为笃恭殿。

皇太极拓建的皇宫大内宫阙，是在加强中央集权制的过程中积极推进封建化的结果，是满、汉文化融合的产物，既表现了帝王宫阙应有的仪制，又符合满族人的传统习惯。清入关初年，盛京故宫基本闲置，皇太极时期的宫殿基本上保持原有面貌。至康熙时期，一些汉族文人来到东北，曾对沈阳故宫有所记述，这对了解清入关前宫殿的有关情况有重要参考价值。如曾跟随康熙帝东巡盛京的高士奇所著《扈从东巡日录》于康熙二十一年（1682）三月初二日记：

> 定宫殿名，以中宫为清宁宫，东宫为关雎宫，西宫为麟趾宫，次东宫为衍庆宫，次西宫为永福宫。台上楼为翔凤楼，台下楼为飞龙阁。正殿为崇政殿。大门为大清门，东门为东翊门，西门为西翊门。大殿为笃恭殿。东牌坊为文德坊，西牌坊为武功坊。大殿之侧，东西各创五亭，为诸贝勒大臣议政之所。

略晚一些的杨宾在《柳边纪略》中也对盛京宫殿有所记述，与高氏所记大体相同。乾隆十三年（1748）盛京内务府档案中，有一件呈报入关前宫殿情形的公文，应是综合崇德改元前后的记载而成：

> 国初定都盛京，首建宫殿，宸居肃穆，筑鸿图而奠丕基，缔造之始，规模固已弘远矣。规制名额具载于后。宫殿规制：崇政殿在笃恭殿右，翔凤楼、飞龙阁俱在崇政殿后，清宁宫在翔凤楼后，关雎宫在清宁宫左，衍庆宫在关雎宫左，麟趾宫在清宁宫右，永福宫在麟趾宫右，大清门在崇政殿南，左为东翊门，右为西翊门。国初建大殿于盛京，殿制八隅，左右列署凡十，为诸王议政之所。又于大政殿之西建正殿，殿之后有楼，楼之后为中宫，其东西各有宫。正殿之南有大门，其东西各有门。崇德元年定宫殿名：大门为大清门，中宫为清宁宫，东为关雎宫，西为麟趾宫，次东为衍庆宫，次西为永福宫，台上楼为翔凤楼，台下楼为飞龙阁，大殿为笃恭殿，大清门东为东翊门、西为西翊门。凡宫殿有应修处所，定例照内务府来文核明，需用钱粮移交工部，俟核准日择吉修理。

以上《清太宗实录》和高士奇、杨宾有关沈阳宫殿的记载，与档案所记及现存建筑群宫殿分布相对照，即可知当时大部分主要建筑的坐落位置和基本面貌。还有一些《清太宗实录》有关宫殿命名记载中未提到的建筑，虽然不是主要宫殿，但根据档案记载并据现存建筑分析，也应建成于清入关之前。这些建筑分布于主要宫殿周围，有的是供宫中地位较低的人员居住、使用，有的供举行典礼时使用或作为存放宫中物品的库房。其中的一些附属建筑因年代久远已毁圮不存。如在皇太极时期，除在清宁宫后建有贮存粮食的 28 间宫仓外，还建有“仓后阿母孙房东西所十四间”。“阿母孙房”乃满语，汉译为膳房、御膳房，是专为帝后妃嫔等做肴馔的地方。据《文献丛编》中所绘《盛京宫殿全图》，仓后御膳房当在今沈阳故宫北部红墙外，而在其北还有兵丁值房及牛车房等青砖瓦房建筑。在宫内还建有正、厢各 5 间用于存贮各种肉食野味的转角“肉楼”。在大清门外，还建有熬蜜房、放炭楼及东果楼 5 间、西果房 5 间、粉子房 3 间、蜜库 2 间。这些建筑都是宫廷的服务性设施。

从 1616 年后金建国算起，到 1637 年沈阳宫殿建成，经历了 21 年时间。其间，正式修筑和使用了赫图阿拉、辽阳、沈阳三处都城和相应宫殿。沈阳宫殿由于建成最晚，比较充分地体现了这一时期满族地方政权宫廷建筑文化的特色，具备了真正意义上的皇宫规模和气象。

二、大内宫阙，崇政庄严

皇太极续建的皇宫，改变了努尔哈赤将宫与殿分建两处的原有模式，基本上遵循中原王朝“前朝后寝”或称“外朝内廷”的宫殿规制。至天聪六年（1632），陆续建成了南朝房、朝楼、奏乐亭、大清门、崇政殿构成的前朝，以后又在大清门前东、西两侧分别建了文德、武功二坊，并做了街门，这一地区便成了“皇城禁地”。文德坊、武功坊是按照大臣上朝排班的“文东、武西”方位命名的。由于牌楼实际上是宫前的左右阙门，所以过去习惯上称之为“东华门”和“西华门”。

大清门是盛京皇宫的“午门”，是皇太极临朝听政之时文武官员、宫中侍卫、护军入朝前的集合之处，这里亦为盛京皇宫的正门门户，外藩蒙古首领、外国使节、归顺觐见的降臣降将也均由此进入皇宫大内。大清门东西两侧“耳门”，又称为东翼门、西翼门。大清门建于皇太极当政初年，开始时习惯称为“大门”。到崇德元年（1636）皇太极改元称帝时，用与新国号相同的“大清”来命名这座皇宫大门，即大清门。

就其布局而言，大内宫阙位于盛京城中轴线稍偏西，而基本符合“天子至尊，国中立宫”的原则。东西下马碑、文德武功二坊成为皇宫的东西大门。大清门两侧与两牌坊间的区域是一组与宫殿正门配套的建筑，是候朝的空间。东西各有奏乐亭一座，南面两侧又各有朝房一座。东朝房后为朝楼。另在两朝房

沈阳故宫武功坊夜景

沈阳故宫大清门

之间正南侧，清早期建有内务府的司房，乾隆十三年（1748）改成一座五龙琉璃影壁。该影壁清末被拆除，现于原处尚留有影壁须弥石座。

宫前区域是大内宫阙的序幕，肃穆森严，给人以极强的导向感，具有鲜明的等级性和节奏感。进入大清门内，面对的是整个沈阳故宫主体建筑之一崇政殿，其东西两侧是飞龙阁、翔凤阁和东西 7 间楼以及左翊门、右翊门等。

崇政殿建于后金天聪年间（1627—1635），清崇德元年（1636）时正式定名。崇政殿是沈阳故宫外朝的中心，是皇太极临朝听政和国家举行内政外交盛大仪式的地方，即通常所说的上朝的金銮大殿。国家的重要典礼，如元旦和万寿节庆典、太宗实录告成、皇子娶妻、公主下嫁、明朝重要官员归降等仪式，都在崇政殿举行。崇政殿也是皇太极当时接见、宴请前来盛京进贡、朝觐、通婚的蒙古诸部落贵族、朝鲜使臣等外邦宾客之处。崇德元年（1636）后金改国号为清的大典就在此举行。“东巡”诸帝于此举行“展谒山陵礼成”等庆贺典礼，为此由礼部编写出的详细程序仪节，正式载入《大清会典》《大清通礼》等官修国家典籍之中，称为“崇政殿朝贺仪”。

崇政殿是集满、汉、藏诸民族艺术于一体的建筑，代表了后金时期关外建筑的最高水平。崇政殿下部为1.5米须弥座式台基，殿前后立面外观基本一致。台基之上，两梢间廊外为望柱、栏板，中三间廊外有勾栏踏跺，正中为御路。其栏板、望柱及抱鼓等部位，分别以圆雕、浮雕刻有麒麟、行龙、螭兽和花草等图案，殿基四角各有一石雕排水螭首。前后廊隔扇及上架木雕和装饰是形成崇政殿独特风格的重要组成部分，其前后檐柱皆呈方形，并采用了“大雀替”。这种雀替左右连成一片，是柱头与梁枋之间的一种过渡性构造。大雀替之上为檐枋，并有独特的木雕彩画（先雕后画），内容以行龙、火珠、卷草为主。檐枋之上外凸叠设四层木雕、如意牙子、假椽头、蜂窝枋、莲瓣等。这四层装饰结合在一起形成与须弥座上枭相类似的造型，除檐柱、外金柱顶部至檐椽之间各有一组外，前后隔扇门与横坡窗间的“中槛”部位亦各一组，每组都是内外两侧相同。崇政殿顶前后两坡中心大面积设黄琉璃瓦，但靠近正脊、垂脊和檐部等一周采用绿瓦（包括钩头、滴水），为“黄琉璃瓦绿剪边”做法。正脊、垂脊、博风等部位采用彩色琉璃装饰，黄色琉璃为地，其上的行龙、宝珠、瑞草等凸起纹饰为绿、蓝两色，对比鲜明，图案醒目。整个殿顶显得十分高贵富丽，

沈阳故宫崇政殿

沈阳故宫崇政殿前的日晷

特别是给灰色的山墙增添了鲜艳祥和的气息。山墙两端的彩色琉璃“墀头”是正殿最醒目最精彩的部分。“墀头”为竖向相连的四个“须弥座”形式，三面用彩色琉璃件镶贴，琉璃色彩以黄、绿 、蓝等交替相间使用，图案、内容上下枭为仰覆莲式，束腰部分由下至上依次为麒麟、升龙、宝相花和兽面居中，辅以火焰、瑞草等。最上戗檐是浮雕螭龙。殿两山四隅“墀头”高近 3 米，色泽鲜明醒目，内镶浮雕朴拙生动，具有强烈的装饰效果。另外，崇政殿垂脊前端的套兽也很特别，除最前面的仙人用黄色外，其余的羊、狮、龙、凤、海马分别为白、蓝、绿、红诸色，每兽一色，与脊饰彩色琉璃十分和谐。

崇政殿前后檐柱与金柱间的“抱头梁”雕成前跃式立体龙形，龙首和分开的前爪探出檐下，坐落在大雀替中间的兽面上，两两相对，扭颈伸爪朝向中间的火焰宝珠，殿前后廊檐下各三组六龙，雕工精细，动感极强，龙身贯于廊内，后爪支撑在圆形的老檐柱上，龙尾则伸入殿内，具有承受荷载和装饰的双重功能。崇政殿内檐为“彻上明造”（无天花，梁架露明）五间通连，并将内檐金柱与上架椽望、檩梁均施彩绘和浮雕，增加了殿内富丽高贵的气息。殿内共有内金柱六根（南二、北四），为扩大使用空间，南侧采用了“减柱造”。金柱下端为红、蓝、白色相间的立水与浪花，其上为升龙和火焰，云朵点缀其间。七架梁中段有半圆形“反包袱”，内为红地金龙流云。“包袱”托由绿叶百花、绿地蓝白卷草和外层红色退晕如意头组成。藻头部位蓝地黄花，箍头部位设“包袱角”，箍头绘锦纹，这是带有地方特色的苏画三宝珠吉祥草向龙草和玺的过渡。五架梁及以上木构彩画为比较规范的“龙草和玺” 彩画，中间枋心为二龙戏珠，枋心两侧“藻头”部位铺朱红地绘蓝绿卷草纹饰。其内檐彩画的比较独特之处是明间脊檩中间（反包袱枋心内）装饰着云朵和一轮红日，底部绘阴阳鱼八卦图，两侧龟形图案中有两个汉字：东边是“日”字，西边是“月”字。崇政殿内檐彩画由凤凰楼三层内檐三宝珠吉祥草演变而来，为清中晚期风格。内檐椽望蓝地，疏朗地点缀白云，宛如高远的晴空，别具意趣。前后廊隔扇门窗均为等级较高的“三交六椀”菱花心，做工精细，是宫内仅存的样式。

崇政殿整体布局疏朗开阔，建筑气势雄伟，宜于施政，适合文武百官集合朝贺。

三、巍巍凤凰楼，幽幽台上宫

崇政殿经两翊门便到了二进院落，迎面是建在近 4 米高台上的三滴水单檐歇山式建筑凤凰楼。凤凰楼位于沈阳故宫中轴线上，地处崇政殿之北，是高台寝宫区的正门楼。这里是皇太极及后妃议事、读书、小憩和宴会之所。清朝入关后，这里曾贮五朝圣训、实录以及清初皇帝御玺和清历代帝后的“行乐图”画像。

凤凰楼是一栋通柱式楼阁建筑，四周围廊层层缩进，外观造型精美，尺度适宜，整个建筑挺拔俊俏。进深、面阔均为三间，整个建筑为木结构承重。一层楼身为砖墙维护，增加了门户功能建筑的坚实厚重感；二、三层为木作结构，体现楼阁建筑的轻灵之美。一层两侧廊下有扶手明楼梯，二层东侧廊内也有楼梯登至三层。凤凰楼一层南侧明间辟门，其下设有踏跺（台阶）。凤凰楼三层内檐有“三宝珠吉祥草”彩画装饰，构图简练，梁、檩上面不设“锦枋线”（各部位分隔的主要框线），只是在木构件中心部位绘三颗宝珠，另在两端“箍头”内侧各绘一颗半宝珠，以此作为图案的统一主题。宝珠周围用蓝绿色绘成卷草团花纹饰，并以朱红色做衬地（底色），彩画图案中的宝珠为沥粉贴金，整个色调极其炽烈纯朴。

凤凰楼既是大内宫阙前殿后寝的联系与过渡，又是整个故宫建筑群乃至沈阳全城的制高点，所以是清代盛京城的著名景观。当年的文人评出所谓“陪都十景”“盛京八景”，都把“凤楼晓日”“凤楼观塔”列入其中。清入关后历代皇帝东巡来陪都时，都要站在凤凰楼上观景，赋诗咏怀，至今楼内仍然保留着按乾隆题御笔手迹制作的黑漆金字诗匾。一层明间门楣上悬挂有“紫气东来”九龙匾，为乾隆帝第二次东巡时御笔。

沈阳故宫凤凰楼

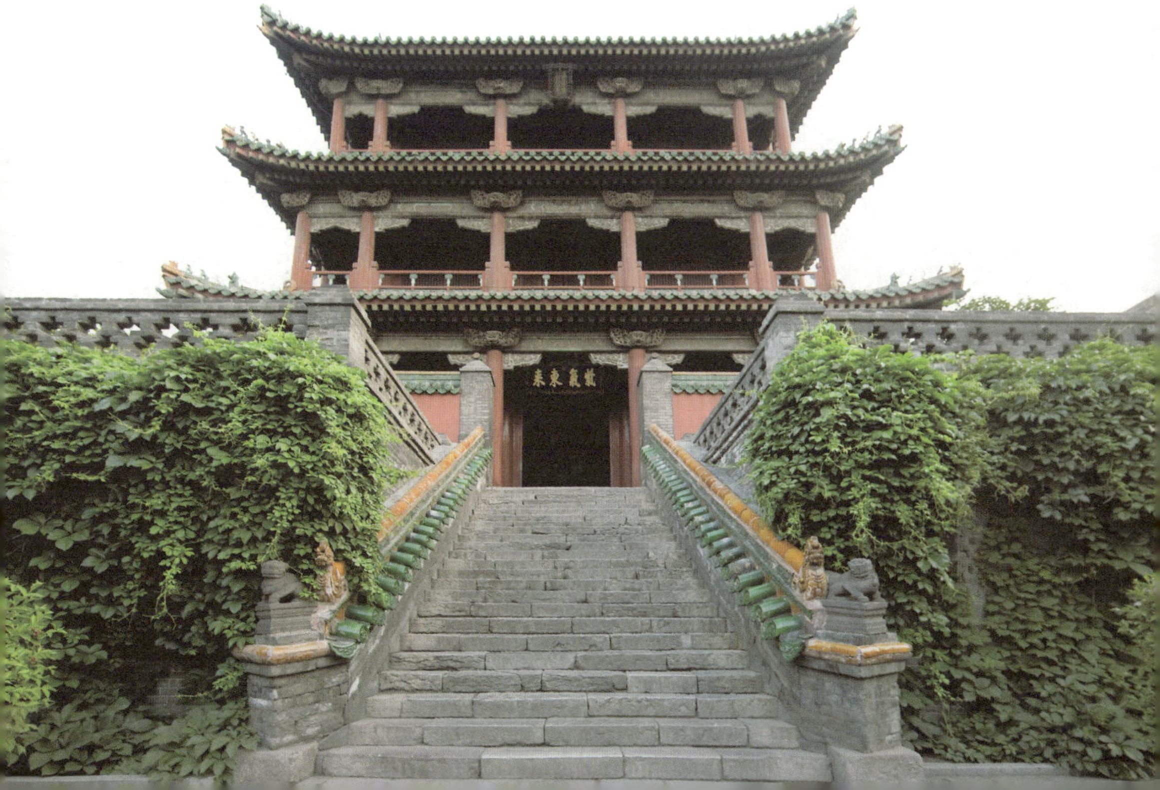

崇政殿北到凤凰楼之间，构成了与后寝区域的过渡空间，包括日华楼、师善斋、霞绮楼、协中斋等建筑。

沈阳故宫的建筑有一个“宫高殿低”的现象，即崇政殿、大政殿等礼制建筑均位于平地，凤凰楼以北的帝后寝宫区建于人工夯筑的 3.8 米高正方形高台之上。凤凰楼门之下为 24 级台阶。高台四周均以青砖砌筑墙体，高台之上又筑有两道高墙，两墙之间有 2 尺多宽的间隔，成为环围墙而设的夜间巡逻“更道”。这样就形成一个以凤凰楼为城门楼的城堡式寝宫区。这与北京故宫太和殿等三大殿与寝宫区的情形恰好相反。

“宫高殿低”是沈阳故宫建筑群的一个鲜明特色。这是由满族在山区居住时部落首领居于最高处的习俗而形成的一种建筑空间对比特色，是融入其先人居住习俗后的“续有发挥”。高台院落是满族民居从“近山为家”的山地丘陵

沈阳故宫崇政殿与凤凰楼之间的院落

居住地带迁往平地的过程中，对山地生活居住习惯的一种保留，也是保障生存安全的有效方法。在权贵们的宅院里，用作主人起卧的第二进或第三进院落的地坪，还要特地用人工填土夯造的方法抬高，形成特色极为鲜明的满族“高台院落”。在早期努尔哈赤和其弟的住所院落中，用于值更眺望和居住的房屋都是筑有高台的。在沈阳为努尔哈赤居住所建造的汗王宫也直接传承了高台院落的格局。满族的王公、贝勒也将居室建在高台之上。《盛京城阙图》所绘示的11座王府，每座王府都建有高台，可拾级而上。这种高台建筑在清入关前是满族建筑形式的一大特点。

到皇太极建造皇宫建筑时，也将高台院落这一传统直接应用到寝宫处，即我们现在所见的“台上五宫”。

沈阳故宫台上五宫院落

沈阳故宫中的高台院落是对满族固有传统居住文化的直接传承，这种高台的居住院落格局也成为最典型的满族民居特色之一。

踏上凤凰楼的24级台阶，走过幽静深深的凤凰楼大门，眼前就是一个宽敞的大院落，这就是帝后的寝宫区——台上五

沈阳故宫清宁宫匾额

沈阳故宫清宁宫

宫，即“后寝”。后寝位于中路中轴线北端，符合“后寝在北，从北属藏宜做寝居之地”的布局原则。宫室布局紧凑，建筑体量比前朝小，装饰纤巧，富有生活气息，呈阴柔之美。

在凤凰楼之北中轴线上，是帝后寝居的正宫——清宁宫。以正宫为中心，宫前两翼外八字形排列四大配宫，东侧为东宫关雎宫、次东宫衍庆宫，西侧为西宫麟趾宫、次西宫永福宫。在清宁宫两侧则分别建有三开间的东西小配宫。这是典型的北方“四合院”形式，是一组具有典型满族传统民居风格的建筑院落。东北满族人家的庭院又称“院子”，四周以墙围成“院套”，院套南面正中是院门，院墙或以石块垒砌，或用草泥垛至一米多高，也有的用杂木树干或秸秆等编成“障子”，因地因时而异。进入院门，迎面是正房，一般为三间或五间，坐北朝南便于采光。东西两侧是仓房、碾坊和牛马棚。显贵之家，除正房外，东、西各有厢房，配以石墙、门房，便是四合院。

清宁宫是清太宗皇太极与其皇后哲哲的正寝之宫，位于凤凰楼正北台上五宫中心位置。清宁宫的建筑别具一格，是东北地区满族传统民居的典范。清宁宫为琉璃顶前后廊硬山式建筑，面阔五间，梅花檐柱，南侧窗扇高达 2 米余，彼此相连，并采用横竖棂条垂直相交的“码三箭”式，其特点是纯朴大方，宽大明亮。外檐彩画为“碾玉旋子彩画”，并采用了“活箍头”即万字箍头，明显高于其他配宫的彩画等级。宫前有月台与台基等高相连，显现出清宁宫在高台建筑寝宫区的主导地位。

在建筑风格上，清宁宫以最具满族传统特色的“口袋房、万字炕、烟囱建在地面上”而著称于世。所谓“口袋房”也称“筒子房”，是古代东北地区各民族已采用的建筑形式，指室门不似通常那样开在正中（明间或当心间），而是设在东次间（东侧第二间），使室内西边四间只能从东端一侧进入。西边四间不设间壁墙，就像一端开口的口袋，故有此称谓。“万字炕”也称“弯字炕”，是于宫内明间及以西的次间、稍间大室内搭设的南、西、北三面转角相连的火炕，俗称“连三炕”，其中南北炕较宽，供起居坐卧之用，西炕较窄，供摆放祭器物品。另因西墙是安设祭神、祭祖的供位之处，西炕上不可随意坐卧，也

沈阳故宫凤凰楼过道

沈阳故宫清宁宫后的烟囱

不能乱放杂物以免冒犯神灵，所以满族民间有正房“以南为大”（南炕供长辈居住）、“以西为尊”的说法。炕间空地，便是皇家祭祀时叩拜行礼和萨满跳神的场所。宫内东次间为开门间，安有板门，室内门口处建有祭祀、宴会时宰猪（宰牲）的案子。北面窗下设两口大锅，为烧炕和祭祀时煮肉用的锅灶。开门间和西三间通畅相连。在开门间室内东侧有间壁墙，中间辟门可进入东稍间，为单独隔间，称“暖阁”，暖阁正中有一道间壁，将室内分为南北两屋，各屋均设“龙床”火炕，这里便是清太宗皇太极和皇后博尔济吉特氏哲哲的寝居之所。清崇德八年（1643）八月初九日，皇太极就是端坐于清宁宫东暖阁南炕上“无疾而终”。

清宁宫的使用功能除供帝后日常饮食起居、皇室内部萨满祭祀之外，还兼有处理国家政务的办公职能，皇太极曾在此多次召见王公大臣议事，或设宴款待国内重要宾客，以显示对觐见者的重视。

清宁宫在建筑设计上有一处特别的地方，即连通室内火炕、火地烟道的烟囱不是建在屋顶或山墙上，而是脱离清宁宫主体建筑，建于宫后西侧距台基两米远的地面上。此烟囱以青砖砌成方形，逐层向上收拢，共有十层台级，状如唐塔。这种烟囱在满语中称为“呼兰”，民间俗称“落地烟囱”。沈阳故宫内现只保留清宁宫后这座唯一的烟囱，传说是当年乾隆皇帝特意安排的，其寓意是“一统（筒）天下”。

按照满族习俗，清宁宫是“国初祀神之所”。清宫祭祀种类繁多，有朝祭、夕祭、日祭、月祭、春秋大祭等。从乾隆皇帝第一次东巡开始，在清宁宫内举行隆重祭神祭天的仪式便得以恢复，并将其列为皇帝东巡盛京必行之事，正式载入《大清会典》之中。此后，乾隆、嘉庆、道光诸帝东巡盛京时，

沈阳故宫凤凰楼上的廊柱

曾分别为皇家祭神堂题写“万福之原”“合撰延祺”和“清宁宫敬记”等匾额或诗章，使帝后寝宫再添几分荣光。

除正宫清宁宫之外，院内两侧还有东宫关雎宫、西宫麟趾宫、次东宫衍庆宫、次西宫永福宫。关雎宫为清太宗皇太极宸妃——蒙古科尔沁部博尔济吉特氏海兰珠的寝宫。“关雎”二字源于《诗经》“关关雎鸠，在河之洲”。麟趾宫与关雎宫为东西对应建筑，其地位略低于关雎宫，这里是皇太极贵妃——原蒙古察哈尔部林丹汗多罗大福晋娜木钟的寝宫。“麟趾”二字，出自《诗经》，大意为赞扬多子多孙、子孙贤能，后以麟趾喻有仁德、有才智的人。次东宫衍庆宫为皇太极淑妃——原蒙古察哈尔部林丹汗窦土门福晋巴特玛·璪居住的寝宫。“衍庆”二字有福庆长久、吉庆绵延之意。次西宫永福宫与衍庆宫为对应建筑，这里是皇太极庄妃——蒙古科尔沁部博尔济吉特氏布木布泰的寝宫。其“永福”二字出自《仪礼》，有福寿长久、永远多福之意。

沈阳故宫衍庆宫

东、西四宫除在具体位置和朝向上有所不同外，其建筑形式与内部格局基本相同，只是次东宫、次西宫的建筑体量、内部开间以及宫下台基均小于或低于东宫、西宫，且坐标位置略向东西两侧外移，以避开正面相对的高大的凤凰楼。东、西四宫均为前后廊式硬山式建筑，屋顶仍旧采用黄琉璃瓦镶绿剪边的形式。它们与正宫清宁宫的不同之处是在明间辟门，门前建有踏跺（台阶），廊柱为方柱而非梅花柱；屋顶的五彩琉璃装饰和外檐彩画也与清宁宫大体相同，只是垂脊细部纹饰和个别彩画式样与其有所差别，其等级略低于中宫之制。东、西四宫室的内檐无天花装饰，入内后明间仍是搭设锅灶，而且和南侧两间相连，形成外三间、里两间的室内格局。在里间屋的炕上，设有特制的木隔扇“暖阁”，即本宫主人（或与皇帝一起）居住的地方。而外间则是用餐、待客、家居等日常活动之处。

台上五宫这组满族特点突出的民居式院落在建造时，也做了相应于皇宫角色的一些设计。例如在尺度上，清宁宫为满足皇家祭祀的需要，将室内空间扩大、增加前后檐廊、建筑加长加高等。在作为台上五宫大门的凤凰楼的设计上，也别具匠心。这一楼阁式样的建筑应该是从汉族建筑中“拿来”，恰到好处地作为过街门楼置放在住宅院落的入口处的，一方面实现了从前端行政院落到后端居住院落的过渡；另一方面，楼阁式建筑的高耸体量结合高台外大台阶的设计，使得其成为沈阳故宫乃至整个沈阳城的制高点，无论从其本身兼具娱乐、眺望的功能来讲，还是从故宫中路纵轴线上的景观节点转换上看，都起到了最佳功效，成为当时的盛京一景。

四、八门正戴，帝都气象

皇太极即汗王位之后，巩固对辽东地区的占领和保持与明朝的平衡关系自然是首要任务，而巩固和加强自己在女真贵族中的权力也是十分重要的。在这种情况下，皇太极尚无过多精力去考虑都城建设。天聪五年（1631），当皇太极在处理对内对外事务愈来愈得心应手的时候，他开始考虑改建都城沈阳。于是，在他完成了大内宫阙的一系列建筑后不久，便对沈阳城进行了大规模的增修和扩建，以使之更加符合都城的规制。据《盛京通志》记载，沈阳都城改建从天聪五年（1631）开始，至天聪八年（1634）竣工。

王国维说："都邑者，政治与文化之标征也。"国都是一个国家或政权执掌和行使最高权力的地方，通常也是一个国家或政权的政治、经济、军事和文化中心。东汉刘熙《释名》中说："都者，国君所居，人之所会也。"《春秋公羊传》中也说："京师者何？天子之居也。京者何？大也。师者何？众也。天子之居，必以众大之辞言之。"《周礼·考工记》对周代都城宫室的概括为："匠人营国，方九里，旁三门。国中九经九纬，经涂九轨，左祖右社，面朝后市，市朝一夫。"历代王朝都十分重视都城的营建。如汉代长安，城周长 25.1 公里，有 12 座城门，规模宏大。东汉班固作《西都赋》赞长安城："乃眷西顾，实惟作京。于是睎秦岭，睋北阜，挟酆灞，据龙首。图皇基于亿载，度宏规而大起。肇自高而终平，世增饰以崇丽。历十二之延祚，故穷泰而极侈。"

沈阳是一座历史悠久的古城。但努尔哈赤大军攻占沈阳一战，使沈阳城遭到严重破坏。在努尔哈赤迁都沈阳时，沈阳城已经破败不堪。据记载，当时"城大而低，身高不盈丈余，面仅五六尺，其砖皆坍塌，可登而上"，所以，重建工程十分浩大。

皇太极在古城历史积淀的基础上，以中原都城形制为蓝本，以盛京皇宫为中心，进行了拓建沈阳城的工程，使沈阳出现了崭新的面貌，呈现一代帝都的恢宏气势。

这时的都城由于是在原有旧城的基础上加以改造和扩充的，它的基础是明代中期建设起来的沈阳中卫城，因此当时的城市规模、空间格局、主体构架等对后期都城的形成与发展都起到了至关重要的作用。文献记载中，明朝沈阳城内的规划是以四座城门间相通的十字街划分为四个区域，而将重点放在南侧。据《全辽志》所记，明朝后期的嘉靖四十五年（1566）之前，城内官署有沈阳中卫治所、经历司、镇抚司、察院行台、沈阳游击府、钱帛库、养济院等，都建在城内的东南或西南位置。在南城门（保安门）外还多建了一座“关城”，称为南关，相当于外城，建于嘉靖二十二年（1543）。“关城”周长679丈，内驻军兵，并设有为传递公文、政令者提供粮食、马匹等的“在城驿”，应是作为主城附属防御设施而建。这种布局，显然只适合于作为辽阳城北部屏障的中等级别军事防御性质的城市，与统辖东北全境的后金汗国都城形象很难相符。于是，皇太极在一些汉族官员的建议下，参照他所能了解的中国王朝京城应具有的要素，并根据当时国力所能达到的水平，开始从外到内大规模地改建这座城市。

进入辽沈地区前，女真人在山区虽然也建造和居住过许多城，但包括他们的第一个都城赫图阿拉在内，都是依地势而建的山城。从存留的遗迹可以知道，这些山城的城门和城墙并没有严格的制度规定，而是随山势和使用需要自然修建。城的一面如果是悬崖陡壁，那个方向就可以不筑城墙或只设很简单的防守设施，而开设城门的位置则应是在平时便于出入、战时便于防御的较低矮平缓之处。一般山城都是建在本区域地势较高的地方，站在城头就可以俯视四周，因此不需要在城墙上建造很高的城楼。这些昔日行之有效的建城方法和原则，在沈阳这种平原地区的城市大多失去了意义，需要更多考虑的，是城墙整体防御功能以及各方向的平衡、美观、方便的效果。在以前的山城内，各区域的划分直接受地势条件的制约，地势高而相对平坦的地方供城内首领建造住宅，院落大小和房屋朝向都要根据具体情形而定。因此现在能见到的所有女真山城，几乎没有一座是将比较规则的方形或圆形平面划分成整齐对称的区域，然后按一定原则去规划其用途的。而针对平原地区方方正正的沈阳城内部区域，则应该采用另一种不同的规划方法。这就必然要借鉴中原的城市规制原则。

《周礼》营国制度中的规制以及汉、唐、元、明历代王朝的京城，都是以城门较多且方向对称为基本特征的。在沈阳城的改建中，皇太极一方面努力效法汉人的营城古训，另一方面又将满人自身的文化习俗与对沈阳城具体情况的适应巧妙地融入十分严谨且近于格律式的传统形制之中，筑就了这座虽内含“满风”却又与汉文化营城模式所规定的形制颇为相近的都城。

20世纪80年代，沈阳故宫博物院学者王佩环在中国第一历史档案馆

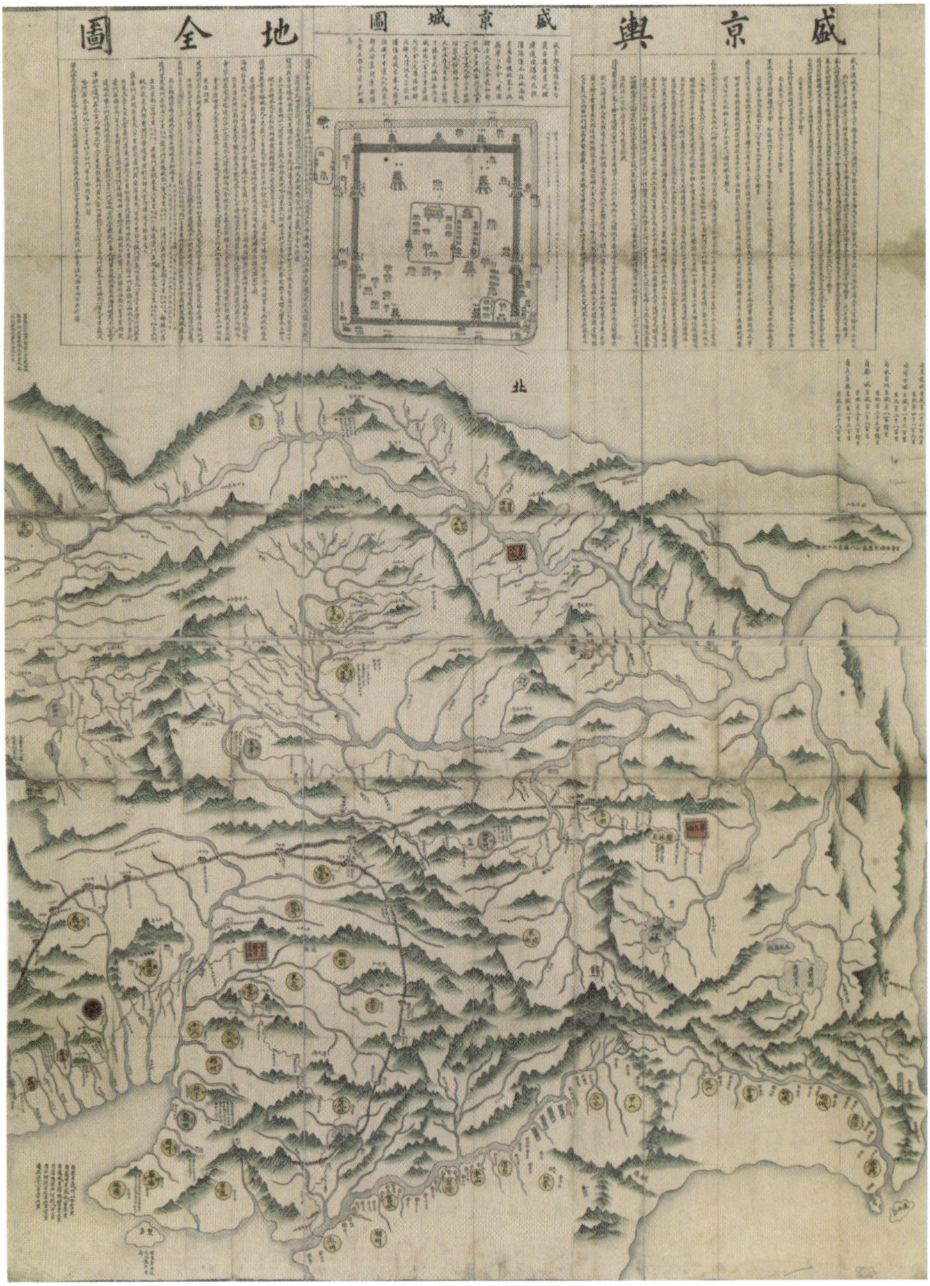

盛京舆地全图

发现了《盛京城阙图》。《盛京城阙图》大约绘制于康熙八年（1669）以前，绢本，净心为 100 厘米 ×128 厘米，是清早期沈阳城池及城内主要建筑的示意图。图上标注了当时盛京的宫殿和各王府、衙署、寺院的方位，各建筑名称全以满文标注，是目前所见绘制最早的沈阳城阙、宫殿图，是研究清朝开国历史以及盛京宫殿建筑十分难得的珍贵档案资料。

《盛京城阙图》上方为北，下方为南，左西右东。所绘城垣为方形，四边就是沈阳城墙，大体上就是今沈阳市沈河区东顺城街、南顺城路、西顺城街、北顺城路。城墙的八座城门名称用满、汉文写成。皇太极对沈阳城的改造，首先就是从增拓城门开始的。明初所修沈阳城有东、西、南、北四座城门，和其他大多数城池一样，每座门都是修在那一侧城墙正中的位置。改建沈阳城最重要的变化，就是改为每面城墙两座城门，即将原来的城门处改为城墙，再于其两侧位于城墙左右三分之一的地方各新开一座城门。这样，城的四面各有两座城门和高大的门楼。城门亦称“明楼”和“战楼”，八座明楼都是气势宏伟的 3 层建筑，城门之上和城墙 4 角角楼处，各建 3 层歇山式门楼，上铺灰瓦，四面出廊，梁枋彩绘，朱红地杖，宏伟壮观。各城门外还修有半圆形的瓮城，正面封闭，两侧各开一拱形门，它的功能一方面是保护城门，使之不直接受到攻击，另一方面是突出城墙的外部，便于守军从侧面以弓箭和炮火打击攻城的敌人。各段城墙中部所设的“马面”（俗称“城台”）也具有类似的作用。城 4 角还各设角楼一座，每座都是 3 层高，连同 8 座城门楼，共 12 座高耸的城楼整齐地排列在城墙的各个方向，无论从城内还是城外望去，都显得庄严美观。

城之东、西、南、北四面八座城门仍沿用努尔哈赤为辽阳东京城确定的旧名称，即东侧南为“抚近门”（俗称大东门），西侧相同位置为“怀远门”（俗称大西门），东侧北为“内治门”（俗称小东门），西侧相同位置为“外攘门”（俗称小西门），南侧东为“德盛门”（俗称大南门），北侧相同位置为“福胜门”（俗称大北门），南侧西为“天佑门”（俗称小南门），北侧相同位置为“地载门”（俗称小北门）。其内涵颇有上承天佑，下感地载，内修文治，外攘兵患，安抚已得之民，怀柔外藩诸部，以福德之盛去开创天下的大志宏图。

《盛京城阙图》

这些名称分别用砖石雕刻成满文和汉文的门额，镶嵌在各城门内外和瓮城券洞上方。有人将八门组成一副对联：

内治抚近天佑德盛，
外攘怀远地载福胜。

横批：“四季平安”。

所筑新城的内外城皆为砖城，内城城墙较明代拓高加固，为一标准的四角方形砖城。城墙内外都用砖石砌筑，高 3 丈 5 尺，比明修城墙增高 1 丈，墙厚 1 丈 8 尺，新筑城墙周长 9 里 332 步，比明旧城长出 302 步，是在明城墙基础上加宽而成的。城墙上女墙高 7 尺 5 寸，设垛口 651 个。同时将城墙外的护城河加宽至 14 丈 5 尺，周长 10 里 204 步，又在城墙内侧修水池 72 处，供外泄积水之用。

五、天眷盛京，兴盛之城

改建之后沈阳城的面积虽未比以前扩大，但其规制已非昔日可比，完全具备了一代京城的规模与面貌。天聪八年（1634），沈阳城拓建工程竣工。四月初九日，皇太极传谕，称沈阳城为“天眷盛京”，满语作“穆克敦”，意为兴盛之城。以后简称“盛京”，以与其国都地位名实相符。

改建之后，两座对应的城门之间各修大街相通，城内区域也相应由原来以十字街划分为 4 区改变为井字街划分成 9 区，即“九宫格”。井字街不仅满足了皇宫居中的礼制要求，又有效地解决了城内各向交通的直通与顺畅，也保证了城市其他功能的合理性。“九宫格”正中区域为皇宫所在地，其他每个格间的尺度，取决于皇宫建筑群的规模，却又与适宜居住生活的街坊尺度和道路交通的组织要求相互吻合。

《盛京城阙图》井字形街路的北部一条街就是四平街，也就是今天的中街，长约580米。在中街靠近西端鼓楼大街（今正阳街）的北侧，有一座城隍庙。城隍在古代被认为是一座城市的保护神，而城隍庙就是供奉城市保护神的庙宇。沈阳城隍庙大约始建于辽金时期。元代时，重建的沈阳城隍庙已位于今天城内中街路北。清朝建都沈阳后，沈阳城隍庙改为“都城隍庙”，规模超过历代。民国时期，沈阳城隍庙因年久失修，庙貌残破，碑石匾额散佚无闻。后来，沈阳市文物工作者于1962年在沈阳城内中街路北内金生鞋帽店院内，从地下清理出一通距今已有660多年历史的沈阳城隍庙碑。由于年代久远，这通石碑上有的字迹已不可辨认，但它是沈阳城很早就建有城隍庙的历史见证。此外，这通石碑也是“沈阳”这个名称的实物证据。这通石碑是元至正十二年（1352）重修城隍庙时刻立的，碑正面刻《城隍庙碑记》，记述重修城隍庙的缘起、经过等，碑阴额上刻“沈阳路城隍碑”6个字，碑身刻《沈阳路城隍庙功德题名记》，清楚地镌刻着“沈阳”一名。而“沈阳”这个名称最早的文献记录，是元代大德元年（1297）沈阳路的建置，出现在《元史·成宗本纪》中。文献记录与石碑文物互相印证了“沈阳”一名的历史。

在福胜门内大街和内治门内大街相交的路口中心建钟楼，于地载门内大街与外攘门内大街相交路口中心建鼓楼，是按照中原都城规制添建的公共设施性建筑。沈阳城出现钟、鼓楼建筑，是在皇太极将国号改为大清之后，即崇德二年（1637），出于完备盛京城制的需要，由皇太极下令修建的。两楼的底座均是正方形台式建筑，高两丈有余。其外墙状如城墙，内开呈正十字交叉的拱形通道，方便行人及往来交通。通道的出口成为各楼东西南北的四个镶券形砖饰的拱形孔洞门。城台上方每边设女儿墙和垛口，仿佛分别独立的楼城。台座之上正中分别起建两层歇山重檐，上覆黄琉璃瓦，外围是廊柱阁式建筑。两楼均坐北朝南，外与角楼、城门门楼相呼应，近前又有衬托皇宫拱卫大内的布局。建筑并不奢华，但与盛京城垣及宫廷建筑搭配得浑然一体。

当时钟楼里有一口大钟，周身铜质，质地厚重，被称为“盛京定更鸣钟”。钟楼、鼓楼是盛京城中最大的公共报时系统。晨钟暮鼓，钟鼓齐鸣，守夜报时。大钟鸣响后，盛京八门八关依次鸣锣传筹呼应，气势恢宏。缪润绂的诗《钟楼更钟》描述了盛京古城深夜钟鼓齐鸣声的盛况：

钟打谯楼第几更，八方接续听锣鸣。
狺狺中有谁家犬，吠入深宵不断声。

这口大钟是金代的，被称为“交龙钮大钟”。早在辽统和十七年（宋咸平二年，999），辽兵大举伐宋，将关内乐寿县觉道寺里的寺钟，作为战利品运回中京大定（今内蒙古宁城），并赐给了当地的感圣寺。金大辅五年（辽保大元年，1121），金兵伐辽，大钟毁于战火中。30年后，金天德三年（1151），金朝下令重铸这口大钟。这口钟上部呈圆形，顶部铸有单环形双螭龙钮。钟表面铸有四组阳文横向双环形线和多组竖向双道短线，中层一区内竖向阴刻铭文，楷书16行共175字，记载的是铸钟经过和匠人、僧人名字。钟的底部口径稍大，铸成六个弧形波纹。大钟全高210厘米，下口径125厘米，重6000斤。

后金天命六年（1621）五月，努尔哈赤夺取辽东后，到盖州巡视时，当地人将这口金代大钟作为贡品献给了努尔哈赤。努尔哈赤认为这口金代大钟是老祖宗的遗物，因此非常看重，重赏了献钟人，并将金代大钟运到了辽阳。翌年，努尔哈赤在辽阳以东建造新都城，又将大钟送到东京城。努尔哈赤迁都沈阳时，又将这口大铜钟一并运到

清末盛京城钟楼

了沈阳。盛京钟楼、鼓楼建成后，皇太极将父亲努尔哈赤带来的大铜钟悬挂于钟楼之上，成为“盛京定更鸣钟”。

钟鼓楼被拆除后，金代交龙钮大钟被收藏于沈阳故宫。

特别值得注意的是，盛京皇宫和沈阳的城市建设有着密切的关系。历代都城都处于政治、经济、文化的中心地位，而皇宫又是都城的核心，是君王发号施令的政治舞台，其建筑等级最高。改造后的沈阳城以皇宫建筑群为中心。按照中国传统的筑城方式，都城一般建有三道城墙（甚至四道，如明代南京和北京城）。皇宫必在内城之中，而且往往还要再筑一重“宫城”，将其置于“重重包围”之内，以平面上的层层围合，确保君主的绝对安全。皇宫建筑群所独占的宫城作为“城中城”的格局，成为历代都城规划必然附会的“古制”。而在沈阳则是另一番景象。沈阳与其他都城最根本的区别在于，都城之中不再另建紫禁城，皇宫与城市融为一体，而不是将皇宫从城中孤立出去。按照建筑学家陈伯超的分析，在盛京城的建造中，两代帝王都没有以汉式“宫城”将自己的宫殿区从内城之中单独围圈起来。因此，城市空间与宫殿空间相互叠合、交相渗透、合为一体。努尔哈赤所建的东路殿宇群，甚至不设围墙（现红墙为后期所建），俨然为一座城市广场。而这个“广场”的选址则在近于城市居中的位置。他所居住的“汗王宫”也打破历代帝王的建宫常规，令“宫、殿分离”，设于城中的北门附近。皇帝登殿朝政则必须穿越城市，皇宫与城市完全地融为一体，成为中国宫殿史上一处反传统的特例。皇太极的宫殿群，虽然纳入四合院的体系之中，但同样没设宫城。皇太极在改造沈阳城时，令构成城市井字形骨架的一条主干道（今沈阳路），穿越大内所辖朝政区，仅仅以横跨在街道上的文德、武功二座牌坊标示出皇宫大内的空间界域，这成功地保证了城市空间的完整性，也有效地扩大了大内的空间感知尺度，将皇帝至上的威严与气势彰显于整座城市之中，形成了超出皇宫自身规模的夸张效果。陈伯超认为，这种紧密结合的宫城关系，是沈阳城的一大特点。

在扩建沈阳城的同时，皇太极还以宫殿为中心，兴建了衙署等国家机关的办公处所，而各衙署官府皆在皇宫前面的几片街坊内沿街而建。天聪五年

（1631），仿明制设立了吏、户、礼、兵、刑、工六部。后来又设都察院。崇德三年（1638），将原称“蒙古衙门”改称理藩院，专司蒙古、西藏等外藩民族事务。据《盛京城阙图》上的标注，这些官廨衙署及其附属建筑的分布为：“六部”衙门设在怀远门到抚近门间大街以南，其中吏部、户部、礼部设在德盛门内大街西北的拐角处，由北向南，吏、户、礼三部呈“一”字形排列。在天佑门到怀远门大街的转角处，由北向南，则为兵部、刑部、工部。大清门外，武功坊以南为都察院，理藩院设在文德坊以南。理藩院和都察院都距皇宫很近。还有两座附属建筑，即大清门路南、皇宫东路对过偏南处有户部库，在东西朝房南建有制造库，亦称造办库，是两座重要的库房。上述官廨衙署显系仿明朝建制。这样，吏、户、礼、兵、刑、工六部衙署分别排列在两座南门内的街道旁，都察院、理藩院衙署排列在皇宫前东西向大街路南，而钟楼、鼓楼之间的城内北侧东西向大街，则规划为商业街，形成了“前朝后市”的城市中心部位格局。

六、天坛、地坛与太庙

在盛京沈阳还建有一些象征皇权的礼制性建筑。天坛与地坛是中国古代帝王举行祭祀活动的重要场所。天聪八年（1634），牛录章京刘学诚条奏，提出请“立郊社坛以敬事天地”，认为“我皇上为天地宗子，当恭建天地坛，凡出师祈年，皇上步行至坛祷祀，每冬至日郊天，用太牢（用牛、羊、豕三牲），夏至日用少牢（用羊、豕二牲），奉始祖神位入坛配享，所司官敬谨襄事，用九升九奏礼，此敬天地之大典，朝廷之要务也”。皇太极采纳了他的建议，并循古制按“天圆地方”之制筑天坛于德盛门外 5 里，设地坛于内治门外 3 里。据《盛京通志》记载：

> （天坛）旧制三成，每层圆面递加环砌。上成九重，周圆一丈八尺；二成七重，周圆三丈六尺；三成五重，周圆五丈四尺，俱高三尺。围墙周一百十三丈。南一门，东、西、北门各一。

崇德元年（1636）四月十一日，皇太极“以受尊号，告祭天地”。这是在盛京都城正式筑天坛、地坛以来首次举行郊天礼，仪式极为隆重。

天坛位于大南门外5里，现在只留下天坛一街、天坛二街的地名。地坛在小东门外3里处，也早已不存在了，只留下“地坛街”的地名。在地坛街30号，是伪满时期日军设立的专门关押太平洋战场盟军战俘的地方，叫“奉天俘虏收容所”。1942年11月11日到1945年8月15日，这里先后关押过美国、英国、加拿大、澳大利亚等盟军战俘2000多名。2007年，在战俘营旧址上建立了“二战盟军战俘集中营纪念馆”。

雍正年间，沈阳又建社稷坛、风雨坛、先农坛。社稷坛在天佑门（小西门）外西南隅，风雨坛在社稷坛之南，先农坛在德盛门（大南门）外东南隅，五里河南。

盛京太庙，为清入关前清皇室爱新觉罗氏的家庙，清崇德元年（1636）建于城东抚近门外五里。据《盛京通志》载，初建的太庙有“大殿五楹、后庑六楹、前殿三楹、大门三楹、东西角门二楹，周围广三十五丈、袤四十丈。国初尊祀列祖神御，崇德元年始定制。四孟时飨并每月荐新。每岁圣诞及清明、孟秋望日（七月十五）、岁暮、忌辰均到太庙致祭，殿中宝位以昭穆序，并设床榻、衾枕、椸椸、帷幔如生”。皇太极循古制择吉于四月十二日安放列祖神位（神牌），追尊其父努尔哈赤为“承天广运圣德神功肇纪立极仁孝武皇帝”（后改称高皇帝），尊其生母叶赫那拉氏为“孝慈昭宪纯德真顺承天育圣武皇后”（后改称高皇后），位列前殿。后殿设努尔哈赤以上四代祖先神位，追尊始祖为泽王、高祖为庆王、曾祖为昌王、祖为福王（即后来称肇、兴、景、显四祖），还追封伯祖礼敦巴图鲁为武功郡王，同时追封功臣费英东为直义公、额亦都为弘毅公，配享太庙。清移都北京后，建太庙于北京紫禁城午门之东，并先将太祖努尔哈赤与孝慈高皇后的神位奉移北京太庙。盛京太庙只剩四祖神位，改称“四祖庙”。顺治五年（1648），四祖神位也奉移北京太庙，盛京太庙一度闲置下来。乾隆四十三年（1778）皇帝第三次东巡盛京时，命将盛京太庙移建于大清门东原景佑宫（旧称三官庙）故址，从此景佑宫址成了盛京太庙，直至今日。

皇太极对沈阳城的改建，使沈阳成为当时东北地区最具中国传统都城特色的城市，也是最整齐美观的城市，《盛京通志》说是“八门正戴，方隅截然”，“京阙之规模大备”。沈阳城由普通城市上升为都城，在城市原有空间和建筑分布基础上，为适应地位的变化而进行了带有标志意义的改造。改建后的盛京城，无论是建制、规模，还是城市的空间格局，都具有中国古代都城的典型性和代表性，也反映出满族的文化与城建理念，奠定了后来沈阳城市面貌的基础。沈阳宫殿作为后金政治中心和都城中的核心建筑群，前有“六部”“两院”等行政、司法办事机构，后有钟、鼓楼及稍后于其间形成的“四平街”（中街）商业街，形成城内“前朝后市”，周围有寺庙、王府、民居等分布的合理格局，更加烘托出宫殿的显要地位。

通过对沈阳城市发展历史的考察，我们可以看到，正是由于努尔哈赤定都沈阳，开始营建盛京皇宫，沈阳作为一座古老的城市才有了一个大发展的起点。首先，由于开始建盛京皇宫，因此形成了一片皇宫建筑群，进而成为当时这座城市里最醒目的建筑地标，形成了一派皇家风范和气势。其次，开始按照都城的规制和规模改造和拓建沈阳城，使这座城市的面貌发生了根本的变化。再次，

站在沈阳故宫凤凰楼上眺望沈阳城

由于清王朝的整个统治集团聚居在沈阳，因此沈阳城市人口大幅度增加，城市文化、商业和手工业经济等迅速发展起来。最后，沈阳由此而成为东北地区的中心城市，在东北乃至全国都具有举足轻重的地位。

所以，正是由于努尔哈赤的迁都之举，也正是由于盛京皇宫之营造，才有了今天沈阳的城市地位和声誉。

在漫长的历史进程中，满族经过几经嬗变，积累了丰厚的文化传统，培育了独特的民族精神和民族感情。这种民族精神和民族感情，如今，物化在沈阳故宫这一古老的建筑群中，物化在这座金碧辉煌的皇家宫苑里。

第六章　皇太极的盛京春秋

一、从四王共治到南面独尊

皇太极即位之初，按照努尔哈赤生前的安排，施行的是四大贝勒共治的制度：四大贝勒同时面南而坐受朝，共听国政。每当朝会、盛典、筵宴及与群臣见面时，兄弟四人皆南面并列而坐，就好像是四位汗王。皇太极此举，一是对兄长的尊敬与感激，二是对实力雄厚的三大贝勒心怀畏惧。三大贝勒也以拥戴之功，为本旗及自身争取更多的权力。这种安排，保证了政权的平稳过渡，但也留下了巨大的隐患。政出多门，容易引起权力的纷争，不利于皇权的集中和统一，使得皇太极凡事不能独专，事事受到“掣肘”，深感“虽有一汗之虚名，实无异整（正）黄旗一贝勒也”。所以，皇太极即位之初的大汗地位是极不稳固的。随着后金封建制的日益发展，政权的高度集中势必成为需要，皇太极与三大贝勒的权力冲突不可避免。

皇太极为了加强集权，巩固自己的统治地位，陆续采取了一系列的应对措施，逐渐解除了三大贝勒掌理国中机务的权力，使大权都集中于皇太极一人之手。皇太极提高汗的尊威，加强汗权，也是当时后金政权集中领导、统一事权，加强整体性合力的需要，是满族落后的领主分封制向中央集权制进化演进的必然趋势。

为了实现自己的集权，皇太极首先创建了旗务大臣制度。八旗中的各旗都设总管旗务大臣一名，称总管旗务八大臣（又称八固山额真）。总管旗务大臣有权力总理本旗一切事务，并与诸贝勒一起参与议政国事。同时，又设“不令

沈阳故宫藏《皇太极坐像图》

出兵驻防”的十六大臣和“令出兵驻防”的十六大臣，“佐理国政、审断狱讼”。这四十名新任的八旗高官，七人为宗室觉罗，其余诸人多为满族较大族姓之人，计有十八位，另有八人为五大臣的家属。这些官职的增设，使各旗旗主诸王贝勒的权力分散，削弱了他们在本旗中所享有的操纵一切的特权。因为作为沿袭天命年间旧制的议政会议，凡涉及后金国的军国大政者，均要经过这一政治枢要的集体议政，决断后方可实施。皇太极用增设八大臣等异姓贵族的做法，削弱了三大贝勒在议政会议上的影响力，从而保证了集权统治。

其次，废除四大贝勒按月分值制度。早在天命六年（1621）二月，努尔哈赤就命代善、阿敏、莽古尔泰和皇太极四个大贝勒按月轮流分值，国中一切事务，均由值月贝勒掌理。皇太极即位以后，仍照常实行此种制度，直到天聪三年（1629），皇太极以“向因值月之故，一切机务辄烦诸兄经理，多有未便”以及负担太重为由，正式宣布废除这个制度，一切军国政务，“嗣后可令弟侄辈代之”。这样名义上是为了减轻诸兄的负担，而实际上这些弟侄辈遇事当然不敢做主，必然均由皇太极一人处理和裁决，从而分散了其他诸贝勒的权力。从此，基本上解除了三大贝勒掌理国中机务的权力，大权都集中于皇太极一人之手。

同时，皇太极开始抓住三大贝勒在政治、军事上的失误，逐一予以打击。皇太极首先解除了二贝勒阿敏的权力。阿敏是努尔哈赤胞弟舒尔哈齐次子，当年阿敏父兄怀有异志，想要另立山头，被努尔哈赤处死，阿敏也受到牵连。正是因为皇太极、代善等堂兄弟的苦劝，阿敏才免于灾祸。但是，在皇太极承袭汗位之后，阿敏明显表现出不满和傲慢。天聪元年（1627），也就是皇太极即位之初，阿敏带兵攻打朝鲜，取得胜利之后，众人都认为应该与朝鲜和谈后班师回朝，阿敏竟然半开玩笑地说，要将妻儿接过来常住在朝鲜，最后还是同胞兄弟济尔哈朗苦劝，阿敏才同意一同回朝。阿敏的言论与行径，明显是不把皇太极放在眼里，甚至另立山头之心溢于言表。但皇太极并没有对胜利归来的阿敏流露出一丝不满，嘉奖封赏如常。

天聪三年（1629）皇太极亲征，永平、滦州、迁安、遵化四城主动投诚，皇太极对于他们的主动归降十分高兴，优扶有加，以昭示天下，凡归降后金汗国，不论民族、背景都优待无异。阿敏对皇太极的“仁慈”举措大不以为然。天聪四年（1630），奉命镇守四城的阿敏，面对前来攻城的明军，不但没有积极抵抗，反而屠城并将财产洗劫一空返回沈阳。皇太极勃然大怒，再也不想容忍阿敏如此放纵。经众贝勒的决议，阿敏罪当处死，以儆效尤，皇太极念及往日战功，对其改判终身囚禁。十年后，被囚禁的阿敏郁郁而终。

天聪五年（1631），在大凌河之战中，隶属于莽古尔泰的正蓝旗，多次担当打援先锋，伤亡较大，莽古尔泰将自己的部队撤离战场。皇太极得知消息之后，便责问莽古尔泰为何不竭尽全力而至贻误战机。莽古尔泰竟然怒视皇太极，并拔出佩刀。莽古尔泰的同母弟德格类及时制止了莽古尔泰

沈阳故宫崇政殿御路

的鲁莽行为，才没有酿成大错。经众贝勒协商，莽古尔泰大不敬之罪成立，革去和硕贝勒爵号，罚兵五牛录并没收甲胄、金银若干。莽古尔泰从执政大殿上被“赶”了下来。次年十二月，莽古尔泰郁郁而终，年仅45岁。

《满族实录》绘图，共执国政的四大贝勒代善、阿敏、莽古尔泰、皇太极

经过解除阿敏和莽古尔泰的权力，在大殿之上，与皇太极共同面南而坐的只有代善一人了。代善虽资历最高，威胁最大，却与皇太极在重大政治决策面前基本能够保持一致，所以皇太极还是对他尊崇有加，每至年节必率诸贝勒至代善处致贺。但是，天聪九年（1635）发生了两件震惊朝野的大事，一是代善因未能娶到察哈尔林丹汗的遗孀、美貌富有的苏泰太后，而对皇太极产生怨恨。再就是，莽古尔泰妹莽古济，又称哈达公主，也因皇太极长子豪格在娶了莽古济之女后，又经皇太极允准娶了林丹汗的伯奇福晋，对皇太极更加不满。莽古济的怨恨，引起代善的共鸣，代善遂一反常态，命其福晋邀请莽古济聚宴。皇太极十分恼怒，切责之，并指出代善所领正红旗下贝勒行师违命，不能恩养属民，诸子以放鹰为名擅杀民间牲畜，与哈达公主一起怨望皇上等罪。遂声言：“尔等悖乱如此，朕将杜门而居，尔等别举一强有力者为君。”众贝勒大臣人人愤怒而恐慌，至朝门外跪请皇太极升殿听政，发誓效忠皇上，“大小纲纪，悉听睿裁”。

最后，经诸贝勒大臣议定："拟革大贝勒名号并削和硕贝勒职，夺十牛录属人，罚雕鞍马十四，甲胄十副。"削权目的既已达到，皇太极便对代善免于革职，并归还了十牛录属人。这样，几经打击，代善被迫处于唯命是从的状态，以"老不予政"为由，彻底将大殿之上、面南而坐的位置留给了皇太极。

从继承汗位到这时，已经过了 9 年的时间，皇太极的汗位得到大大巩固，实现了天子独尊，向着封建专制主义中央集权的道路上迈进了一大步。

二、三院八衙门

皇太极以"仿效明制"和文武并重的原则，按照中国历代封建王朝的行政组织，对后金带有明显氏族痕迹的政治体制进行了大刀阔斧的改革，使后金政治制度更加适应封建化发展的需要，" 参汉酌金，用心筹思"，"务使去因循之习，渐就中国之制"。皇太极要求诸贝勒大臣"凡事都照《大明会典》行"，仿照明朝政治制度，设置国家各级机构。

努尔哈赤时期的后金政权政治体制结构比较简单，主要以兵民合一、文武不分的八旗制为主体，各部门要职全部操纵于满族贵族之手。

皇太极即位后，天聪三年（1629）设"文馆"，这是皇太极建立的第一个文官机构，由满洲中文化层次较高者如巴克什达海，偕笔帖式刚林、苏开、顾尔马浑、托布戚等入值其中。皇太极给文馆设置了两种职能：一是通过翻译汉文典籍，借鉴汉族的政治经验；一是记注本朝政事，以总结执政的得失。这些都为他推进各项政治改革做了思想上和政治上的准备。也正是从这个时代起，后金开始有组织、有目的地系统记载自己的历史。实际上，文馆成了皇太极改革的咨询机关，任职的大臣成了他的顾问和智囊团。

文馆不仅翻译汉文化典籍，更主要的是随着一些汉人的相继入值，在文馆中汇集起一批有着深厚儒家文化素养的汉人文武官员，如清朝开国时期的名臣范文程、宁完我、马国柱、鲍承先、高鸿中、王文奎、李栖凤等，他们都是最先奉命值文馆的汉人。虽然这时入值文馆者尚用武将官名，但已是文官制度建立的雏形。其中尤以被誉为“汉官第一”的宁完我建言最多，他的“参汉酌金”条奏，成为皇太极时期后金国家制度建设的指导性原则。

天聪五年（1631），皇太极接受宁完我等关于“设六部，立谏臣，更馆名，置通政，辨服制”的建议，按照中国历代封建王朝的行政组织，仿明制设立六部，“渐就中国之制”。六部之设是后金采取积极汉化行动的一个重要开端。自天命后期实行八王共治制以来，后金国家官制与八旗官制合而为一，八旗之外无国家官制系统。六部的出现，打破了这种格局，在八旗职官之外产生了新的国家官制系统。

六部指吏、户、礼、兵、刑、工部。六部的职能与明朝相同，但职官名称存在着很大的差异。六部初建时，每部设管摄部务贝勒 1 人，承政 4 人（满洲 2 人，蒙古、汉各 1 人；唯吏部满洲 2 人，刑部汉 2 人），参政 8 人（唯工部 12 人，其中满洲 8 人，蒙古、汉各 2 人），启心郎 1 人（除工部满洲 1 人外，又设立汉启心郎 2 人）。此外，根据六部事务繁简，酌授笔帖式若干人。六部的创立，明确了分工，提高了办事效率。六部由贝勒主持，但他们必须对汗（皇帝）负责，这就加强了中央集权。草创之初，机构尚不正规，各贝勒多在家中办公，直至天聪六年（1632）八月，六部衙门竣工，各部署官员才开始入署办公。

由于各部承政设置过滥，满洲、蒙古、汉人承政之间彼此推诿、互相掣肘，皇太极采纳内院大学士范文程、希福等人的建议，改革官制，并于崇德三年（1638）七月二十五日颁布。每部只设满洲承政一员，下设左右参政、理事、副理事、主事等官，共为五等。崇德八年（1643）八九月间，改六部承政汉名为尚书、参政为侍郎。同年十二月，罢诸王等管理部务，六部事务悉委之尚书。皇太极通过对六部官制的改革和职官的特殊设置，逐步实现了皇权的集中和对六部灵活驾驭的行政体制。

六部设立后，在其职能的划分上基本仿照明制管理国家政务：吏部掌官吏的任免考核、世职的承袭，户部掌田土，礼部掌典礼仪式、试子考试和涉外，兵部掌军队的调发、训练、检阅以及围猎，刑部掌审断刑法，工部掌土木工程等。

六部的政务管理职能主要有分理庶政和奉旨议奏庶政两种形式。奉旨议奏庶政又分为独自或联合议奏庶政。六部的分理庶政和单独或联合议奏庶政，表明行政管理开始实行分工负责，也标志着中枢决策趋向多元化。

在六部等国家行政机构建立以前，凡军国大事需议奏者，皆由议政大臣议奏。因此，以“议政、贝勒”为主的议政大臣仍然是中枢决策的中坚力量或主要人物。皇太极创立六部后，为了强化国家行政机构的权力，就任命在中枢决策系统中为主的议政贝勒管理各部——“多尔衮管吏部、德格类管户部、萨哈廉管礼部、岳托管兵部、济尔哈朗管刑部、阿巴泰管工部”，借此扩大六部官员参与中枢决策的权力，并在各自管理的范围内议奏政事。

在国家政务管理过程中，由于六部各机构熟悉本部门纵向、横向情况，在处理问题时能够综合考虑各旗利益，提出颇为切实、符合共同利益的方案，因而在讨论有关问题时，皇太极往往指令有关政府机构参加时论，汇报有关情况并提出初步处理意见。这使各种政府机构也相应地获得了一定的决策权力，表明六部在中枢决策中处于特殊地位，非其他机构所能比拟。从六部与中枢决策机构议政处极为密切的关系上，我们可以看出：清入关前的中枢决策方式亦向多元化趋势转变。

崇德元年（1636）三月，又改文馆为“内三院”，即“内国史院”“内秘书院”“内弘文院”。内三院是皇太极仿照明制，在“参汉酌金”政策指导下的产物，即明代的翰林院和内阁体制加以变通而建立的。从史料中可知，文馆时期的大部分职掌在内三院时期被明确标注，并且较文馆时期有所发展，同时内三院标注职掌中还有新的内容出现，并设置八承政，分管内三院事务。这样，经过改革的文馆，其职掌更为明确，各院分工更为详细，组织更为扩大和完善。

崇德元年（1636）五月，皇太极改国号为大清后，在吏部睿亲王多尔衮主持下，进行了一次对文人的考试。根据考核结果，对内三院人员进行了一次议叙，更定内三院官制，内国史院设大学士一人、学士二人，内秘书院设大学士二人、学士一人，内弘文院设大学士一人、学士二人。这些大学士、学士分别由满人、汉人、蒙古人担任，以满人为主，汉、蒙人兼任。这是清代设大学士之始。清沿明制，不设宰相，而以大学士代之。大学士的权力很大，可以直接参与议定国家军政大计，掌握国家机密，成为皇太极处理政务的得力助手。文馆、内三院的设置实际上已经取代了八和硕贝勒共同执政的体制，为内三院发展成为政府中枢机构奠定了重要基础。内三院的职掌，不仅比以前的文馆扩大了职权范围，初具日后内阁的规模，还涵盖了以后设立的翰林院、詹事府等机构的职能，便于皇权集中。从文馆到内三院，反映出皇太极时期从“八王共治”到君主集权这一政体演变在政权组织机构上所引起的连锁反应。大量汉儒臣生员被充实到文馆，他们在政治上非常活跃，成为推动满族社会封建化的一支重要力量。经过文馆的历练，这一批年轻的文人，不仅成为日后内三院的骨干力量，而且入关之初的宰辅疆臣也多出自其中。

崇德改元之后，文馆改为内三院，六部三院之外再设立都察院、理藩院（由蒙古衙门改）。理藩院，其前身为蒙古衙门，系根据处理内外藩蒙古等民族事务的实际需要而独创的官署。崇德三年（1638）七月二十九日，“更定蒙古衙门为理藩院”，使该衙门的地位得以提高，成为与六部并行的国家机构。凡征调外藩蒙古诸部军队从征，及查户口、编牛录、颁法律、禁奸盗、会审罪犯、清理刑狱……均由该衙门会同文馆（内三院）、都察院官员办理。理藩院还职掌有关喇嘛的宗教事务。

都察院与六部不相属，在六部之上，官员设置与六部相同。都察院的职责主要是监察贵族大臣及国家官吏的违法乱纪行为，亦监察皇帝和自身防检。其职掌是参加议奏、会审案件、稽查衙门、监察考试等。“职司谏诤”，上自皇帝、王、贝勒、大臣等，下至牛录属员，以及六部公务，都有权察核纠弹。凡有政事背谬，贝勒大臣傲慢不法、无礼妄行等行为，都许都察院直言。

六部、都察院系仿照明制，理藩院（其前身是蒙古衙门）则具有独创性质。正如宁完我所言，“六部本循明制，汉承政皆墨守大明会典”，也就是说满洲的国家体制已经完成了以明朝为蓝本的改造。崇德三年（1638）七月，皇太极允准大学士范文程、希福、刚林的奏请，命吏部睿亲王多尔衮更定六部、都察院、理藩院官制，各衙门改设满洲承政一员，以下酌设左、右参政，理事官，副理事官，主事等五等官。

改革调整后的国家机关有内三院、六部、都察院、理藩院，合称“三院八衙门”。八衙门的承政为“昂邦章京”品级，地位高于内三院大学士。虽说这时旗权仍很重，但随着皇太极改革的深化，汗权的强化，国家的权力已逐渐向以汗为首的三院八衙门倾斜。三院八衙门是独立于八旗制度之外的一套较为完整的国家机构体系，分别履行行政、监察、民族管理以及辅政等职能，削弱了后金国传统的议政王大臣会议的权限，树立起汗或皇帝的权威。

三、参汉酌金，振兴文治

满族在盛京（沈阳）建政后，皇太极通过营建皇宫和盛京城，使当时的沈阳具备了帝都气象。同时，采取各种措施，加强内部的政权建设，建立了稳固的统治基础。其中，他在文化建设方面做了大量的工作。佟冬主编的《中国东北史》中说：皇太极统治的“这十七年，也是具有不同文化背景的汉、蒙、满各族，在‘参汉酌金’‘渐就中国之制’方针的指导下，在文化上互相影响、迅速融合的时代”。皇太极“顺应社会矛盾发展的历史要求，锐意实行革新，进行政策调整。在调整民族统治政策的同时，也调整了文化政策，从重武轻文、抵制汉化，调整为‘参汉酌金’‘振兴文治’，特别是把‘渐行中国之制’——学习、吸收汉文化摆到了较为重要的位置上来”。①

皇太极的文教政策，概括地说，一方面固守和发展完善本民族的文化传统，另一方面以更大的力度吸收汉文化，推行汉化改革方针，大力发展文教事业。

古往今来，征服与被征服的历史，最终都揭示出这样一条定律，那就是征服者最终都要受制于被征服地区的政治、经济乃至文化环境。马克思曾指出，野蛮的征服者总是被那些他们所征服的民族的较高文明所征服。女真人

① 佟冬主编：《中国东北史》（第4卷），吉林文史出版社2006年版，第1197—1198页。

建立的后金政权在进入辽沈地区后，即面临迁都后如何适应环境的问题。新兴政权在面对更大的政治舞台时，如何作出政治与文化选择，以及在进入广大汉人农耕文明地区后如何适应新环境，融入当地文明，这是摆在努尔哈赤与皇太极面前的难题。皇太极的一个重要选择，就是积极地吸收汉文化，而且将吸收汉文化列为一项重要国策。这一选择甚至成为清朝200多年的立国基础。

皇太极在多方面学习和吸收汉文化，把汉文化的内容贯彻到军政和经济、文化建设方面。皇太极是掌握汉文化知识非常丰富的君主，他在训谕大臣、发布内外公文时，经常引用汉族历史知识、典故以及孔子、孟子的至理名言，并能把一些知识和历代得失、经验教训运用到行政、外交及军事上去。他还注意征求文馆诸臣、汉族归降官将的建议，这些汉官、文人秀才们也积极向皇太极建言献策。后来刊印的《天聪朝臣工奏议》，就集中了汉人官员、文人们的建议，其中不少为皇太极所采纳。

皇太极对文士在政权建设中的重要作用有比较深刻的认识，他说："自古国家文武并用，以武功勘祸乱，以文教佐太平。朕今欲振兴文治。"他广泛吸收、任用文士，促使盛京和整个后金的文化发展出现新的局面，实现了较大的飞跃。

皇太极一反努尔哈赤时对汉人文士的屠戮政策，将"恩养"汉人作为其政策转变的重点，积极吸收汉人中的上层人士和知识分子，以"收揽人心，使之顺从，建立大业"。皇太极形象地将招降明经略洪承畴比喻为："譬诸行道，吾等皆瞽，今获一引者，吾安得不乐？"皇太极招纳笼络的汉官不仅数量众多，而且其身份档次也大有提升，尤其注重对明朝中高级官员将领的招降和接纳。在收降的明朝官员中，以洪承畴为官位最高者。其余中高级降官还有：总兵祖大寿，副将尚可喜、张存仁、孟乔芳、沈志祥、祖可法，参将孔有德、耿仲明、马光远等。

皇太极更为大胆地使用汉人。努尔哈赤在位时投奔后金的范文程、鲍承先、宁完我、石廷柱、马光远等人，大多是在皇太极时期才得到重用。他们对许多军国大事提出过重要的意见，受到皇太极的“嘉纳”。皇太极在崇德元年（1636）连续授予三位汉员以王爵。

皇太极的这些措施，不仅壮大了统治集团的阵容，更促进了后金文化水平的提高和教育事业的发展，为后金的壮大创造了条件。

朝中的汉人文士还积极向皇太极推广儒学。当时，诸臣所上奏疏大多就事论事，“而无劝上勤学问者”。针对这种情况，一些汉员如沈文奎、宁完我等提出皇帝进学应主要学习以“四书”为核心的“帝王治平之道”，并建议建立侍讲制度，对皇太极做了倾向于程朱理学的思想引导。这一时期，满族统治者对于“四书”在儒学中的特殊意义并无深刻认识，侍讲制度也因条件不备而未能建立。但是汉官们的建议，毕竟把清朝统治者推行尊崇儒学的文化政策又向前推进了一步。

之后，皇太极对官民服制、官员祭丧之制，乃至官场言语书词等，都本着效仿中原王朝“明尊卑，辨等威”的原则进行了改革和规范。

皇太极还非常重视教育的作用，设置了弘文院，由大学士“劝讲御前，侍讲皇子，并教诸亲王”。皇太极强调满族贵族子弟要读书明理，他看到明朝官兵处困境而“犹以死守”，得益于“读书明道理为朝廷尽忠之故”，由此反思己方在精神士气、思想文化上的不足，并以“读书明理”对部下相劝勉。他还组织力量，大量翻译汉文书籍，要求无论大小武官都要认真去读，作为用兵打仗的参考。汉文书籍的大量翻译，对提高满族的文化水平，加强满汉文化交流，特别是推动满族汉化和形成满族共同体文化，都具有积极意义。皇太极在满族贵族中提倡“读书”，主要是指学习反映中原文化成就的各种汉文书籍，既包括儒家经学、史学类书籍，也包括军事等方面的实用性书籍，还有佛教经典，内容相当广泛。皇太极要求办供贝勒、大臣子弟读书的学校。到崇德年间，已在沈阳设立了正式的八旗官学。对后金国来说，它从无到有，并强制规定，以至形成制度，这的确是具有深远战略意义的大事。

皇太极还仿效中原王朝科举取士的办法，通过考试选拔人才。科举取士是隋唐以后历代王朝吸纳人才进入统治阶层的重要途径，经历代继承和发展，至明代已相当成熟，成为维护中央集权统治的重要组成部分。皇太极在全面借鉴明王朝一系列集权措施的同时，对科举取士也给予重视。天聪三年（1629）八月二十三日，皇太极下达了一道在清朝历史上具有重要意义的谕令：

> 自古国家，文武并用，以武功戡祸乱，以文教佐太平。朕今欲振兴文治，于生员中考取其文艺明通者优奖之，以昭作人之典。诸贝勒府以下，及满汉蒙古家，所有生员，俱令考试。

当年九月，举行了大约有300名汉人生员参加的考试，并录用了其中的200名。参加应试的生员绝大多数为努尔哈赤晚年镇压明朝生员通明叛变事件中的幸存者。通过考试，把这些人从“包衣”“奴者”的行列中擢拔出来，改变了他们的奴隶身份。这样，这些汉族士人逐渐形成了一个汉族官僚“智囊团”，改变了后金政权的组成成分，充实了后金政权的统治力量，为后金政权建设和日后定鼎中原作出了重大贡献。虽然这种考试还有别于科举，还没有制度化，但这是特殊时期的明智措施。这次开科成为清朝实行科举制度的先例。

天聪八年（1634）三月，后金举行了一次针对汉族生员的考试，录取228人。一个月后，开始正式开科取士：“初命礼部考取通满洲、蒙古、汉书文义者为举人。”经礼部考试，齐国儒、朱灿然、罗锦绣、梁正大、雷兴、马国柱、金柱、王来用等人以“通晓汉书”被授予举人资格。他们是后金选出的第一批汉族士人，成为皇太极推行“文治”的骨干力量。此外，还有满族生员和蒙古族生员也通过考试得以中举。

此后，在清入关前，又举行了两次科考。第二次是崇德三年（1638）八月，共录取举人10名；第三次是崇德六年（1641）七月，共录取举人7名。科举制是后金（清）选拔人才的重要手段。从此，除出身和军功外，开辟了一个“人人平等”的人才进阶之路。后金实行科举，还有另外一个重要意义，这就是由于科举制度是汉文化的重要文化符号，后金（清）对它的采用，有助于对汉文化的认同。

崇德元年（1636），盛京始建孔庙。孔庙建成后，皇太极遣内秘书院大学士范文程致祭至圣先师孔子，以复圣颜子、宗圣曾子、述圣子思、亚圣孟子配享。此次祀典，从对孔子的尊奉、配享的安排、祭祀日期的确定，到典礼的仪程，都循守中原王朝的旧制。

这次祭祀对于清朝来说，无论在政治上，还是在思想文化上，都具有非常重要的象征意义，它标志着清朝从政治到思想上都认同了孔孟儒家思想，将自己纳入了中原文化体系。

此后，一直到清末，每年都举行文庙的祭祀活动。祀孔典礼一般称为丁祭，一年两次，分春丁与秋丁。具体时间为每年立春和立秋后的第二个丁日，所以也称仲丁。每到祭祀之时，从沈阳城大南门到文庙，都要用黄土铺路，清水洒

盛京城文庙

街。在圣殿内孔子牌位前，摆上各种祭器和三牲、香烛、果品等，其他殿庑也都摆上供品。祭典仪式的前一天，主祭官与分献官须斋戒沐浴。祭典当天，主祭官与分献官以及参加祭祀的工作人员还要穿上祭孔礼服，庄严肃穆。届时，奉天府尹、副都统、学政，五部侍郎、道员、同知，还有现任候补、州、县各官，都要到文庙致祭。除了这些官员外，也有一些儒生学子参加。

文庙丁祭向来由奉天府尹主祭，清末改为盛京将军主祭；光绪三十三年（1907）改设东三省总督以后，由东北三省总督主祭。

沈阳文庙的建立，开创了东北地区孔庙建设的先河。文庙坐落于老沈阳城的东南方向，即今天的沈阳市沈河区沈阳路三段文庙里，就是现在朝阳第一小学的位置。建筑布局呈东西长、南北短的长方形。

文庙初建时，规模尚小，只有圣殿三间、戟门三间、棂星门一座，祭祀礼器只有银爵 27 只。至康熙、乾隆时代，儒家文化倍受重视，官府不断增加投入，多次对文庙进行增建与扩建。康熙五年（1666），增建学宫及启圣祠（后改称崇圣祠）；康熙二十一年（1682），增建东西庑各三间；康熙二十九年（1690），在学宫外设立下马碑；康熙三十二年（1693），增建明伦堂三间，东西斋房各三间，仪门及东西角门各一座，学署六间；康熙四十九年（1710），将三间圣殿扩建至五间，并增建大成门、启圣门、照壁、义路礼门各一座，修建了 200 丈长的围墙，同时增建名宦祠、乡贤祠各一间。至此，形成了一座布局严谨、疏密有致、规模宏伟的奉天文庙。

文庙及附属建筑，既是供奉孔子的庙宇，也是府、县学校所在地和科举考试考场，以及学生住宿上课的地方。

康熙二十五年（1686），清廷向全国颁发御制圣先师孔子赞，并勒石学宫；同年，增设守卫步兵 10 名，专门负责盛京文庙的职守。光绪三十二年（1906）十二月二十日，盛京礼部奏请将文庙与太庙、天坛、地坛同等规制，即将文庙所覆青瓦全部换成黄瓦，将文庙所用器皿饰金、饰玉、饰黄色云纹。于是，盛京文庙规制提升，与太庙、天坛、地坛等礼遇相同。此后，文庙不仅各殿之瓦换成黄瓦，就连那圈 200 丈的围墙也覆上了皇家专用建材黄瓦。

皇太极开展以“仿效明制”为基本内容的政治改革，并不意味着皇太极完全放弃了本民族的文化传统而实行彻底的汉化。实际上，他是本着“有所为而有所不为”的原则进行改革的。他曾拒绝满臣达海、库尔缠等人提出的“改满洲衣冠，效汉人服饰制度”的意见，认为满族的服饰及民族语言、骑射传统绝对不能改变。总之，这一历史时期，东北地区各族文化在以汉族文化为中心进行凝聚、融合的同时，各族之间的文化也互相影响、互相交流，尤其是女真——满族文化由于政治上所具有的优势，对其他民族施加着强有力的、不可抗拒的影响与同化，因而应该说满汉文化的融合是这个时代文化发展的主流。

在这一过程中，皇太极也完成了对满洲民族及文化的构建。或者说，在后金向清朝国家政权的过渡中满洲完成了由族群、部落向民族的整合。也正是在这一基础上，皇太极于天聪九年（1635）十月，宣布将族名改称为“满洲”。名称的改变，意味着进入辽沈后的满洲除了自身的渔猎文化之外，已经在不同程度上吸取了汉人包括朝鲜的儒家文化、蒙古的游牧文化等，形成了多元的混合型文化，而非仅仅保持其自身的民族特性。

皇太极时期的这些文化政策，已经大体上完成了满族“汉化”的改造，也为入主中原做了比较充分的准备。所以，在清代，异族文化与汉文化的冲突并没有像先前出现的那样激烈，并没有因为清朝是边疆民族建立的政权而对中华文明造成大的冲击和破坏。有清一代，中华传统文明得到了持续的传承，并且发展到它的最后高峰。

四、创制满文与《满文老档》

皇太极在盛京时期的一个重大文化事业，是创制和完善满文。

满文，是满族共同体形成（即皇太极改国号为大清、建元崇德）之后的说法。最初叫国语或国书。

早在后金建立之初，努尔哈赤就决定创制本民族的文字，称为“无圈点满文”，或“老满文”。它的出现对女真社会的发展具有积极的作用，标志着一个民族发展的成熟。

但是，这种满文因属初创，还存在一定的缺点和不足，如字母的书写形式不规范、一字多音等。所以，随着女真社会的进一步发展，“老满文”存在的问题日益突出，无论是学习还是使用，都很不方便，对其改进和完善，已成必然之事。

在“老满文”使用33年后，即后金天聪六年（1632），皇太极颁令，由达海承担改进“老满文”的任务。达海对“老满文”的改革主要有以下四个方面：一是在一些“老满文”字母旁边添加圈点，使原先雷同的字母得以区别，做到一字一音；二是创制特定字母，以便于准确地拼写外来借词；三是创制满文字母的连写切音形式，解决音译人名、官名、地名、物名等词汇时容易出现差错的问题；四是规范字体，统一书写形式，消除过去一字多体的混乱现象。经达海改进的满文称为“有圈点满文”或“新满文”。现在人们通常所说的满文一般是指“新满文”。

满文有楷书、行书、草书和篆书四种字体。楷书的使用范围较广，被用于各种书籍的刊刻、精写本的抄写，以及诏书、谕旨、奏折、题本等公文的缮写。行书的使用范围更为广泛，凡书籍普通写本的抄写、各种书稿的起草、中央到地方各级国家机关及官员之间来往文书的缮写，以及各类公文档案的汇抄存档等，都要使用行书。草书的使用范围较窄，主要用于一些文稿的起草、个人信件和札记的缮写，以及书法作品的创作等。满文的篆字，早在满文创制之初就已出现，只是种类较

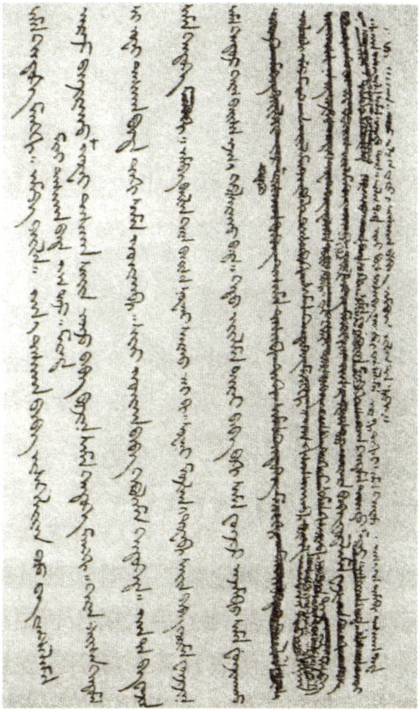

《满文老档》局部

少，字体单调，使用不广。正如《清朝通志》所载：“清字篆文，传自太宗文皇帝时，是清篆原与国书先后并出，特以各体未备，传习尚稀。”

从满文的初创到改进，用了30余年时间，最终使满文成为一种便于使用且较为完善的文字。创造文字并不是一件容易的事情，而教会整个民族掌握和使用统一的文字，更是一件无法想象的巨大工程。这一工程的顺利完工，不仅显示了女真人的文化创造力，更显示了他们的文化决心。他们人为地创造了一个幽深复杂的语言系统，从此以后，女真人的思维、文化和历史，都通过自己的语言记录下来。满文初创之后，由于大力推广，在比较短的时间内就得以广泛使用，它反映了女真人经济政治文化方面的发展和进步。

女真人在1616年建立后金政权之前，就已经建立起档案制度。汗有汗的档子，八旗也各有各的档子。天聪三年（1629）四月，皇太极设文馆，命儒臣分为两直，翻译典籍，记注政事。巴克希库尔缠等奉命用老满文纂修史书，遂以为制。天聪六年（1632）改用有圈点满文（新满文）修撰，岁岁相继，至崇德年间蔚为巨帙，现在称之为《满文老档》。

《满文老档》是中国最早的官修满文编年体史书。《满文老档》记录了从清太祖丁未年到崇德元年（1607—1636）努尔哈赤和皇太极在东北广大地区统一女真各部、建立八旗兵制和后金政权等一系列活动，进而与明王朝相抗衡，入扰京师周围各城镇屯堡，共计30年的史事，反映了清初满族社会经济、政治、军事、文化、民族、外交、风俗习惯及宫廷生活等各方面的情况，还有天文、地理和气象记载。史料原始，记事广泛，内容丰富，多为清入关以后官撰史书所不载，是对清实录等书的校订补遗，具有十分重要的意义。此书是研究清入关前满族的兴起、发展和社会性质以及东北边疆各民族的历史、分布地域和语言文字的珍贵文献。《满文老档》不仅具有很高的史料价值，也有很高的文学价值。它和中国其他一些较早的史书《春秋》《左传》《史记》《汉书》一样，虽是史书，也有很高的文学价值，从某种意义来说，也算是一部纪实文学著作。

《满文老档》原本37册，用明代旧公文纸或高丽笺书写，各册长短不齐，厚薄各异。乾隆六年（1741），内阁大学士鄂尔泰、徐元梦奉命将无圈点字档册中难以辨识的无圈点老满文捡出，附注新满文，按十二字头序列编成一部《无圈点字书》，存于内阁，宗室觉罗学及国子监学各抄存一部。同时，因档册原件年久糟旧，遂逐页夹纸托裱重新装订成册，以千字文顺序编号保存。乾隆四十年（1775），大学士舒赫德等奉命按档册原档整理、重抄。历时3年，抄出一部，内涵音写本一套，照写本一套。每套26函，180册。此次重抄用无格宣纸，书法潦草，函帙、册衣均用黄纸，称“草本”。照写本册面签书老满文为“无圈点字档册”，音写本册面签书新满文为“加圈点字档册”。后以草本为蓝本，复缮写一部，黄绫函，黄绫册衣，泾纸朱丝栏，书写楷正，是为正本，称“大黄绫本”，供皇帝阅览。乾隆四十三年（1778）又据正本重缮，是为副本，称“小黄绫本”，送盛京皇宫崇谟阁庋藏。

盛京时期，皇太极还开始仿效中原历朝编修实录的体例编纂实录。在1636年崇德改元前后，先后完成了《满洲实录》和《清太祖武皇帝实录》两种。

《满洲实录》原本名《清太祖实录战迹图》，成书于天聪年间，记述了从满族的起源到努尔哈赤去世这一时段的历史。它是目前所见到的历史实录中唯一一部附有插图的实录，将满族先世及清太祖努尔哈赤征战创业的历史，以图文并茂的形式展现出来。《满洲实录》的插图均为手绘，以墨笔绘画，不添加任何颜色，每幅插图的左侧用满、汉、蒙三种文字书写图题。全书共有插图82组，每组插图依其所反映的历史事件的繁复及重要程度占据一至数页不等。这些大幅相连的图画多采用全景式的构图，场面盛大，气势恢宏。尤其在表现战争场面时，多采用俯视角度，在多个相连的幅面上充分展现出战争的规模与全貌。这些绘画，使我们能够直观了解明与后金战争的场面，以及当时满（女真）、汉、蒙古族人的穿着服饰及战时所着盔甲，双方使用的兵器等。

清入关后，《满洲实录》移存北京紫禁城乾清宫内。乾隆四十四年（1779）依照原本重新抄绘二部，一部存上书房，一部送盛京皇宫崇谟阁尊藏。四十六年（1781）又抄绘一部藏于热河行宫。崇谟阁本《满洲实录》有两套，现藏于辽宁省档案馆。一为三体文本，即用满、汉、蒙三种文字书写，2函8册，附有插图82组；一为两体文本，即用满、汉两种文字书写，2函8册，附有插图目录。在三体文《满洲实录》末尾收录的乾隆帝《敬题重绘太祖实录战图八韵》一诗的自注中说："实录八册，乃国家盛京时旧本，敬贮乾清宫。恐子孙不能尽见，因命依式重绘，以一本贮上书房，一本恭送盛京尊藏，传之奕世，以示我大清亿万年子孙毋忘开创之艰难也。"

《清太祖武皇帝实录》成书于崇德元年（1636），是清入关前第一部内容丰富完整的实录，从努尔哈赤起兵到逝世的重大事件均记录无遗。康熙年间又进行重修，更名为《清太祖高皇帝实录》，以后又多次修改，至乾隆年间定本。

这两部书在满族认识自身族源、确定满族及爱新觉罗氏族族系等方面，具有重要作用。自此以后，满族将长白山视为整个民族发祥地的认识更为明确，长白山也成为满族族源意识的象征。

皇太极时期用满文编纂的《满文老档》以及《满洲实录》《清太祖武皇帝实录》，是沈阳历史上出现的以国家名义编纂的第一批史志文献，在沈阳文化历史上具有重要意义。

五、建清朝，称皇帝

天聪八年（1634）十二月，蒙古墨尔根喇嘛带着"嘛哈噶喇"投靠皇太极。嘛哈噶喇是元帝师八思巴为元世祖忽必烈铸造的金佛像，也是元皇帝和蒙古大汗的象征。皇太极为此建造实胜寺。天聪九年（1635），漠南蒙古察哈尔林丹汗在后金官兵的追剿下大败，最后死于青海打草滩，其妻、子纷纷来投，并献上传国玉玺。这枚玉玺代代相传，据说可以追溯到汉代，是全中国正统皇帝的象征。这枚玉玺也颇有传奇色彩。又据说这枚玉玺元初藏于大内，元顺帝被明太祖击败后，曾携带此玉玺逃往大漠，他死后玉玺也不知下落。过了 200 年，这枚玉玺又奇迹般地出现了。在一个山岗下，有个牧羊人发现一只山羊连续 3 天不吃草，只是不断地用蹄子刨土。牧羊人推测地下藏有宝物，就在羊刨土的地方挖掘，果然发现了一枚"光气焕烂""交龙为纽"的玉玺，上面刻有汉文篆书"制诰之宝"4 字。这件玉玺不久落入元帝后裔博硕克图汗之手，后来转归察哈尔林丹汗。

天聪十年(1636)四月五日，皇太极御凤凰楼，八旗满洲、蒙古诸贝勒大臣、外藩蒙古十六部四十九贝勒及以都元帅孔有德、总兵官耿仲明、尚可喜等为代表的汉官齐聚盛京皇宫，联合请皇太极上尊号。文武群臣百余人分次排列，多尔衮代表满洲捧满字表文、土谢图济农巴达礼（奥巴之子）代表蒙古捧蒙古字表文、孔有德代表汉官捧汉字表文，分别率群臣跪读表文。此举形象地反映出后金国以及即将建立的大清国是以满族贵族为核心，同时有蒙、汉上层统治者参与的联合政权。在隆重热烈的气氛中，皇太极认为天命归金，时机已成，终于同意上尊号，以顺天应人的姿态，堂堂正正地登上了权力的最高峰。

皇太极决定将“大金”国号改为“大清”，年号改为“崇德”，并用“满洲”代替“女真”族号，登上了“大清”皇帝的宝座，尊号为“宽温仁圣皇帝”。

天聪十年（1636）四月十一日，皇太极举行了其改元称帝的登基即位礼，正式宣布大清国成立。这天黎明，皇太极率诸贝勒、满洲、蒙古、汉官，出德胜门，至天坛，焚香祭天，行三跪九叩头礼。在祭告天地的祝文中，皇太极自称满洲国皇帝，10年间“克兴祖、父基业，征服朝鲜，混一蒙古，更获玉玺，远拓疆土。今内外臣民，谬推臣功，合称尊号，以副天心。臣以明人尚为敌国，尊号不可遽称，固辞弗获，勉徇群情，践天子位，建国号曰大清，改元为崇德元年”。接着举行上尊号、建国、改元大典。筑坛于天坛之东，备大驾卤簿。皇太极在导引官的导引下拾阶登坛，入座陈设于正中的金交椅，在赞礼声中，接受文武百官三跪九叩的朝贺。

翌日，已是宽温仁圣皇帝的皇太极率文武百官至太庙追尊祖先。从爱新觉罗氏的始祖、高祖、曾祖到祖父全部尊奉为王，而奉其父努尔哈赤为皇帝，上尊号为“承天广运圣德神功肇纪立极仁孝武皇帝”，庙号太祖，其葬地赐名福陵，尊奉母亲叶赫那拉氏为皇后，并给已故的功臣费英东、额亦都等追封称号。

第三天，为庆贺上“宽温仁圣皇帝尊号”及太庙礼成，皇太极在大政殿举

沈阳故宫藏清透雕金漆宝座

沈阳故宫藏清金漆云龙屏风

行隆重的庆贺仪式和盛大宴会。接下来就是颁诏大赦、议定御前仪仗、给宫殿赐以嘉名、大行宴赏等一系列活动。

四月二十三日，皇太极开始封赏其兄弟子侄。大贝勒代善居首，封为和硕礼亲王、贝勒济尔哈朗为和硕郑亲王、多尔衮为和硕睿亲王、多铎为和硕豫亲王、豪格为和硕肃亲王、岳托为和硕成亲王。阿济格降一级，封为多罗英郡王，杜度以下再降一级，封为多罗安平贝勒、阿巴泰为多罗饶余贝勒，并按上述品级分赐银两。外藩蒙古贝勒也按亲王、郡王等级分别敕封。

二十七日，又敕封汉官孔有德为恭顺王、耿仲明为怀顺王、尚可喜为智顺王，时称“三顺王”，其部下亦按功封赏。

经过这样隆重的典礼，皇太极正式由金国的汗王成为清帝国的皇帝。

历代封建王朝最重大的政治活动莫过于皇帝即位，而历朝开国皇帝建元称帝，则标志着一个新政权的诞生，因此封建统治者无不重视这标志着其政权初始而举行的一系列庄严而复杂的仪式，也借此向人们展示他的“君权神授”。

此次登极典礼不同于努尔哈赤 1616 年在赫图阿拉和皇太极 1626 年在盛京的登汗位典礼。此时满族政权进占辽沈地区已 15 年之久，满族社会已迅速向封建制转化，国家在政治、经济、文化等方面也有了长足的发展。伴随着满族政权的迅速封建化和诸多汉臣的归附，宫廷礼仪和典制在明朝礼仪文化的影响下逐步建立和完善。这样，皇太极集权政治形成，中原封建专制主义中央集权开始取代后金原始的共议国政制度，成为后金（清）政治上汉化最显著的标志。

皇太极为什么改国号为“清”，历来史学家都有不同的解读。日本学者市村次郎《清朝国号考》指出：“金与清在北京音稍有相近，金为 Chin 之上平，清为 Ching 之去声。北京人可明确区别开，然外国人则颇易混同。女真民族当时不可能正确区别汉字之发音，因而改金之国号为清，乃取音声之近似耶？”孟森《明清史讲义》说：“清即金之谐音，盖女真语未变，特改书音近之汉字耳……满人金息侯梁，撰有《光宣小纪》，亦称清即金之谐音，并举沈阳抚近门额，汉文称大金天聪年，其满文即终清世之大清字样。是可知金之为清，改汉不改满。有确证矣。”

从“后金”到“大清”，从“大汗”到“皇帝”，皇太极实现了一个大的历史跨越。美国学者罗威廉（William T. Rowe）在《最后的中华帝国：大清》一书中指出：“皇太极不再是各个同等地位的封建亲王中的首领，而是国家结构中独一无二的皇帝/天子，而各旗领袖则是此国家的官员。至少有两个理由让这个变动意义重大：一来提供了一个较优越的政治组织形式，适合用以征服广大的南方土地；再者明白地向明朝皇帝提出挑战，从此明朝皇帝不再将其东北视为是一群附庸臣属，而至少在当下是一个不同且地位平等的国家政体。”① 作家祝勇也说：“这次改元，变化是实质性的。因为‘大金’或者‘后金’的命名，采用的是北方少数民族的政治序列，而‘大清’，则如同‘大唐’‘大宋’‘大明’一样，纳入了中原主流政权的政治序列，这表明此时的皇太极，继努尔哈赤统一女真各部，在中国东北建立稳固政权之后，已经放弃了像蒙元势力那样偏居漠北的思想，形成了入主中原，建立多民族跨文化的中华体系的明确意图。他的视野，已经覆盖了整个中华体系。”②

六、天聪初年的军事行动

皇太极当政时期，在政治、经济、礼仪制度和社会、文化方面都进行了一系列的重大决策，采取了一系列有效的措施，大大巩固了政权。同时，他制定了一系列的军事决策，实施了一系列军事行动，巩固和扩大了后金和清朝的实际控制地域。在增强国力的基础上，逐步摧毁明朝设在辽西的军事防御体系，并在松锦决战中彻底击败山海关外的明军主力。如果说努尔哈赤创立后金国，为女真族的统一和强大提供了必要的基础，那么，皇太极在盛京皇宫执政的17年，则是为这个地方性的少数民族政权完成实质性崛起，入主中原、统一

---

① 〔美〕罗威廉著：《最后的中华帝国：大清》，李仁渊、张远译，中信出版集团2016年版，第16页。

② 祝勇：《辽宁大历史：中华文明的抽样观察》，东方出版社2013年版，第188页。

沈阳故宫藏清汉满蒙文龙纹信牌

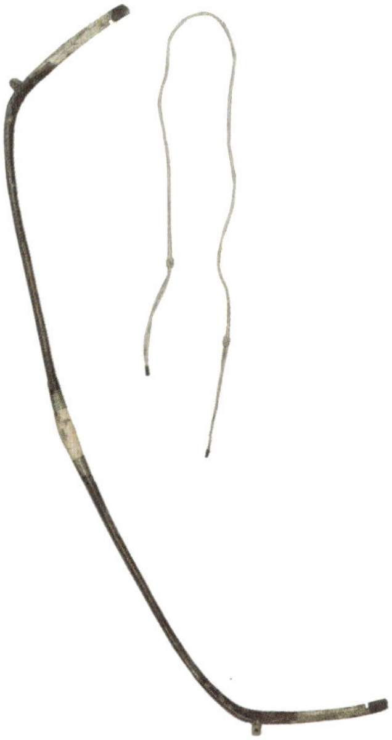

沈阳故宫藏皇太极御用牛角弓

北京故宫藏皇太极盔甲

全国，建立中国最后一个封建王朝，发挥了决定性的作用。

皇太极继承汗位的几个月后，天聪元年（1627）正月，皇太极举兵渡鸭绿江征讨朝鲜，史称“丁卯之役”。这是皇太极继位后第一个重大军事行动。皇太极派阿敏为主将，一路势如破竹，连下义州、定州、郭山、安州、平壤、黄州、平山诸城，朝鲜国王李倧（朝鲜仁祖）逃往江华岛。后金军至平山时始与朝鲜议和，结成盟誓后撤退。战后，朝鲜与后金订立了“兄弟”之盟，向后金开市并缴纳岁币，这就暂时免除了后金西进攻明的后顾之忧。

皇太极在即位之初，曾采取对明暂时议和、以争取时间的战略。但大臣们都知悉入关夺取明政权是皇太极的夙愿，即所谓“皇上志在中原”。天聪元年（1627）五月，皇太极从朝鲜退兵后，率兵直抵锦州，攻宁远，发动宁锦之战。明将袁崇焕等率众固守宁远，城得保全。五月十一日，后金军直抵锦州，四面合围。袁崇焕以宁远兵不可动，选精骑4000，令尤世禄、祖大寿统率，绕到后金军后，再遣水师东出相牵制。当尤世禄、祖大寿等将要出动时，后金军已抵达宁远城下。袁崇焕与中官刘应坤、副使毕自肃督将士登陴守战，列营壕内，用大炮轰击后金军。而尤世禄、祖大寿等大战城外，士卒多战死，仍力战不退。后金军于是解宁远之围，增兵攻锦州，后金士卒损伤无数，锦州终不可破。六月五日，后金撤军。

此战，明军凭坚固守，以逸待劳，大败后金军于宁远、锦州城下，阻止了皇太极的继续西进，史称“宁锦大捷”。

宁锦之战后，皇太极暂时搁置了在辽西与明军的正面交锋，转而征战蒙古。天聪二年（1628）二月，皇太极带领多尔衮及多铎统大军亲征察哈尔所属的多罗特部，进至敖木伦地方，俘获11200人。因敖木伦大捷，多尔衮被赐号墨尔根戴青，多铎赐号额尔克楚虎尔。八月，与喀喇沁议和，九月调科尔沁、喀喇沁、敖汉、奈曼及喀尔喀诸部兵来会。九月六日，后金大军出征察哈尔。二十日进击席尔哈、席伯图、英、汤等处。第二天追至兴安岭，获人畜无计其数。十月中旬胜利而归。这次出征，后金既打击了大敌察哈尔部，也进一步巩固了对已归服的蒙古诸部的统治。

七、明清战争中的红夷大炮

努尔哈赤的宁远之战、皇太极的宁锦之战，都以战败告终，八旗劲旅的锋芒受到重挫。原因之一在于，袁崇焕所统率的明军在这时装备了红夷大炮。在战争中，与后金军队的冷兵器相比，红夷大炮发挥了极大的优势，成为左右战事成败的决定性因素。

晚明时，随着大航海时代的来临，欧洲各国船队直接到中国沿海城市开展贸易。“红夷大炮”原只是欧洲人海外贸易浪潮下所带来的一些火器实物，但随着满汉冲突以及晚明民变的持续扩大，双方操作并仿铸了大批量的红夷大炮，这些火器就成了鼎革之际各个政权加强军备竞赛的重点项目，而炮学的相关知识与技术，也因缘际会地变成了中国向西方技术文明学习的第一课。该火器的技术性能远胜于中国的传统火炮，在此时的国内外战争中得到了大规模的运用，其装备的数量、在攻坚中被重视的程度以及火器的操纵理论与技术，越来越成为决定战争胜负的重要因素。

到天启末年，明政府已经先后从澳门购进了 30 门大炮，大大增强了明军的作战能力，其中有 11 门大炮被调往山海关，防守京城的有 18 门，还有 1 门在试炮时炸毁。运往山海关的大炮后来又转运至宁远前线，随后出任辽东经略的孙承宗还将经过葡萄牙炮师训练的明管炮官彭簪古调至宁远，训练明军炮手，并在袁崇焕指挥的宁远战役中发挥了重大作用。而此后明朝陆续引进红夷大炮，在明清鼎革战争中带动了一场重大的战术革命。

在明清战争中，明军往往借助红夷大炮，取得战略上的主动权。红夷大炮对攻城或守城而言，效果显著。徐光启曾表示，火炮是我们的长处，千万不能让敌人了解，如果西洋大铳的制造和使用法为敌人所得，则以后就没有其他方法可以抵抗并打败敌人。徐光启的这个担心不幸被言中。

宁远之战已经使后金认识到红夷大炮的威力。后金天聪元年（明天启七年，1627）五月，甫即位的皇太极自将攻宁远，围锦州，明军再度将其击退，红夷大炮同样居功厥伟。天聪三年（明崇祯二年，1629）十月，皇太极亲率大军绕道蒙古，进攻北京。明袁崇焕派兵三次阻截：一截遵化，总兵赵率教阵亡，遵化失守；二截蓟州，三截通州，均遭到失败。皇太极攻陷关内四城，攻至北京；并在德胜门之战中打败明军将领满桂。但随后在广渠门、左安门交战，两败于袁崇焕。当时后金军步骑凭借快速的机动力与强悍的攻击力，令明军普遍畏惧与其进行野战，而城守不坚的城池也接连被攻下，但如昌黎、北京等防御坚固且粮食充足的地方，后金军往往无能为力。天聪四年（明崇祯三年，1630）五月，从各地集结的明军反围滦州，在以红夷大炮连攻 3 日之后，终于轰破垛口二处而登城克复，后金军阵殁者 400 余人，迫使防守的后金军弃城逃归。在滦州之役中，红夷大炮同样发挥了重要作用。

鉴于红夷大炮的巨大威力，皇太极在从天聪二三年（1628—1629）开始造

沈阳故宫藏清代火炮

炮，天聪四五年间（1630—1631）开始用炮。天聪五年（1631）正月八日，后金人首度铸成红夷炮，《清实录》称其上镌有“天祐助威大将军，天聪五年孟春吉旦造。督造官：总兵官额驸佟养性，监造官：游击丁启明、备御祝世荫，铸匠：王天相、窦守位，铁匠：刘计平”等字样，《八旗值月档》中亦称：“先是，连鸟枪尚未造，造炮自此始。”乾隆间担任《续文献通考》纂修官的钱载，曾据典籍中的相关记述作《天祐助威大将军歌》，其中说：

> 天聪四年二月，师凯旋，特诏铁官范巨炮，春正二日，黄白青气冲霄，开出应兴符。

由此可知是在天聪五年（1631）正月二日熔铁浇模初成。

在后金铸造西洋大炮的过程中，投降后金的明军军官发挥了重要作用。皇太极积极利用汉人工匠铸炮，更大量起用降顺汉人担任炮手。明军副将丁启明，略谙铸炮之术，己巳之役被俘降后金，天聪四年（1630）五月，获授游击之衔，奉命负责监造大炮。五年（1631）三月，因首铸成红夷炮被擢为副将。顺治元年（1644）二月，复以“创造红衣炮功”，授牛录章京世职。十一月，从豫亲王多铎南征，平定河南、江南。三年（1646）五月，以督放红夷炮有功，加半个前程。这说明此一功绩对清廷而言实乃意义重大。

辽阳人祝世胤先世为定边前卫世袭指挥。天命六年（1621），努尔哈赤克辽阳，其兄镇江城游击祝世昌率300余人投顺，世昌仍授游击，原为布衣的世胤则获授备御。天聪四年（1630），祝世胤进“造红衣炮法”，旋即奉命监造，共铸成“红衣炮七位，红衣炮子、将军炮子八千五百，小炮子八万五千”。《八旗通志初集》镶红旗汉军的世职记录中，则指出祝世胤乃因“督铸炮子及擒奸细功”，而获授三等参将。领衔督造“天祐助威大将军”的佟养性，原系抚顺商人，他早在天命年间即已投金，因努尔哈赤妻以宗室女而成为额驸，因身份地位而负责督造，实际工作则应由丁启明和祝世胤两人率工匠完成。《清实录》说，天聪五年（1631）后金已有“随营红衣炮、大将军炮四十位”。

后金组建了一个新的兵种——“乌真超哈”，汉译为“重兵”，即炮兵部队。又新建汉军旗，由佟养性统领。据《八旗值月档》，皇太极于天聪五年（1631）三月出阅佟养性旗的新编汉兵，因“验放火炮、鸟枪娴熟”，而赏给军士毛青布。此一部队当时共有行营兵1660名和守兵1620名，此外还有验放火炮的汉人24名以及制造火药的汉人2名。这些人可能是专门操作红夷炮的炮手。在大聪五年（1631）七月进攻大凌河城前夕，皇太极曾命各旗将随营的红夷炮、大将军炮共40门，以及挽车用的牛、骡140头，皆集中交佟养性掌管。六年（1632）正月，皇太极在沈阳的北演武场阅兵，佟养性率汉兵竖标靶演试大炮。

天聪五年（1631）八月初六日，后金兵以2万左右的精锐攻打明军甫筑竣的大凌河城，并采用“掘壕筑墙”的方式将城中3万余军民层层围困。十二日起，后金军中的旧汉兵开始使用红夷炮攻击近城的敌台，这些敌台的规模多不大，明守军常不逾数十人，炮击的效果相当显著，各台均陆续投降或弃逃。其中八月十六日的攻台之役，明确记载后金军动用红夷炮1门、大将军炮和二将军炮20门，台内约90名的明朝守军中，有近30人中炮而死。十月九日，皇太极遣官8员，率兵500人及旧汉兵全军，载红夷炮6门、将军炮54门，往攻于子章台，并亲立在远处观看战况。

于子章台的墙垣虽然坚固且储粮充分，但仍无法抵挡红夷大炮的轰击，导致其余百余台的明军或逃或降。此役不仅让后金军获得大量粮饷，更树立了此后大规模使用火炮的信心。十一月，皇太极将在大凌河城所掳获的“大小火炮三千五百位，并鸟枪、火药、铅子”，全交佟养性管理，其中包括红夷炮2门（铅子87颗）、大将军炮4门（铅子220颗）、二将军炮5门、发炮4门、灭虏炮490门、佛朗机炮390门（另有子炮1730个）等。

大凌河之战后，后金攻明战略已形成，如宁完我、范文程所说：“但观我情形，无大无小皆志在取明，有必欲深入之意。”

明崇祯五年（后金天聪六年，1632）正月，明将孔有德等人发动“吴桥兵变”。他们在攻占登州时，获得了孙元化军队的西洋火炮。“吴桥兵变”

对明与后金间的军事态势，产生了极为严重的影响。崇祯六年（后金天聪七年，1633）二月，明军收复登州，孔有德、耿仲明从海路逃走，率残部男女13000多人（含士兵3600余名）携十数门红夷大炮和众多火器手投降后金。孔、耿二人遣书皇太极乞降。

孔、耿二人以大量西洋火器装备作为邀功进身的筹码。孔有德军投后金时拥有的红夷大炮，最少有27门。从孔有德标下有火器副将、火器营参将、管红夷大炮参将、火药局参将等专业军官职衔，亦可知火炮应是其军的主要特色。皇太极力排群议，特出城10里迎接，表达对这支明朝叛军来归的重视。

天聪八年（1634）10月，明镇守广鹿岛副将尚可喜也携带包括4门红夷大炮在内的大量火器投降后金。原来明朝所拥有的较先进的西方铸炮和操炮技术随之落入满人手里，使得后金迅速跨越了引进红夷火器技术的初始阶段。短短数年之间，八旗军的装备水平和作战能力大大提高。正是“吴桥兵变”，使得红夷大炮成为清军逐鹿中原的强大“杠杆”。

当时后金所拥有的红夷炮如留下4门防守沈阳以及数门防守旅顺，大概还有30门可随营。这总共30多门红夷炮，除了自铸和掳自明军者外，余即为孔有德军投顺时所携来。天聪七年（1633）十月大阅时，军前设红夷炮30门，此或为后金所有能动用之随营大炮。

自“吴桥兵变”以后，以红夷大炮为主体的西洋火炮技术的优势逐渐由明军转移到清（后金）一方。崇德年间，清军在关外每场战役中所能动员的红夷大炮均超过明军，并已拥有攻城略地时所需的优势火力。

八、松锦大战

崇德元年（1636）十二月，皇太极率大军亲攻朝鲜。其先锋部队十二月三日始从沙河堡出发，十四日即抵汉城，朝鲜国王李琮因此率长子和宗室大臣逃至南汉山城，其余诸子和嫔妃则避入位于汉江出海口的江华岛中。因南汉山城地势险要，李琮一直据城固守，皇太极遂决定先攻下江华以为要挟，令伐木赶造小船80艘。崇德二年（1637）正月二十二日，先以大炮临江齐发，当时朝鲜约有战船百余艘，列为两翼，但清军的舟师从中冲入，连发红夷炮，且小船“旋转速快”，敌船遂溃散逃逸，岛城遂陷。此或为清军有史以来的第一次海上大捷，而由汉兵所引进的西洋火炮以及造船技术，应是其得以大获全胜的关键。

在南汉山城内，共有兵18000余。虽然地势险峻，但清军在抢占附近的制高点后，乃以“横珥大炮”肆意轰击，城墙因此多颓破，导致“士气沮丧，军情大变，人皆危惧”。李倧即曾慨叹曰：“自古胡兵不习炮事，而今番则马、步、矢、炮，无不皆备……中原虽有大炮，而未闻坏城，今始见之。”李倧遂于二十九日请降，奉表称臣。所谓的“横珥大炮”，应指的是红夷大炮，因其有两个与炮身垂直的炮耳，可架于炮车上以调整管身之仰角。由朝鲜国王之言，亦知红夷炮对城墙的破坏力确实远超过明军原用之传统火炮。

1639至1642年，明清展开松锦大战。松锦之战是清入关前明清之间最著名的战役之一。

锦州是明朝设置在辽西的军事重镇，有所谓“辽左首镇”之称。大凌河战役后，锦州成为明朝在辽西的前哨阵地。皇太极即位后的十几年间，在军事上，清（后金）与明朝一直处于宁、锦长期对峙的局面。锦州正南18里处是松山城，松山偏西南18里处是杏山城，而杏山西南20里即为塔山城。三城拱卫，加上明朝不断派遣重兵驻守，加固城池，使得锦州城成为清兵西进的拦路堡垒。《圣武记》曾说，皇太极有“以大军屡入塞，不得明尺寸之地，皆由山海关阻隔；而欲取关，非先取关外四城（即锦州、松山、杏山、塔山）不可”之言。锦州不破，清军入关只能是纸上谈兵。

崇德四年（1639）二月，皇太极御驾亲征，在松山城进行了激战，或用红夷大炮轰城，或用穿地道的方式攻城，久攻不下才改为入边劫掠。自崇德五年（1640）三四月始，皇太极发动了对锦州城的长期围困。当时所采取的围困措施是将锦州城东、西、北三面的庄稼全部抢割，清除锦州周围的明军台哨以孤立城内明军。清对锦州明军的围困由远及近，并为避免将士懈怠，以三月一期，实行轮班更换驻防，断绝明军的一切出入。崇德六年（1641）三月，皇太极对

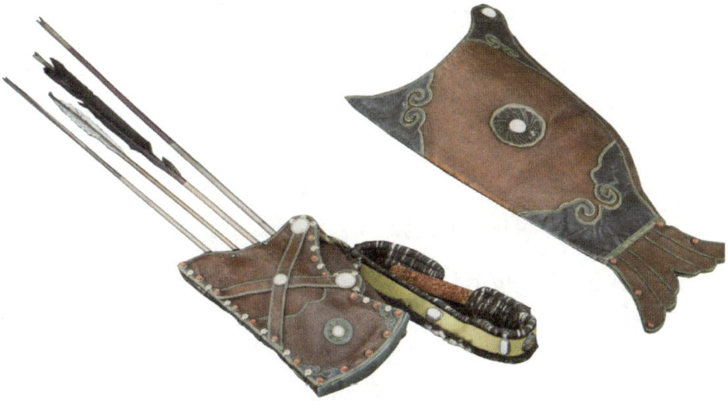

沈阳故宫藏清箭囊及箭枝（一套）

沈阳故宫藏清镶铜嵌料螺号

锦州的围困又进了一步。在锦州城外掘壕，壕外砌墙，墙高一丈，墙内亦掘壕，使得城内之人不能出，城外之人不得入，并在近城一侧设置巡逻士卒与哨探，为的是“誓灭此叛贼，乃可席卷中原”。

守卫锦州的明将乃祖大寿，十几年前，祖大寿曾在大凌河战役中投降了后金，后其称妻小尚在锦州，请求放其回锦州以作内应，皇太极一口应承，谁知祖大寿却一去不返。祖大寿所部有辽人和蒙古人，面对清军的坚壁清野以及势在必得之态势，守城的蒙古兵丧失了信心而秘密降清。祖大寿侦知信息为时已晚。崇德六年（1641）三月，济尔哈朗、多铎率八旗大军挺进锦州外城。捷报传到盛京，皇太极命八门击鼓，诸贝勒大臣急趋大政殿，皇太极御殿，宣布胜利的喜讯。

锦州城命悬一线，八月，明蓟辽总督洪承畴率步骑 13 万前去救援。皇太极闻讯也紧急调兵遣将，并带病御驾亲征松锦前线，形成了与明朝决一胜负的军事态势。

洪承畴准备采取且战且守、以守为战的“持久之策”，步步为营，坚守对峙。但兵部尚书陈新甲主张速战速决，一再督促进兵，还启奏崇祯帝下令催战，洪承畴无可奈何，只好将三军粮草留于宁远、杏山及锦州 70 里外的海岛笔架山，

辽宁宁远城东门

先发 6 万兵马，余军后继，步兵于松山城北山冈立七座大营，骑兵驻山东西北三面。皇太极抵达前线后，将大军安置在松山、杏山之间，横截大路，安营扎寨。八月二十日，清军自锦州至南海角掘三道大壕，深八尺，宽丈余，将松山明军团团包围，断其粮草。与此同时，皇太极遣阿济格率军攻击塔山，又夺取了明军储于笔架山的粮草。清军掘壕围困，断粮道，截粮草，使得明军人心慌慌，毫无斗志。

二十一日，明军进攻镶红旗营地，皇太极张黄盖进行指挥，明军望而却步，进而败退。洪承畴于当夜与诸将会议，诸将都想回宁远支粮后再战，只有洪承畴力求决战。但大同总兵王朴在会议结束后，即乘夜色先自沿海岸向杏山遁逃，其余将帅争相效仿。一时间明营大乱，马步兵自相践踏，死伤无数。早已布置停当的清兵随后追击掩杀，而事先埋伏好的清军又在前方堵截，至翌日黎明，只见“明兵窜走，弥山遍野，自杏山以南，沿海至塔山一路，赴海死者，不可胜计”。吴三桂、王朴、白广恩、唐通、马科等溃入杏山城，洪承畴与曹变蛟、王廷臣等退守松山孤城。皇太极料到杏山明军必奔宁远，遂遣兵于高桥伏击，并曾亲到高桥命多铎固守，一连几日，杀伤明军无数。二十六日，吴三桂、王朴所率残军于高桥遭伏兵掩杀，二人仅以身免。至此，清军共歼灭明兵 5 万余人，获马匹 7000 多匹，甲胄 9000 多副，“明兵自杏山，南至塔山，赴海死者甚众，所弃马匹甲胄以数万计，海中浮尸漂荡，多如雁鹜”。

接着，皇太极对于明军主帅洪承畴所坚守的松山城展开围困，围而不攻，静待粮绝。九月，皇太极最宠爱的宸妃病重，消息传来，皇太极将军务交由杜度、多铎、阿济格、阿巴泰等诸王贝勒全权负责，提前返回盛京。翌年（崇德七年）二月，松山副将夏成德降清，作为内应引清兵入城，生擒洪承畴，与洪同守一城的曹变蛟、王廷臣等不屈而死。清军掳获红夷大炮 1 门、小红夷炮 3 门、已毁红夷炮 2 门、发炮 2 门、大将军炮 146 门等，以及红夷和大将军炮之大炮子 4000 颗，掳获的火药整整装了 13 间房。

松山失守，代表明朝援兵尽绝。无计可施的祖大寿因锦州城内粮尽，饥民相食，而于崇德七年（1642）三月八日献城归降。四月九日，清军用红夷大炮轰开塔山城，歼敌7000人。二十一日，炮轰杏山城。守城的明将开杏山城门请降，清因此取得了松锦决战的彻底胜利。

至此，关外四镇尽落清军手中。此次战役的主帅洪承畴、祖大寿等被押至盛京。对于祖大寿，皇太极不计前嫌，使祖大寿感动之余，诚心降清。洪承畴的降清过程虽历经波折，但其最后也为皇太极礼贤下士、不惜亲自劝降的行为所感动从而降清，成为皇太极所希望的大清进取中原的引路人。洪承畴降清，对清入关前的满族政权具有非凡的意义。崇德七年（1642）五月初五日，已剃发并口称“罪臣”的洪承畴跪倒在盛京宫廷的大清门外，向端坐在崇政殿内的皇太极三拜九叩，他的这一举动，改变了以往归降清入关前满族政权的明朝汉臣只有“武将来归”而“文官虽死不降”的格局。

由于历次战役中掳获以及投顺的汉兵所携来的红夷大炮日益增多，且清朝又已能自铸，因此投入战场的火炮规模远大于前。松锦之役时，清军中的红夷大炮发挥了决定性的作用。据明人的塘报，崇德五年（1640）七月，清军以3万余骑屯扎锦昌堡，就随营带了红夷大炮25门，每门用8—9头牛拉运。同月，松山被围时，明军亦称敌方动用红夷炮50门。这些数目纵有夸大之嫌，但仍可知清军的火力早已今非昔比。

在松锦战役中，被攻占之明军各城堡所配置的大小红夷炮总数远少于清朝所拥有者。明军已逐渐不再具备火器上的优势。松锦的败战，令抽调自各地的10余万明军精锐和众多重臣宿将亡失殆尽，而清军对以优势红夷炮轰墙破垣的攻城策略也日益纯熟。入关前夕，清军的总兵力达20万人，其中汉人约4万人。另外，清军拥有质量、性能俱佳的红夷大炮，更已能综合明人的冶铸技术以及欧洲人先进的火炮设计，铸出当时世界上最高品质之铁心铜体的“神威大将军”。

松锦大捷，标志着皇太极时期清入关前满族政权与明朝在军事战略上相持阶段的终结，清军从此转为战略进攻，而明朝则精兵殆尽，只余宁远与山海关两座孤零零的城池与清对峙。明廷自此再也无力集结重兵在关外与清军对抗。二者在军事上攻防位置的互换，为清在不久的将来入主中原奠定了基础。

松锦大捷使清廷上下对取代明朝充满了信心，甚至在战役刚一结束之时，以李国翰、佟图赖、祖润泽、祖可法、张存仁等即共同奏言，主张“率大军直取燕京，控扼山海，大业克成……”对此，皇太极回答说：“取燕京如伐大树，须先从两旁斫削，则大树自仆。朕今不取关外四城，岂能即克山海？今明国精兵已尽，我兵四围纵略，彼国势日衰，我兵力日强，从此燕京可得矣。”皇太极确立了徐图渐进、从加强自身和消耗明实力入手来实现推翻明朝的战略思想，并着手进行实施。

崇德七年（1642）十月，皇太极命阿巴泰率八旗大军征明，于清宁宫召见出兵的主帅及出征的满、蒙、汉八旗固山额真及护军统领，申明要旨。此次出征，清军来去八个多月，攻克 3 府、18 州、67 个县、88 座城镇，获黄金万余两、白银 220 万余两、珍珠 4000 多两、各式各样色缎共 5 万余匹、缎衣与裘衣 1 万多领、貂狐豹虎皮等 500 余张，俘获人口 36 万余人，驼、马、骡、牛、驴、羊共 32 万余头。

九、皇太极驾崩与帝位之争

崇德七年（1642）二月，松山锦州大战告捷，清军取得了决定性胜利，山海关外重镇全归清朝所有，明朝率军将领洪承畴、祖大寿被俘后降清。当年四月，皇太极在盛京皇宫的大政殿为此二人赐宴庆贺，但皇太极并没有出席这次盛宴。对洪、祖二人的解释是“朕今日未服视朝衣冠，又不躬亲赐宴，非有所慢于尔等也。盖因关雎宫敏惠恭和元妃之丧未过期，故尔”。

皇太极身体每况愈下，时好时坏， 日常朝政只好交兄弟子侄料理。崇德八年（1643）元旦，就因其“圣躬违和免行朝贺礼”。皇太极已不能临朝听政了，此后病势更加沉重。

崇德八年（1643）八月初九日夜，正当皇太极雄心勃勃、欲进取中原之时，却突然在清宁宫暖阁“无疾端坐而崩”，享年 52 岁。

沈阳故宫清宁宫东暖阁，皇太极就是在这里去世的

初十日“诸王大臣等迎梓宫奉安于崇政殿”，朝夕哭临三日，举哀 7 天。九月二十一日，奉安于盛京昭陵，顺治元年（1644）八月归葬。

皇太极称天聪汗九年，居清皇帝位 8 年，共在位 17 年。叱咤风云，戎马一生，文治武功赫赫。对明战争捷报频传，以征服察哈尔诸部为标志实现了对整个漠南蒙古的统治，臣服朝鲜，仿明制全面推进国家制度的封建化，奠基清朝，发展了社会经济，缓和了阶级矛盾和民族矛盾，大大推动了满族社会的历史进程。

皇太极死后，6岁的福临继承帝位，成为努尔哈赤开国以来的第三位君主，也是清朝的第一个“娃娃皇帝”。

那么，为什么竟出现了一个6岁的娃娃皇帝呢？

由于皇太极对皇位的继承问题没有留下遗嘱，在烦琐的丧仪背后，一场激烈的权力角逐也悄悄展开。

按照清朝当时的皇位继承制度，应由八旗贵族议立嗣君。当时爵位在郡王以上的诸侯王分别是：礼亲王代善、郑亲王济尔哈朗、睿亲王多尔衮、肃亲王豪格、武英郡工阿济格、豫郡王多铎、郡王阿达礼。代善是太祖第二子，两红旗旗主，太祖太宗朝重要的政治人物。济尔哈朗是舒尔哈齐之子，多次随太祖太宗征伐，立下赫赫战功。多尔衮是太祖第十四子，素以谋略著称，太宗置六部后主吏部。豪格是皇太极长子，史书称其“容貌不凡，颇有弓马之才”。阿济格是太祖之子，多尔衮之兄。多铎是太祖之子，多尔衮之弟。其中阿济格、多铎、阿达礼实力不足，济尔哈朗非嫡系、代善年老，帝位的争夺就围绕多尔衮和豪格展开。

各种政治力量也据此分成两派。皇太极的长子豪格，34岁，跟随父亲南征北战，声望日著，在皇太极生前已位居和硕肃亲王，拥有父亲亲将的两黄旗和伯父代善镶红旗、堂叔济尔哈朗镶蓝旗的拥护和支持。两黄旗大臣“图尔格、索尼、图赖、锡翰、巩阿岱、鳌拜、谭泰、塔瞻八人，往肃王（豪格）家中，言欲立肃王为君，以上（福临）为太子，私相计议”。正、镶两黄旗将领盟誓，宁可死作一处，坚决要立皇子。作为皇位继承人首选的豪格认为自己胜券在握，于是命大臣何洛会、扬善去通知济尔哈朗，称“两旗大臣已定立我为君”，以求得更多的支持。如其所愿，济尔哈朗表示出同意的意向。

努尔哈赤的十四子多尔衮32岁，雄才大略，曾西征河套察哈尔林丹汗残部，得元朝传国玺归献皇太极，迫降朝鲜，用兵把握分寸，颇合用武之道，很得皇太极倚重和信赖，地位显赫，很有威望。多尔衮身兼和硕睿亲王、正白旗旗主并摄吏部事务数职，得到了两白旗诸王大臣的一致拥戴，成为豪格最有竞争力的对手。拥护者有英亲王阿济格、豫郡王多铎和正、镶两白旗将领。正、镶两白旗大臣誓死不立豪格，他们跪劝多尔衮立即即位："汝不即立，莫非畏两黄旗大臣乎？""两黄旗大臣愿立皇子即位者，不过数人尔！我等亲戚咸愿王即大位也！"两白旗诸王大臣强烈反对两黄旗立豪格为君，认为"若立肃亲王，我等俱无生理"。此种情势对多尔衮极为有利，作为竞争者，其内心无疑是希望如此，但多尔衮城府极深，对于两位同胞兄弟的请求，他的表现是"端坐不动"，并且说"尔等若如此，予惟有一死而已"。阿济格和多铎信以为真，见多尔衮不同意竟"长跪"不起。

两白旗与两黄旗双方虽然都是"私相计议"，但彼此之间力量均衡，形成了僵持不下的局面。串连、游说、盟誓、劝进等这些频繁的活动，导致了双方严重的对立。

皇太极驾崩的第五天，八月十四日黎明，多尔衮匆匆来到三官庙（今沈阳故宫太庙址）召见两黄旗大臣索尼，与之议论皇位继承人的问题。对于多尔衮，索尼并没有隐瞒两黄旗大臣的观点，而是直言不讳地回答："先帝有皇子在，必立其一，他非所知也。"此时索尼说的是立皇子，而不是立豪格，本可以理解为是对多尔衮的隐讳回答，但从后来议立皇嗣时豪格退场表示弃权的史实看，可以认为两黄旗大臣此时的态度已经有所变化。

这天，在大政殿召开诸王大会，彼此终于摊牌了。

这天大清早，两黄旗大臣盟誓大清门前，命令本旗巴牙喇（天子禁军）张弓戴甲，环立宫殿，以全副武装的护军包围了包括议政王会议所在地在内的盛京皇宫。这场决定大清前途命运的大政殿之会就在这样剑拔弩张的气氛中开始。而此时，皇太极的梓宫尚安放在崇政殿里。

会议开始之前，黄旗大臣悉尼等人就提出："先帝有皇子在，必立其一。"多尔衮勒令他们退出会场，由诸王发表意见。会议一开始，年高辈尊的代善首先发言："虎口（豪格）帝之长子，当承大统。"事先得到通知的郑亲王济尔哈朗也表示出附和的态度。豪格见气氛如此，料大位必囊中物，欲擒故纵，起身逊谢说："福小德薄，非所堪当。"说完离开会场。事实上，皇太极死后，豪格就积极谋求帝位，此时的离场不过是自认为当皇帝已不成问题，想效法其父“三辞三劝”。殊不知，皇太极在“三辞三劝”前已清除了各种阻碍，豪格则没有这些条件，他的离场意味着主动弃权。所以，先例不能简单地模仿。豪格想模仿皇太极，结果却画虎不成，在帝位争夺的关键时刻先失去了主动权。

豪格一“谦让”，阿济格、多铎一派认为占了先机，就力劝多尔衮即位。关于此事，多尔衮之后回忆说：“昔国家有丧时，予在朝门，坐帐房中，英王、豫王皆跪予前，请即尊位。”年老的代善不愿得罪锐气方刚的多尔衮，态度骑墙地说：“睿王若允，我国之福，否则当立皇子。”而豪格一派的两黄旗大臣沉不住气了，佩剑而前，说：“吾属食于帝，衣于帝，养育之恩与天同大，若不立帝之子，则宁死从帝于地下而已！”表明若不立豪格，就将兵戎相见，血染皇宫。而一旦兵戎相见，不仅将导致爱新觉罗氏家族的严重分裂，而且将危及清政权的前途。

这时，有人提出立代善。代善不愿陷入旋涡，说：“吾以帝兄，当时朝政，尚不预知，何可参于此议乎！”说完退场，阿济格也跟随而去。两黄旗大臣怒目相向，多铎默无一言，会议陷于僵局。

面对这剑拔弩张、一触即发的局面，多尔衮深知自己已绝无即位之希望，权衡利弊，一旦兵戎相见，不但自己身家性命难保，而且还将危及清政权的前途与命运。所以，多尔衮随机应变，提出了另外一个方案：由皇太极的第九子福临继承皇帝位，因其年幼，由多尔衮和济尔哈朗辅政。这是一个折中方案，皇子嗣位，两黄旗天子亲兵的地位保持不变。因此两黄旗大臣不再坚持立豪格，转附多尔衮，剑拔弩张的气氛顿时缓和，一场风波就这样平息下去。

大政殿召开的这次会议，决定了刚刚诞生不久的清王朝未来的生死命运。自古以来，“最是无情帝王家”，围绕着帝位继承问题，发生了无数次兄弟阋墙、父子相残的惨剧。众所周知的，西晋末年的“八王之乱”，把整个中国大地搅得天翻地覆；李世民发动玄武门之变，踏着兄弟的血走上皇位；宋代的第二位皇帝赵光义继承皇位，也有“烛影斧声”的传闻；眼前的大明王朝，朱棣夺走了亲侄儿的皇位，年轻的建文帝却不知所踪。

沈阳故宫崇政殿内景

此时此刻，皇太极去世之后，清朝也面临着分裂的危险，分裂则意味着内战，这就面临着葬送刚刚开辟的“洪业”的危险。而推举福临继承皇位，则平息了这场事关清王朝生死存亡的夺位风波。当时局势的发展，特别是各派势力的均衡，满洲的制度和根本利益，以及多尔衮对自己权力的通盘考虑等诸多因素都起了重要作用。继位结果的背后，实质是各派政治势力为避免内部分裂甚至火并、内讧而达成的一种妥协。它对清朝以后十几年乃至几十年的政局产生了重大影响。

大政殿会议之后，6 岁的福临被扶上了皇帝宝座。诸王祭祖祷天，集体盟誓，以示效忠之心。代善、济尔哈朗、多尔衮、豪格、阿济格、多铎、阿达礼、阿巴泰、罗洛宏、尼堪、博洛、硕托、艾度礼、满达海、吞齐、费扬古、博和托、吞齐喀、和托等，共十九位王公昭告天地，表示要“遵先帝定制”，若犯有“藐视皇上幼冲”“私结党羽”等罪，则“天地谴之，令短折而死”。阿山等八旗大臣数十人也盟告天地，称要竭力事君，不“谄事本主”，不“预谋悖乱”，若徇私结党，“即加显戮”。两位辅政王特立誓言，宣称如不“秉公辅理，妄自尊大，漠视兄弟，不从众议，每事行私，以恩仇为轻重”，则“天地谴之，令短折而死”。

崇德八年（1643）八月二十六日，在大政殿举行福临即皇帝位大典。登基之日，侍臣为他拿来一件红里子貂裘，福临不穿，因为一则父丧在即不应着红，二则自己已贵为天子，按礼制应穿黄里子貂裘。升辇之时，其乳媪想像往常一样抱福临同坐，他不允，称皇帝御辇他人不得擅坐。当福临登上大政殿宝座时，依礼询问侍臣：诸位伯父、叔父及兄长朝贺，是否应答礼？得到不宜答礼的回答后，即端坐于上接受两辅政王率诸臣所行的三跪九叩礼。典礼上，正式宣布福临即皇帝位，改元“顺治”，以明年（1644）为顺治元年，颁诏大赦。

福临即帝位后，由叔父睿亲王多尔衮及郑亲王济尔哈朗辅政。

但是，四个月后，辅政王改为摄政王，多尔衮迈出了他独揽朝纲的第一步，即罢诸王、贝勒、贝子、公管理部务，而由摄政二王总理大政，六部承政改名尚书，直接受命于摄政王。军国大政不再由诸王大臣集议，废皇太极时诸王分管部务的旧制，各部大臣只能直接听命于摄政王。

在皇太极逝去后的几个月里，多尔衮权力迅速膨胀，已凌驾于所有诸王贝勒之上。

第七章　皇宫里的满韵清风

一、皇宫建筑的满族文化风格

天聪九年（1635），皇太极将原族名“女真”改称“满洲”。皇太极说：“我国原有满洲、哈达、乌喇、叶赫、辉发等名，向者无知之人，往往称为诸申。夫诸申之号，乃席北超墨尔根之裔，实与我国无涉。我国建号‘满洲’，统绪绵远，相传奕世。自今以后，一切人等，止称我国满洲原名，不得仍前妄称。”

皇太极将“女真”的族名改称“满洲”，并不是一个简单的称呼的改变。在这个时期，有相当多的汉族人、蒙古族人以及其他少数民族成员归顺女真的大金政权，接受了女真人的文化习俗和生活习惯，在八旗建制中也增设了汉八旗、蒙古八旗，逐渐实现了多民族的融合。“满洲”就是在原来女真族的基础上，融合部分汉族、蒙古族成员而形成的新的民族共同体。

清王朝是满族建立的王朝，作为清王朝兴起的历史舞台，或者说是它的“开国旧迹”，在清入关以后，沈阳故宫一直受到朝廷的推崇和保护。即使在清王朝覆灭以后，直到现在，沈阳故宫也一直受到满族民众的尊崇，成为海内外满族民众寻根问祖的心灵故乡。每年都有大批的海内外满族同胞到沈阳故宫，或祭祖，或寻根，或怀旧。沈阳故宫从一个侧面反映了满族的文明程度和文化积淀，折射出满族社会的文明进程、习俗传统、审美情趣，以及人们的文化心态、精神追求。它既是物质文明的载体，又具有精神文明的含义。它体现了东北地域文化与满族民族特色，也是人类文化的历史标记和文化象征。人们可以从沈阳故宫浓重的文化氛围中，领悟到悠久的传统文化的魅力。

建筑文化作为人类文化史的重要组成部分，它凝聚了一个民族、一个地区、一个时代的主流思想、生活习俗，反映了该地区、该民族、该时代的思想文化成就、生活习俗观念和科学技术水平，具有鲜明的地域性、民族性和时代性。作为当时政治、经济、军事、思想文化等各领域综合结晶的沈阳故宫古建筑群，就鲜明地反映、再现了当时的历史情景，见证了当时人们的生产、生活活动，是一部物化了的史诗画卷。

由于历经三朝、跨越150多年的营建，沈阳故宫在形制上基本上符合中原皇宫的营造规制，受到中原汉文化的深刻影响。但另一方面，它仍然具有浓郁的满族民族风格，是满族文化精神的一个象征。沈阳故宫以其独特的建筑艺术面貌，向世人展示着融合多元文化所构成的独有的艺术特色和审美情趣，是一座体现了满汉文化、蒙藏文化等多民族文化融合的古代建筑群。

努尔哈赤、皇太极初建盛京皇宫时，将满族及其先人传统的住宅建筑形式、民居习俗引入宫廷，同时尽可能使之精致化、贵族化。这就使盛京皇宫的早期建筑不仅突出反映了满族统治初期的政权性质、价值观念乃至审美情趣，更保留了满族民居习俗的若干特点。所以，盛京皇宫的创建，体现了当时满族风俗文化的需求，适应了当地自然环境的要求，成为民族和地域建筑文化的一个代表性样本。

满族传统的建筑艺术，从属于中国东北地区狩猎民族的文化范畴。当时他们常年生活在树木繁茂的山林中，以捕猎、采集为生，其建筑有着与其生存环境和审美习惯相吻合的造型和装饰，但多偏重于实用性而装饰性稍弱，并且难以形成统一的艺术风格。至努尔哈赤建立后金政权前后，女真人以佛阿拉和赫图阿拉为都城的时期，汗王、贝勒等所居住和使用的宫殿和府邸与一般的女真民居已经有了一些差别，在规模、建筑样式等方面已经远非民间可比，但由于地处山区，物质技术条件仍有一定局限，以及当时战事频繁，过几年就要有一次较大规模的迁移，所以即使是“宫殿”类的建筑，还是按照本民族的传统设计建造，只不过比其他建筑数量略多、质量略高。努尔哈赤迁都辽阳后，即着手建造新都城东京城，辽东地区的汉族建筑艺术对新都城的建造产生了一定的影响。比如，当时的宫殿已使用釉面琉璃瓦。大衙门（大殿）的八角形式等，反映了满族建筑艺术的进步，并成为以后沈阳宫殿的艺术特色之一。

到营建盛京皇宫时期，满族建筑技术和艺术都日渐成熟。盛京皇宫内的早期建筑，其艺术价值充分表现出满、汉、蒙古、藏等各民族造型艺术和装饰艺术的融合。

在沈阳故宫各建筑的符号中，都可以看到一个现象，即对“八”的尊崇，这与八旗制度有直接的关系。不过，史料中对佛阿拉、赫图阿拉、界藩和萨尔浒的后金宫殿均无八角形记载。进入辽沈地区后，史料中才明确称“理事大衙门”为“八角殿”或“八角金殿”，可知在辽阳东京城才开始采用这种八角形的建筑形式，在定都沈阳时又以制度化的形式固定下来。所以大政殿的八角攒尖式建筑有一个发展过程。这种八角形的建筑形式，表达了清代“军政合一”“八和硕贝勒共执国政”的八旗制度的政治和文化含义。而设在“大衙门”前的十王亭由临时到固定的这种变化，也证明了努尔哈赤时期八旗主旗贝勒在国家政治体制中地位的不断提高。八旗贝勒拥有显赫的政治地位、富奢的社会财富，也在当时人们的思想观念中留下了深刻的烙印，进而形成了对“八”这一数字的崇拜，影响了人们的思维模式与生活习惯，形成了“言必称八家”的现象。满族对“八”的重视与尊崇，也可以从另外的史实中得到见证。如皇太极对沈阳城进行改建时，沈阳城原为十字大街，只有四个城门，皇太极将其改为井字大街，并改四个城门为八个城门，使之成为“八门正藏，方隅截然”的都城。

在建筑造型方面，皇太极时期建造的各宫殿及附属建筑，除一般认为形成较晚的凤凰楼外，无论是中宫清宁宫、正殿崇政殿，还是存放一般生活用品的库房，全部为硬山式屋面。中国传统建筑屋顶等级中较高级的三种形式，即重檐庑殿、重檐歇山和单檐庑殿，在沈阳故宫中均没有出现，而是以等级较低的硬山建筑作为其主体的建筑形式，这在宫殿建筑中是极少见的。硬山屋顶形式是东北地区千百年来被各民族人民普遍采用的建筑形式，同样也是为满族人所熟悉和乐于接受的形式。在早期的满族民居中被大量采用。清初兴建沈阳故宫时，当时的使用者对中原早已完备的建筑等级制度，仍不是很清楚。沈阳故宫的营建，首先要从实用功能出发，以满足使用需求为主要目的。从当时满族人的审美观念来看，这种方正、稳定、简单、坚实的样式，就是最能满足他们居住需求的房舍造型。

在宫殿的开间方面，沈阳故宫建筑并未采取七间、九间面宽的宫殿常见开间，主要建筑如大清门、崇政殿、清宁宫及四座配宫全为五间，这种与民间住宅基本一致的房屋体量，又与汉族宫殿中以高大宽敞为威严雄伟的认识形成明显的对照，反映出当时的满族人在宫殿造型方面平和质朴的审美意识。至于一向被人们认为布局和造型都十分独到的大政殿和十王亭区域，则更是取法满族早期生活中常见的帐幄形态，十分富于天真自然的意味。

沈阳故宫大政殿门裙板与外檐柱廊

沈阳故宫殿脊上的“仙人走兽”

在装饰艺术方面，沈阳故宫的建筑造型朴实，在装饰上与民间建筑形成显著的区别，具体有以下几个方面：一是琉璃构件。皇太极时期的主要宫殿，即大政殿、崇政殿、大清门、凤凰楼、清宁宫等五座寝宫，屋面均用黄琉璃瓦镶绿色剪边，并装饰着其他五彩琉璃烧制的建筑构件，其中大政殿主要装饰于宝顶，大清门、崇政殿及左右翊门主要装饰于正脊、垂脊、博风、墀头，清宁宫等寝宫主要装饰正脊、垂脊、博风部位。这些五彩琉璃构件主要为黄、红、白、蓝、绿等颜色，都采用浮雕做法，其图案为龙凤、麒麟、鹿、仙鹤、莲花等。北京紫禁城的建筑，屋面使用的基本上是满覆黄色琉璃瓦，以表示皇家宫殿的高贵，只有等级稍低或具有特殊用途的建筑，才加饰绿色或其他颜色的琉璃瓦件。而沈阳故宫却采用多种黄色以外颜色的琉璃瓦件，来增加宫殿的美感，从而使沈阳故宫的主要宫殿外观给人以突出的艳丽之感。最明显的则是崇政殿，凡边线起角之处，如正脊、垂脊、搏风、墀头，全部使用五彩琉璃构件，使崇政殿成为沈阳故宫中最漂亮的一座单体建筑。此外，在大政殿和崇政殿内外檐都绘有复杂的彩画油饰，十王亭则在角梁、柱头、荷叶墩及内檐的雀替、角背和箍头上绘有风格粗犷朴素、线条简练、极具民族风格的“箍头卷草”彩画。这些彩画也是沈阳故宫装饰艺术一个很重要的特色。

二是在木装修方面，包括檐下、柱头部位的装修和门窗的样式等，都广泛吸收了其他民族的艺术形式。如大政殿的檐下，既有来自中原建筑的木制斗拱，也有来自藏传佛教寺院建筑的蜂窝枋、如意枋、莲瓣枋，以类似“须弥座”的形式排列，宗教色彩十分突出。各主要宫殿檐下柱头部位的装饰也相当精彩，如崇政殿前后的方形外檐柱顶端，各有一圆雕龙首，两两相对，探爪攫珠，其

沈阳故宫崇政殿石栏杆小兽

沈阳故宫崇政殿墀头

沈阳故宫凤凰楼彩凤与万寿无疆纹天花

龙身越过廊间延至殿内，仿佛金龙自檐下飞出，生动又威武，大政殿前正中两柱上则各饰一金漆木雕升龙，更具装饰性，在同类建筑中十分罕见。各主要宫殿的柱头上还装饰有非狮非龙、非牛非羊的怪异兽头，以及蜂窝枋等都是见于藏传佛教寺院及喇嘛塔等建筑上的装饰。另一种艺术风格则是来源于满族或东北地区汉族民间，完全体现了地域建筑文化淳厚朴实、自然大方的特征。比如清宁宫等寝宫建筑的窗棂，并没有采用汉族宫殿中常用的“灯笼锦”“步步高”等相对美观精巧的样式组合，而是沿用满族民居中传统的“码三箭”式，即横竖窗棂都垂直相交，给人以古朴坚实的感觉。其室门也没有像崇政殿等政务场所那样采用中原习见的隔扇门，而是依然保留着满族民居中常用的木板门，仅稍加修饰美化。沈阳故宫早期的石狮、栏板、望柱、柱顶石等石雕构件，很多都是采用出产于辽东本溪含铁质成分的砂岩，当地称为“红小豆石”，其雕刻工艺及风格也具有辽东地区的民间特色，生动朴实，古拙可爱，与清入关后宫廷石雕刻板的程式化风格形成鲜明对照。

沈阳故宫通过丰富的建筑语言，鲜明地体现出满族的民族风格和中国东北地区的地方特色，是民俗文化与宫廷文化相结合的典范，成为人们了解相关时代和地域民族建筑技术最有价值的遗存。

二、皇宫里的满族风情

沈阳故宫建筑具有浓厚的满族民俗文化特点，台上五宫的索罗杆是最具满族民族特色的建筑附件。

沈阳故宫台上五宫院内索罗杆

在沈阳故宫清宁宫前的庭院里，立着一根三米多高的木杆子，木杆子安在一个汉白玉的石座上，杆子顶部套着一只锡斗。这个杆子就是人们常说的“索罗杆”，又叫“索摩杆”，是满族传统的祭天“神杆”。按照满族的习俗，祭杆时，在锡斗里要放上碎米和猪内脏的碎肉等，是供给喜鹊享用的。

这个索罗杆与满族的原始信仰有很大关系。满族鹊图腾的由来较早。传说仙女佛库伦生下一男婴，取名布库里雍顺，即为满洲的始祖。在布库里雍顺领导爱新觉罗家族许多年后，他们的子孙没有继承他的美德，开始变得暴虐无道。在某一年的六月间，部众群起暴动，攻破了鄂朵里城，追杀布库里雍顺的全族子孙，全族中只有一个名叫范嗏的小男孩逃了出来。当他逃到旷野时，追兵已经赶来，在危难之际，突然飞来一只喜鹊落在范嗏的头上，追兵误认为喜鹊下是一棵枯树，便收兵回去了。从这以后，爱新觉罗家族就奉喜鹊为祖，从不加害，并留下了立杆子、供碎肉请喜鹊享用的习俗。所以满族“旧俗各家亦立神杆于庭，日置米谷谓供神鹊”。

还有一个关于“乌鸦救主”的传说，也与索罗杆有关。传说，努尔哈赤年轻时曾做过李成梁的侍卫。因努尔哈赤长相憨厚、朴实，李成梁给他起了个名字，叫“小憨子”。有一天晚上，小憨子在给李成梁洗脚时，看到他脚上有三颗黑痣，就说：“你脚上长了三颗黑痣，我给你刮下来吧。”李成梁说：“那可不行，小憨子，你知道我为啥能当上这辽东的总兵吗？”努尔哈赤说：“不知道。”李成梁得意地说：“就是因为脚心长的这三颗黑痦子，我才命中注定要做这辽东的总兵。”努尔哈赤笑着说：“我不信，我脚心上还长着七个红痦子呢。”李成梁忙让小憨子把鞋脱下来一看，果然有七颗红痦子，而且非常像天上北斗七星的排列形状。李成梁一看吓一跳，这不是脚踏北斗的“七星混龙”吗？恰巧前两天，京城送来皇上密旨，说钦天监夜观天象，看出辽东女真人中要出一个造反的“七星混龙”，让李成梁秘密擒拿，这不应在小憨子身上了吗。总兵把这事告诉了他的小妾喜兰，并准备明日打造木笼囚车，押解小憨子送往京城。喜兰是个善良的女人，她把这个消息告诉了小憨子努尔哈赤，努尔哈赤连夜逃出了总兵府。李成梁立即派兵去追，努尔哈赤跑得筋疲力尽，终于支持不住，昏死了过去。追兵眼看就到了，就在这个时候，天空中飞来了成群的乌鸦，落在努尔哈赤身边，把他遮盖在里面，没有被追兵发现，努尔哈赤因此获救。故而在建国称“汗”之后，为了感谢乌鸦的救命之恩，努尔哈赤奉乌鸦为“神”，并用专门的鸦粮喂养。

金梁的《瓜圃述异》记载，沈阳故宫内曾养有一批乌鸦，成百上千，早晨出宫寻食，晚上返巢凤凰楼楼顶。民国遗书《东北名胜古迹遗闻》载，在清代，每年的二月、八月，盛京将军衙门都要派人在沈阳八门城墙上吹海螺螺号，通知八旗旗丁领取钱粮，俗称“吹城”。而盛京内务府也要派人在沈阳故宫西院轿马场撒放粮谷，当时称作“鸦粮”。那个时候，数以千计的乌鸦从四处飞来，饱食后，翩然飞走。直到清朝的光绪、宣统年间及至民国时期，才逐渐废止了撒放“鸦粮”的活动，但此后每到季节，乌鸦仍然会到皇宫找食物。

饮食习俗方面，盛京皇宫里也保持着相当多的满族特色和地域特色。据《建州闻见录》记载，建州时期女真人，“旱田诸种无不有之。绝无水田……其土产禽兽鱼鳖之类，蔬菜瓜茄之属皆有之。绝无花葥果实，只有榛子、海松、山梨而已……饮食则最嗜蔵肉、油饼，而面食酒醪皆合以酪。盐、酱极贵”。从上述记载中可以推断出这个时期女真人家常饮食的特点，主食有产于旱田的小米、玉米、高粱米、黄米、粳米、黄豆等，没有水稻。肉食主要有家禽类鸡、鸭、鹅等，家畜类猪、羊等。肉类中满族人最喜好的是猪肉。另外，他们对酪等奶制品十分偏爱。由于长于狩猎，兽肉成为满族人餐桌上的美味。即使在清入关统一全国后，名贵山珍仍是宫廷的最爱。因此，朝廷令各地方每年进献的贡品中，虎、鹿、獐、狍以及野鸡等的干鲜肉必不可少，至鲟鳇、白、鲢等水产品也是指名的必贡之物。但地方每年按例进贡仍不能满足宫廷的需要，清政府还特意拣派官员，设置专门机构采捕。

关于清初满族宫廷饮食，并没有明确的记载和规定。但从一些散见的史料中，我们也能略知一二。《黑图档》等宫中档案对康熙帝三次东巡的膳食有详细记载，康熙帝首次东巡盛京时，距清政权入关已有近 30 年的时间，但仍保持着喜食黏食和甜食的生活习惯。东巡途中从皇庄征调的粮食主要有高粱、稷米（黄米，黏米的一种）、小米、稗米、燕麦、粳米（黏米的一种，北方人俗称“江米”），还有小豆、绿豆等。这些作物是北方丘陵地带盛产的农作物，也是北方各民族的主要食粮。在康熙帝东巡盛京前，向盛京内务府征调的各种杂粮中，多次提到要“做麻花和撒糕用的稷米”“磨得极细的蒸黏米饭用的稷米”。康熙帝第一次东巡盛京，皇庄要“稷米二金斗，白稷米一金斗半，红稷米二金斗半”。宫中不仅平时喜欢食用黏米饭，而且在祭祀天神或祖宗时也要贡献黏米饭。而将黏米磨成面粉做成各种形状的饽饽（即糕点），或油炸成麻花，或做成撒糕等各式黏糕点，是祭祀和筵宴中必不可少的食品。康熙帝第三次东巡盛京谒陵，还从京师带来“饽饽厨子”。东巡途中也备有炒面，如“高粱炒面、小米炒面”多种，也是满族早期生活习俗的反映。满族人早期行军作战、行围打猎，炒面便于携带和保存，用来充饥最好不过。

满族先人早年生活的长白山区，是养蜂采蜜的天然场所。因此满族人很早就有专门的“蜜户”。清入关前盛京皇宫内置有“蜜仓”和“熬蜜房”，说明宫廷仍保留着食蜜的习惯。康熙三十七年（1698），“打牲乌拉总管衙门派出‘蜜丁’五百五十名，规定每人交生蜜七斤九两二钱四厘，合计交生蜜四千斤”。这一年康熙帝巡幸盛京时，仅盛京一处就要“蜜一百斤”。生蜜经熬制后用于制作糕点和蜜渍、蜜饯水果，至今仍有许多满族的传统食品流传下来，如“萨其玛”、蜜渍山里红、蜜饯果脯等，受到人们的喜爱。

满族人养猪有悠久的历史，“其畜宜猪，富人至数百口，食其肉而衣其皮”。逢年过节、祭神祭天等活动以猪做“牺牲”，杀后先用于祭祀，后众人分而食之，名曰“吃福肉”。盛京皇宫原建有十间肉楼，专门用于储备猪肉等肉食品。猪油也受到满族人的喜爱，用来炒制各种蔬菜。康熙帝第三次东巡时，命盛京内务府备办猪油炒白菜、芹菜、菠菜等共六十罐。满族人喜食肉食，因此解膻去腻的茶就必不可少了。《龙江三记》载：“满洲有大宴会……每宴客。坐客南炕，主人先送烟，次献乳茶，名曰奶子茶。”另据《清稗类钞》载，东蒙蒙古族有每日喝两三次奶茶的习惯。可见饮茶是满蒙民族的共同生活习惯，并且在宫廷中保留下来。天聪、崇德年间，凡赏赐、陪嫁中均有茶。而在与张家口马市的贸易中，也有买卖茶的记录。据记载，孝庄文皇后每月需饮苍溪茶1斤8两，可见其对茶的嗜好。

努尔哈赤时期，赫图阿拉的御膳房是几间简陋的土石之屋。努尔哈赤“召集臣属，议事宴饮”的宴殿，仅是数间丹青盖瓦房，还有以草为顶的，尚未脱离原始建筑的形迹。群臣赴宴时也是席地而坐。后金天命四年（1619），赐宴始设矮机：“天命四年五月，上（努尔哈赤）御殿设宴，殿左右设凉棚八座，命八旗贝勒大臣分班而坐。大贝勒代善、二贝勒阿敏、三贝勒莽古尔泰、四贝勒及朝鲜二降帅等，则各赐短机待宴。前次筵宴，皆席地而坐。短凳之设，自兹始也。”天命六年（1621）六月，海城析木城（今辽宁海城市）制陶艺人向努尔哈赤进献了3510件用于供膳的瓷质器皿。努尔哈赤大喜：“珠玉金银，固可宝爱，然寒者不可以为衣，饥者不可以为粟，岂如贤才技士之为益于人者大乎？今析木城乡民献所造绿瓷器皿，此真有益于国家，胜珠玉金银万万矣。该乡民操此良技，不可不予以赏赉，用示鼓励。”

努尔哈赤提倡俭廉进膳，经常告诫臣属们要以国事为重，不要在饮食上挥霍。“尔等与其进各种食物适朕之口，何若秉承朕意，将国家之事精心治理之为愈也。”女真人自古嗜酒成俗，习以传碗而饮，且多有海量。努尔哈赤也很能饮，但平时节律，从不贪杯。赐宴时一般不备烈酒，就连度数较低的黄米酒，也只在喜庆之事时方可饮用。蒙八旗官员台吉琐诺玛因犯过失被流放，行前心情沉郁，饮酒过量而死。努尔哈赤知道后，为防止类似悲剧重演，下谕凡饮酒过量者必受罚，“殷实之人罚马，中等人罚牛，下等人罚羊”。

盛京皇宫的御膳房，设在清宁宫的北侧，即“仓后阿母孙房东西所十四间”。“阿母孙房”汉译为膳房。将御膳房设在碾、磨房之后，宫仓的两侧，此处尚有十间肉楼。大清门外有熬蜜房，放炭楼、东果楼五间，西果房五间，粉子房三间，蜜库二间。果楼或果房主要存贮各地进贡的干鲜果品。除膳房、宫仓外，清初御膳房还特设肉楼、熬蜜房、蜜库、果楼于皇宫内外。

三、皇宫里头过大年

盛京皇宫里的节日习俗更是与满族的民族习俗文化密切相关。满族节日习俗的发展比较复杂，它大量吸收了周边民族特别是汉族的习俗，同时具备本民族的许多特色。满族民间尤为重视的主要节日有灯节、填仓节、五月节、虫王节、丰收祭祀节、春节等。岁时文化和民俗信仰对清初宫廷的节令文化有深刻影响，中华民族传统文化在清代节令礼仪中也得以传承。

满族民间极重视春节，一入腊月便开始操办，用黏高粱米蒸年糕，烙黏火烧。用一根木杆，以年糕的黏性，将几个纸条粘在脊檩上。然后把年糕摆在祖宗板前，烧达子香，全家磕头后围坐在大锅盖的周围吃年糕，以示追忆祖辈。

沈阳故宫清宁宫内景

腊月十五之后，选一日宰杀年猪，以此祭祀祖先和已故亲人。年猪不许有杂毛，宰杀之前往猪耳朵内注酒，耳朵抖动了，意为祖先已领受了；如猪耳朵未动，全家人需跪地祷告，直到猪耳朵动了才开始宰杀。杀猪时用左手，猪杀死后剁成八大块，摆在祖宗板之前，再烧达子香，全家磕头。吃头一顿肉时，全家人要围坐在锅盖前食用。腊月三十这天，家家还要竖起索罗杆子，晚上要点燃索罗杆上的灯笼，一直点到正月十五，彻夜不熄。此外，三十晚上家家户户都要吃饺子，以求吉利。

清代历法是以我国农历计算的，那个时候的“元旦”就是现在的“春节”。元旦前一夜，就是除夕。受满族民俗和中华传统文化影响，每年进入腊月，皇宫上下就纷纷忙碌起来，充满节日气氛。关于满族兴起初期春节的情形，《建州纪程图记》中记载：元旦上午，努尔哈赤把兄弟子侄、姻亲、心腹将领及一些外来宾客召集到自家院落客厅，众人都穿着最漂亮的服装，环绕在他的周围。宴会开始，酒过数巡，海西女真乌喇部首领布占泰首先离席起舞为大家助兴。随后努尔哈赤也离开座位，自弹琵琶，耸动其身，边奏边舞，众人也随兴起舞，屋内外有人弹琵琶、吹洞箫、刮柳箕伴奏，室内参宴者环立四周，拍手唱曲。由此看出，满族早期有在春节之际阖族共欢、上下同庆、载歌载舞的风俗。

在对皇太极时期沈阳满族宫廷春节典礼的记载中，已很少再见到以上自然豪放的热闹场景，不过，即使被政治性和等级差别很强的“宫廷礼仪”所掩盖，从中仍可看出新春庆典独特的民族风格。

元旦当日清晨，国中的诸王及大臣们早在天亮前就已等候在大政殿广场上，准备随皇帝到建在都城东门外的堂子祭天。祭祀的仪式很复杂、也很神秘，全部祝词都是用满文，其间还有萨满边唱边舞，其大意是颂扬神的功德与法力，更重要的是祈求在新的一年里能赐福于皇帝和他的臣民。堂子祭结束后，皇帝还要回到清宁宫，举行另一项同样是属于萨满教信仰范畴的重要祭神仪式。清宁宫是皇宫中的“正室”，与民间一样在西墙设有神位。如果说在堂子举行的祭典是“国祭”，在清宁宫里举行的可以说成是爱新觉罗皇族的“家祭”，祭祀的对象主要是部落神和祖先神。

两项祭祀结束后，皇帝来到大政殿升坐宝座，王公大臣开始进表文行礼叩拜。排在最前面的是诸王贝勒，他们都是皇帝的兄弟子侄。其次是满洲正黄旗、镶黄旗、正红旗、正白旗、镶红旗、镶白旗、镶蓝旗、正蓝旗和汉军、蒙古各旗的固山额真（旗主）依次率本旗官员上殿行礼。然后是专程前来盛京向皇太极朝贺进贡的蒙古各部贵州上前行礼。在向皇帝祝贺新春的同时，来朝贺的各旗及蒙古各部贵族、汉军官员还要进献金银绸缎、衣物毛皮、马匹鞍辔等新年礼物。这些礼品分别陈列在各旗旗亭之前，同样，仪式结束后皇帝赏赐给各级官员和蒙古贵族的物品也要如此陈列。此时的大政殿广场犹如一个珍稀物品展览会，珠光宝气、琳琅满目，节日气氛非常浓厚。

典礼中最能体现欢庆气氛和民族风俗的是君臣同乐的大型筵宴。朝贺新春仪式之后，皇帝回宫稍事休息，再回到大政殿，宴会便正式开始。皇帝和王公贵族坐在大政殿内外，其他官员则在本旗旗亭前就座。除了皇帝坐在宝座上之外，王公官员们都是按照满族人传统，自带毛皮坐褥席地而坐。从当时文献的记载中可知，宴会所用的食品，以野猪、鹿等兽肉为主。《满文老档》中记天聪六年（1632）元旦大政殿筵宴的规模是：

每旗各设席十桌、鹅五，总兵官职诸员设席二十桌、鹅二十，共一百桌，备烧酒一百大瓶，煮兽肉宴之。

这还不包括皇帝、王公和蒙古贵族宴桌的数目在内。另一件档案中记载，崇德四年（1639）元旦大宴用了母野猪 8 头、鹿 22 只、狍子 70 只，酸奶烧酒 20 瓶、平常酒 80 瓶，茶 24 桶，算起来也是 100 只兽、100 瓶酒。

宴会上还有庆祝新年的各种表演，史书记载中称为“百戏”或上演各种“玩艺儿”。当时宫廷并无专门演出机构，演出节目多是由民间演员“入宫献艺”。具体种类包括器乐伴奏的歌舞以及摔跤（时称角抵）、杂技等。如崇德四年（1639）档案中提到的参加新春宴会演出者就有在木头上打跟

沈阳故宫藏清明黄江绸彩绣云蝠纹迎手

沈阳故宫藏清掐丝珐琅象驮瓶

沈阳故宫藏清掐丝珐琅甪端香薰

沈阳故宫藏掐丝珐琅鹤式灯台

头的高丽人、在地上打跟头的高丽人、骑木马者、歌唱者、作瓦尔喀（东海女真部落之一）舞者，弹满洲三弦、琵琶者，箫、胡琴手，唱戏者，等等。按照满族传统，这种演出主要是为宴会助兴，所以尽管演出节目很杂、艺术水平也一般，用以烘托新年庆典热烈气氛却恰到好处。

皇帝的诞辰日称为万寿节，取万寿无疆之义，是个全国性的节日。为皇帝祝寿，是清宫中重要的典礼活动。崇德元年（1636），皇太极正式改国号“大清”，在沈阳故宫庆祝45岁生日，接受百官朝贺，全国大庆七天，舞狮放炮，十分热闹。

万寿节当日，皇帝御殿接受王公百官的朝贺及贡献的礼物。万寿节期间禁止屠宰，前后数日不理刑名，文武百官还要按制穿蟒袍补服。这一天，匠人们用彩画、布匹等将主要街道装饰得绚丽多姿，到处歌舞升平。各地文武百官，设置香案，向京城方向行大礼。

四、春联与门神

清代宫廷每年十二月二十六日于各处张挂春联，并于次年正月下旬撤去。春联例以白纸或白绢书写，蓝边包于外，红条镶于内。书法最初用满文，清中叶后用汉字。张挂春联，无疑给年节创造了一种氛围。

使用白纸春联，是满族文化习俗的一个明显特点，这源于满族尚白的习俗。清入关后，在北京地区生活的满族受中原习俗的影响，逐渐以为白色不吉，才在原有习俗的基础上加以改变，白对联上镶上了蓝或红色的边。《燕京岁时记》说春联“惟内廷及宗室王公等例用白纸，缘以红边、蓝边”。宫廷富贵人家对联贴在箅子上，词句堂皇典雅，书法优美，年年春节可以悬挂，不须更换。

沈阳故宫留下的春联、门神、椒屏、岁祝数量很多，内容上大都是迎接新年，祝福吉祥如意、国泰民安。乾隆初年盛京皇宫大清门有对联三副，各高八尺一寸、宽一尺。东边门对联：

沐雨栉风开辟规模思智勇，
宵衣旰食承平气象颂文明。

中间门对联：

箕尾星躔朗耀九天环北极，
海山气王氤氲五色获东都。

西边门对联：

禹甸尧天壮丽万年承大统，
周岐商亳经营千载肇鸿图。

凤凰楼有对联二副，各高六尺六寸，宽五寸。南门对联：

帝阙风回万里河山扶绣户，
椒房春暖九天日月近雕梁。

北门对联：

玉楼辉焕槛外彩云近凤辇，
珠箔玲珑院中香雾候龙颜。

除了门对上的对联以外，宫室内对联有：乾隆帝首次东巡盛京后新建颐和殿中室内座两侧御书——“福凝东海增芝算，祥拥西池长鹤龄”，祝愿皇太后多福多寿。介祉宫室内为皇太后休息和接受皇帝问安之处，亦悬有“式训徽音嗣，颐神景福绥”的祝福对联。

每年十二月二十六日规定在清宫各处张挂门神，于第二年二月初三日撤下贮存库中。这也是民间流传已久的风俗。清宫所挂门神均先装裱在安有铜饰件的框内，在粗绢或布上绘制，用黄绫沿边。外朝等处，由工部、内务府督同匠役人等张挂；内廷等处，由门神库太监报宫殿监，再由宫殿监传营造司首领太监，至各门各宫张挂。所绘门神有四种，即金武门神、五谷丰登文门神、福寿双全仙子门神、童子门神等。

盛京皇宫的这些门神几乎全部接受了中原文化习俗的影响。据历史记载，乾隆八年（1743），乾隆皇帝首次东巡盛京后，遵奉谕旨装饰祖宗宫殿贴挂门神、门对。可以看出，其在清代盛京皇宫使用了二百多年，已经成为满族文化习俗的一部分。

沈阳故宫现存盛京皇宫门神 29 幅，一幅两对，均有箅子衬托，可以悬挂。这些清代宫廷门神大多保存完好，但有的彩绘已脱落。大致可以分为四类：将军门神、福禄门神、娃娃门神和判子门神。其中以将军门神为多，共有 11 幅。将军门神上的彩绘人物均为武官打扮。

福禄门神（一对），是宫廷专用的门上祈福、辟邪装饰物。长方形木框制成，上部有金属挂钩，屏心为绢本，用沥粉工艺工笔重彩绘画左、右对称的福、禄天官神话人物，一人身着彩绣红袍，头戴双硬翅官帽，身侧徐徐升起祥云，内有石榴花、佛手等喻义吉祥的花卉图案；一人身着彩绣绿袍，头戴披红绸双硬翅官帽，身侧徐徐升起祥云，内有石榴花及榴实的花卉图案。福、禄天官均手捧盛装石榴果品的托盘，胸挂长璎珞和玉佩，腰系玉带，足登云头鞋、衣袂飘飘。屏面边框为明黄边，最外侧为五彩锦地纹饰。框全高 89 厘米、宽 50.5 厘米，屏心高 79 厘米、宽 40 厘米，人像高 58.5 厘米。

娃娃门神（一对），是宫廷专用门上祈福、辟邪装饰物。长方形木框制成，上部有金属挂钩，屏心为绢本，用沥粉工艺工笔重彩绘画左、右对称的娃娃天官神话人物，一人身着彩绣红袍，手捧盛装石榴果品的托盘，身侧徐徐升起祥云，内有石榴花、拨浪鼓等喻义吉祥的图案；一人身着彩绣绿袍，手捧盛装桃实果品的托盘，身侧徐徐升起祥云，内有五幅红色水仙花卉图案。两个娃娃天官均肩披长领，胸挂长璎珞和玉佩、海螺，腰系丝带，足登云头鞋、衣袂飘飘。屏面边框为白色边，最外侧为五彩锦地纹饰。框全高 89 厘米、宽 53.5 厘米，屏心高 75.7 厘米、宽 40.8 厘米，人像高 58 厘米。

判子门神（一对），是宫廷专用门上辟邪、祈福装饰物。长方形木框制成，上部有金属挂钩，屏心为绢本，用沥粉工艺工笔重彩绘画左、右对称的判官神话人物，一人身着彩绣蓝袍，身侧徐徐升起祥云，内有乾坤圈、震妖山等喻义法器的图案；一人身着彩绣绿袍，身侧徐徐升起祥云，内有宝剑、蜂、猴等图案。两个判官均头戴双软翅纱帽，手执白色象牙长笏板，腰系玉带，足登皂靴。屏面边框为红色边，最外侧为五彩锦地纹饰。框全高 88 厘米、宽 50.2 厘米，屏心高 80.4 厘米、宽 43 厘米，人像高 63.8 厘米。

将军门神（一对），是宫廷专用门上辟邪、祈福装饰物。长方形木框制成，上部有金属挂钩，屏心为绢本，用沥粉工艺工笔重彩满绘黄色云纹，下部为草

沈阳故宫藏将军门神

绿色，内心绘画左、右对称的将军神话人物，一人脸部白净，面色慈祥，应为传说中的秦琼化身；一人脸色黑重，表情狰狞，应是尉迟敬德的形象。两位将军皆头戴红缨金盔，外罩红袍，内穿铠甲，足登云头战靴，手执长柄嵌宝石金刚杵。屏面边框为红色边，最外侧为五彩锦地纹饰。框全高 88 厘米、宽 50.3 厘米，屏心高 80.7 厘米、宽 42.4 厘米，人像高 62.6 厘米。

五、“跳大神”与萨满教

满族的萨满教是北亚、东北亚萨满教的一个主要组成部分。萨满教是我国北方阿尔泰语系一些民族普遍信仰的一种原始宗教。历代史书关于我国北方古代民族的祖先，如肃慎、挹娄、勿吉、靺鞨、渤海、女真、匈奴、乌桓、鲜卑、柔然、契丹、突厥、高车、回鹘、黠戛斯等有关宗教活动的记载是相当多的。此外，西伯利亚、中亚、西亚、欧洲北部、南亚、北美、南美和非洲的许多民族中也曾存在类似萨满教的原始宗教。萨满教的分布之广、存在时间之长、内容之丰富，是其他宗教所不能比拟的。但各民族的萨满教内容不尽相同，每个民族对萨满的称呼也不一致。从商周时期肃慎活动区域新石器时代的考古资料来看，这一时期萨满教已基本形成，其动物崇拜、自然崇拜和祖先崇拜已经初具规模。渤海国建立以后，萨满教在渤海都城东京城得到广泛传播。辽金时期，各种关于女真人的文献记载中，萨满教占据了重要地位。

但“萨满”一词，直到 12 世纪中叶，才第一次明确出现在文献记载中。南宋徐梦莘的《三朝北盟会编》卷三记载：“珊蛮（萨满）者，女真语巫妪也。”“萨满”是通古斯语，其含义在满族史诗《乌布西奔妈妈》中解释为“晓彻”之意，即最能通达、知晓神的旨意。满族神话中说，第一个萨满是天神派来的，或天神命神鹰变幻的，是宇宙的骄子、天穹的裔种。当时的“萨满”被认为是人神之间的“使者”，具有几方面的职能：为本氏族消除灾祸；为患者跳神治病；祈求生产丰收；为死去的人祝福，把死者的灵魂送往阴间。此外，萨满还为没有生育过的妇女求子。萨满还参与重大典礼和各种祭祀活动，以及为巡狩、征伐等举行的奏告祖先天地仪式，并具有借助咒语使敌人遭灾致祸的能力。

万物有灵论和多神崇拜是萨满教信仰的基础。信奉之神大致可分为自然神祇、图腾神祇和英雄祖先神祇。自然神祇，有日、月、星辰、光、水、雷、电、雹、雪、风、雨、石、山、河、海等自然物或自然现象，以火神为首神。自然神祇还有众多的动植物神祇，动物神有虎、豹、狼、水獭、蟒、蛇、鹰、雕、乌鸦、喜鹊等，在祭礼中的鹰神为众野神的首神。植物神灵常见的有柳、柞、榆、桦等树木，其中柳崇拜最为重要。

萨满举行各种各样的祭祀仪礼。在萨满巫仪中，针对不同的神灵演出不同的模拟动作和象征动作，俗称“跳大神”。满族萨满的神灵中，家神有佛托妈妈、子孙妈妈、灶神，动物神有狗、马、乌鸦，植物神有榆树、柳树，另外还有山神、土地神、瘟神等。满族萨满所举行的祭祀仪礼主要有“野祭”和“家祭”两大类型。对满族萨满所举行的“野祭”，现在学术界一般将其定义为：“从原始社会延续下来的以祭拜氏族世代相传的自然神祇为主，通过人神交会形式进行的祭神活动”。“野祭”的举行是不定期的，其主要目的是在族人遇到危难时祈求神灵的保佑和帮助，以及治病。因此，可把它归入“危机礼仪”一类中。

“家祭”是满族中最为常见的祭祀活动。“家祭”主要有四种类型，即常例祭、烧官香、许愿祭和办谱兼祭祖。常例祭，是在春秋两季定期举行的“家祭”，因此可以说它带有“年周仪礼”的属性。烧官香，是指在遇到洪水、瘟疫、地震等涉及氏族重大利益的事件之后，全氏族成员共同举行的“家祭”，因此可以说它带有“危机仪礼”的性质。许愿祭，是指某家某户为家庭中的不幸不吉事件求祖神保佑，祈求逢凶化吉，若如愿以偿，便设祭报祖的祭祀活动。它同烧官香一样，也带有“危机仪礼”的性质。办谱兼祭祖，是指补充和修正宗谱时所举行的“家祭”。办谱之中有着将氏族新成员登入宗谱，以及将死者的名字涂上黑色的活动，因此可以说它带有一种“人生仪礼”的属性。

家祭的中心就是祭祖。“家祭”虽然有上述四种类型，但是在祭祀仪式项目、程式等方面，四种类型之间并没有多大的差别。它们一般都由“跳饽饽神”“跳肉神”“背灯祭”“换锁”“祭天”等仪式项目组成，按照一套规定的程式来举行。

萨满祭祀进入宫廷有史可循。7 世纪时萨满教进入渤海国王室，12 世纪初进入金国宫廷，17 世纪初步入后金与清的宫廷。努尔哈赤、皇太极建立后金以至清政权以来，依萨满教的天穹观，在日升之地即本氏族部落（国）城寨之东南设立堂子，将堂子建成八角形，堂子神树上留十三层或九层树梢，代表宇宙间的光、火、风、雷、闪电、雨、雪、冰、雹、日月星辰等自然现象来自十三层天或九层天及八个方向。汗或皇帝在自己的“包”（家）正室西间设立神堂，神位朝向东南，也说明对日月星及光的崇拜。努尔哈赤时期，宫廷萨满祭祀以堂子祭天为主，但元旦之日必先拜堂子后祭于正寝。居赫图阿拉老城时，堂子建在努尔哈赤住所东南五里处。迁都辽阳新城即东京城后，堂子建在城东南。迁都沈阳后，堂子建在抚近门（大东门）外，同时在清宁宫西四间设神位神堂进行祭祀。

皇太极时期，对敢于与氏族或宫廷萨满分庭抗礼的野祭萨满实施严厉打击。“永不许与人家跳神拿邪，妄言祸福，蛊惑人心，若不遵者杀之”，这一规定，使得野祭衰落，而堂子祭和家祭得以兴旺。“凡官员庶等，设立堂子致祭者，永行停止”，这一规定结束了爱新觉罗氏以外的异姓满洲官民可以拥有本族堂子的历史，使他们只能以神匣代替堂子栖神，人神同舍，春秋祭祷，从而使满族家祭异常兴旺。

皇太极时期，清宁宫元旦拜神遂成礼制，悬幔祭神初具规模。但清宁宫悬幔祀神并不是宫廷悬幔祭神的肇始，天命九年（1624），“元旦卯时，汗往堂子，遂还家叩拜神主。在辰刻，出坐八角殿”，说明努尔哈赤辽阳东京城的汗王宫室内设有神位。对于元旦之日先拜堂子后必祭于正寝的习俗，努尔哈赤以规定元旦诣堂子后回宫拜神时辰加以规范化，以后诸帝元旦诣堂子后祭神于正寝的时辰均以此为例，不差分毫。

清宁宫悬幔祭神是皇太极时期重要的清宫祭祀活动。天聪五年（1631），皇太极于元旦拜堂子后回宫祭神，这是清宁宫最早悬幔祭神的记录。《清太宗实录》中除皇太极出征（崇德三年，1638）、遇元妃丧礼（崇德七年，1642）及“圣汗不豫”的崇德八年（1643）外，在其余年份的元旦之日，均是“寅时，汗率诸王贝勒大臣诣堂子拜天，卯刻，升清宁宫拜神，辰刻御殿”。

清宁宫朝祭神位设于西墙正中，夕祭神位设于北墙西部。神龛位于架上，上悬黄幔，下置神板，用以陈设祭祀用品。清宁宫举行的萨满祭祀属大祭，包括朝祭、夕祭、背灯祭和祭天（还愿）等类型。朝祭、夕祭、背灯祭于清宁宫室内举行，祭天还愿在清宁宫外庭院落举行。

沈阳故宫清宁宫所进行的皇族家祭来源于氏族部落的民间家祭。对于清宫悬幔祭神从民间到宫廷的演变，乾隆帝曾概括为“坤宁宫祀神，仿自盛京。既建堂子祀天，复设神位清宁宫正寝。世祖定燕京，率循旧制，定坤宁宫祀神礼”。

从民间而来的清宫萨满祭祀与满族民间祭祀有着千丝万缕的联系，也有着许多不同。清代宫廷萨满祭祀所用司祝（即萨满）多为女司祝，也就是所称的“萨满太太”，民间萨满祭祀有的用女司祝也有的用男司祝；宫廷内特立神厨，每月祭祀酿醴酒，磨面，蒸米煮豆，炒菽，做搓条饽饽、馓子、苏油，其碓磨、蒸笼、锅、缸、木槽、柳斗、簸箕、桶担、簸箩都专设一份，专用于制作祭祀用供品，一般满族人家并不另设神厨，只是在祭前要整理祭器、洗涤锅缸，封闭准备祭祀，因此由亲戚邻里准备饭肴送往备祀之家，至祭神祭天时，凡送饭之家都会被邀请同食祭肉；清宫萨满祭祀求福神仪中，萨满在户外对柳枝三次举扬神箭，以练麻拂拭柳枝诵神歌求福后，将练麻二次奉于皇帝，一次奉于皇后，皇帝、皇后分别将练麻三捋而藏于怀中，表示受福。此种礼仪在民间萨满祭祀求福中不见记载。

清宫萨满的基本责任是履行侍神义务，“以承祭事”，并向神灵祖先祈福求佑。清宫萨满在祭事中处于领祭的地位，诸如祈祷、诵请神歌、献酒、擎神刀、举扬神箭、向牲耳灌酒、夕祭中击手鼓、晃动腰铃“盘旋跄步”转“迷溜”（旋转飞腾升天请神）、背灯祭中向神铃、腰铃祈祷诵神歌等，都要由萨满亲自完成。但堂子的立杆大祭、月祭、圆殿祭等虽用萨满，但只叩礼、诵神辞，而不跳萨满。

六、堂子祭天

萨满教的堂子祭历史十分悠久。从努尔哈赤族系家传秘录、珍贵的满族民间长篇英雄说部《两世罕王传》中可以看出：著名的扈伦四部之一的哈达部曾经强盛一时，哈达部首领万罕的母亲董尔吉妈妈过八十寿诞时，扈伦四部及建州左右卫首领均曾率众趋拜哈达部的“侠倡唐舍”，为万罕之母祈寿祝福。所谓“侠倡唐舍”，便是哈达部的“堂子”。建州左卫首领王杲曾到东海窝集部借兵，其部酋引王杲先诣“堂涩”，后将女儿许于王杲，才肯借兵。“堂涩”即“堂子”。

早在努尔哈赤起兵前，爱新觉罗氏族就有堂子。1599年，叶赫等九部来攻，努尔哈赤率众“诣堂子”祝告天地。努尔哈赤攻占哈达、朱舍里、长白山、辉发、叶赫、董鄂、乌拉、斐攸等部时，兵马先废其“堂色”，“掠祖像神牍于贝勒马前”。可见各部亦均有堂子。努尔哈赤统一女真各部，以武力攻占该部后，必先废掉各部的堂子，代之以爱新觉罗氏的堂子。《满洲源流考》说：“我朝自发祥肇始，即恭设堂子，立杆以祀天，又于寝宫正殿，设位以祀神。其后定鼎中原，建立坛庙，礼文大备，而旧俗未尝或改。每岁春秋有立杆大祭之礼，有宫内报祭之礼，又有月祭之太乙，有每日朝祭夕祭之礼，有四季献

《堂子图》

神之礼。”努尔哈赤为了祭天神，在宫廷中建“堂子”立杆祭天。佛阿拉时期，将神与天分别祭祀，内城木栅设客厅以祭神，外城筑“祭天祠堂”以祭天。

堂子，也是清皇室爱新觉罗氏总祀社稷及诸神祇的“静室”。清代宫廷堂子祭是爱新觉罗氏的萨满教祭礼，其中渗入了佛道的神祇，但供奉对象仍是本族的祖先神和守护神。据《啸亭杂录》记载，所祭诸神“朝祭神为佛、菩萨、关圣”，“夕祭神为穆里罕、画像神、蒙古神”，“暮时，供七仙女、长白山神及远世祖”，等等。《满洲实录》中，“堂子”被意译为庙，而“堂子”一词首次被载入史册则是在乾隆十四年（1749）编修的《太祖高皇帝实录》中，“汗同族宁古塔诸族子孙至堂子立誓”，从而取代了汉语中的“庙”字，堂子祭与“古明堂会祀群神之制相符”。清初时堂子拜天已成为统治阶级立国、征战、取胜时不可或缺的全族及国家规模的祀典之举。

清朝“国俗”最重视祭神祭天。堂子设杆祭天礼本源于满族民间萨满祭祀，后来成为皇家权力的象征，禁止民间私设。努尔哈赤迁都沈阳后即在抚近门外南侧建了堂子，主要建筑有宫门3间，入门有御路相通，中有迎神亭，亭北为五楹祭神大殿，坐北面南。在迎神殿东南方有八方亭一座，并有角门与大殿相连。在宫门外还有一些附属建筑，其周围砌有围墙。

崇德元年（1636）六月十八日，皇太极下谕旨，定祭堂子、神位典礼。汗谕曰：

> 前以国小，未谙典礼，祭堂子神位，并不斋戒，不限次数，率行往祭。今蒙天眷，帝业克成，故仿古大典，始行祭天。伏思天者，上帝也……祭天祭神倘不斋戒，不限次数率行往祭，实属不宜。嗣后，每月固山贝子以上各家各出一人，斋戒一日，于次早初一日，遣彼诣堂子神位前，供献饼酒，悬挂纸钱。春秋举杆致祭时，固山贝子、固山福晋以上者往祭，祭前亦须斋戒。除此外其妄率行祭祀之举，永行禁止。著礼部传谕周知。

皇太极不仅亲诣堂子，还对拜天之礼作了一系列规定。崇德元年（1636）七月十四日，正式制定了祭天仪程。皇太极谕旨：

> 祭天，圣汗于神位东侧侍立沐手，供献祭品于神位前毕，赞引官导引，行初见礼，赞礼官赞排班，众皆排班，赞礼官赞进前，圣汗至正中北向立，众皆进前。听赞礼官赞跪赞叩，即行一跪三叩头礼。赞礼官赞起立，圣汗及众皆起立。赞礼官赞上香，众皆立侍，圣汗从东阶升至神位前跪，捧举香盒起立，亲三上香毕，从西阶下，仍在正中北向立。赞礼官赞跪，圣汗及众皆跪。于是，圣汗亲奉帛酒，授侧立之官，献于神位前。俟读祝官读祝文毕，赞礼官赞叩，以大典礼，行三跪九叩头礼。撤祭物毕，赞礼官复赞叩，行一跪三叩头礼而退。

此外，《祭堂子神位仪则》《祭堂子祝辞》《祭天典仪》及《祭天次位图》，都对祭堂子的程序、仪式、祝辞等作了明确规定，成为清入关后堂子祭礼中可遵的旧章，也为后来乾隆年间颁行的《钦定满洲祭神祭天典礼》奠定了基础。

《钦定满洲祭神祭天典礼》是乾隆十二年（1747）清廷颁布的清宫堂子祭、宫廷祭祀典礼的官方文告，全书开卷记载了乾隆帝的上谕、阿桂等人的奏折和编纂人员的职名。上谕和奏折中说明了满洲祭神祭天的宗旨、源起和编修该文的准则和要求，其祭礼虽然已经宫廷化，但其基调仍保留了萨满教的特质。

七、藏传佛教在沈阳故宫

除了萨满教，在沈阳故宫还有佛教特别是藏传佛教的遗迹。藏传佛教是西藏文化中最有代表性的部分，凝聚着藏族人民的聪明才智。藏传佛教不仅在藏族民众居住地发展，也传播到内蒙古以及东北地区，满族也部分地接受了藏传佛教信仰。

在满族及其先民宗教信仰中，萨满教并不是唯一的信仰。早在渤海国时代，就有关于崇奉佛教的记载。《新唐书·东夷传》记载，渤海一般民众“居依山谷，以草茨屋”“惟王宫、官府、佛庐以瓦”。“佛庐”以瓦盖屋顶，处于尊崇地位。盛唐时期中原地区佛教的主要流派净土宗、密宗、禅宗等，在渤海人中都可以找到踪迹。唐先天二年（713），渤海王子到唐都长安，曾提出“入市礼拜”的要求。渤海国的一些佛门弟子访问日本时，日本诗人安倍吉人特曾为之作《闻渤海客礼佛感而赋之》。

考古发现，原渤海国上京龙泉府一地，就有大小佛寺不下9处；在中京显德府也发现了5座寺庙遗址；东京龙原府周围至少有4座寺庙。在原渤海国各地还出土了大量佛门遗物，如大小佛像及菩萨像多达千件，另有石函、供桌、望柱、风铃、幢座等物。至今仍屹立在龙泉府遗址地面上的八角形石灯幢，更是渤海人崇奉佛教的极为珍贵的遗物。到金代，佛教盛行。金代在各地建筑寺庙佛塔，金初上京就建有庆元、储庆、兴元、兴王、宝胜、林光六处寺院。京都佛教的名僧被称为国师，在帅府的僧职叫僧录、僧正，在列郡的僧职叫作纲，在县的僧职叫维那。迁都燕京以后，金朝对辽代佛教寺院极力保护、维修和继建。时至今日，我国东北地区的金代寺庙仍颇多，仅千山就有灵岩寺、九圣殿、舍利塔、水殿等多处佛教建筑。

在清前时期，努尔哈赤开始与佛教有了接触，及至皇太极时期，则大力推崇佛教，尤其重视藏传佛教即喇嘛教。在都城建藏传佛教寺、塔，皇帝亲自进香礼佛。这种宗教政策，有安抚蒙古各部民众、巩固满蒙同盟的政治意义，也丰富了满族宗教文化的内容，并使佛教与原始萨满教很好地结合起来，成为有清一代宗教文化的一个特色。

努尔哈赤在统一女真各部、创立后金政权的过程中，与东北地区的蒙古各部多有交往，他充分认识到与蒙古联盟、从而获得蒙古各部支持的重要性。在宗教信仰上，当时的蒙古族正处于由萨满教向喇嘛教转变的时期。支持喇嘛教，赢得民心，使众多的蒙古族民众归顺，是后金对蒙古以至对西藏的主要政策。后金政权建立之初，努尔哈赤就表现出对佛教的支持。天命元年（1616），在赫图阿拉“始建三世诸佛及玉皇庙，共建七大庙”。《清太祖武皇帝实录》中说：“于城东阜上建佛寺，玉皇庙、十王殿，共七大庙，三年乃成。”天命四年（1619），朝鲜人李民寏到建州，曾看到努尔哈赤常静坐，手持念珠而数之，其属下贝勒、大臣颈系一条巾，巾末悬念珠而数之。努尔哈赤曾接触到从西藏到蒙古传教的藏族喇嘛。据《满文老档》记载：“（天命六年五月二十一日）科尔沁老人囊苏喇嘛至。入汗衙门时，汗起身与喇嘛握手相见，并坐，大宴之。”囊苏喇嘛是到蒙古科尔沁地区传教的西藏喇嘛，曾多次来到辽东，受到努尔哈赤的厚待，成为最早到达后金的藏族喇嘛。天命六年（1621），囊苏喇嘛圆寂，根据他生前的愿望，努尔哈赤命在辽阳东京城的南门外韩参将的庄园里修庙，安放他的遗体。天聪四年（1630），皇太极又为囊苏喇嘛修了一座塔，并用满、汉两种文字书写、立了题为“大金喇嘛法师宝记”的石碑。

囊苏是第一位有文字记载的、葬于后金地方的西藏喇嘛。他死后享受到的尊荣，体现了努尔哈赤等人对喇嘛教的重视。皇太极在囊苏喇嘛去世九年之后为其建塔，更是体现了后金政权支持喇嘛教的一贯立场。囊苏喇嘛宝塔为藏式喇嘛塔，并有其他一些附属建筑，当地人称“喇嘛塔园”。其碑现存辽宁省辽阳市文管所。

皇太极提出“兴黄安蒙”作为基本国策。崇德四年（1639），皇太极遣使致书达赖，提出“延至高僧，宣扬佛教，利益众生”。崇德三年（1638），皇太极在盛京建成了后金最大的喇嘛庙实胜寺。崇德三年《满文档案》记载：

> 先是，圣上征伐蒙古察哈尔部落时，察哈尔汗畏于威，逃往图白忒部落，至打草滩而卒。至是，察哈尔部咸来归顺。来时有墨尔根喇嘛，载古帕斯八喇嘛所供嘛哈噶喇佛至。圣上命部于盛京城西三里外建寺供之。三年寺成，名曰实胜寺。东西两侧建立石碑，东侧一碑，前镌满洲字，后镌汉字，西侧一碑，前镌蒙古字，后镌图白忒字。

文中的“帕斯八”又译作“八思巴”（1235—1280），为藏传佛教萨迦派的第五代祖师，元世祖时被封为国师。他曾用千金铸护法嘛哈噶喇佛，奉祀于五台山上。元灭后，西藏喇嘛沙尔巴呼图克图将其移于察哈尔林丹汗国祀之，成为蒙古的护法神。当后金征服察哈尔部时，墨尔根喇嘛将佛像移至沈阳，献给后金。这是蒙古喇嘛教承认后金政权为保护者、彻底臣服的标志。皇太极十分看重此事，用了3年时间，耗资黄金2万余两，建成实胜寺。此寺为后金时期最大的喇嘛庙，全称为“莲花净土实胜寺”。据《实胜寺碑文》记载，当时的建筑规模很大。

沈阳实胜寺

沈阳实胜寺嘛哈噶喇楼

此寺主要建筑现今仍存，沈阳人俗称“皇寺”或“黄寺”。沈阳故宫至今保存着实胜寺中的一批文物，为七宝中的主将之臣（统兵名将）、主藏之臣（理财名将）和八物中的盖、螺、罐、鱼、肠。此外，还有须弥山、净水金壶各一件，共9件。以上9件实胜寺佛教法器均为金质，是清开国时期最早的佛教历史遗物，也是研究清初佛教特别是喇嘛教的珍贵资料。

实胜寺的前院两侧有钟、鼓二楼，钟楼内是千斤铁铸的大钟。每逢晨晓，钟声辽远，“黄寺鸣钟”成为著名的“盛京八景”之一。

为了表示对喇嘛教的推崇，皇太极在实胜寺落成当天举行庆贺典礼，亲自率领诸王、贝勒、大臣到寺内参拜。在此之后，他又多次率诸王、贝勒、大臣到实胜寺礼佛。崇德七年（1642），西藏图白忒部落使者伊拉古克三胡土克图、戴青绰尔济等人到达盛京时，皇太极“亲自率诸王、贝勒、大臣出怀远（大西）门迎之，还至马馆”，并且“率众拜天，行三跪九叩头礼”。当伊拉古克三胡土克图等来使将达赖喇嘛所写书信献给皇太极时，“上立受之，遇以优礼”，图白忒使者在盛京留住长达8个月之久。为了表示优待，皇太极命“八旗诸王、贝勒各具宴，每五日一宴之”。当他们离开盛京时，皇太极举行了隆重的欢送仪式，不仅给达赖喇嘛带回了信件和礼品，还派睿亲王多尔衮、武英郡王阿济格等人将使者送至永定桥。

皇太极在改建沈阳城的过程中，还在城外四周修建了四塔四寺。根据《敕建护国法轮寺碑记》所载，四塔四寺的破土动工是在“崇德八年仲春”，这时正是图白忒使者留住盛京之际。四塔四寺的建筑形式及其宗教内容均为藏式喇嘛塔（俗称“大肚塔”），属藏传密宗派别。这说明四塔四寺的兴建，与皇太极怀柔图白忒部落、使之归顺的想法有关系。自此以后，图白忒部落的广大地区基本上纳入了清朝的势力范围。清人昭梿在《啸亭杂录》中指出：

沈阳故宫藏清沉香木雕七佛钵

国家宠幸黄教（喇嘛教），并非崇奉黄教，以祈福也。只以蒙古诸部敬信黄教已久，故以神道设教，籍杖其徒，使其诚心归服，以障藩篱，正王制，所谓易其政不易其俗之道也。

根据四塔四寺的布局和敕建碑文所记，四塔四寺的顺序是从东到南到西到北：

“东为慧灯朗照，名曰永光寺”，所供大佛为地藏王佛，地藏“在密教其密号为悲愿金刚或称与愿金刚”。东塔永光寺的含义在于祈求地藏王这位受释迦如来咐嘱的“与愿金刚”灵光普照，保佑清朝江山。

“南为普安众庶，名曰广慈寺”，所供大佛为千手千眼佛，亦称千手千眼观音，在佛教界里他有“表度一切众生有无碍之大用也”。南塔广慈寺的含义在于招安普天下的臣民，使其安居乐土，甘做统治者的“在下之民”。

沈阳南塔

“西为虔祝圣寿，名曰延寿寺”，所供大佛为阿弥陀佛，其“密号曰清净金刚，以译名谓之无量寿佛”，其含义在于祈求这位能使人延年益寿的佛主，为圣上——天子清除病魔，使其病体早日康复、健康长寿。

“北为流通正法，名曰法轮寺”，所供大佛为天地佛，又名欢喜佛。欢喜佛是密宗本尊佛，其含义在于天地合一。法轮，“佛之说法，如车轮辗转不停，故名”。

四塔四寺中，北塔法轮寺是最主要的。祝天、祝人、祝君主的目的在于“法轮常转”，保佑大清王朝万世不变。这也是清入关后，数代皇帝东巡盛京时，都要到北塔法轮寺巡视、进香、题诗的原因。

后金统治者支持佛教，对于佛教的传播和藏传佛教——喇嘛教的发展起到了积极作用。努尔哈赤时期所崇尚的佛教主要是汉地佛教，皇太极时期则逐渐向藏传佛教靠拢。后金大修寺庙，尊崇佛教，深得人心。蒙古僧众纷纷归顺后金，是对这种政策的最好回报。

女真早有与蒙古联姻的传统。皇太极后宫五妃都是蒙古族人。早在明万历十六年（1588），蒙古各部就已宣布将喇嘛教定为“国教”，崇德五宫后妃在蒙古时，就已经全面接受了喇嘛教。嫁入后金宫廷的同时，也将藏传佛教带入后宫。她们对皇太极的宗教思想有潜移默化的影响。

天聪九年（1635），皇太极将原族名“女真”改称为“满洲”。“满洲”一词的含义，史学家们有多种说法，其中一种说法是这样的：清代乾隆钦定的《满洲源流考》一书载：

> 以国书考之，满洲本作满珠，二字皆平读。我朝光启东土，每岁西藏献丹书，皆称曼珠师利大皇帝。翻译名义曰曼珠，华言妙吉祥也。又作曼殊室利大教王。经云释迦牟尼师毘卢遮那如来，而大圣曼殊室利为毘卢遮那本师，殊珠音同，室师一音也。当时鸿号肇称，实本诸此。

此说将西藏丹书上称“曼珠师利大皇帝”中的“曼珠”解释为“满洲”一词的来源，并译为“妙吉祥”，虽不能成为定论，却可以从中看出满族历史上与西藏及佛教的关系。

满族与藏传佛教的接触首先从上层开始，然后扩展到民间。清人方拱乾在《绝域纪略》中记载：“满人初时不知有佛，诵经则群伺而听，始而笑之。近则（顺治十六至十八年）渐习而合掌，以拱立矣。”昭梿《啸亭杂录》也记载：舒穆禄氏供昊天上帝、如来、菩萨诸像。满族原始宗教萨满教与佛教接触的结果，不仅没有让佛教取而代之，或者融合掉，反而吸收了一些佛教的神祇和特点，使这两种宗教得以和平相处。满族这种以萨满教为主，吸收儒学以及佛、道等宗教的宗教信仰，从乾隆年间颁布《钦定满洲祭神祭天典礼》时起，就基本上确定下来了，并且一直沿用到清末。在皇太极的宫廷中实行“佛圣同祭”，事实上祭的是佛祖与菩萨。祭词虽然是一首典型的萨满神歌形式，但在内容上却用来祭祀佛主，可以说是佛教与萨满教在内容和形式上的结合。“佛”在满族祭祀中已经成为一个神祇，可以与萨满教中的天神、日神、月神、星神及鄂谟锡妈妈（生育之神）等一起享祭，从而形成了一种原始宗教中的神与人同宗教中的佛并列的情况。如：“在堂子立杆大祭仪注”中要“于神幔上悬菩萨像，又次悬关帝神像”。在祭祀“鄂谟锡玛玛”时，也忘不了“佛”与“菩萨”“关圣帝君”。正如神歌中所唱：“上天之子，佛及菩萨大君，先师三军之帅，关圣帝君，佛立佛多鄂谟锡妈妈之神位”。堂子佛诞，在崇德六年（1641）的盛京已经实行。皇太极规定：每年四月初八日，大内并每旗王贝勒一人，依次往堂子备供。是日，大内及各旗佐领军民人等不祈祷、不报祭、不宰牲、不理刑名。

清入关后，几代皇帝均对藏传佛教表现出浓厚的兴趣，经常以佛教转轮王乃至佛菩萨自居。这其中既有“兴黄教以安蒙古”的政治需要，也有清帝自身的信仰需要。康熙三十年（1691）多伦会盟以后，藏传佛教逐渐成为清帝及皇族的信仰，皇子允礼、允构、允禄皆是佛学渊博的藏传佛教信徒。乾隆皇帝还亲受上乐金刚的灌顶，并在北京紫禁城、圆明园修建多处藏传佛教佛堂供奉诸佛、修习密法。乾隆时期宫中反复复制的一幅唐卡中，乾隆皇帝在中心作为文殊菩萨的形象出现，上师、显密诸佛、菩萨、罗汉、护法等众神环绕周围。

第八章 珠簾暮卷，台榭笙歌

一、蒙古姝媛，佳丽后宫

清入关以前，后宫之制尚不完备。努尔哈赤草创之初，后宫没有位号，也不称后妃，只遵循当时女真的国俗一律称作“福晋”。“福晋”为满语，含夫人之意。努尔哈赤一生见于记载的妻妾共 17 人。当时根据后妃们出身地位的不同，分为大福晋和小福晋。大福晋又称嫡福晋，相当于后来的皇后品级，努尔哈赤后期称大妃；小福晋中有侧福晋和庶福晋的差别，地位均逊于大福晋。其中侧福晋地位稍高，相当于后来的妃品级，所以又称作侧妃。而庶福晋地位卑微，又称庶妃，相当于后来的答应、常在。

后妃的来源也与清入关后不同。当时并无选秀女之举，或是遣使求聘双方自愿结亲，或是出于政治原因进行联姻，再就是被当作战利品掠入后宫。清初后妃除了本族人，还涉及蒙古诸部，自努尔哈赤娶明安女始，满蒙即联姻不断。终努尔哈赤一世，其后妃均未举行过册封典礼，孟古姐姐的孝慈武（高）皇后名号，是其母以子贵在皇太极称帝后追封的。余者的名号也都是后世加封的，如元妃佟佳氏、继妃富察氏等。

天聪年间皇太极仍遵前朝的传统，宫闱未有位号，按俗称为“福晋”，只是有了中宫福晋哲哲、东宫福晋扎鲁特博尔济吉特氏、西宫福晋本布泰之分。直至其建国大清、改元崇德时，于崇德元年（1636）五月，仿明制钦定后妃名号。七月初十日，在崇政殿举行了隆重的册封后妃典礼，有了清史上有名的“崇德五宫后妃”。其中，中宫国主大福晋相当于皇后品级，东、西

沈阳故宫台上五宫院落

宫大福晋相当于皇贵妃品级，次东、西宫侧福晋相当于贵妃品级。史书评价说："五宫并建，位号既明，等威渐辨。"此后，皇太极后妃们的等级渐渐区分开来，清代后妃制度初步建立。根据崇德五宫后妃们地位的不同，其所居之宫在坐落的方位，建筑规模的大小，月台的高低，建筑上的琉璃、彩画装饰等方面，均有明显的等级区别。

皇太极为了对付强大的明朝，积极推进满蒙联姻。根据史籍记载，皇太极有名号的后妃共有 15 人，在这 15 位后妃中，有 7 位来自蒙古族，而地位最尊贵的"崇德五宫后妃"，全部是蒙古族女子，更有 3 位出自科尔沁部。这 3 位漂亮的后妃论辈分乃是姑侄关系。

蒙古科尔沁部长期与女真"结盟修好"，一直是一支忠实的盟军。努尔哈赤为了进一步加强联盟关系，天命六年（1621），聘其部首领博尔济吉特氏莽古思之女哲哲配与皇太极为福晋。满蒙联姻有效地加强了后金与蒙古的军事联盟。皇太极率兵伐明经过科尔沁时，23 位蒙古贝勒领兵参加会战。崇德元年（1636）皇太极在登基时，命哲哲为“清宁宫中宫国君福晋”。在册封的册文中说：“天地授命以来，既有汗王一代之治，则必命匹配心腹亲近福晋赞襄朝政，坐立成双，同立功德，共享富贵，此乃亘古之制。信守三纲五常，系古圣汗等所定大典。……又蒙天佑，得遇福晋，系蒙古科尔沁部博尔济吉特氏，特赐尔册宝，位出诸福晋之上，命为清宁宫中宫国君福晋。尔务以清廉、端庄、仁孝、谦恭之义训诲诸福晋，更以尔贤德之训，使天下妇人效法，勿违我之至意。”

哲哲果不负皇太极之意，在后宫中堪称楷模，史称孝端文皇后。从某种意义上讲，哲哲是名副其实的清朝首位皇后，清政权中蒙古女子母仪天下自此始。

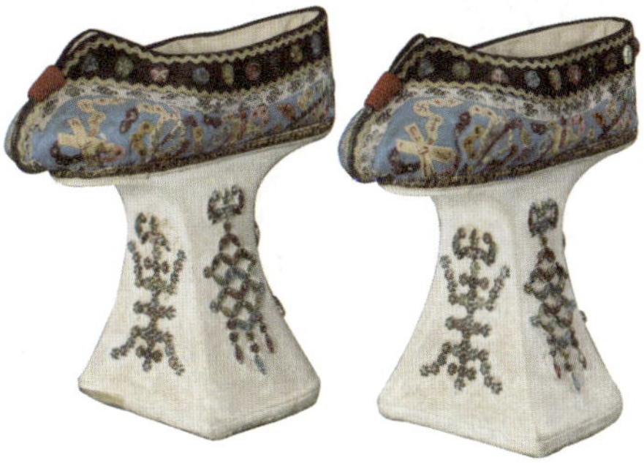

沈阳故宫藏清蓝缎彩绣暗八仙钉珠料马蹄底鞋

沈阳故宫藏清檀香木嵌螺钿梳妆盒

沈阳故宫藏清点翠头簪

沈阳故宫麟趾宫

崇德年间，哲哲作为主持后宫事务的国母，经常出现在皇太极的左右，如迎送蒙古外戚，主持公主纳聘、下嫁仪式等。同时，皇太极还规定了一系列后妃礼仪制度，如颁布元旦朝见中宫皇后礼、皇后千秋节（皇后的生日）礼仪、后妃仪仗和服饰制度等，所有这些都是以皇后哲哲为中心，清初后妃典制逐步纳入正规。

顺治帝福临即位后，尊封哲哲为皇太后。顺治六年（1649），哲哲崩逝于北京紫禁城内的寝宫中，享年 51 岁。其丧礼按国丧规格操办，并于翌年与皇太极合葬在盛京昭陵。此后，哲哲即以“孝端正敬仁懿哲顺慈僖庄敏辅天协圣文皇后”的谥号升祔太庙。

天命十年（1625）春，哲哲年仅 13 岁的侄女、贝勒宰桑之女布木布泰（亦作本布泰）又嫁给当时仍为贝勒的皇太极，后被封为永福宫次西宫庄妃，生了顺治帝福临，还生了三个女儿，后被尊为孝庄文皇后，即著名的孝庄太后。

天聪八年（1634），哲哲的另一个 26 岁的侄女，也就是庄妃的亲姐姐博尔济吉特海兰珠，也嫁给了继承汗位多年的皇太极，被封为关雎宫东宫宸妃，生过一个两岁即夭的儿子。

博尔济吉特氏一姓姑侄三人同为皇太极的后妃，蒙恩获宠，无以复加，尤其宸妃海兰珠最得皇太极的宠爱。

博尔济吉特氏一姓姑侄三人都来自科尔沁部，科尔沁部最早是成吉思汗封给他的弟弟哈萨尔的领地，被称为“白银家族”，在蒙古内部具有相当的号召力。皇太极大力推行满蒙联姻，收到了显著的政治效果。甥舅之联，确保了休戚与共，使得蒙古诸部 49 位贝勒齐心归附。尤其科尔沁部“有大征战必以兵从”。天聪二年（1628），配合后金军队攻打察哈尔部林丹汗。天聪三年（1629）跟随后金军队攻打明朝，占领遵化，围困北京。天聪五年（1631），与后金军队一起围困大凌河城。天聪六年（1632），随同后金军队入塞，略大同、宣府。

沈阳故宫麟趾宫内景

天聪八年（1634），配合后金军队征明。天聪十年（1636），科尔沁首领奥巴率先劝皇太极称帝，不仅率领蒙古各部上劝进表，而且还致书李氏朝鲜国王，联合朝鲜，共同劝进。崇德二年（1637）、崇德三年（1638）、崇德四年（1639）、崇德八年（1643）均出兵配合清军攻明。在清政权割据东北、入主中原的过程中，科尔沁部忠心耿耿，立下赫赫战功。

在册封的后妃中，还有娜木钟为麟趾宫西宫贵妃，巴特玛·璪为衍庆宫次东宫淑妃。贵妃、淑妃原都是察哈尔林丹汗的妻子。贵妃是蒙古阿巴垓郡王博尔济吉特氏额齐格诺颜之女，淑妃为阿巴垓塔布囊博第塞楚虎尔之女。

察哈尔林丹汗是成吉思汗的嫡系后裔、达延汗的 7 世孙。他的姓氏也是博尔济吉特，即成吉思汗的姓孛儿只斤，“博尔济吉特”就是“孛儿只斤”的满文译音。成吉思汗的直系后裔、继承“大汗”王位的，被称为“黄金家族”。林丹汗在 13 岁继承汗位时，蒙古各部已四分五裂。为了恢复成吉思汗当年的

沈阳故宫后苑

霸业，林丹汗成年后，给自己上尊号“神中之神全智成吉思隆盛汗”，曾一度称雄漠南蒙古，并结盟明朝，威行蒙古各部。皇太极三次出兵征剿林丹汗。天聪九年（1635），林丹汗终于在众叛亲离的情况下，走死青海大草滩。林丹汗的妻妾有“八大福晋”，林丹汗一死，这“八大福晋”和林丹汗的儿子额哲率领各支余部自青海大草滩返回河套地区，相继投降了后金。

天聪八年（1634）八月，林丹汗窦土门福晋在多尼库鲁克护送下，在行幄拜见皇太极，并择地恭候，意在归嫁“天聪汗”。窦土门福晋也姓博尔济吉特氏，名巴特玛·璪。大贝勒代善及众贝勒再三奏请皇太极“选入宫闱，抚慰众心”，皇太极犹豫再三，为了笼络察哈尔林丹汗诸部，遂纳之。多尼库鲁克等人十分高兴，表示“皇上纳之，则新附诸国与我等皆不胜踊跃欢庆之至”。崇德元年（1636）被封为衍庆宫淑妃，位居第四。

天聪九年（1635）三月，林丹汗的多罗大福晋囊囊（史称囊囊太后）率1500户部众来归。四月，林丹汗另一个大福晋苏泰太后和她的儿子额哲，即林丹汗的继承人，又率1000户部众来归，并献传国玉玺。为安抚蒙古诸部心志，皇太极应诸贝勒之请，将囊囊纳入宫中。囊囊即娜木钟，因地位尊贵，故崇德元年（1636）册封后妃时，被封为西宫贵妃，位居第三。娜木钟嫁给皇太极后，给皇太极生下了皇十一子襄昭亲王博穆博果尔、皇十一女固伦端顺公主。同年九月，皇太极将二公主许给林丹汗之子额哲为妻。

身为满族皇帝的皇太极，其五个后妃全部是非本民族的蒙古人，这在历代帝王中是十分罕见的。它表明了皇太极对笼络诸部蒙古的高度重视。

此外，在后宫中，还有元妃钮祜禄氏，是弘毅公额亦都的女儿；继妃乌拉纳拉氏，是豪格的生母；侧妃叶赫那拉氏；侧妃扎鲁特博尔济吉特氏；庶妃纳拉氏；庶妃察哈尔部人奇垒氏；庶妃颜扎氏；庶妃伊尔根觉罗氏；还有两位不知名的庶妃。

“八大福晋”中的苏泰大福晋（史称苏泰太后），姓叶赫那拉，名苏泰，给林丹汗生下了长子额尔克孔果尔额哲。额哲被称为“蒙古的最后一个大汗”。皇太极将次女马喀塔嫁给他，并封他为察哈尔亲王。皇太极将苏泰嫁给了堂弟济尔哈朗。“八大福晋”中的俄尔哲图福晋，被皇太极许配给了兄长阿巴泰，而俄尔哲图原为阿巴泰已经去世的原配嫡福晋那拉氏的妹妹。“八大福晋”中的苔丝娜伯奇福晋，被皇太极许配给了自己的儿子豪格。

二、海兰珠的情与爱

宸妃海兰珠像

皇太极的五宫后妃中，有一位蒙古妃子名叫科尔沁博尔济吉特氏，汉译海兰珠。“海兰珠”在满语里的意思是珍爱之女，舍不得的女孩。她是孝庄的亲姐姐，比孝庄大 4 岁。海兰珠嫁给皇太极的时候已经 26 岁，比孝庄嫁给皇太极晚 9 年。

据传说，海兰珠之前有过一段婚姻，嫁给了一位蒙古贵族，但婚后经常遭到丈夫的打骂，她因此形成了怯懦敏感的性格。后来她的丈夫去世了，海兰珠就回到了自己的家中。她的哥哥吴克善指定把她嫁给皇太极。

天聪八年（1634），其兄吴克善亲送海兰珠到盛京，与皇太极成婚。她虽已过豆蔻年华，但以一位成熟女性的美，赢得了夫君的爱，在盛京皇宫里演绎了一段荡气回肠的爱情故事。

沈阳故宫关雎宫匾额

海兰珠入侍宫中，备受皇太极的宠爱。皇太极的婚姻都是政治的婚姻，那些女子在他面前都带有功利目的。

沈阳故宫关雎宫

沈阳故宫关雎宫内景

而海兰珠这个柔柔弱弱的女子，温柔体贴，知书达礼，她独特的女性魅力强烈地吸引了皇太极。

崇德元年（1636），皇太极循宫闱制度册封后妃时，封海兰珠为东宫大福晋宸妃，给予了极高的评价：“秉德柔嘉，持躬淑慎，侍朕以来，壸仪攸著。”“宸”是北极星所在，常用来指王位和宫殿，也可以是帝王的代称，如宸瀚、宸居。“宸妃”是皇帝之妻的意思。从唐朝以来，只有非常重要的妃子才会被册封为宸妃。宸妃的地位在五宫中位居第二，仅次于其姑母孝端文皇后。皇太极亲赐其宫室名为“关雎宫”，取《诗经》中“关关雎鸠，在河之洲，窈窕淑女，君子好逑”的诗句。把内涵这样丰富的名字赋予了海兰珠所住的宫室，足见皇太极对海兰珠的特殊感情。海兰珠自归嫁皇太极，深受眷爱，可称得上“君子好逑”。因此，用“关雎”比喻他们的爱情是非常贴切的。

更令皇太极欣喜的是，宸妃海兰珠于崇德二年（1637）七月生了一个可爱的小皇子。这位小皇子是皇太极的第八子。他一出世，皇太极就将其称为“皇嗣”。为了使普天下共同分享这一喜悦，还举行了隆重的庆典，开创了因妃子诞育皇子颁发诏书、大赦天下的先例。诏令中写道：“自古以来，人君有诞子之庆，必颁诏大赦于国中，此古帝王之隆规。今蒙天眷，关雎宫宸妃诞育皇嗣，朕稽典礼，欲使遐迩内外政教所及之地，咸被恩泽……”诏令中规定，除犯上、焚毁宗庙、陵寝、宫殿，叛逃杀人，毒药，巫蛊，偷盗祭天及御用器物，殴祖父母、父母，卖兄弟、妻诬告夫、内乱、纠党白昼劫人等十罪不赦外，一切监禁之人全部免罪。皇太极还封宸妃的母亲为和硕贤妃，赏赐仪仗。前七个皇子诞生时，并未举行什么大型庆典活动，也未大赦。之后，庄妃生第九子，麟趾宫贵妃生第十一子，亦未如此隆重地办理。

皇太极此次诞子之庆，引来了八方朝贺，凡与大清皇室有姻亲关系的皇亲国戚、蒙古藩部王公贝勒都亲自前往或派遣使臣前来道贺。巴林部的阿玉石、卫寨桑，扎鲁特部的内齐、喇巴泰等，阿巴垓部的塞尔扎尔、得尔格尔等，乌珠穆泰部的宜思哈布等，还有四子部落的达尔汉卓里克图俄木布、巴林部落的满珠习礼等，皆不远千里，前来祝贺。他们带来牛羊马匹骆驼和各种土特产。皇太极在崇政殿和清宁宫大宴宾客，盛况空前。翌年元旦，尽管宸妃所生之子还不谙人事，却也收到了朝鲜国以示新年祝贺的“皇太子笺文”。

不幸的是，崇德三年（1638）正月二十八日，这位名义上为两岁而实际上年仅 7 个月的皇太子就不幸夭折了。

痛失爱子使宸妃海兰珠郁闷成疾，一病不起。

崇德六年（1641）九月，皇太极离开病中的爱妃率军西征，率领八旗劲旅和漠南蒙古科尔沁等部铁骑，与明朝军队洪承畴部进行松锦决战。正当双方数十万大军刀光剑影生死搏杀如火如荼之际，九月十二日，盛京惶惶来报：“关雎宫宸妃有疾。”皇太极立即召开诸王大臣会议，作了军事部署，把战争的指挥权交给他们，然后率少数护卫人员启程赶回盛京。一路行色匆匆，至十七日夜驻跸旧边，刚过一更时，盛京又报“宸妃病笃”。得知海兰珠病势沉重，皇太极连夜拔营。十八日凌晨，尚未入城就传来宸妃病逝的噩耗。

皇太极疾驰入宫，见爱妃的遗体，悲痛欲绝，声泪俱下。

美人气已绝，英雄心欲碎。皇太极无论如何也难以接受海兰珠病逝这个残酷的现实。他曾几次因悲痛过度而昏迷过去，这令皇后宫妃和诸王大臣惶惶不安，纷纷劝告他“自保圣躬，勿为情牵，珍重自爱”。皇太极也自责说：“太祖崩时，未尝有此，天之生朕，岂为一妇人哉。”但海兰珠的音容笑貌仍令他时时难以忘怀。红颜知己永别而去，皇太极即使贵为天子，也别无他法，所能做的，只有寄托哀思。

海兰珠病逝时只有 33 岁。皇太极降旨：“宸妃丧殓之礼悉从厚。”九月廿九初祭之日，皇太极亲自主持为宸妃举行了隆重的葬礼，谥“敏惠恭和元妃”。他宣读的祭文饱含深情：

皇帝谕：

皇帝致祭于关雎宫宸妃。尔生于乙酉年，享寿三十有三，薨于辛巳年九月十八日。朕自遇尔，厚加眷爱，正欲同享富贵，不意天夺之速，中道仳离。朕念生前眷爱虽没不忘，追思感叹，是以备陈祭物，以表衷悃。仍命喇嘛僧道讽诵经文，愿尔早生福地。

最后，皇太极在海兰珠的墓前亲自奠酒三爵，诸王大臣和外藩属国使节祭奠礼。然祭毕回到宫中，他也不入宫，而是在临时搭设的御幄中居住，表示对海兰珠的哀悼和怀念。

皇太极陷入对海兰珠的怀念而不能自拔。在此后的岁月里，月祭、大祭、冬至祭、去世周年祭，每次仪典隆重肃穆的祭礼，都饱含着他无限的悲思。甚至在当年岁暮大祭列祖列宗之时，皇太极也与皇后率百官及其夫人们前去祭奠海兰珠，让爱妃去世后还尽享哀荣。当次年正月元旦大贺之际，他竟传谕“以敏惠恭和元妃丧，免朝贺，停止筵宴乐舞”，因爱妃之逝而停办了朝中重大典礼。

群臣们见皇帝平日在宫中时常睹物思人，每当想起海兰珠就伤心落泪，便多次陪他出京射猎消遣。但海兰珠就安葬在盛京地载门外五里之处，皇太极几乎每次射猎时，都要有意无意地经过她的墓地。在此后的两年间，皇太极精神上已一蹶不振，病势日重，再也没能重返松锦前线。

崇德七年（1642）二月，松山锦州大战告捷。但战争的胜利也没有冲刷掉皇太极失去爱妃的悲哀。

三、永福宫庄妃的故事

在盛京皇宫的后妃中，最著名的是永福宫庄妃，她后来以孝庄皇太后而写进清王朝的历史。

庄妃姓博尔济吉特，名布木布泰，是蒙古科尔沁大草原贝勒寨桑的第二个女儿，生于明万历四十一年（1613）二月初八日。她13岁的时候，就已经出落得如花似玉、楚楚动人了。她的祖父莽古思为了加强与后金的政治联盟，维护自己部落的利益，决定将自己的孙女布木布泰嫁给皇太极。后金天命十年

（1625）二月初二日，13 岁的布木布泰带着她的贴身侍女苏麻喇姑，在兄长吴克善的护送下，来到了后金的都城辽阳东京。皇太极亲自到辽阳城外的北岗迎接，在那里举行了盛大宴会，欢迎送亲队伍的到来。快到辽阳城时，大金汗努尔哈赤亲率众后妃、贝勒、大臣出城迎接。入城后，“设大宴以礼成婚”。布木布泰从此成了皇太极的侧福晋。

崇德元年（1636），皇太极册封五宫后妃，封布木布泰为永福宫庄妃。中国第一历史档案馆至今珍藏着册封庄妃的册文，这是唯一幸存下来的清廷入关前的后妃册文，史料价值极高：

> 奉天承运宽温仁圣皇帝制曰：自开辟以来，有应运之主，必有广胤之妃。然锡册命而定名分，诚圣帝明王之首重也。兹尔本布泰，系蒙古廓尔沁国之女，夙缘作合，淑质性成。朕登大宝，爰仿古制，册尔为永福宫庄妃。尔其贞懿恭简，纯孝谦让，恪遵皇后之训，勿负朕命。

庄妃之名由此而来。可以想见，她排在五宫后妃的最末，地位并不显赫。她在当时还不足以引起人们的充分注意。在皇太极生前，在后宫中受到皇太极

北京故宫藏庄妃诰命（局部）

专宠的只有她姐姐宸妃。

布木布泰接连为皇太极生下3个女儿。天聪三年（1629）生皇四女，后来受封为固伦雍穆长公主；天聪六年（1632）生皇五女，后来受封为固伦淑慧长公主；次年，又生下皇七女，后来受封为固伦端献长公主。成年后，皇四女嫁与蒙古贵族弼尔塔哈尔；皇五女嫁与索尔哈，顺治五年（1648）又改嫁给蒙古巴林部色布腾；皇七女嫁与铿吉尔格。崇德三年（1638）正月，庄妃生下了皇九子福临，就是后来的顺治皇帝。

关于在盛京皇宫时期庄妃的活动，有一则“劝降洪承畴”的传说。崇德七年（1642）三月，清军俘获明朝蓟辽总督洪承畴。洪承畴是明朝很有影响的封疆大员，收服他对于收揽汉族知识分子、瓦解明朝统治具有非常的意义。皇太极下令把洪押到盛京，派汉臣范文程等轮番劝说，洪承畴“延颈承刀，始终不屈”。为此皇太极颇费踌躇，食不甘味。庄妃看到这种状况，毛遂自荐，亲自去劝说。她扮作一个侍女，身上藏了一壶人参汁，来到洪承畴的居处，温颜婉语，“以壶承其唇”,一口一口给他灌下人参汁，动之以情，喻之以理，经过数天的努力，终于说服洪承畴。

“庄妃劝畴”的故事出自民间传说，其文学色彩浓而历史真

北京故宫藏清宫廷画家绘《孝庄皇太后朝服像》轴

沈阳故宫永福宫

沈阳故宫永福宫内景

北京故宫藏清宫廷画家绘《孝庄皇太后便服像》轴

实性差。此事广为流传，后世也多有作品演绎，但详细记载并不见于正史，其真实性学术界尚有争议。

皇太极驾崩后，出现了帝位之争的风波。经过激烈的争斗，最终各派达成妥协，立年仅 6 岁的福临为帝，这时福临的生母庄妃作为五大后妃的地位起到了重要作用。福临之所以被选中，前提是他乃五宫后妃中的庄妃所出，身份明显高于其他庶出的五位皇子，而他的年龄又长于麟趾宫贵妃所出年方 2 岁的皇十一子博穆博果尔。而且，福临之外公家，是与清廷关系密切的蒙古科尔沁部。

福临即位登基后，庄妃与其姑孝端文皇后两宫并尊，称“圣母皇太后”；顺治八年（1651）上徽号“昭圣皇太后”。

清史研究中有一大疑案，即“太后下嫁摄政王”的问题。在民间，这个说法流传甚广，说庄妃下嫁给摄政王多尔衮。但史无所载，至今史学界也对这个问题有很大争议。“太后下嫁”之说，最早引起史家关注的是明遗民张煌言的

河北遵化昭西陵，孝庄皇太后陵墓

十首《建夷宫词》，其中有一首说：

上寿觞为合卺尊，慈宁宫里烂盈门。
春宫昨日新仪注，太礼恭逢太后婚。

此词写于顺治七年（1650），词中说北京皇宫的慈宁宫中张灯结彩，喜气盈盈地举行婚礼，就是指孝庄太后下嫁多尔衮之事。老一辈清史专家孟森先生早就撰有《太后下嫁考实》，针对太后下嫁说的各种根据，一一予以驳难。孟森认为张煌言是故明之臣，对清朝怀有敌意，所作诗句难免有诽谤之词。顺治称多尔衮为"皇父摄政王"，寓有中国古代国君称老臣为"仲父""尚父"之意，周武王也称姜太公为尚父，但不足为据。阎崇年先生也认为，至今还没有见到一条关于"太后下嫁"的史证，此事纯属子虚乌有。

进北京后，孝庄太后一心督导和辅佐顺治皇帝。在他亲政后，孝庄太后仍时时告诫规劝其言行，使得顺治在政治上颇有建树。可惜顺治英年早逝，孝庄太后于皇孙中亲自选择了不满八岁的玄烨继承帝位，自己再一次担负起保护、教化幼帝的重任，而其地位则进一步升为太皇太后，徽号累加为"昭圣慈寿恭简安懿章庆敦惠温庄康和仁宣弘靖太皇太后"。

孝庄太后对康熙非常疼爱，幼时即将其留养膝下，并将贴身侍女苏麻喇姑拨出，专门照料服侍他。孝庄太后对康熙的教育也十分严格。康熙后来回忆，"朕自幼龄学步能言时，即奉圣祖母慈训，凡饮食、动履、言语，皆有规度，虽平居独处，亦教以罔敢越轨，少不然即加督过，赖是以克有成"。康熙帝能除去鳌拜，重掌皇权，平定长达 8 年之久的三藩之乱，实是仰仗祖母孝庄太后身居幕后为其运筹。顺治康熙两朝实行舒缓的统治政策，战乱逐渐平息，生产逐渐恢复，人民生活趋于安定，保持了清朝的稳定发展。

孝庄太后视康熙为掌上明珠，悉心呵护。同样，当政之后的康熙对孝庄太后更是怀有尊敬和诚挚的感情。从他登基起直至太皇太后去世，每天都照例数次去祖母处探望请安，听取教诲。康熙曾在康熙十年（1671）奉祖母回东北谒

沈阳故宫藏清孝庄文皇后玉宝

福陵、昭陵。康熙多次带祖母去“汤泉”，显现出对太皇太后一片真挚的孝心。康熙二十一年（1682），康熙东巡，“暌离训诲，思念日增”“恋恋之心，须臾不能忘”。

康熙二十六年（1687）十二月，昭圣太皇太后病危，康熙皇帝昼夜不离左右，亲奉汤药，并亲自率领王公大臣步行到天坛，祈告上苍，请求折损自己生命，增延祖母寿数。康熙在诵读祝文时涕泪交零，说：

> 忆自弱龄，早失怙恃，趋承祖母膝下，三十余年，鞠养教诲，以至有成。设无祖母太皇太后，断不能致有今日成立，罔极之恩，毕生难报……若大算或穷，愿减臣龄，冀增太皇太后数年之寿。

康熙二十六年（1687）十二月二十五日，孝庄以75岁寿终。康熙将孝庄生前居住的慈宁宫东王殿五间拆建于昌瑞山下，称“暂安奉殿”，停灵其中。直至雍正三年（1725），在暂安奉殿原处就地起建陵园。因其陵在盛京太宗皇太极昭陵之西，故称“昭西陵”。

孝庄皇后一生历经天命、天聪、崇德、顺治、康熙五朝，历四帝，她的名字与清初许多重大的事件紧密地联系在一起。作为处于特殊历史时期、特殊政治地位的女性，孝庄文皇后既具雄才大略、挽狂澜于既倒的政治家气魄，又淡泊名利、仁慈护下、黜奢崇俭，一心一意抚育子孙成材。她是中国历史上最杰出的女性之一。

四、皇室贵族的婚姻礼俗

满族（女真）在婚姻关系上实行族外婚，在婚嫁礼俗上，较多保留着氏族社会的残余，如弟娶兄嫂、子妻后母、侄娶叔婶等收继婚俗，一直沿袭婚姻不论辈分的习俗。努尔哈赤本人所纳之继妃衮代即为他的堂兄之妻。努尔哈赤先娶叶赫部杨吉努女孟古姐姐，后叶赫部又许以贝勒布扬古妹（孟古之侄女，即叶赫老女，因叶赫背盟而未娶）。努尔哈赤纳布占泰侄女，其弟舒尔哈齐娶布占泰妹，又以己女妻之，所以舒尔哈齐既为布占泰妹夫，又是其岳父。额亦都先纳努尔哈赤之妹，继娶其女等。皇太极时，其崇德五宫后妃中，孝端与孝庄亦为姑侄关系。皇太极、阿巴泰、豪格父子辈三人又分娶林丹汗三妻。

后金汗与王公贝勒的婚姻缔结，或是由于兼并战争的胜利，被征服的女真部落慑于其威力而允婚，或是为了双方利益通过联姻以结成更牢固的政治与军事联盟。努尔哈赤的大福晋，清追尊孝慈高皇后的叶赫那拉氏孟古姐姐，就是海西女真叶赫部酋长杨吉努之女，杨吉努为攀附努尔哈赤，主动将比其小 16 岁的孟古姐姐许配努尔哈赤。而努尔哈赤、皇太极与蒙古科尔沁部的联姻，更是双方政治和军事联盟的产物。

努尔哈赤起兵之初，皇室贵族通婚的对象为开创基业的中坚力量即军功贵族。如以十三副遗甲起兵时的四位盟友萨尔浒部酋长诺米纳、加木河寨主噶哈善、沾河寨主常书和杨书兄弟，除诺米纳因背叛被杀外，其余三人中，噶哈善娶努尔哈赤同母胞妹代因扎，噶哈善死后，努尔哈赤又将代因扎嫁与杨书。努尔哈赤的长子褚英娶常书之女为妻。努尔哈赤创业之初的五大臣中，除一人与

沈阳故宫藏清绿缂丝菊花夹坎肩

沈阳故宫藏清石青缂丝五彩金龙棉女朝褂

沈阳故宫藏清白玉浮雕岁岁丰收如意

努尔哈赤同宗、一人被太祖“养为子”“赐姓觉罗”，而不在通婚之列外，其余三人，何和里娶努尔哈赤长女嫩姐，其子和硕图娶代善之女；额亦都娶努尔哈赤族妹和第四女穆库什为妻、其子达启娶努尔哈赤第五女；皇太极、努尔哈赤的侄子济尔哈朗、孙尼堪各娶额亦都之女为妻；费英东娶努尔哈赤长子褚英之女为妻，努尔哈赤弟巴雅喇、侄宰桑古、费扬古各娶费东英之女为妻。

将皇女远嫁势力强大的海西女真或蒙古上层分子，也是清初皇室贵族婚姻的一个特点。万历三十六年（1608），努尔哈赤将女穆库什嫁给乌拉贝勒布占泰；天聪六年（1632），皇太极将长公主许配敖汉部都喇尔巴图鲁贝勒子台吉班第；九年（1635），又将次女固伦公主嫁给察哈尔林丹汗之子额哲。天聪七年（1633）四月二十八日，大妃（孝端文皇后的生母）、次妃（庄妃生母）等科尔沁左翼的首领一齐来朝。五月六日，大妃见到了太宗的三位女儿（皇二女9岁、皇三女6岁、皇四女5岁），恳请迎娶皇二女。太宗以皇二女尚且年幼为由拒绝，却约定将来将皇三女（母为孝端文皇后）和皇四女（母为庄妃）分别下嫁孝端文皇后之兄寨桑的孙子祁他特和庄妃之兄吴克善之子毕勒塔噶尔。皇三女于崇德四年（1639）与祁他特结婚，皇四女于崇德六年（1641）与毕勒塔噶尔结婚。这种婚姻正属于母方交叉从兄妹婚。

在皇太极的大力倡导之下，满洲贵族与蒙古王公遵旨联姻蔚然成风，后金与蒙古“甥舅之联，所以戚之”。这种政治联姻，几乎年年都有。为了巩固同科尔沁部的关系，皇太极的儿子福临也娶科尔沁部卓礼克图亲王国舅吴克善之女（孝庄文皇后的侄女）为妻，是清入关后的首任皇后。

皇室的婚礼习俗也比较繁复。“奉迎礼”是汗与王公贝勒早期的婚姻礼仪。例如努尔哈赤早年娶哈达部万汗孙女阿敏格格，就是由其兄送之前来，努尔哈赤亲迎至洞地，然后“设宴成礼”。其子代善、莽古尔泰、皇太极等成婚时，亦“命行迎亲礼，设筵宴完婚”。天命十年（1625），科尔沁寨桑贝勒遣子吴克善送妹与皇太极成婚。皇太极亲迎至沈阳城北岗，筵宴如礼。

皇太极即位后，皇室婚礼仍行“奉迎礼”，但又加行“纳采礼”（即行聘礼），但采礼种类、数量等仍无定制。天聪六年（1632），贝勒岳托与归降汉官佟养性之女结亲，岳托“以雕鞍、良马及绣缎、貂裘、金镶玉带、靴帽等物赠养性”，并遵满族习俗，嫁女母家不回礼，不设宴。同年二月二十四日，扎鲁特部台吉根度尔夫妇送女与多尔衮完婚，多尔衮携胞弟多铎、侄豪格出迎，设大宴25桌以礼成婚。以骑射尚武著称的满洲贵族的聘礼中，鞍马和甲胄是不可缺少的。

纳聘仪式多与定亲宴同时举行。此宴由男家操办，在女家举行。宴会所用食品，在与蒙古贵族结亲时多按九的整倍数杀牲。崇德元年（1636）正月，皇太极将次女马喀塔格格下嫁察哈尔林丹汗之子额哲，并于盛京皇宫清宁宫内举行隆重的婚礼。十六日，于院内搭九幄，设宴招待诸王贝勒大臣。额哲杀 90 头牲口设宴，所纳采礼有：雕鞍马二匹，常马一匹，金盆一，貂帽二，黄妆缎皮袄、染貂皮袍各一，金腰带一，蟒缎二匹，蟒缎汉衣二件，各种缎子 64 匹。

对结亲双方而言，纳聘仪式是很重要的一个环节。有时直接举行结婚仪式，但还要按制补行定婚纳聘仪式。崇德三年（1638）正月，乌珠穆沁部塞冷额尔德尼之女，由其母（麟趾宫贵妃之姐）及其兄带至盛京，请太宗赐婚。太宗将她许配贝子尼堪为妻。尼堪“大宴成婚”后，因“未能往定亲”而直接成婚，所以又以“定亲礼设宴”，补行纳聘仪式，献备一等鞍辔、一等甲胄、一等马一匹、银茶桶一个、银 40 两、蟒缎一匹、缎 4 匹、佛头青布 18 匹，增杀牲畜数头。

同年七月初五，蒙古嫩之科尔沁伊尔杜齐贝勒夫妇送女与和硕肃亲王豪格为妻。豪格与多尔衮、多铎、岳托，率众大臣出迎十里，行礼设大宴。十一日，于盛京皇宫正殿崇政殿举行婚礼。众和硕亲王、多罗郡王、固山贝子、文武大臣齐集殿内，排班就位。皇太极端坐在宝座上，豪格先向皇上行三跪九叩礼，随后其妻行六肃三跪礼，旋设大宴。

天聪后期至崇德年间，皇太极“参汉酌金”，推行一系列改革措施，有关皇室贵族婚姻的一些制度也包括其中。首先是赐婚和奏闻制度。这一制度在天命建元前后即自然形成。因为满族妇女的择婚与再嫁，均由一家之主的父兄作主。努尔哈赤既是家族的家长，又是一国之主，无论从哪个身份来看，他都对其兄弟子侄的婚姻有决定权。皇太极从国家礼制上明确了这一制度，凡诸贝勒大臣子女婚嫁必须上奏。

自皇太极起，开始对满族传统婚姻中一些与封建伦理道德观念不符的风俗习惯加以限制和禁止。崇德元年（1636）颁布法律明令禁止收继婚俗，指出：“汉人、高丽因晓道理，不娶族中妇女为妻。凡人既生为人，若娶族中妇女，与禽兽何异。我想及此，方立其法。”规定：自今以后，不许乱伦婚娶，凡人不许娶庶母及族中伯母、婶母、嫂子、媳妇。凡女人若丧夫，欲守其家资、子女者由本家恩养；若欲改嫁者，本家地人看管，任族中兄弟聘与异姓之人。若不遵法，族中相聚者，与奸淫之事一例问罪。由于收继婚在满族婚俗中有着较长的历史，因此尽管传谕禁止，仍未完全杜绝，至顺治年间在宗室范围内仍有收继婚现象的发生。

崇德元年（1636）十月，对皇室婚仪中诸如聘礼种类、数量、婚宴质量、数量等重新作了规定。《八旗通志》载，亲王婚礼：亲王行纳币礼，珍珠金银花缀妆缎、蟒缎、缎袍褂裙共九袭，蟒缎、缎衾褥七床，金项圈一具，金大簪、小簪各三支，金耳坠全副，金戒指十枚。《满文老档》载：袍褂裙八套、衾褥六套、外加荷包一个，余者相同。婚宴桌数亦有定婚宴与娶婚宴之分。按规定，亲王定婚宴为50席，娶婚宴为60席。并明确规定：亲王、郡王娶亲及聘嫁子女宴，圣汗、国主福晋、东大福晋、西大福晋、东侧福晋、西侧福晋俱不与宴。将君臣等级分开。

纳采礼还规定，若娶国中朝臣之女，需给女父蟒缎朝衣一领、帽带靴全。给女母蟒袍褂裙各一件、金耳坠全副、鞍马三匹；若娶外藩王、贝勒、台吉等之女，定婚行七九礼（用鞍马、盔甲、缎布、银器等物，以下俱同）。筵宴宰牲五九。次行聘礼，外藩亲王之女，鞍马十二匹，盔甲十二副，闲甲二十四副，缎六十匹，布六百匹，银桶、银盆、银茶桶各一具（以下郡王、台吉之女依次递减）。外藩王、贝勒、台吉及妃、夫人等送女来者，给夏衣各一袭，冬衣各一袭，貂裘各一领，带一围，刀全，撒袋一副，弓矢全，盔甲一副，鞍马二匹，蟒缎、缎三十匹，布二百匹，银桶、银盆、银茶桶各一具，随从男妇给赏三十人衣服有差。凡女之兄弟来送，给时衣各一袭。

盛京皇宫曾多次举办隆重的皇家婚礼。天聪七年（1633）正月，13岁的皇长女敖汉部公主嫁给敖汉部领主塞臣卓礼克图之子班第，他们在盛京皇宫的崇政殿举行了隆重的婚礼。天聪十年（1636）正月，皇太极将皇次女察哈尔公主马喀塔许配给了前来归降的察哈尔蒙古林丹汗的嫡子，即具有承继蒙古宗主汗位资格的孔果尔额哲。马喀塔与额哲在盛京皇宫的清宁宫前完婚。

五、宫廷里的乐舞娱乐

发祥于我国东北“白山黑水”之间的满族，不仅以骑射著称，而且能歌善舞。在隆重、喜庆的宴会间表演歌舞以增添欢乐气氛，是其传统习俗之一。早在努尔哈赤统一建州女真各部初期，这一风俗就已从民间进入上层贵族首领宴会中。明万历二十四年（1596），奉命出使建州女真的朝鲜官员申忠一，曾记录下在费阿拉城所见正月初一日新春宴会的情形：与宴者有努尔哈赤、舒尔哈齐兄弟及麾下诸将，还有其他女真部落的首领。酒过数巡，被俘归顺的海西女真乌拉部贝勒布占泰率先起舞。随后，努尔哈赤也离座“自弹琵琶，耸动其身”，又有“优人八名各逞其才”，同时“厅外吹打，厅内弹琵琶、吹洞箫、爬柳箕，余皆环立，拍手唱曲以助酒兴”。当时努尔哈赤还是部落首领的身份，上述宴会表演中已出现职业的“优人”和乐器演奏者，水平应高于民间同类场合演出。从中可以看出，这种宴间歌舞在当时女真人中十分普及，所以身为上层贵族的布占泰和努尔哈赤等人都能表演自如。

沈阳故宫藏清乾隆款双龙纽攫珠龙编钟

天命元年（1616）后金政权建立，乐舞表演开始列入汗王宫廷宴会典礼。以歌舞助兴宫宴，是古已有之的娱乐形式。周代时，周公制礼作乐，就明确规定了各层级宴会的礼乐制度，制定的大舞、小舞均属宫廷舞蹈。其宴会气氛或热烈，或庄重；参加者或吟诗，或放歌；场面或置钟鼓，或伴舞蹈。后金建政后继承了这一制度。按照后金国制度："每于除夕及元旦备陈乐舞设大宴。"天命、天聪、崇德年间的《满文老档》《清实录》和档案文献中，都保留着诸多有关宫廷喜庆筵宴上演歌舞或"百戏"的记载：如崇德四年（1639）正月初一和初四于大政殿、崇政殿筵宴时，均有"百戏"演出助兴。参演者既有满族人，也有汉族人和高丽（朝鲜）人。档案中注明由汉人、高丽人演出的节目有杂技、歌舞、戏曲、器乐类等，而未注明族（国）别的表演者则多数应该是满族人。从其所用木马、鬼脸、熊形等道具和伴奏乐器可知，其表演形式和内容与清入关后宫宴的"打麻狐""扬烈舞"十分接近。

天聪九年（1635），梅勒章京张存仁上疏说："元旦朝贺，大礼所关，杂剧戏谑，不宜陈殿陛；八旗设宴，惟用雅乐。"此后就停止了元旦杂剧。

沈阳故宫藏乾隆款朱漆描金云龙纹排箫

清代宫廷礼乐的主体架构沿用明代旧制，如祭祀乐中的中和韶乐、朝会乐中的丹陛大乐、行幸乐中的铙歌鼓吹等。然而，礼乐中所纳入的满洲乐舞尽管所占比例不大，但其乐舞的政治象征、乐章中的满洲历史内容、管理机构中满洲人为主的执掌制度等，都体现出强烈的民族心理和民族特性，因而成为清代宫廷礼乐中最具特色的一部分。

清宫音乐与其他历朝一样，分为“雅乐”与“燕乐”。“雅乐”用于祭礼，“燕乐”用于宴飨。

后金政权建立后，用乐逐渐增多。天命元年（1616），定上尊号建元，行礼庆贺乐制。是年元旦，诸王贝勒大臣、文武群臣进表，恭上尊号覆育列国英明汗。努尔哈赤焚香告天，行受宝礼。诸贝勒群臣行庆贺礼，陈设卤簿奏乐。奏乐所用乐器有乐麾、金口角、大铜角、铜鼓、大鼓几种。

在《满洲实录》中有一幅名为“太祖大宴群臣”的插图，图中丹墀上，努尔哈赤面南端坐正中，后面左右分别站立侍从三人，并张黄盖，两侧为众贝勒大臣，按等级分别坐于丹墀上下。丹墀下两侧站立乐工六人，其中司鼓者二人，司大铜角者二人，司金口角者四人，司龙头横笛、司笙、司箫、司云锣者各一人，乐工做演奏状。

清宫燕乐包括庆隆舞、蒙古乐、朝鲜国俳乐、回部乐、番子乐、廓尔喀部乐、缅甸国乐、安南国乐等。清代宫廷满洲乐舞之典型，是宴飨中表演的庆隆舞、世德舞、德胜舞、瓦尔喀部乐舞以及在祭祀仪式中表演的萨满乐舞。

宫廷筵宴上演的满族舞蹈分为两类：一为庆隆舞，又称喜起舞，亦称文舞、队舞，源于满族民间喜庆宴会祝福舞蹈，是由满洲民间的“莽式”（玛克式）为基础而创制的宫廷满洲乐舞。清初，莽式在宫廷中十分盛行。满族民间在节日或喜庆的宴会，或为老人祝寿时，通常要跳莽式舞以表示喜庆和祝福。

另一种为扬烈舞，亦称武舞，是来源于满族民间的一种游艺。其较早期的形式称为“打麻狐”。“麻狐”或作“马狐”“马护”，为满语对一种皮制的鬼脸面具的称谓。其表演是以数人戴面具扮成妖魔恶兽，再有几人扮猎手与之相搏，以猎手获胜告终。清太宗时期大政殿筵宴经常有此种演出，入关后在宫廷中上演但逐渐将其雅化，并将民间原有的游艺活动赋予政治性很强的象征意义。

满族的萨满歌舞，都是依赖于萨满教特有的祭祀典礼仪式（俗称烧香）萨满跳神活动的存在而得以展现的。从满族实际烧香萨满跳神的表演中见到的“喝喝咧咧，似喊似唱，说着唱、唱着说，乐（鼓）中舞、舞中歌”的场景姿态或呼叫歌声里，可以体会到这种歌舞颇具热烈虔诚的性格及其“原声腔”“原生型”的特征。萨满们“以鼓舞百兽”所做出最初模拟的姿态或音声，既非口语又非歌唱，但既是口语又是歌唱的旋律（或曲调），以及既非乐器又非祭器，但既是乐器又是祭器的鸣器，同满族“喝喝咧咧，似喊似唱，说着唱、唱着说，乐中舞、舞中歌”的形象非常吻合。

萨满的宗教表演实际上是一项综合的文化现象，仅从诗、歌、舞一体方面上看，萨满所唱的神歌本身就是一首首韵律和谐的满族古歌，萨满跳神，祈请众神的表演的乐曲，以及与手鼓、腰铃之间的配合，就是古朴的满族原始音乐。它集音乐、舞蹈、文学、服装甚至戏剧表演为一体，是满族传统艺术的集中表现。

蒙古乐是清宫“燕乐”重要的一部分。所有清宫重要礼仪如皇帝大婚、寿诞、皇后、皇太后大日子，必奏“蒙古乐”。对满族皇室而言，“蒙古乐”是满族音乐文化的重要组成部分。

六、宫女与太监

在盛京皇宫里面，也有宫女和太监。从努尔哈赤建立后金政权产生最初的“宫廷”，到皇太极时期盛京宫廷的完善，定宫殿名，册封后妃，清代后妃制度初步建立，宫女、太监产生的特定环境背景和历史条件均已具备。

努尔哈赤起兵之初，住所是典型的满族民居，有居住间、灶间，屋外有“灶突”即烟囱，房屋周围立有排栅。侍婢与家主同居一处，供主人役使，是当时女真社会常见的女性包衣（家奴）。比如努尔哈赤的大福晋叶赫那拉孟古姐姐至少有侍婢四人，当时努尔哈赤已同时拥有妻妾六七人，说明早期后金宫廷从事服务的女仆不在少数。到辽阳东京城时期，宫室中的侍婢已具有了宫女的性质。

正式出现关于“宫女”的明确记载是崇德三年（1638）十月初一日。当时，随李朝世子为质盛京的朝鲜宰臣看见“皇帝率夫之（福晋）及宫女七八人，出往东门外城隍堂（堂子）”，行祭祀之礼。

清入关前，宫女来源于包衣、战争中的俘获等。盛京皇宫中的宫女，有满族人，还有因施行与蒙古联姻，应有蒙古族宫女，还有朝鲜选送的宫女。盛京皇宫正式建成后，后妃们均居住在台上清宁宫等五宫区域内。从崇德元年（1636）七月完善仪仗的制度看，仅国君福晋即中宫皇后前所列仪仗就有：车一、曲柄黄伞一、直柄黄伞二、扇二、金马杌子二、金椅一、足凳一、唾盂一、壶一、水瓶一、盆一、香炉二、香合二、骨朵二、吾杖四、油宝床二、朱雀床二、蝇拂二、回避纛二、红枝四、锣一对、鼓一对、号筒二、钲二、仗鼓二、横笛二、扎板二、小钹一对、小金一、大铜金二、云锣一、唢呐二、喇叭二。由此，为皇后服务的宫女人数可窥一斑，何况还要加上为宸妃、贵妃、淑妃、庄妃等其他为后妃服务的宫女数目。

宫女因分工不同而导致彼此间的身份地位有差别，照料皇帝、皇后日常生活的宫女，地位会较高。

据史料所载，最晚在辽阳东京期间后金宫廷里就有了太监。天命六年（1621）七月初四日，清太祖努尔哈赤曾谕诸贝勒：“诸贝勒之包衣小子，于幼时阉割后送入贝勒院内，其送子父母，将享富贵也！倘不从我命，因不阉小子而致诸贝勒院内妇女与他人私通，岂不杀其男子耶？”天命十年（1625）五月初六日，为防乱人滋事，努尔哈赤曾下令：“著诸贝勒大臣家差使太监。虽可差使，但不得留于妇人之前。家院中一切什物，由自身起不得懒散，当勤于修葺加固。否则，因尔等懒散之故，治罪不贷。”

后金宫廷里的太监不在少数，其来源除了包衣即努尔哈赤时期遗留下来的受过宫刑的太监，还有从明朝承袭而来的，也就是八旗军对明征伐时曾从明朝燕京俘获的太监。太监中有一部分是满族人，另一部分则是来自明朝宫禁的汉族人。

太监不仅存在于宫廷，各亲王贝勒府第中也均役使太监。太监的身份与社会地位是十分低下的，所谓仅“执奴仆贱役”。因为宗室、姻亲、侍从乃至庖人等均有隶属于包衣籍的，这些包衣们已承担并完成了宫廷中太监所应执之多项职能。太监虽已身为阉人，但清初特别是努尔哈赤后期，还明确指出不许太监为女性主人服务，说明当时对太监持不信任的态度，防范有加。在清初，太监与使女结为姊弟，即使是经过女主人允许也是违法的。

努尔哈赤与皇太极对于明朝太监的危害是有一定认识的。如天命六年（1621）十一月，努尔哈赤即说过：“尔明万历帝政法不明，纵容太监敛取民财。众官亦效法其帝，搜刮民财。奸诈之富人行贿可以豁免；正直之贫民因无财而陷于苦难。”而皇太极更是多次与明朝太监打过交道，如天聪三年（1629）十一月间，密令归降汉官高鸿中和鲍承先在捉获的明朝杨太监等人面前施反间计，使得袁崇焕含冤而死。崇德年间更是利用太监，使其作为明清间议和的信使。

第三编　陪都岁月

第九章 “陪都”之制

一、圣眷移銮，入主中原

顺治元年（1644），也就是小皇帝登上帝位的第二年，明崇祯十七年三月，李自成率领农民军攻入京师，明崇祯帝在紫禁城后的煤山（今景山）自缢而死，明王朝覆亡。

驻守山海关的明朝总兵吴三桂，在李自成占领京师时，在是否归顺大顺政权的问题上摇摆不定。因李自成扣押了他的父亲吴襄，而且李自成的部将刘宗敏抢夺了他的爱妾陈圆圆，吴三桂大惊大怒，最终向清朝投降（这就是所谓“冲冠一怒为红颜”）。他向清摄政王多尔衮“乞师”，而多尔衮同意了吴三桂的请求，进兵中原。

事实上，清朝对此早有准备。早在皇太极在世时，就积极筹划进取中原，取明朝而代之。只是当时时机尚不成熟。而在北京陷落之前，范文程就将大顺军比作横跨秦岭、统一天下但很快又失去天命的暴秦。这样清人的势力就如同西汉，将在占领中原之后，建立一个长治久安的王朝。这一取代明朝、建立大清帝国的计划，是那些在关外与清人合作的汉人们企盼已久的。尤其是范文程，不断敦促多尔衮专心于征服中原，以实现努尔哈赤的“洪业”。

在李自成进京的同时，清军重臣范文程即察觉到明朝将亡，便奏请清廷南下中原。李自成的军队在北京大肆抢劫的消息传到盛京，范文程十分高兴，认为清军南下中原的时机已经成熟。尽管李自成的军队号称百万，但是范文程依然认为清军完全可以击败对手。这一乐观态度的依据，不仅在于对清兵

清宫廷画家绘《顺治皇帝半身朝服像》

沈阳故宫建筑屋脊小兽

之军力和纪律的信心，而且还在于他相信李自成已经丧失了所有政治上的支持者。起初，李自成因推翻崇祯皇帝而招致“天怒”，随后他又因虐待缙绅和官员而激起士大夫的反对。现在，由于抢劫京师，奸淫平民妻女，进而遭到百姓的憎恨。范文程认为，李自成“虽拥兵百万，横行无惮”，可一战而破，统一区夏。“我国家上下同心，兵甲选练，诚声罪以讨之，兵以义动，何功不成。”

多尔衮采纳了范文程的意见，以惩罚推翻崇祯皇帝的叛匪为名，兴兵南下。

顺治元年（1644）四月九日，顺治皇帝于大政殿主持清军入关的誓师大会。摄政王多尔衮获得年幼皇帝的殊礼，获大将军敕印，“代统大军，往定中原，用加殊礼，赐以御用纛盖等物，特授奉命大将军”印，被赋予了“一切赏罚，便宜行事”的权力。

第二天，多尔衮亲率多铎、阿济格以及三顺王等，统领满洲、蒙古兵的三分之二及汉军恭顺等三王、续顺公兵，声炮启行，10 多万八旗精锐迅速西进。清军本来打算从西协和中协（即今北京市北面及其附近的长城）入关，直驱北京。然而行军至翁后所（今辽宁阜新），四月十五日，吴三桂向清兵“泣血求助”，要求清军与其部会合，愿与清兵一道灭“流寇”。多尔衮遂改变进军路线，出兵从山海关长驱入关。

李自成曾派人招降吴三桂，在吴三桂拒绝后，他立即率兵东征。四月二十三日，李自成与吴三桂军激战于山海关前，一时难分伯仲。早在四月二十一日，答应援吴的清军便在一片石击溃了李自成派去切断吴三桂后路的唐通部农民军。多尔衮先命吴三桂迎战李自成大顺军。双方鏖战至中午，吴军逐渐实力耗尽，为农民军包围。接着清军猝然袭击，农民军失利，李自成败退京师，清军正式入关。

山海关败后，京师不能守，四月三十日，农民军放弃北京向陕西撤退。五月二日，多尔衮率清军入京，“乘辇入武英殿升殿”，“令卤簿向宫门陈设”并接受了“故明众官俱拜伏呼万岁”这一对皇帝才行的礼仪。多尔衮遂以为太祖、太宗之宏愿与“底定中原”的要求，提出“建都燕京”。

多尔衮奏请六岁的清顺治帝（清世祖）爱新觉罗福临迁都京师。八月二十日，清宗室郑亲王济尔哈朗率劲骑，护送顺治帝自盛京启程迁都燕京。清朝倾全部精锐兵丁及家属入主北京。

当时，有一个特别显赫的词叫“从龙入关”，就是跟随顺治皇帝进入北京。跟随这支队伍的，有各部官员、八旗劲旅，以及他们的家属和奴仆，可谓浩浩荡荡。

从北京到沈阳，自古就有“里七外八”之说，说是从山海关到沈阳 800 里，从山海关到北京 700 里。沈阳到北京的路程总共 1500 里。这么远的路程，那时候，全靠步行。这是一次规模浩大的人口迁徙浪潮。可以想见，在漫漫长路上，在一望无际的大平原上，一支不见首尾的队伍，车马喧嚣，旌旗猎猎，扶老携幼……这是一幅多么壮观的景象啊！

沈阳的居民，包括八旗大军和他们的家属，也包括普通的老百姓，大部分都走了，都跟着皇帝进北京了，都“从龙入关”了。据有关研究统计，当时入

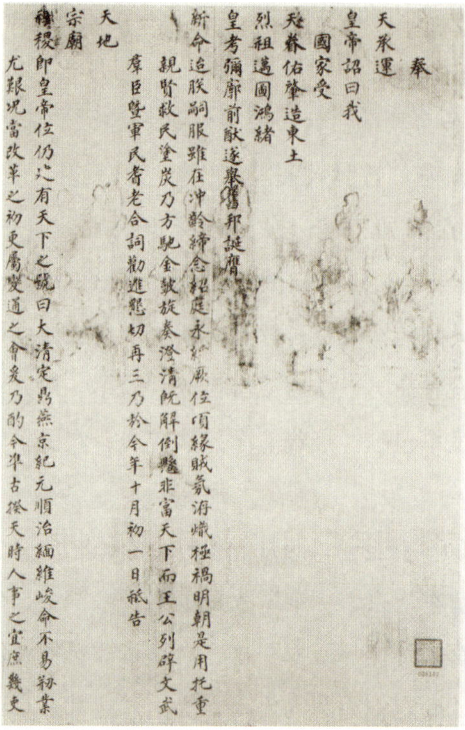

奉
天承運
皇帝詔曰我
國家受
天眷佑肇造東土
列祖遹圖鴻緒
皇考彌廓前猷遂舉舊邦誕膺
新命迨朕嗣服雖在沖齡締念紹庭永綏厥位頃緣賊氛洊熾極禍明朝是用托重
親賢救民塗炭乃方馳金鼓旋奏澄清既解倒懸非富天下而王公列辟文武
羣臣暨軍民耆老合詞勸進懇切再三乃於今年十月初一日祇告
天地
宗廟
社稷即皇帝位仍定有天下之號曰大清定鼎燕京紀元順治緬維峻命不易創業
尤艱況當改革之初更屬變通之會爰乃酌今準古揆天時人事之宜庶幾吏

《顺治帝登极诏书》，台湾历史语言研究所藏

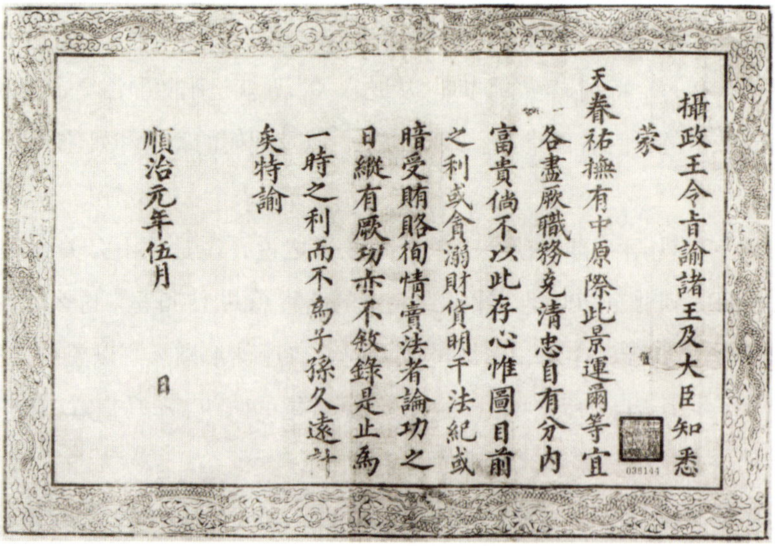

攝政王令旨諭諸王及大臣知悉
蒙
天眷祐撫有中原際此景運爾等宜
各盡厥職務克清忠自有分內
富貴倘不以此存心惟圖目前
之利或貪瀆財貨明干法紀或
暗受賄賂徇情賣法者論功之
日縱有厥功亦不敘錄是止為
一時之利而不為子孫久遠計
矣特諭
順治元年伍月　日

《摄政王谕诸王大臣令旨》，台湾历史语言研究所藏

关的满族人有将近 100 万。

九月，福临与两宫皇太后抵达北京，“自正阳门入宫”。十月初一日黎明，古老的皇城装点一新，上午巳时，在北京皇宫的皇极殿前鞭鸣三响，钟磬交鸣，韶和典乐徐徐奏起。6 岁的小皇帝福临举行祭天仪式，“仍用大清国号，顺治纪元”。十月初十日，顺治帝再行登基大典，“上御皇极门，颁即位诏于天下”。清王朝统治中国 268 年的历史，就从这里拉开帷幕。

这也是中国最后一个封建王朝。

这时，距努尔哈赤“十三副遗甲”起兵的 1583 年，已经过去了 61 年。61 年，经过两代人的时间，一个偏居辽东山区的弱小民族，竟然在血与火的洗礼中，取代统治中国 276 年的大明王朝，成为中华帝国的统治者。这不能不说是一个令人惊叹的传奇。

二、陪都的荣耀

大量人口移居关内，使辽东、辽西“村镇全已荒废”，“沃野千里，有土无人”。盛京城内，只有少数八旗兵镇守，几乎荒无人烟。据说，当时在沈阳城居住的居民也就有四五千人，而且都是满族人。这种情况从顺治元年（1644）持续到顺治十七年（1660）。在顺治十七年这一年，清廷增派蒙古八旗兵驻守盛京。到这时候，驻守盛京的官兵总共 1500 人，连同家属共 5000 多人。

后来，清廷在黑龙江、吉林等地，将赫哲、索伦、达斡尔、锡伯等边疆民族部落编入八旗。这些编入八旗的少数民族被称为“新满洲”。康熙十七年（1678）后，这些“新满洲”的一部分被调往盛京城，有 1 万人左右。此后，还有多次“新满洲”兵丁被调入盛京驻防。

从顺治六年（1649）开始，清廷又采取鼓励向关外移民的政策，鼓励当年跟随皇帝入关的部分满族人以及关内的汉人回盛京等地开垦荒地，发展生产。在顺治康熙年间，大量关内汉人出关，使盛京各地的人口迅速增加。据统计，顺治十八年（1661），奉天府所辖人口计 57557 人，到乾隆六年（1741），奉天府的人口总数为131900人。

乾隆五年（1740）四月，清廷颁布禁令，严禁关内汉人再移居关外。清廷的禁令起到了一定的遏制作用，但因为东北地区地广人稀，土地肥沃，“闯关东”已经成为一个潮流。到乾隆四十一年（1776），大约有80万关内移民来到辽宁及吉林、黑龙江谋生。因此，盛京等地的人口还在不断增加。到嘉庆二十五年（1820），奉天总人口数量，已经达到1314971人。80年间，增加了近9倍。

清入主中原成为全国性政权后，盛京皇宫便不再是皇帝的日常居住之所，但仍在国家政治中占有很重要的地位。这是因为，东北地区既是满族和清王朝的肇兴之地，清代皇帝及其统治支柱——八旗劲旅的故乡，也是满族贵族和八旗军队重要的后方和兵源补充地。其次，东北地区土地辽阔、物产丰富，清代皇室和满族贵族在这里占有大量的土地、山林等，设立了大批的皇庄、官庄（包括粮庄、果园、鱼塘、炭庄、靛庄等）、旗地以及牧场，又有兽皮、人参、东珠等多种动植物特产资源，成为皇室和八旗贵族不可缺少的生活资料来源和经济收入的重要组成部分。更重要的一个原因是东北地区的重要战略位置。其西部连接京畿地区及蒙古部落，北部同俄罗斯接壤，东部与朝鲜相邻，南濒渤海和黄海，对于以北京为首都的清王朝的国家安全和对外邦交至关重要。

有鉴于此，在清朝宫廷和军队向北京进发的同时，对镇守盛京也作了适当安排。文献记载：“上以将迁都燕京，分命何洛会等统兵镇守盛京等处，以正黄旗内大臣何洛会为盛京总管。”因为对他们来说，盛京仍是他们的根，是自然的留都。当时的有关文献多使用“留都”的名称。《盛京通志》记载：“世祖统御六合，定鼎京师，以盛京为留都。”《大清一统志》说：“世祖章皇帝统一寰宇，定鼎京师。尊盛京为留都。”清统治集团初入中原，立足未稳，随时都有被赶回老家的可能，留根就具有十分重要的现实意义。因此，他们的留根意识强烈。

顺治二年（1645），废明陪都南京，正式以盛京为陪都，确立了清代的“两京之制”。所谓“陪都”，即在正式的京城之外，出于某些需要而设立的其他都城，处于副核心的地位。在中国古代，从商代开始，一直都有陪都设置。唐朝实行西京长安、东都洛阳两京并行制度，北宋发展成以东京开封府、西京河南府、南京应天府、北京大名府为“北宋四京”。明代则实行北京、南京的两京制。清入关后的沈阳，一直作为清朝的陪都，在政治规格上一直是全国第二大都市，地位仅逊于北京，被冠以“龙兴之地”之名。此外，康熙、乾隆等多次回乡祭祖，陪都之荣宠及所得之实际利益都达到顶峰。终清一代，沈阳城是作为陪都而彰显其特殊地位的。

清入关之初，设总管大臣留守并处理东北地方事务，顺治三年（1646）改为昂邦章京。沈阳具有京师以外任何城市都不能比拟的崇高地位。其制迥异于各直省，并在相应的文献中开始广泛使用“陪都”一词。《大清一统志》所说：“监往代两都之制，设官分职，管辖八旗驻防禁旅。规模宏远。又邠岐之地，桥山在焉。”

盛京将军为陪都盛京的最高军政长官。康熙元年（1662），改统辖今辽宁地区的“昂邦章京”为汉称“镇守辽东等处将军”。康熙四年（1665），又改称“镇守奉天等处将军”，即“奉天将军”。乾隆十二年（1747），定称“镇守盛京等处将军”，即“盛京将军”。关于盛京将军的职掌，《清朝通典》说：“盛京将军，掌镇抚留都，安辑旗民，董率文武。凡军师、卒戍、田庄、粮糈之籍，疆域之广轮，关梁之要隘，咸周知其数，以时简稽而修饬之。”乾隆末年，盛京将军属下共有八旗官兵7232人，八旗官兵连同家眷，近十万之众。盛京将军府衙门位于沈阳城内，实际上是清代东北地区的最高行政和军事中心。

清入关以后，原设于盛京的六部均移至北京，仅以内大臣司留守之任，下设户、礼、兵、工四曹。从顺治朝后期开始，按照两京制建设相关制度，设立官署。顺治十五年（1658）设礼部，次年设户、工两部。康熙元年（1662）设刑部，三十年（1691），复设兵部，惟吏部不设，合称“盛京五部”。户部掌盛京财赋，礼部掌盛京朝祭，兵部掌盛京军政，刑部掌盛京司法，工部掌盛京工政，每部主官有侍郎一人。在《清代职官年表》中，盛京五部侍郎始终被列入中央国家机关的职能序列。

顺治十四年（1657），以“奉天承运”之意在盛京设立“奉天府”。这是沈阳有“奉天”之名的开始。奉天府因系“龙兴重地”而定为京府，相当于省级行政建置。盛京实行旗人与“民人”分治，所谓“民人”就是旗人以外的汉人等。旗人事务归将军办理，奉天府的职责是管辖盛京地区的民人户籍、田赋、诉讼等事项。奉天府尹始终被列入“京卿年表”。

中国历史上有“四大天府”之说，即应天府、顺天府、承天府、奉天府。“天”即天子的意思，“天府”就是与帝王有着非常直接关系的地方，或为其称帝前的出生地，或为其称帝前的封地，或为称帝前的发祥地等，简言之，就是某位君王的“龙兴”之地。宋朝的应天府在今河南商丘，明朝的应天府在今江苏南京。明清两代均设有顺天府，地址同为今天的北京。承天府是明朝嘉靖皇帝设立的，位于如今的湖北省钟祥市。盛京奉天府则是“四大天府”的最后一个。奉天府制比京师顺天府，都定为正三品衙门，比一般的府（从四品）高，其地位如各省巡抚，可直接向皇帝奏事。据《光绪会典》卷七十四所载，奉天府所属有二府、四厅、五州、十四县。至光绪间增至五府、四厅、六州、二十六县。康熙三年（1664）在沈阳设承德县，为奉天府首县。

盛京陪都地位的确立，使盛京城逐渐由原来的军政城堡向以发展经济为主的商业化城市转变。盛京所特有的政治地位和良好的经济条件，使它在南北经济和贸易中发挥着重要作用，并逐渐发展成为东北地区最大的商业中心和货物集散地。井字街已发展成为盛京集中的商业区，店铺林立，百货云集，商业十分繁荣。由盛京内务府直接管理的盛京内务府皇庄，包括粮庄和各种专业庄（棉庄、靛庄、盐庄等），它们交纳“皇粮”，专供皇室享用，为皇帝的私产。盛京地区的农业经济取得了长足的发展，呈现日渐繁荣的局面，成为东北地区主要的农业经济区。盛京官地营建规模较大、专业养殖牲畜的盛京三大牧场，即盛京大凌河牧场、盘蛇驿牧场、三陵养息牧牧场，专门从事畜牧业生产与经营。

盛京地区独特的行政管理体制——旗、民二元管理体制，是陪都的一个重要标志。清在东北推行八旗制度，但旗人之外，其他民众依然存在，特别是移民进入以后，民人数量大大增加。为了管理这些民人，在旗署之外，清政府又设置了以州县为特征的新管理体制。旗署管理旗人，州县管理民人，两者并行，这就是二元行政管理体制。在旗署方面，最高长官是盛京将军，他通过驻防衙门、八旗界官、屯领催等一级一级地控制最下层的旗人；而在民署方面，最高长官为奉天府尹，他通过各州县衙门、民社乡约、甲长村首等一级一级地来控制管理民人。到清晚期的光绪五年（1879），根据社会变迁，盛京将军歧元奏准，在被流民私垦的大围场内设抚民通判一名，管理旗民词讼。至此，柳条边以东地区的一元行政管理机制完全建立起来，奉天原有的二元管理体制被取代。

清王朝对陪都盛京的教育也格外关注。康熙三十年（1691），礼科给事中博尔济疏请在盛京设立旗学，“盛京府、州、县俱设立学校，考取士子。盛京左右两翼亦应各立官学，酌选俊秀幼童，设立满汉官，教习满、汉书，马步箭”。清政府采纳了博尔济的建议，陆续在盛京城内设立三种八旗学校。自康熙起，为了保护满族民族文化，将东北列为禁区，严限中原汉人出关移往。经雍正朝，到乾隆初年，封禁更加严厉，对东北实行全面封禁，完全把东北变成一个“特区”。但是，清朝将大批因政治等原因而获罪的文化人流放到东北。这些数以万计的流人把中原和江南的文化带到这里，开展各种文化活动，包括兴办教育，进行文学艺术创作等，形成了一股“流人文化潮”。所谓“流人”，简言之就是“以罪见流徙”者，即因犯罪而被统治者强制迁徙流放或贬逐之人。流人文化构成了清代东北封禁时期盛京文化乃至东北文化的重要内容。流人把东北的风土人情，以及对东北生活的感受、对人生的咏叹、对命运的抗争等，都注入了流人的文学创作与研究之中，因此封禁时期东北的流人文化成为既与中原文化相联系又相区别的新的文化形态。

三、留都京阙，规制益闳

在按“陪京”体制增设各种机构的同时，从康熙年间起，随着经济文化的恢复和发展，沈阳城的建设也在继续完善。沈阳的皇宫、陵寝、庙宇、城池都先后进行过多次粉饰、装修和扩建，使沈阳城更加显示出其“荣耀尊严”的地位。其间最重要的变化，是康熙十九年（1680）沈阳城之外加修关墙。

中国古代的都城一般都有三道城墙，即宫城、皇城、罗城。罗城即外城，又称“关城”或“郭城”，即所谓“筑城以卫君，筑郭以卫民”。新修建的盛京外城墙高7尺5寸，以土夯筑，在原有方城之外形成周长32里48步的圆形外墙。圆形的外城参照内城，也开了相应的八门：东向之南曰大东边门，北曰小东边门；南向之东曰大南边门，西曰小南边门；西向之南曰大西边门，北曰小西边门；北向之东曰大北边门，西曰小北边门。外城八门与内城八门两两相对，所以沈阳城又有“八门八关”之说。内城八门与外城八门皆有道路相通，由于内外城的八门是错落的相对，所以内城门与外城门之间的道路不是正南正北或正东正西，而是斜的；又因为内城小而外城大，这样从内城到外城的道路不仅是斜的，而且是放射状的。在内城与外城中间建有规整宽阔的马路，东西南北，各自对称平行。东有东顺城街，西有西顺城街；南有南顺城路，北有北顺城路。内城与外城之间的地带称之为“关厢”，这样“关厢斜路”就成了沈阳老城基本的街路格局。

增修缭墙以后，沈阳城形同“圄”字，好像一枚铜币的外圆内方格局。虽然文献记载外城为康熙十九年（1680）建，但外城的建筑，很可能包括在皇太极的建城工程内，在建方城时已同时建设。档案记载，天聪七年（1633）正白旗隐士甄应元上书皇太极时，就提到“筑城垣，打关墙”“无关不成城”“速修关墙”“包城（指砌砖包裹方城）最紧急之事，打关（指修筑外城）也最急之事”的建议，康熙年间就是依据此前的规划而对关城进行补建的。

经过这样的改造新建工程，盛京城阙更加完善，形成了陪都城阙内方

老沈阳城墙

外圆、四寺四塔、八门八关的新格局：内外有两道城垣，内方外圆，即内城为方形，外城为圆形，形成八门八关；内城的中心有座中心庙，皇宫建在城中部偏南的位置，王府按八旗各自方位围绕皇宫分布，城外四个方向建有四塔四寺。考古学家郭大顺先生指出："由皇宫、内方城、外圆城、四塔寺组成的清初沈阳城，作为一个有机整体，是满族民族和宗教特性与国家形态变革及三者完美结合的结晶，它是中国古代都城规划史的最后一例，也应在中国城市发展史和中国古代城市规划史中占有一席之地。"[1] 康熙年间，诗人纳兰性德随皇帝东巡，他写了一首题为《盛京》的诗，赞誉盛京城的宏伟壮丽：

① 郭大顺:《中国古代都城规划史最后一例: 清初沈阳城》,《文化学刊》2010年第6期。

拔地蛟龙宅，当关虎豹城。
山连长白秀，江入混同清。
庙社灵风肃，豪强右族更。
明明开创业，休拟作陪京。

康熙时沈阳城边墙和边门的修筑，对沈阳城的发展具有十分重要和深远的意义。第一，提高了盛京城城垣建筑的规格。按照中国古代以城池建筑的传统，比较完备的形式应该为“内城外郭”，即有内外两层城墙，借以按等级制度和使用功能，将城市的管理区域、商贸区域和居住区域等进行更充分、更合理的划分。这种原则虽然是建立在以军事防御为主要目的的城市建设体系基础上的，但历经千年岁月，已发展成为各朝代建城普遍遵循的理念，以至于人们习惯上把是否有外城（郭）视为城市大小和地位高低的判断标准之一。盛京“内城外郭”制的形成，也与其城市地位及发展前景有着重要的关系。盛京城阙日益完善起来，形成尊重历史传统又充满地方特色的城池结构，“留都京阙，规制益闳”，城市整体环境与宫殿彼此呼应，相得益彰，成为东北地区规制最完备的古城池。

第二，加强了沈阳城的防御功能。尽管高 7 尺 5 寸的土墙只能起到很有限的对外防御作用，但毕竟在原来的城墙之外增加了一道屏障，虽然难以有效抵御敌人千军万马的大规模进攻，但平时想要进出沈阳城的人，必须通过边门，经过守门士兵的盘查，这无疑会对加强城市的治安产生有利的影响。

第三，扩大了沈阳城市区域的面积。按照中国古代以城墙内为城市的观念，原来沈阳城只限于方城砖墙以内的空间，新筑的边墙则使城市的范围向外扩展了约 6 倍，也把沈阳城分为由砖墙里的内城和边墙里的外城（关厢）两部分组成的城市，为沈阳城未来的发展提供了更广阔的空间。事实上，在修筑边墙以前，关厢地区除了一些庙宇外，不会有很多的人居住，因为当时盛京城内常住人口还很少，不会有居民愿意在晚间被关在高大的城墙之外。而增设边墙以后则不同了，随着人口的增长和城市的渐趋繁荣，一些后迁入居民在城内空间越来越拥挤、并限制非八旗人口进入的情况下，可以在关厢安家或设立他们的店铺，便于沈阳的城区向外扩展。从清末的沈阳地图上，可以看到关厢地区已经有上百条胡同，而且有一些地方很明显地标有八旗某牛录官厅的字样，即可知道确实有成佐领建置的八旗人口集中住在那里，很多茶馆、饭店等买卖铺户也设在其间。一些如副都统、各部侍郎等高级官员的公馆（当时称作“府”）也设在这一区域，因为这些人大部分是从北京来此就任的，在当地并无家宅，所以住在公家为他们特建的“府”里。清末时更有一些学校、教堂甚至奉天省谘议局这样重要的办公机构都设在关厢区域，足见“外城”对于沈阳城的发展具有重要意义。

清代沈阳城增加边墙内的关厢区域，也使城市的规划变得更富有趣味。

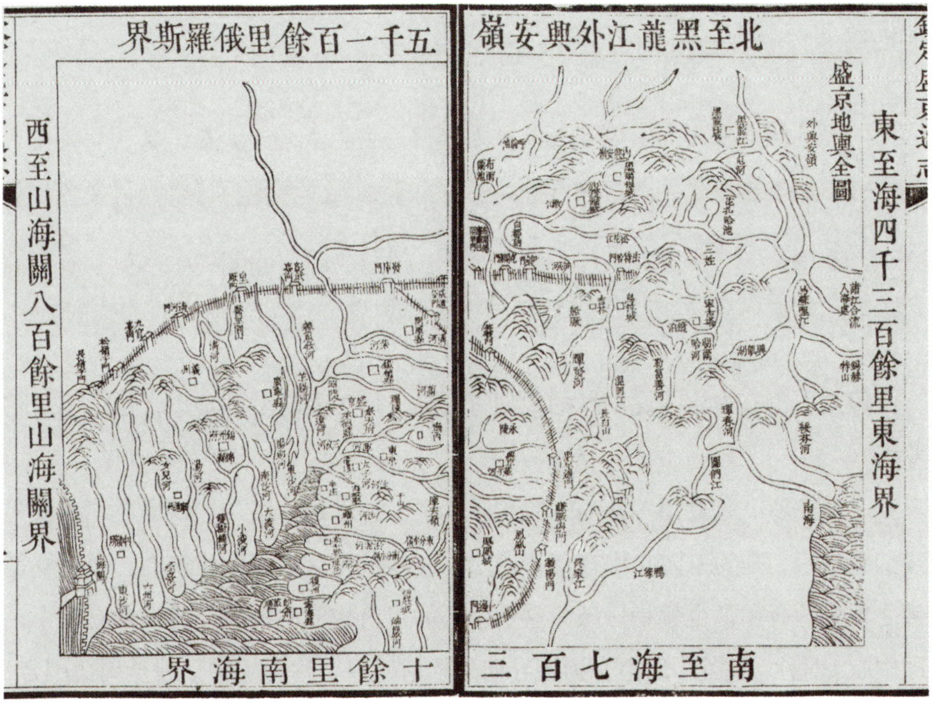

《盛京通志》载《盛京地舆全图》

边墙和砖墙构成的“外圆内方”形状组合，有人认为这种设计的用意为“郭圆象天、城方象地”，把中国古代“天圆地方”的传统观念运用到城市的设计中了。清末民初，又有人认为这是一座“八卦城”，是将城垣建筑的有关数字与中国古代的阴阳八卦等体系联系到了一起，认为沈阳城符合了“太极生两仪，两仪生四象，四象生八卦”的说法。其中太极指中心庙，它位于沈阳城的正中心，四方平衡，是为太极。两仪指中心庙东北的钟楼和西北的鼓楼，旧址分别在城内中街与朝阳街、正阳街的交口处。二楼分立中心庙两侧，是为两仪。四象指沈阳城外的东西南北四塔，分立城的东西南北四面，与城内中心庙等距。四塔均为藏式佛塔，分别建有寺庙。四塔镇守沈阳城的四方，是为四象。八卦指沈阳城的八座城门，沈阳是四方城，四面城墙各有两座城门，八门正是城内两横两纵的井字街的八个出口。八门分布均匀，恰似易经中八卦的布局，是为八卦。

光绪四年（1878），沈阳文人缪东霖在所著《陪京杂述》中附和这种说法，他说：

> 沈城建造之初具有深意。说之者谓城内中心庙为太极，钟、鼓楼为两仪，四塔象四象，八门象八卦，郭圆象天，城方象地，值楼、敌楼各三层共三十六象天罡，内池七十二象地煞，敌楼角楼共十二象四季，城门瓮城各三象二十四气。

但是，也有人认为沈阳城的规划符合藏传佛教曼陀罗的理念，是一座曼陀罗城。

“曼陀罗”是梵语 Mandala 的音译，本来意思是“坛”“坛场”“坛城”或“中围”，是为了防止佛在修行密法的时候被魔众入侵而建筑的。曼陀罗是佛之集会的所在，也就是坛城。这个中心的建筑构成，最主要的元素有三个，即中心、对称与围合。以中心为主导向外辐射，以对称为主轴扩展至周边围合，以围合为约束向中心凝聚， 由此构成一种带有宇宙映像的有始有终，又难寻始终、内聚外屏的神圣场所。

在古印度，曼陀罗是指国家的领土与奉神的祭坛。而这种图形和建筑，在藏传佛教中应用得更广泛。据说，松赞干布主持修建大昭寺时，第一次使用了曼陀罗艺术。在今天的拉萨八廓街，以大昭寺为中心，四面由八廓东街、八廓西街、八廓南街和八廓北街组成多边形街道环，一圈圈向四面八方铺展开去，让人自然而然地就会想到“曼陀罗”。

按照这种说法，在“曼陀罗”构思下的沈阳城格局分为宫城、皇城、罗城三道城垣，内有两方，外有一圆。沈阳皇城内的井字街道如同轮毂，从皇城至罗城圆廓间呈放射状的八条路，恰为轮辐，环形的罗城圆廓形成轮辋，从而构成典型的“曼陀罗”图案轮廓。因而有人说，沈阳城是中国乃至世界上最大最完美的曼陀罗构图。甚至极而言之，一座城市以“曼陀罗”构图并最终形成格局的，世间只有沈阳城。

在清代盛京城内，藏传佛教很活跃，在城市规划和建设中接受藏传佛教的理念，也未必不可能。但这些说法也没有什么实际的根据，只是后人的一种猜测或解读。

郭大顺等人都赞同“曼陀罗”的说法。郭大顺认为：来自西藏的高僧喇嘛可能是清初沈阳城的设计者。《敕建护国法轮寺碑记》记载，作为沈阳城组成部分的四塔寺，是由来自西藏的悉不通朝吉儿和毕力免朗苏等高僧选址和设计的。悉不通朝吉儿和毕力免朗苏既是在喇嘛教中很有地位的高僧，也是学问深厚的学者，还善于主持佛寺的建筑设计，这两位高僧是实胜寺的主要设计者。他们按喇嘛教曼陀罗的形制规划清初沈阳城是完全可能的，且他们有多次与皇太极会面的机会，笃信喇嘛教的皇太极自然有可能勅令这些高僧进行扩建都城的规划设计或接受他们的建议。清初奉行喇嘛教，在都城建筑中还有多方面的表现,如皇宫的许多建筑在结构和装饰题材等多个方面都采用了喇嘛教的做法。特别是大政殿和崇德殿等主要建筑，都在门面和殿内设方柱，柱头都使用了喇嘛教花纹装饰，由此也可见喇嘛教思想意识在清初统治阶层中影响之深。郭大顺指出：“城市或都城做成内城与外城的不只一例，但做成较为对称规则的内

沈阳中心庙

方外圆形罕见，城外置塔也较为普遍，但在内方外圆城之外的四方均衡分布四塔寺者尚未见他例。这种平面布局只见于藏传佛教中的曼陀罗，与之相近的也只见于藏传寺庙，四塔又都为典型的喇嘛塔，加之清初在皇太极时奉行喇嘛教达到一个高峰时期，皇宫也多见喇嘛教式结构和装饰。所以，清初沈阳城的规划受到藏传佛教影响并依喇嘛教曼陀罗的形制布局是可信的。”①

在沈阳故宫的东北角，有一座很袖珍的小庙，叫“中心庙”，占地不过半亩，内中只有一间庙堂，供奉的是武圣人关羽。在沈阳数十座庙宇中，中心庙最小。这座中心庙可以说是沈阳之“眼”，是明清沈阳古城中心的标志。有的

① 郭大顺:《中国古代都城规划史最后一例: 清初沈阳城》,《文化学刊》2010年第6期。

说它是沈阳城四象八卦中心的“太极”，也有的说是太极图中的“两仪”之一，即“阴阳鱼”的一只眼。沈阳有一句老话说：“不逛中心庙，沈城没走到。”

中心庙兴建于明洪武二十一年（1388）。后金营建沈阳故宫时，出于对关羽的敬重，没有拆掉该庙，反倒传下圣旨，对庙里供的关公、土地、山神、城隍、财神“各敬三尺”，特意在大政殿的红墙外为中心庙留下了一丈五尺的空地。

清代以来，沈阳城流传着很多关于这座庙的传说。但流传最广的，是有关中心庙中关公等神灵的传说。而且由于中心庙是距离故宫最近的一座建筑，有许多传说还与清朝的皇帝们有关。据说，这座庙就是老罕王在刚刚起兵不久，于都城修建的。后来因为他攻无不克，战无不胜，取得节节胜利，认为是关公的在天之灵保佑，所以迁都到哪儿就把关帝庙建到哪儿。后金迁都沈阳城后，选了城里最中心的位置，把“关老爷”的塑像恭恭敬敬地供在庙里，并请人写了“忠义千秋”四字金匾挂在庙内，人们也把这座庙叫座“忠义千秋庙”。后来老罕王认为庙前面也应该有一块写有庙名的匾，就找人来写。因为挂匾的地方太小，写不下“忠义千秋庙”五个字，就简单地写成“忠庙”二字匾。由于过去的庙名匾是竖着写，有的人把“忠”字念成了“中心”两个字，却正好应了它所处的位置，后来人们也就管这座关帝庙叫“中心庙”了。

清代沈阳城里尊崇关公的风俗相当盛行。据民国初年的《沈阳县志》记载，当时沈阳城方圆 50 里内有关帝庙 43 座，比其他类型的庙宇都多，其中绝大部分是清朝建立的。顺治九年（1652），皇帝还特意封关羽为“忠义神武关圣大帝”，雍正三年（1725），皇帝又加封关羽的父亲为成忠公、祖父为裕昌公、曾祖父为光昭公。

四、陪都宫殿的管理与维护

盛京故宫是陪都城中最重要的标志性建筑。清迁都北京后，沈阳故宫是以“开国圣迹”“陪都宫殿”“盛京行宫”等名义存在的“皇家禁地”。而康熙、乾隆、嘉庆、道光四朝皇帝十次东巡盛京拜谒祖陵，都曾入沈阳故宫驻跸。清帝东巡，主要为谒陵祭祖，实际上也是巡视东北边疆和满族发祥的“根本之地”，布置地方各项事务，政治目的十分明显。处于这种重要地位的沈阳故宫，实际上是作为皇权的象征，标志着东北地区对于清朝的特殊地位。

盛京成为陪都后，皇宫就由盛京总管内务府来负责管理。盛京总管内务府是专为皇室服务的机构，隶属北京总管内务府，“掌清代盛京三旗包衣与宫禁诸事”，负责管理皇室在盛京的财产并供应各种差役，其主要职责是掌管盛京三旗包衣与宫禁等有关事务，盛京地区的宫殿、庄园、产业等由盛京内务府管理。盛京内务府治事之所位于大清门东南，在盛京将军直接兼管下，对盛京宫殿进行管理。顺治三年（1646），始设镶黄、正黄包衣佐领各一队。顺治七年（1650），多尔衮死后，原属多尔衮的正白旗被收归皇帝属下。因此，顺治八年（1651），又增设正白旗包衣佐领一员，至此，内务府三旗包衣组织在盛京成立，其职能与北京总管内务府是一致的。有关宫殿的诸项事务一般均由盛京内务府掌关防三大佐领承办。据《大清会典事例》载：“盛京内务府，顺治初年定，盛京包衣三旗设佐领三人，奏简一人掌关防。”《清圣祖实录》中也出现康熙朝“盛京内府佐领”的记载。

盛京内务府设立后，其组织一直没有大的变化，直到乾隆十三年（1748），才仿照北京总管内务府对其机构进行了改组。乾隆十七年（1752）一月，设盛京内务府大臣。“庚辰，设盛京总管内务府大臣。谕曰：盛京包衣三旗佐领等官，皆系职分相等之员，并无统领办事之人，难保无互相推诿及掣肘遗误之处。盛京地方，最为紧要，应行设一总管内务府大臣专辖，将永著为令。现应增设之缺，著将军阿兰泰兼管。”同年二月，又铸盛京内务府大臣印信。迄光绪末年，盛京总管内务府大臣均由盛京将军兼任，进一步加强了对盛京宫殿的有效管理。

宫殿的守卫制度也很严密。康熙十一年（1672）时，“宫殿各门额设甲丁678名轮班看守”。乾隆八年（1743）以前盛京宫殿内共设九处堆拨，三旗看守宫殿披甲共690名，自乾隆十二年（1747），于盛京宫殿内外共设十二处堆拨守卫，每处设披甲 9 名，连领催在内共 10 人，每班为 120 名披甲，六班共需 720 名披甲。

1907 年，清政府在东北建立行省，改盛京将军为东三省总督，派徐世昌任东三省总督，管辖奉天、吉林、黑龙江三省将军事务。各省直设巡抚，唐绍仪为奉天省巡抚。1908 年，盛京内务府改为盛京内务府办事处，裁撤总管大臣之职，成立了奉天旗务司，后改为处，徐世昌推选金梁任奉天旗务处总办。

沈阳故宫自天命十年（1625）开始营建，此后不久便开始了修缮活动。中国古代建筑多为木构架结构体系，其用料容易糟朽、腐烂。尤其是屋面，由于当时没有很好的防水材料，一般每隔十年或二十年便需要进行维护。根据现存档案材料来看，第一次对盛京皇宫进行维修保护是在崇德五年（1640）四月。其时对笃恭殿（大政殿）进行了维修，并在台上五宫建筑区的东南角立了祭祀用的神杆。清迁都北京后，盛京皇宫成为陪都宫殿，虽设官驻守，但毕竟长期闲置，加上清初社会动荡，财政短绌，所以原来瑰丽堂皇的宫殿因年久失修而出现多处倾圮和损坏。顺治时期就对盛京宫殿建筑进行了修缮。顺治皇帝对修缮沈阳故宫曾发布谕旨，据清朝内务府转盛京工部修缮陪都皇宫的呈文说：“顺治十七年（1660）六月来文即著修建清宁宫、凤凰楼、龙楼、崇政殿。奉旨，大政殿著尔部（盛京工部）修建；清宁宫、凤凰楼、两边配宫、崇政殿、大清门著内务府出力修建。”康熙年初年的满文档案《掌关防佐领辛达里等为奏准清宁宫凤凰楼大清门崇政殿牌楼鼓楼等处之油漆木雕由盛京工部修缮事的咨文》称，“康熙三年（1664）三月二十七日，准总管内务府衙门咨开，据内工部呈称，准工部来文内开，本部具奏：为修补清宁宫、楼、殿事。准盛京工部咨开，顺治十七年（1660）六月来文内开，饬令修缮清宁宫、凤凰楼、龙楼、崇政殿”。

从康熙开始，皇帝东巡都曾入盛京故宫驻跸并举行相关典礼，这也使宫殿的保护和修缮得以加强。康熙帝首次东巡后，即加强了对盛京宫殿的管理和修缮。原来盛京宫殿的岁时维修并无定制，康熙十一年（1672）也就是康熙帝首次东巡后的第二年，规定“自后宫殿有应修之处，内务府会同工部诹吉具奏修理。又定议，凡采画油饰需用颜料桐油罘罳铜丝等于工部移取，部委官监视。宫殿各门额设甲丁六百七十八名轮班看守”，对完好保护盛京皇宫的原貌起到了重要作用。

以康熙皇帝第一次东巡为契机，盛京陪都宫殿进行了两次较大规模的修缮。第一次是在康熙首次东巡后开始的对陪都宫殿的维修，时间大致是从康熙十一年至二十五年（1672—1686）。第二次较大规模的修缮活动是从康熙五十六年（1717）起一直延续到雍正三年（1725）。这次维修涉及的建筑比较多，包括了修翊门内东边五间楼、西边九间楼，大清门内东边七间楼，西南角二间房，还有清宁宫、凤凰楼、崇政殿、大清门、两配宫、大清门内西翊门北三间粉子房、三间果品房、宫殿西北两间值房。康熙时期对盛京宫殿的这两次大规模的修缮，始终都遵循两个原则：一是节俭，对于拆卸下来的旧木料旧砖瓦都要求“谨慎砍磨后再砌”，而且要“尽量用完”；另一个就是“恪遵祖制”“照旧仓、楼规模式样建造”，并没有扩建活动，力求保存先皇旧宫原貌，所以原建筑的规模、格局、规制都没有什么改变。

在这两次大规模修缮活动之间，还有着零星的修缮活动，但大多局限于附属建筑。

乾隆皇帝在第一次东巡之时“躬亲相度”准备大兴土木，对盛京宫殿进行大规模的修缮、改建、扩建工程。于是，盛京陪都宫殿迎来了自建成以来第一次的大规模“续建”。从乾隆十年（1745）开始，至乾隆十三年（1748），维修项目主要集中在中路建筑。大清门南奏乐亭和朝房区亦旧貌换新颜：东西朝房各五楹，朝房后有五楹二层配楼各一，正对大清门南建琉璃五龙影壁一座，与东西牌坊和大清门共同构成整齐、庄严的宫门前庭格局。崇政殿内增设堂陛，堂陛内地坪上置有金漆屏风、宝座以及熏炉、角端、仙鹤烛台等殿上陈设，以备皇帝东巡盛京御殿使用。同时将殿中“糟朽、弯曲木料俱各更换，彩画见新，以壮观瞻”，形成了崇政殿前的新面貌。台上宫区周围女墙加高二尺，东西配宫后窗撤去实以墙壁，为办理祭祀人员出入方便，于院内西北开一角门。此外，又复建了碾坊和磨坊，并抬高了基础。在这次工程中，许多建筑得到了一次全面而又彻底的维修，使盛京陪都宫殿的布局更加紧凑、合理，规模气势在明显增加、改观，旧宫焕然一新。

在实施此项工程期间，还对原盛京宫殿某些“欠缺”之处一并作了增饰。比较重要的是皇太极时期各宫殿虽然已正式命名，但除文德坊、武功坊外，至此次增建前似乎并未悬挂题写宫殿名称的匾额。在为各新建并命名的宫殿楼阁制作门额之前（或同时），也为清入关前各宫殿补制门额。据乾隆十一年（1746）八月奉天将军等部衙门知照盛京内务府档案内称，当时已奉旨承造大清门、崇政殿、凤凰楼、清宁宫所用九龙斗匾各一面，关雎宫、麟趾宫、衍庆宫、永福宫、左翊门、右翊门、飞龙阁、翔凤阁所用金线斗匾各一面。其中悬挂九龙斗匾的，都是皇帝后妃使用或存放重要宫廷文物的建筑，此后新建成的宫殿也是如此。如敬典阁、崇谟阁、迪光殿、保极宫、继思斋、颐和殿、介祉宫挂九龙斗匾，余者如日华楼、霞绮楼、师善斋、协中斋等则用金线斗匾。这样，新宫殿建成后，盛京故宫各主要建筑均悬挂有乾隆御笔题写的满、汉文合璧名称门额，显得更加正规，也增加了皇家宫殿的庄重气氛。

乾隆三十年（1765）二月二十四日，盛京地区发生了大地震，使盛京皇宫建筑受到了不同程度的损坏。当时的盛京工部对受损建筑进行了详细的勘察，在乾隆皇帝的直接过问下，这些受损建筑及时得到了修复。乾隆皇帝在位期间共有四次东巡，工部在每次东巡时都会拨出大批银两对盛京宫殿进行整饬维修。乾隆时期对盛京宫殿的兴修、保护，基本上也遵循两个原则：一是解决东巡时期的驻跸问题和举行各种典礼活动的需要，如增建东西所便是解决驻跸问题，而文溯阁等西路建筑群则是为了贮存《四库全书》；另一个原则是在修缮过程中，“惟期朴弗期宽”“规制俭朴一遵家法”。但在实际修缮过程中，在不违背大原则的前提下，尽可能地按照传统的建筑理念来美化、抬高盛京宫殿的建筑等级与建筑规格。比如在崇政殿内增设堂陛、宝座，在崇政殿前增设日晷、嘉量等。

嘉庆九年（1804），为迎接嘉庆皇帝的东巡，盛京宫殿又进行了一次大规模的修缮，这次修缮几乎涉及盛京宫殿的所有建筑。此后，盛京宫殿再无类似的大规模修缮。但由于沈阳故宫的平面布局、建筑风格在乾隆时期已经基本定型，因而嘉庆九年（1804）的这次维修，虽然涉及的建筑数量很多，但都属于养护性质，没有任何改建与增建。这次大规模整修，对盛京陪都宫殿的延续传承以及在真实性与完整性的保护方面起到了很大作用。

自咸丰年以后，皇帝再无东巡之举。由于资金匮乏，盛京陪都宫殿残损、凋敝现象严重，仅有零星的个别建筑如大政殿得到了维修保护，其他许多建筑都没有实质性的维护，但管理还算严密，宫殿建筑得以完整保存。1900年，沙俄军队开进沈阳城，奉天宫殿成为他们屯兵驻扎之所。沙俄军队在此驻扎长达两年五个月，不仅文物丢失、损坏万余件，对宫殿建筑也造成了很大的损坏。此后的日俄战争期间，沙俄军队又一次闯入故宫，对宫殿建筑造成了进一步的损坏。

民国初期，奉天宫殿作为“皇室产业”，仍归“逊清小朝廷”管理，置于“盛京内务府办事处”掌管之下，办事处下面的营造司负责宫殿建筑的维护。但除中路大清门至清宁宫一路建筑外，其他建筑则被一些机构占用。这些被使用的建筑和院落，都遭到了不同程度的损坏，有的还被改建。

五、山川王气，盛京三陵

清前期的陵寝也是盛京建筑遗迹的组成部分。通常说的“盛京三陵”，即永陵、福陵和昭陵。

清永陵是清朝皇帝的祖陵，位于辽宁省新宾满族自治县永陵镇西北启运山南麓脚下，苏克素浒河（苏子河）北岸。启运山是长白山余脉、龙岗山系，在群山拥护之下，由东北方向蜿蜒起伏而来，集结于此，形成一条起伏千尺的巨龙，首西尾东，四爪俱全，努尔哈赤曾祖福满等人的陵墓就葬在此山端部稍左位置。龙首内侧有月牙泡，隔苏水与凤凰山相望；陵前烟囱山绵延起伏，气势磅礴。苏子河源于纳绿窝集之西（新宾红升乡分水岭西麓），汇集百溪，滔滔流来，至陵东南四里处甲库河、索尔科河、里加河等水系汇入，流至陵前东侧

辽宁新宾永陵全景图

二里处又有草仓河汇入，经陵前西去，汇入浑河。

永陵内葬有努尔哈赤的六世祖猛哥帖木儿（追封肇祖原皇帝）及其嫡福晋（追封肇祖原皇后），曾祖福满（追封兴祖直皇帝）及其嫡福晋（追封兴祖直皇后），祖父觉昌安（追封景祖翼皇帝）及其嫡福晋（追封景祖翼皇后），父亲塔克世（追封显祖宣皇帝）、母亲喜塔拉氏（追封显祖宣皇后）以及伯父礼敦、五叔塔察篇古等人的墓地陵园。

关于永陵的选址，有一个民间传说：当年努尔哈赤的祖父背着祖先福满的尸骨从长白山走下来，走到永陵的时候见天色已经很晚，便准备住店。可当时的人都很迷信，说什么也不让他住店，正当无奈之时，他突然发现山脚下长出了一棵粗大的榆树，而且在离地三尺处有一个树杈。他非常高兴，便把祖先的尸骨取下来夹到了树杈上。夜间天气骤然变化，狂风暴雨，电闪雷鸣。第二天雨过天晴，早上准备赶路的时候，来到树前却发现尸骨竟然长在树上取不下来了，他非常着急，就使劲掰，结果顺着树杈就流血了。他很害怕，便从当地找来风水先生，风水先生来到树前一看，就告诉他："这是一块风水宝地，后面的山是一条龙脉，对面一座照山叫烟囱山，还有一条苏子河环绕，你无意间将尸骨一放即压在了龙脉正中，你后人将有天下可坐。"

乾隆十九年（1754），乾隆帝第二次东巡祭祀永陵时，封宝城内这株古榆为"神树"。乾隆还作《神树赋》，文曰：

> 爰生神树，非柏非松。根从天上分来，想银河之历历；种岂人间所有，郁佳气之葱葱。……是诚兆大清之笃祜，庇万叶而多余者也。

乾隆帝赋予这个传说更多的神话色彩，通过渲染神树的不平凡来暗示清王朝的诞生是承天应命、天命所归。

不过，据考，早在明正统五年（1440）福满的祖父董山与其叔父凡察就已

辽宁新宾清永陵

迁到此地——烟囱山下居住，福满就生在此地、死在此地，无须任何人背尸骨。

永陵始建于明万历二十六年（1598），是努尔哈赤的家族墓地。天命九年（1624），努尔哈赤于辽阳建东京城之后，于城北羊鲁山建造陵寝（后称东京陵）。遣索长阿孙旺善、铎弼及礼敦子贝和齐至尼雅满山岗祖陵将景祖、显祖、孝慈高皇后，弟舒尔哈齐、长子褚英等诸陵迁东京陵安葬。剩余的陵墓则称为"老陵"。当时无陵寝建筑更无陵名，仅以"赫图阿拉祖陵"称呼。天聪八年（1634）皇太极尊赫图阿拉为"兴京"，赫图阿拉祖陵则称兴京陵。崇德元年（1636），皇太极改大金为大清，并称帝。按古制追尊四祖为四王，即猛特木为泽王、福满为庆王、觉昌安为昌王、塔克世为福王，为四王设太庙祭祀。同时在老陵兴祖墓后设肇祖衣冠冢，专称肇、兴二祖，为"二祖陵"。

顺治五年（1648），福临追封四王：猛特木为肇祖原皇帝、福满为兴祖直皇帝、觉昌安为景祖翼皇帝、塔克世为显祖宣皇帝。同时追封四王的嫡福晋分别为肇祖原皇后、兴祖直皇后、景祖翼皇后、显祖宣皇后。顺治八年（1651），封乔山尼雅满山岗为"启运山"，设官兵守护陵寝。顺治十年（1653），始建享殿、配殿、方城门墙。顺治十二年（1655）立肇、兴二祖神功圣德碑，建碑亭。顺治十五年（1658）因东京陵风水不如兴京陵好，遂将景、显二祖陵及礼敦、塔察二墓迁回兴京陵肇、兴二祖墓前。顺治十六年（1659）更兴京陵名为永陵，意在江山永固、帝业长久。顺治十八年（1661年）命名享殿为"启运殿"，方城门为"启运门"。立景、显二祖神功圣德碑建碑亭。

康熙元年（1662）奉安四祖满、汉文神牌于启运殿。康熙九年（1670），于永陵西堡设永陵总管衙门，专司陵寝安全防卫。康熙十一年（1672），于永陵后堡设永陵掌关防衙门，专司永陵祭祀及陵内一切事。康熙十六年（1677），永陵改用黄琉璃瓦件。雍正八年（1730），建齐班房、祝版房。乾隆元年（1736），建茶膳、涤器房。乾隆十二年（1747），启运殿内设楠木香几、珐琅祭器。乾隆四十三年（1778），陵外设栅木1344架、红桩36根、白桩64根、青桩36根。乾隆四十七年（1782），建夏园行宫。乾隆四十八年（1783），永陵前设满、蒙、汉、回、藏五体文字下马石碑。

永陵的主要特点是“坐北朝南、神道贯穿、居中当阳，中轴不偏”。永陵选择在启运山南麓背风朝阳、窝风藏气的龙脉正穴之前营造宝鼎正殿，并由正穴向南修筑一条长约 1 公里的笔直通道。这条通道称“神路”，是陵寝的中轴线，也是陵寝的坐向线。享殿启运殿就建在中轴线北端，有“居中当阳”之意。启运门、正红门都在轴线上坐北朝南依次排开，既有层层拱护正殿的作用，又有突出中心、强化皇权的寓意。陵寝的东配殿与西配殿、果房与膳房、肇祖碑亭与兴祖碑亭、齐班房祝版房与茶膳房涤器房、东下马碑与西下马碑皆以中轴线为中心左、右对称排列，均衡布局，主次分明，彼此呼应，给人以平衡、稳定、庄重、圆满之感。

永陵最基本的陵寝形制是“前朝后寝”，及由前至后纵向排列二方一园的三进院落。所谓二方一园的三进院落是指，第一进院落前院是方形，第二进院

辽宁新宾永陵启运殿

落方城亦方形，第三进院落宝城是圆形。启运殿后的宝城宝鼎是奉安帝、后尸骨的地宫寝殿，称“后寝”。

清朝主张以仁孝治天下而首重山陵，并将皇陵祭典列为国家最重要的典礼之一。按照清朝典制，清永陵每年要举行大祭四次，小祭二十四次。大祭在清明、七月十五、冬至、岁暮举行。每月初一、十五均举行小祭。此外，逢国家重大庆典，清帝东巡谒陵也要举行祭祖大典。每次大祭的主祭官要由皇帝钦派，一般由宗室王公大臣或盛京将军担任。每月的小祭活动主要由永陵总管、永陵掌关防官主持。大祭日五更之时，抬桌官员将祭台抬入启运殿，由执事人将祭品摆放在供案上准备祭典。

永陵祭祀除正常按制祭祀外，尚有清帝东巡谒陵祭祖之举动。有清一代，先后有康熙、乾隆、嘉庆、道光四帝共九次亲临永陵祭祖，其中康熙两次、乾隆四次、嘉庆两次、道光一次，除此尚有雍亲王等代祭两次。

康熙时，除了对盛京城进行扩建和改造，还对安葬努尔哈赤的福陵和安葬皇太极的昭陵进行了大规模的扩建。

古代帝王最重陵寝，每位皇帝即位之后，就开始选定“万古吉地”，建造陵寝。每朝每代，建造皇帝陵寝都是皇家大事。

清福陵是清太祖努尔哈赤的陵墓，因地处沈阳东郊，故又称东陵。努尔哈赤去世时，他的遗体暂时被“厝葬”在沈阳城内西北角。天聪二年（1628），皇太极派风水师为太祖选择陵寝之地，选定在盛京城东二十里的石嘴头山，这里“川萦山拱，佳期郁葱”，是一块风水宝地。第二年清明节建成后，将努尔哈赤和他的后妃叶赫那拉氏、乌拉那拉氏等人迁葬此处。天聪三年（1629），将皇太极生母叶赫那拉氏从东京尼雅满山迁葬这里。《大清太宗文皇帝实录》天聪三年（1629）二月己亥条记载：迁暂安于沈阳城西北隅的努尔哈赤“梓宫”，与辽阳东京陵的孝慈高皇后“梓宫”，奉安沈阳太祖陵。

福陵初建时，称作“先汗陵”或“太祖陵”，崇德元年（1636）定名为“福陵”，更山名为“天柱山”，寓意古代神话中的擎天之柱。整座陵墓到顺治八年（1651）基本建成。到康熙时期，对福陵进行了大规模的改造与扩建，大体

沈阳清福陵隆恩门

确定了福陵的格局和规模。

福陵整座陵墓背倚天柱山，前临浑河，自南而北地势渐高。《盛京通志》说：“福陵，近则浑河其前，辉山、兴隆岭峙其后，远则发源长白，俯临沧海，王气所钟也。”

福陵最著名的建筑是“一百零八蹬”。“欲知福陵绝佳处，石阶送尔上天登。”福陵主体建筑全部在天柱山山顶，而正红门、石象生等建于前面平地，两者之间有一个约 30° 的斜坡相连。一百零八蹬便建于斜坡之上。全长约 40 米，宽 7 米。地面原用青砖砌成，后改用条石，两侧砖砌楼口扶手墙，高 1 米，墙顶盖黄琉璃瓦。一百零八蹬两侧分别有一座一孔砖券神桥，是架在神道上的排水桥涵。

为什么要修一百零八级石阶呢？据说，“一百零八蹬”寓意为三十六天罡星和七十二地煞星。《水浒传》中梁山好汉一百零八将就是这些星宿“下凡”。

“一百零八蹬”寓意将天罡地煞星都踩在脚下，以保福陵平安无事。还有一种说法是寓意帝王为天上最大的星宿，一百零八天罡地煞星只能伏在脚下。

福陵大碑楼为九脊重檐歇山式建筑，亭内树立“大清神功圣德碑”。碑石来自北京附近的房山，由数块石料组成，其中仅碑身就重达 5 万公斤。这座石碑有个奇特现象，每当阴雨天气，石碑背面便出现一位如同“观音”的影像。老沈阳人称其为“美女石”。道光九年（1829），内阁侍读学士何汝霖随皇帝东巡。在北京时，何汝霖就对盛京福陵的“神碑幻影”奇观早有耳闻。于是，他便特意独自一人来到福陵，观看神功圣德碑的奇异现象，以辨传言真伪。何汝霖观看之后大吃一惊，事后著文描绘了他的亲眼所见。他认为，石碑上的人形当为“观音大士”，其形象十分逼真，“衣摺皆俱”，可谓天地“造化之奇”。此后，“神碑幻影”作为盛京景物被加以渲染，为清代的留都十景之一。《陪都纪略》有一首诗赞誉此景说：

古石成形瑞气全，胜似丹青巧手镌。
两陵背后生神像，可入陪都志略篇。

当人们前往福陵览胜时，远在数里之外，映入眼帘的便是那高耸入云、莽莽苍苍的墨绿色的古松林，而金碧辉煌的楼台殿阁，只是影影绰绰地显现在云天和树端之间，这真是一幅神奇而美妙的图画。当人们至此，置身在遮天蔽日郁郁葱葱的林海之中，面对千姿百态、高大挺拔的古树，聆听那龙吟虎啸般的阵阵松涛，便会感到庄严、肃穆。福陵的山、水、古松、城垣、寝殿等自然风光和人文景观，自清初以来，就一直是盛京一道独特美丽的风景线。人们把“天柱排青”列入“留都十六景”“盛京十景”和各时期的“盛京八景”之中。清人高士奇曾有诗云：

回瞻苍霭合，俯瞰曲流通。
地是排云上，天因列柱崇。

说的正是盛京八景之一“天柱排青”。

昭陵是皇太极的陵墓，因位于盛京北部，所以大家习惯称之为“北陵”。昭陵顺治元年（1644）8月9日定名，至顺治八年（1651）初步建成。和福陵一样，昭陵也在康熙时期做了大规模增建和改建。

在现今沈阳城区的北部，有一条自西向东的黄土岗，从西边的塔湾开始，一直蔓延到东陵以东，与辽东丘陵地带接上了头。据说，这道黄土岗是沈阳的“龙脉”，安葬着努尔哈赤的福陵、安葬着皇太极的昭陵都在这条山岗之上。

沈阳清福陵，努尔哈赤的陵墓

清宫廷画家绘《福陵图》，中国第一历史档案馆藏

沈阳清昭陵，皇太极的陵墓

其实，在那个时候，北陵、东陵离沈阳的城区还相当远，中间隔着大面积的耕地或荒原。人们要在这么远的地方建皇陵，就是看中了这道黄土岗的“王气”。所谓山川王气盛，紫气东来。

因为当初北陵选址在一块平地上，不符合“前有沼，后有靠”的建陵风水，所以就把陵寝南侧低洼地势加以疏浚成人工河道，再将挖出的土运至陵寝北侧堆积成山。建这座小山的工程浩大，费时 8 年多，山高六丈一尺，山体长一百一十五丈，东西走向，如同东陵的天柱山，顺治皇帝封此山为“隆业山”。“隆”字，据《礼记·檀弓上》：“道隆则从而隆，道污则从而污。”“隆业”寓意大清王业兴隆昌盛。相传山上结“九峰”，以中间之峰，其左右各有四个突起点。东西走向，其两端各向南弯曲，形如弯月，势如卧龙。此所谓“龙蟠风翥”之势。

在隆业山上又广植苍松翠柏。现在，北陵公园内仍有三百年以前种植的古松 2000 多棵，古木参天，郁郁葱葱。据说，保护这些古松是北陵公园养护人员的一项重要职责。

隆业山前，崇楼殿阁，金瓦红墙，错落有致。据说北陵有“十大美景”，它们是：隆山积雪、宝顶凝辉、山门灯火、碑楼月光、柞林烟雨、浑河潮流、草甸莺鹂、城楼燕雀、华表升仙、龙头瀑布。清前期沈阳诗人苗君稷写了三首七绝《秋日望昭陵》：

揽辔秋风听野歌，雄图开辟太宗多。
遥知王气归辽海，不战中原自倒戈。

五云西向接幽燕，八月秋光丽远天。
丰镐三登深雨露，车书万国静烽烟。

龙蟠翠嶂郁岧峣，路夹苍松白玉桥。
十二羽林严侍卫，风嘶铁马白云霄。

清宫廷画家绘《昭陵图》，中国第一历史档案馆藏

第十章　陪都盛事，清帝东巡

一、康熙三次东巡

盛京作为清朝的开国都城，既为“龙兴之地”，又是祖宗陵寝“盛京三陵”之所在。清迁都北京后，盛京成为陪都，原盛京皇宫也就成了陪都宫殿。康熙十年（1671），康熙皇帝开创清帝东巡祭祖之制。此后150年间，康熙、乾隆、嘉庆、道光四帝共10次东巡盛京。

在谒陵祭祖的同时，清代诸帝对祖宗发祥重地盛京旧宫给予了特殊的关注。东巡期间，清代诸帝驻跸于盛京宫殿，在此举行了升殿、筵宴、祀神、阅射、行赏等一系列活动，成为陪都宫殿历史上无以复加的盛事。

天子出巡是中国古代社会的一项重大政治活动。在中国历史上，通过巡游来视察国家是一种由来已久的统治策略。有关最高统治者的巡游，甚至可以追溯到秦国统一中国之前，那时这些巡游似乎多少已经发展为军事行动和狩猎远征的一个部分。相传尧命舜摄行天子之政，舜即开始巡视东西南北四方，确立“五岁一巡狩”的制度。秦始皇更是在统一六国后，先后五次巡视各地。以后历代，如汉武帝、隋炀帝等都有大规模的巡狩和出游活动，而真正把这种巡游发展到极致的当属康熙和乾隆两位皇帝。

东北作为清王朝的发祥地，清帝的东巡除了战略上的考虑外，还有敬天法祖、慎终追远，发扬祖先前辈打天下之奋斗传统的意义。所以在沈阳故宫历代东巡皇帝留下的匾额诗文中，反复强调的都是这个意思。

顺治皇帝亲政以后，就想回盛京东巡，并拜谒祖陵。顺治十一年（1654）

曾降谕旨，想要年初成行。但因亲王硕塞等上书“畿内水灾，南征大军尚未师还”，将行期又推迟至四月，拟于十一日起驾。时又有郑亲王济尔哈朗出面挡驾，所以再延至七月。但到了六月正式启动时，给事中朱徽等又上书劝阻。福临盛怒，降旨斥之曰：“恭谒祖陵，屡旨已定。朱徽等明知渎奏，借此沽名，甚属可恶。本当议罪，念系言官姑从宽宥。”因不能亲自东巡谒祭祖陵，顺治十一年（1654）的九月，顺治帝特遣辅国公班布尔善等恭代祭陵。

不过，那时政局尚未稳定，顺治皇帝迫于“盗贼未靖，师旅繁兴”，只好“今岁停止东行，俟他年有暇再行展谒”。一直到顺治十八年（1661）他盛年早逝，其东巡的愿望也未能实现。

清帝东巡之举为康熙皇帝首开先河。康熙皇帝曾于康熙十年（1671）、二十一年（1682）、三十七年（1698）三次东巡盛京。

康熙十年（1671）正月，康熙皇帝提出东巡谒陵之议。此时他刚满 18 岁，一心想要实现乃父东巡祭祖遗志。

康熙十年（1671）九月，康熙以“寰宇一统，用告成功”的名义，赴盛京亲祭太祖、太宗山陵，与扈从王公贝勒及文武大臣，经直隶（今河北）的三河、蓟州、玉田、丰润、卢龙、抚宁，出山海关，再经兴城、北镇等处抵盛京。行程 1500 余里，用时 16 天。自九月十九日至二十四日在盛京驻跸 4 日，在诣福陵、昭陵行告祭礼后，“入盛京城，御清宁宫、大清门，设仪仗，奏乐”，并于盛京宫殿宴赏文武百官、耆老等。康熙帝在谒祭祖陵后，还“遣官祭诸王暨功臣墓”。

此后，又“周览盛京畿内形胜”，由盛京北上，经铁岭、开原叶赫正北堡、牙克萨、古城、穆当阿烟台、拿尔浑、达溪达尔巴，于十月十一日再返回盛京。十三日，以车驾还京诣福、昭二陵行辞别礼成，再次御盛京宫殿大清门，“命扈从官及盛京将军以下文武官较射”。十四日起驾回京，至十一月初三日抵京师，历时两月整。

自此，康熙皇帝实现了东巡祭祖的夙愿，并为后世创立了先制。

第二次，康熙二十一年（1682），康熙以平定“三藩”祭告祖先的名义第

清宫廷画家绘《康熙皇帝朝服像》

二次东巡。此次巡行的路线，据《康熙起居注》载，自二十五日从京师起銮，途经河北的三河、玉田、丰润、滦州、卢龙、抚宁，出山海关。入宁远（今兴城市）、锦县（今凌海市）、大凌河、广宁（今北镇市）、白旗堡（今新民市），三月初四抵盛京。当日，诣福、昭二陵祭奠，初九从盛京出发祭永陵。经抚顺，至萨尔浒观古战场。永陵祭拜后，康熙皇帝以“敬想祖宗开疆非易，至此甚难，故欲躬率诸王贝勒大臣蒙古等周行边境，亲加抚绥，兼以畋猎讲武”为由，奏明太皇太后，于十二日从兴京西北山道奔吉林。十九日回到盛京。二十日起驾，按原路返回，五月初四返回京师。历时 80 天。

在这次东巡中，康熙还遣大臣数人分别至萨哈廉、岳托、扬古利、费英东、额亦都、图尔格等诸王及功臣墓致祭，被祭奠的诸王功臣达数十人。

第三次，康熙因御驾亲征准噶尔成功，西北平定，于康熙三十七年（1698）东巡。七月二十九日，康熙亲奉皇太后（孝惠章皇后），并率诸皇子及王公大臣等启程，经河北密云、古北口越长城，出口外，经承德直奔蒙古牧区，召见了喀喇沁和硕端静公主与额附。之后，转东北行，经翁牛特、敖汉、奈曼旗、科尔沁旗，召见了和硕纯禧公主与额附后，再转南，经拖尔惠、乌楚滚等地。九月初十转向吉林，二十五日抵达。至九月二十九日从吉林南下，经布尔喀河、牛磨顺河、富尔哈河等地，十月十三日到达兴京，抵永陵致祭。十六日抵盛京，诣福陵、昭陵行祭礼，并亲临清开国勋臣扬古利、费英东、额亦都墓祭酒举哀。他特谕内大臣等：“开国佐运勋臣扬古利、费英东、额亦都三人效力甚可嘉尚，此三人墓，朕祭昭陵之日亲临奠酒。”十七日，康熙帝一行“诣太祖太宗所御宫殿”瞻仰。在盛京祭祀、宴赏活动 4 天，二十一日奉皇太后回銮。

康熙的第三次东巡往返历时最长，计 103 天。这次东巡开辟了新的东巡路线，即从北京出古北口，到承德，经由蒙古地区抵达盛京，沿途接受蒙古王公的朝见，赐宴赏金，并祭奠蒙古王公中的清朝开国功臣。此后乾隆帝的四次东巡，有三次是沿着这条路线往返的。

清帝东巡盛京祭祖谒陵毕，均要入盛京宫殿举行筵宴活动。康熙在每次东巡谒陵礼成后，即“以礼成，大宴颁赏。上设仪仗，奏乐入盛京城，御清宁宫、

清宫廷画家绘《康熙出巡图》

大清门，面赐盛京将军、副都统、侍郎、年老致仕都统、副都统、侍郎及永陵、福陵、昭陵总管以下现任、解任文武大小官员蟒貂裘、貂袍、狐腋袍、缎匹、镀金玲珑鞍辔、镶宝石玲珑撒袋、全副弓箭、镀金玲珑刀等物有差。宴毕，上召将军、都统、副都统、侍郎、总管等官至御前，亲以金瓯赐酒，其余官员命内大臣遍赐之。以召八十以上耆老至御前赐饮”。

康熙三次东巡均未在盛京宫殿的先帝后宫内下榻。康熙皇帝认为：清宁宫乃先帝太宗皇太极的寝宫，只可作为“胜迹”瞻仰，而不可作为行宫下榻。至于关雎、麟趾、衍庆、永福四宫亦为皇祖四大妃的居址，作为寝所不恭。康熙帝第一次东巡，只在“崇政殿前小厢房酌情搭炕采棚，以备皇上驻跸之用”。此房即崇政殿前东侧的三间厢房，但从当年康熙在盛京时的《康熙起居注》中可以看出，九月十九日、二十三日、十月十二日、十三日四天中，有三天是驻跸在城北教场（从后来的记载中得知，应是住在其宜妃郭洛罗氏之父、盛京内务府佐领三官保家），只有一天有可能住在盛京宫殿的“小厢房”中。

后来两次东巡时是借住在三官保家。三官保时为盛京内务府掌关防三大佐领之一，是康熙皇帝宜妃郭洛罗氏之父，宜妃生有两个皇子，深得宠爱。康熙皇帝实际是住到了“老丈人家”。据辽宁省档案馆藏档案《黑图档》记载，康熙帝第三次东巡之前，盛京内务府佐领曾专门为拟选皇帝驾临盛京后的驻跸处所呈请京城总管内务府："查康熙二十一年皇上幸盛京时，曾修缮崇政殿前厢房及佐领三官保家房屋，今请仍循例办理。"随即京城总管内务府传下谕旨："此次皇太后亦去，需房多，酌觅三官保家附近有好房者一并修缮。"盛京内务府佐领等遵旨，命匠役"将三官保家东边七丈，西边六丈五尺地方用芦席遮掩，以作皇太后、皇帝驻跸之所。另辟三官保家周围近处为随驾太监住处"。

康熙皇帝从此开启了先例，以后乾隆东巡也未在盛京大内宫殿驻跸。但是后来，乾隆皇帝在盛京皇宫内增建东西二所（俗称东西宫）工程，于乾隆十三年（1748）告竣，自此乾隆皇帝三次、嘉庆皇帝二次、道光皇帝一次东巡时都将此处作为"行宫"驻跸。

康熙皇帝半身像图

康熙东巡极力对其前世祖先歌功颂德，多篇诗文赋咏兴京永陵、盛京福陵和昭陵。此外，赫图阿拉、兴京、盛京，以及凡是八旗曾取得辉煌战果的旧址，如萨尔浒、大凌河、松山、杏山、宁远、广宁等地，也都留下了诸多吟咏之作。

康熙五十九年（1720）岁末，康熙想要第四次东巡，前往盛京三陵祭祖，以感谢先祖对其六十年统治的庇佑。怎奈已近七旬的康熙帝不能亲自前往。康熙六十年（1721）正月，遣皇四子胤禛、皇十二子胤祹、世子弘晟祭永陵、福陵、昭陵。胤禛作有《瞻仰盛京宫殿念祖宗创业艰难恭赋二十韵》。

二、乾隆四次东巡

在中国历史上，乾隆是最热衷于外出巡游的皇帝之一，总计巡游达 72 次，其中有 4 次是到东北。

乾隆皇帝分别于乾隆八年（1743）、十九年（1754）、四十三年（1778）、四十八年（1783）共四次东巡盛京，祭祖谒陵后至盛京（行宫）驻跸，瞻仰先祖旧宫，并举行了一系列活动，诸如升殿、礼神、阅射、行赏之类。乾隆在第一次东巡时，在《盛京赋序》中说到东巡的目的：

> 昔皇祖六十一年之间，三谒丹陵，用展孝敬。皇考在位，百度维新，日不暇给。适西鄙有事，征役已劳。又藩邸时，曾奉皇祖命往谒祖陵。是以十有三年中，未举是典。予小子缵承丕基，惧德弗嗣，深惟祖宗缔构之勤，日有孜孜敬奉神器。言念盛京为天作之基，永陵福陵昭陵巍然在望。不躬亲祀事，其奚以摅悫忱而示来许。爰以乾隆癸亥秋，恭奉皇太后发轫京师，届我陪都。孝思以申，祖武是仰。

乾隆皇帝初次来盛京之前，曾命相关官员将盛京宫殿现状详细奏报，以便分别安排自己和同行的皇太后在盛京城驻跸之所。盛京内务府给盛京工部的咨文说，“皇上驾抵盛京后于凤凰楼南架蒙古包居住，皇太后于通道楼北架蒙古包居住，凤凰楼南东侧墙开便门，”还要求在“凤凰楼南地上普遍铺砖”，通道楼北院宜铺砖使之整洁。乾隆皇帝第一次奉皇太后东巡盛京时是在先皇旧宫内“搭布城”居住，就是住在蒙古包里，即皇帝东巡途中临时搭设用来居住和处理政务的行营帐幄。

为东巡之便，乾隆第一次东巡后对盛京宫殿进行了大规模的改建和营修，至乾隆四十八年（1783）前后，盛京旧宫的扩建工程基本结束，盛京皇宫今日东、中、西之面貌确定；东巡期间，其于盛京宫殿内举行的各种典仪均成为定制，为以后诸帝所遵循。

乾隆第一次东巡时，在驻跸盛京皇宫的最后一日，写下了著名的《盛京赋》。他写此赋，固然是为了“兴废继绝，润色鸿业”，美化、神化清王朝的创业者，美化神化“龙升之区”“邠岐之地”，从而证明自己传承帝业和儒家代表的合理性和神圣性，但同时表达了他对其先祖、对盛京的景仰。

清宫廷画家绘《乾隆帝秋景写字图》

乾隆帝四次东巡，参照祖父康熙帝祭祖谒陵的先例，从谒陵顺序到例行礼仪均成典制。谒祖陵的顺序是先永陵，再福陵、昭陵，而谒陵礼仪则严格遵守程序进行。关于乾隆帝驻跸盛京宫殿的情形，除首次东巡皇太后及乾隆帝于盛京旧宫设帐房驻跸，其余三次均驻跸在盛京宫殿新增之东、西所建筑内，皇太后、皇子居东所，皇帝、后妃居西所，因而盛京宫殿在使用功能上又成为清帝东巡之帝的行宫。

乾隆帝在盛京谒陵礼成后，都要在盛京宫殿内的崇政殿举行庆贺礼即升殿大典，并在大政殿举行盛大筵宴。于大政殿颁诏、赏赐并行盛大筵宴，即所谓崇政殿庆贺、大政殿筵宴，其后作为成例为嘉庆、道光二帝所遵行，是为清帝东巡驻跸盛京宫殿期间最重要的典礼之一。只有乾隆四十三年（1778）因皇太后新丧，按制停止一切宴乐而未举行筵宴。

崇政殿庆贺礼，始于乾隆八年（1743），是文武百官上表称贺皇帝谒陵礼成的典仪，一般在皇帝驻跸盛京宫殿的第二日或第三日举行。典礼之日，随驾礼部官、鸿胪寺官各置诏案、表案一张于崇政殿内东侧，设黄案一张于殿前丹墀正中。銮仪卫陈法驾卤簿于崇政殿前，陈黄盖、云盘于丹墀内。乐部陈中和韶乐于殿檐下两旁，陈丹陛大乐于大清门前东、西奏乐亭内。内阁学士置诏书于诏案，王公大臣之贺表依礼由大清门外彩亭内由礼部官捧出，入大清门之东翊门后，置表于崇政殿之表案上。

典礼将开始时，随驾满蒙王公由鸿胪寺官导引至崇政殿月台上两旁站立，随驾文武大臣依品级列于丹墀之东，盛京文武大臣立于丹墀之西，前来进贺的朝鲜使臣列于西排官员之末，盛京八旗耆老、低级官员及无官职者集于大清门外。届时，礼部官奏请皇帝具礼服出宫，中和韶乐奏《元平之章》，皇帝入殿升座。丹墀内鸣静鞭三响，王公大臣等按班次排列整齐。

《乾隆皇帝骑马坐像图》

朝贺仪式正式开始，丹陛

大乐奏《庆平之章》，鸣赞官赞，王公大臣及朝鲜使臣俱跪，宣表官由殿内表案上捧贺表面北跪于殿檐下正中，大学士二人跪于其左右展开贺表，宣表官宣表，王公大臣在丹陛乐伴奏下行三跪九叩头礼毕。接着，大学士入殿内诏书授与礼部堂官，受者捧诏书置于殿前事先陈设的黄案之上，行礼后再置于云盘内，由黄色伞盖导引捧云盘由御路出大清门，置诏书于龙亭。此时丹墀内鸣静鞭三声，中和韶乐奏《和平之章》，皇帝起驾还宫。

接着，宣诏官宣诏，诏书中除宣布谒陵礼成，尚有"恩准"蠲免盛京等地赋役、赏赐有关官员及赦免罪犯等内容，带有安抚民心、维系君臣间关系等政治内涵。

之后，诸王及各级官员入崇政殿内行一跪一叩头礼，赐茶。崇政殿赐宴为庆贺仪式中的例行之事，参加者人数少但级别高，如乾隆帝第一次东巡即"御崇政殿受贺，赐诸王文武大臣官员及朝鲜使臣宴"。

乾隆帝从第一次东巡起即于大政殿举行筵宴，"御大政殿赐盛京文武官员宴及父老酺。御制《盛京筵宴世德舞辞》"。大政殿筵宴礼是清帝东巡驻跸盛京宫殿期间的一项重要庆典。大政殿筵宴参加者人数众多，设宴101桌，其中大宴桌（御宴桌）一张为皇帝专用，其余100桌（跟桌）为王公官员人等，参加人员有盛京将军、大臣、宗室章京、文武官员及三陵官员，自京随来之王大臣官员、蒙古王额驸台吉等，盛京官员佐领、员外郎以上及年老休致之员，闲散宗室觉罗、主事、防御以下官员、拜唐阿并护守陵寝姨舅外戚之子孙及耆老等。

乾隆帝四次东巡盛京谒陵礼成并在盛京皇宫举行升殿大典及筵宴后，还有一件重大活动，即清宁宫萨满祭神活动。

清帝东巡期间清宁宫举行的萨满祭祀属大祭，包括朝祭、夕祭、背灯祭和祭天（还愿）等类型。朝祭、夕祭及背灯祭于清宁宫室内举行，而祭天还愿则在清宁宫室外的庭院举行。今沈阳故宫仍保留有部分乾隆时期清宁宫祭神的祭器和萨满所用之神具，如萨满帽、萨满鼓、萨满铃、萨满腰铃、萨满刀、索绳（子孙绳）等。

沈阳故宫藏乾隆帝御用红漆雕龙交椅

沈阳故宫藏嘉庆帝御用明黄江绸绣平金夹龙袍

乾隆四十三年（1778），乾隆帝命迁盛京太庙至大清门东侧的三官庙旧址。所以，乾隆四十八年（1783）乾隆帝第四次东巡时，谒陵后的第一件事就是入盛京太庙行礼，东巡祭典中又增加了太庙进香致祭仪式。此后，嘉庆、道光二帝东巡均照此例，至盛京诣太庙尊藏册宝前行礼，是亦为清帝东巡盛京所特行之宫廷礼仪。

在乾隆之后，嘉庆皇帝于嘉庆十年（1805）、二十二年（1817）两次东巡盛京。除按制例行乃父创下的礼仪活动外，嘉庆帝在驻跸盛京宫殿期间，还曾于宫中嘉荫堂戏台设宴赏戏，至文溯阁观览《四库全书》，于宫殿各处巡视参谒，并留有大量御制诗文。

嘉庆帝东巡期间，曾到清宁宫举行萨满祭祀活动，并留有这方面的御制诗文多首。

道光帝是清代历史上最后一位东巡的皇帝。道光九年（1829）八月，道光帝亲奉皇太后诣盛京展谒山陵，一切礼仪悉循前朝成例。此次东巡以“力从节省，屏绝繁文”为主旨，在盛京皇宫仅驻跸了7天，连道光帝本人也称此次东巡为“匆匆七日旧宫停”，以单纯例行祭祖的形式结束了清帝东巡这一“天朝大国”的“盛典”。道光皇帝也曾在清宁宫举行萨满祭祀。

三、清帝东巡的御制诗文

清帝东巡期间，诸帝多有诗文创作。特别是康熙、乾隆二帝，在位时间长，又逢盛世，有广泛的艺术兴趣，尤其喜好琴棋书画，舞文弄墨，颇有中国传统文人之雅趣。康熙三次东巡留下了数十首诗文墨迹。乾隆皇帝雅好文学，他的诗文更是数不胜数，是四位东巡帝王中作品最多的一位，每次东巡都留下了大量的诗文作品。

据统计，东巡期间帝王所作之诗有500余首，其中康熙47首，乾隆291首，嘉庆167首，道光58首。内容主要涉及咏史、咏物、借景抒怀等方面，内容多样，风格各异。清帝东巡的这些御制诗文，多为有感而发，即兴之作，壮景抒情，感物言志。或缅怀祖先创业之艰难、感叹守成之不易；或吟咏八旗之神武精神、抒发后世之敬仰之情；或描绘盛京以及关东各地之妙美景色、题颂旧宫三陵之古朴壮美；也有吟咏风物人情，或记叙东巡之盛况和见闻，其中不乏佳构名句，生花妙笔。

在清帝东巡御制诗文中，歌功颂德、赞颂大清创世伟业的诗所占的比重最大。如康熙第一次东巡时作《萨尔浒》，诗云：

城成龙跃竦重霄，黄钺麾时早定辽，
铁背山前酣战罢，横行万里迅狂飙。

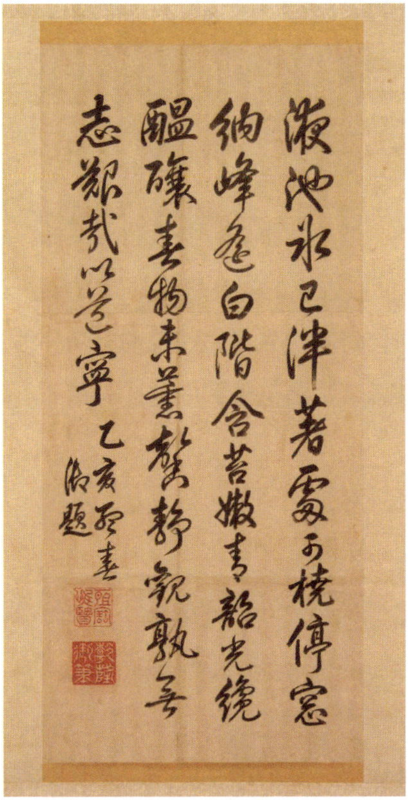

沈阳故宫藏乾隆行书道宁斋诗轴

在这首诗中，康熙既抒发了对太祖努尔哈赤的崇敬之情，又可看出作者本人继往开来、再创伟业的雄心壮志。萨尔浒大战是明朝与女真的第一场战役，在清朝发展史上具有非常重要的历史意义。其古战场旧址在今抚顺东萨尔浒山，自康熙帝始，清代东巡四位帝王每次巡幸至此，仿佛因循惯例一般，都要作诗抒怀，歌颂先祖，激励后辈。除康熙帝所作《萨尔浒》外，乾隆皇帝亦作有三篇以萨尔浒为题的诗文，还有嘉庆皇帝所作《萨尔浒咏事》2首、《回跸过萨尔浒再咏》以及道光皇帝的《萨尔浒敬纪》。扈从亦有以此为题的作品，如张祥河所作《雨夜度萨尔浒》，这首诗共计32句，详细描述了萨尔浒大战的全过程，有助于我们今天更为形象地了解这段历史。

皇帝御制诗中，多为祖先歌功颂德、赞扬大一统功业。嘉庆皇帝曾作《恭谒孝陵》，诗云：

天开大一统，应运圣皇兴。
寰宇永安定，元孙凛继绳。
仔肩荷恩佑，基命勉躬承。
瞻望明楼表，松云佳气凝。

他不但在谒孝陵时作诗歌颂先祖大一统的丰功伟绩，还以此作为教育后世子孙的范例，他在《继思斋示诸皇子》中这样写道：

皇清大一统，天命建鸿基。
缵武宜勤习，修身戒怠疲。
毋忘今日训，永继昔年思。
勖尔诸昆季，同心固本支。

御制诗赋中对关外山川风貌的描述极多，如乾隆皇帝第二次东巡兴京时写过一首《三关》诗，首次刻画了“建州三关”的雄姿，诗曰：

第一关名雅尔哈，天阊虎豹雄神州。
第二代岷极险绝，雕鹗到此还应愁。
三关扎喀逮边壤，一戍之旅怀前猷。

这首诗是对三关名称最早、最权威的解释。乾隆于诗中阐述了大清创业之艰辛以及其对大清未来美好前景的殷切期望。此外，嘉庆皇帝因循旧制作有《过三关得句》《过三关纪胜》二首，道光皇帝亦有一首《三关》。

乾隆于四十三年（1778）东巡时又作《盛京土风杂咏十二首》以及《盛京土产杂录十二首》，用来记录盛京的风物、特产。嘉庆亦作诗歌咏清朝发祥地，题名即为《赫图阿拉》：

横甸在南郭，土城遗址存。
邠岐缅文德，镐洛度周原。
建国规模始，卑宫俭朴敦。
大清发祥始，旧迹示曾元。

这首诗介绍了赫图阿拉的地理位置，描写了关外残存的土城遗址。马尔墩岭位于"三关"中的第二关代岷关，此地雄伟险峻，道光东巡时路过马尔墩岭曾作诗一首，题为《策马过马尔墩岭》，诗云：

岩关高峙万山中，险峻天成气象雄。
回首瞻依增恋慕，白云红叶净长空。

这是道光皇帝东巡御制诗中鲜有的咏景抒情诗，描写了马尔墩岭雄险秀美的景象。

清帝东巡是清朝皇帝拜谒祖宗陵寝的祭祖活动，因此，东巡文学可以帮助我们了解清朝皇家的祭祀礼俗。永陵为清王朝爱新觉罗氏先祖的陵寝，是清帝

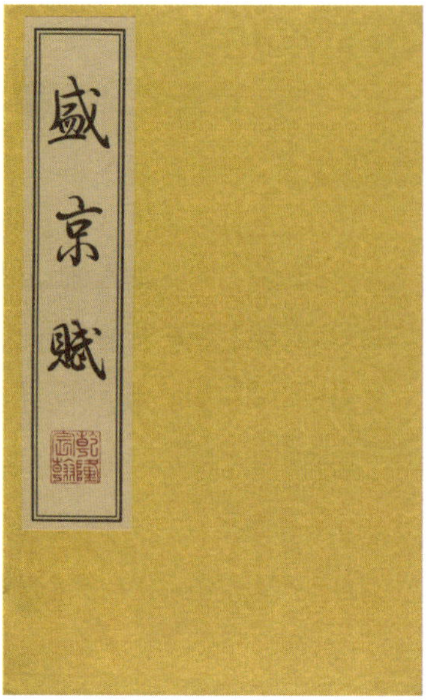

沈阳出版社出版的《盛京赋》

东巡祭祖的第一站，除康熙帝首次东巡未到此地外，历代东巡帝王每次东巡祭祖必先祭拜永陵，拜谒之后或由感而发，或遵循惯例，必有所作。如康熙作《告祭永陵》诗，借景抒情，不仅抒发了诗人心中的宏愿，也表达了一代帝王对江山的挚爱之情。康熙于二十一年（1682）东巡，先至盛京祭福、昭二陵，后又到兴京祭永陵，途中所作《三月初六日告祭福陵恭述十韵》《初八日告祭昭陵恭述十二韵》和《三月十一日雪中诣永陵告祭》，描述了这次展谒三陵的祭祀活动。嘉庆于二十三年（1818）东巡祭拜三陵后，作《再举东巡展谒三陵大礼庆成记》，这篇文章从清宁宫拜祭神灵、谒陵大礼、祭品陈设、崇政殿朝会等几个方面对此次谒陵祀典进行了较为系统的叙述。

乾隆第一次东巡盛京（1743）祭祖时，创作了歌颂先世创业之武功和盛京物产之丰富、人才之鼎盛的文学作品《盛京赋》。这一年乾隆帝32岁，正值鼎盛之年，《盛京赋》是他所有作品中唯一以都市为题材的大赋。在中国历代帝王中，只有乾隆皇帝专门为一座城市创作过大赋，足见其对盛京的高度重视，对开国先祖的无比尊崇。

《盛京赋》原文比较长，全文3390余字，含序、赋、颂三部分。乾隆这篇以盛京为题材的三四千字大赋，既陈述此次恭谒祖陵的宗旨、感受与经过，缅怀先祖丰功伟业，更写出盛京的山川形胜、地域广阔、物产丰饶，又追怀开国时期文武功臣，再由彰显军威的围猎，延及耕桑农事，国富民殷，宫室富丽，郑重训诫宗室子弟及文武百官要“思开创之维艰，知守成之不易”“兢兢业业，畏天爱人”。《盛京赋》内容十分繁富，具有很高的历史和文献价值。

《盛京赋》撰于乾隆八年（1743）。乾隆十三年（1748），由清朝内府专门的刻书机构武英殿用雕版印制，名为《乾隆御制三十二体篆书盛京赋》，有满文和汉文两种版本，满文本和汉文本卷前都有《御制盛京赋序》，卷末也均有鄂尔泰等 12 人署名的《跋》。

东巡文学中文与赋的数量不多，据现有资料统计，东巡文学中共有文、赋 5 篇。除了乾隆所作《盛京赋》《文渊阁记》《神树赋》3 篇，还有嘉庆所作《盛京颂》《再举东巡展谒三陵大礼庆成记》。其中，《盛京赋》和《盛京颂》旨在追忆清朝发祥史、歌颂先祖的丰功伟绩、记录盛京的山川风貌。《文渊阁记》则阐释了《四库全书》四个馆藏地名称之来历，是研究四大藏书阁的珍贵史料。《神树赋》借永陵所传神树之传说，借古喻今，阐明人生态度。这 5 篇文、赋皆出自帝王之手，从内容上看，帝王之文、赋主要为歌功颂德、托物言志；就整体风格而言，多为气势磅礴、铺张扬厉之作。

东巡期间，除了皇帝，亲王、郡王、宗室扈从东巡，也留下了一些作品。

皇帝皇子题诗著文，也号召臣下赋诗诏对，因而随行人员也多有诗文论述，如礼部侍郎高士奇留有大量诗文作品，其中多有佳句名篇，极具艺术价值。在康熙二次东巡行前，召令翰林院、詹事府、大理寺官员人等赋诗，颂扬平定“三藩”功德，以献祖宗。晚清杨钟羲在《雪桥诗话》中把这些诗人及作品称为北方诗派，他说：

> 觉罗雨（舲）（崇恩）中丞句云：大云沉夜壑，微雪点秋衣。残烧远无焰，断冰行有声。海阳赵秋客比部云：虎过秋山响，鹰盘野树高。海涛连北斗，山势聚东蒿。天津樊质夫县丞云：路折千峰峻，天垂大漠圆。其写景皆非大河（指黄河）以南所有。

他说这种景色阔大、气势跌宕的诗句，只有北方诗人才能写得出。大臣赋诗，高士奇的几首诗成就较高，其中《笛家词》《南楼令》《流民叹》等成就尤高。当时扈从侍卫有开原人纳兰容若，于扈从时曾写下大量词作，如“风一更，雪一更，聒碎乡心梦不成，故园无此声”。

四、沈阳故宫的御制匾额

清代盛京宫殿的很多建筑建造都是皇太极时期完成的，但当时的物质条件和皇宫的文化理念，都与清入关后有很大区别。因此，当乾隆皇帝为适合他那个时代对盛京皇宫使用的需求而对这个建筑群进行扩建和改建时，就不仅将新建的宫殿按照当时北京的宫苑风格进行装修和陈设，而且将被保留的清入关前宫殿，也从外观到室内，都不同程度地赋予了新的时代特征。

早在努尔哈赤时期，其居所即张贴有“迹处青山”“身在绿林”的对联，而乾隆以前，盛京宫殿的中路建筑大清门、凤凰楼一线即悬挂有对联。到了乾隆东巡驻跸盛京宫殿时期，则开始大张旗鼓地悬挂门神、匾联，包括后来增建的诸多建筑在内，以增加喜庆庄严的宫殿氛围。

自乾隆十三年（1748）盛京宫殿新建敬典阁等工程期间，乾隆皇帝便开始按照当时北京宫殿的习惯做法，在各主要宫殿内增设以皇帝御题、御制诗文章句为主要内容的各种匾额楹联，作为此宫（殿）内的专用装饰。沈阳故宫的匾额藏品极富，对联的数量也较多，至今仍有许多作为珍贵宫廷遗物悬挂在宫廷建筑上。

这种匾联从材质上大致可分为两类，一类是以墨书于纸（绢）之上悬挂于宫殿内的，在乾隆四十九年（1784）修撰的《钦定盛京通志》中，对乾隆时期各宫殿内所张挂的此类匾联的位置和内容有比较详细的介绍。从中可以看出，除大政殿、崇政殿、凤凰楼、太庙等不以供人居住为主要用途的殿阁外，其他宫殿中都设有一至多幅由乾隆皇帝御制的此类匾联。如皇太后居住的东所，颐和殿内西壁恭悬御书联——“福凝东海增芝算，祥拥西池长鹤龄”，介祉宫东房第二楹东壁御书联——“式训徽音嗣，颐神景福绥”。

西所保极宫为皇帝东巡驻跸寝宫，悬挂楹联则要多一些。宫内南窗左右楹恭悬御书联——“保佑命申丰邑亿年垂裕，会归建极箕畴五福用敷”，正中配柱上恭悬御书联——“帝命式于九围本支百世，天心佑夫一德承叙万年”，东斋东壁恭悬御书联——“皇极会归敷惕验，太和保合慢乾承”，西轩西壁恭悬御书联——“箕范溯初陈建极，镐诗式是咏那居”，西房次楹正北壁上恭悬御书联——“绍闻衣德千秋懔，景福鸿禧百世凝”。

其他如清宁宫、迪光殿、继思斋、嘉荫堂、文溯阁、仰熙斋、九间殿等均如此类，或少或多，兹不枚举。

这类匾联因均用纸（绢）写就装裱后挂于某些宫殿内，有的可以随时摘挂或更换，多为软裱；有的则是所在宫殿中的相对固定的装饰，均为加木框的硬裱，清代档案中称“锦边壁子”匾或联。如文溯阁内下层正面向南正中“圣海沿洄”匾和近两层楼高的“古今并入含茹万象沧溟探大本，礼乐仰承基绪三江天汉导洪澜”联，从内容到形式均可看出是专为此处所制。

另一类匾联则为木料骨架，表面为黑漆金字或金漆雕龙框蓝地铜字。系按皇帝手书墨迹特制，分别悬挂于大政殿、崇政殿、凤凰楼，成为其内部固定的装饰物，与写有宫殿名称的门额类似。这类匾联的制作、悬挂都十分郑重，多由北京养心殿造办处制作，由专人送至盛京，“照依印册指示方向敬谨悬挂”。多数在档案中都有专门记载，而且由于其体量较大、每件重达百斤以上，不易移动，大都保留至现代。

在大政殿内，北侧二柱间上方悬九龙金边铜字“泰交景运”大匾，两侧柱上同式长联：

神圣相承恍睹开国宏猷一心一德，
子孙是守长怀绍庭永祚卜世卜年。

这副楹联是乾隆二十二年（1757）制作，次年运至。殿内原屏风宝座规格较小，使匾联免受遮挡，在门前即可一目了然。此屏风宝座亦应为乾隆时所制，屏风有两架：一架上为乾隆十九年（1754）东巡时御制《大政殿》诗，另一架上为乾隆四十三年（1778）东巡时御制《大政殿六韵》诗。据清《钦定盛京通志》卷二十《宫殿》条记载：

沈阳故宫大政殿乾隆御制“泰交景运”匾

沈阳故宫大政殿乾隆御制楹联

（大政殿）崇德二年建，太宗文皇帝御以听政之大殿也。在城之中，大内宫阙之东，殿制八隅，左右列署十，为诸王大臣议政之所。顺治元年，定都京师，奉天府文武各官朝礼如制。圣祖仁皇帝三莅盛京，御殿三次。殿宇上盖琉璃黄瓦、华檐八角，前挂清汉字匾一，额曰“大政殿”。乾隆二十二年御书匾一，恭悬殿中，曰“泰交景运”。御书联恭悬左右楹，曰“神圣相承恍睹开国宏猷一心一德；子孙是守长怀绍庭永祚卜世卜年”。四十三年，皇上巡幸盛京，宝座后两楹间，设屏风一座，前悬甲戌年季秋月“御制诗墨宝”；后悬戊戌年仲秋月“御制诗墨宝”（谨案：御制诗恭载天章门）。

乾隆十九年（1754）第二次东巡盛京时之作《大政殿》：

翚飞朵殿焕觚棱，左右亭分以十称。
永念谁知此时切，畴咨独忆昔年曾。
绍闻衣德千秋凛，燕翼贻谋万叶承。
三致意惟钦继述，吾心宁敢懈兢兢。

这是乾隆瞻仰盛京宫殿时触景生情之作。乾隆在第二次东巡盛京观瞻宫殿时，对大政殿的飞檐、八棱琉璃瓦顶的辉煌建筑和殿前左右分列十座王亭的建筑布局，发出由衷的赞叹。由此引发了对先祖遗迹、遗事访寻的急切心情，从而联想《书经》的《康诰》篇，叙述周成王劝勉康叔效法周文王以德治民的“绍闻衣德言”句，和《诗经·大雅》的“文王有声”中所讲述的周武王以安敬之谋、遗其子孙事迹的“贻厥孙谋，以燕翼子”句，鞭策自己要以德治民，以安敬之谋传于子孙，使祖业千秋万世承传。

《大政殿六韵》是乾隆四十三年（1778）第三次东巡盛京时所作，诗文曰：

一殿正中据，十亭左右分。
同心筹上下，合志立功勋。
辛苦相共勉，规模迥不群。
世臣胥效落，宗子更摅勤。

大政殿内门上方风窗上，还悬挂“黑漆金字横批诗匾”三块。一块在明间南隔扇风窗上，高 5 尺 8 寸，宽 1 丈 4 尺 8 寸，为乾隆八年（1743）乾隆皇帝东巡时御制《大政殿》诗，乾隆四十六年末至次年春送至并悬挂。乾隆五十年（1785）又送至乾隆四十八年（1783）东巡时御制《题大政殿八韵》诗匾，悬于殿内东隔扇门风窗上。

道光十一年（1831）送至的道光九年（1829）东巡时御制《大政殿御宴作》诗匾，当悬于大政殿西隔扇门风窗上。

在崇政殿内，室内明间北部堂陛及屏风宝座为乾隆十二年（1747）设。屏风上所题四十八字“集经铭语”为康熙帝御制。堂陛前左右柱上所悬乾隆皇帝书：

念兹戎功用肇造我区夏，
慎乃俭德式勿替有历年。

堂陛上方金漆九龙边框铜字御书“正大光明”匾一面，均为乾隆二十二年（1757）制。堂陛檐下正中黑漆金字横批诗匾一面，为乾隆四十八年（1783）东巡时御制《御崇政殿受贺》诗，乾隆五十年（1785）送至。殿内明东间南隔扇风窗上、明间南隔扇风窗上、明西间南隔扇风窗上分别悬黑漆金字横批诗匾三面，均高 3 尺 7 寸，宽 9 尺 2 寸，为乾隆皇帝御制诗，内容分别为乾隆八年《御崇政殿》诗，乾隆十九年（1754）《御崇政殿》诗，乾隆四十三年（1778）《御崇政殿六韵》诗，为乾隆四十六年（1781）底至次年春制作并悬挂，后又有道光九年（1829）御制《御崇政殿受贺》诗黑漆金字横批匾，悬于明东间北隔扇风窗上，高 3 尺 7 寸，宽 9 尺 4 寸，道光十一年（1831）制作并送至悬挂。

在凤凰楼内，上层北侧正中悬金漆九龙边框铜字“紫气东来”乾隆皇帝御书匾一面，为乾隆二十二年（1757）制，次年送至并悬挂。其两侧，东、西间北风窗上各黑漆金字横批诗匾一面，均高 2 尺 8 寸，宽 6 尺 8 寸。其内容分别为乾隆八年（1743）东巡时御制《登凤凰楼二首》《再登凤凰楼作》诗。均为乾隆四十六年（1781）底至次年初送至并悬挂。中层东间、明间、西间

沈阳故宫崇政殿乾隆御制楹联

的南隔扇风窗上，各悬黑漆金字横批诗匾一面，均为乾隆皇帝东巡时所作诗，匾各高 2 尺 8 寸，宽 6 尺 8 寸。其内容分别为乾隆四十三年（1778）作《登凤凰楼叠甲戌韵》诗，乾隆十九年（1754）作《登凤凰楼》诗，乾隆四十三年（1778）作《登凤凰楼用李白凤凰台韵作》诗，均为乾隆四十六年（1781）末至次年春送至并悬挂。此后又于乾隆五十年（1785）送至乾隆四十八年（1783）东巡时御制《登凤凰楼再用李白凤凰台韵》《登凤凰楼再叠甲戌韵》黑漆金字横批诗匾各一面，分别悬挂于中层南间的东、西风窗上。

沈阳故宫现存的御制诗文匾额和楹联，是沈阳故宫历史文物的一个重要组成部分，具有很高的文物价值和历史价值，可以从一个侧面了解沈阳故宫的历史文化内涵以及清帝东巡的历史过程。

第十一章　盛京皇宫的扩建改建

一、盛京皇宫的扩建与改造

清入关初年盛京故宫基本闲置，而且清政府忙于各地征战，无暇增拓改建旧宫，所以皇太极时期的盛京故宫基本保持旧貌。从顺治入关至乾隆初年，盛

沈阳故宫敬典阁

京宫殿与皇太极时期相比并无大的变化，只是进行岁时修缮而已。究其原因，一是当时国家财政尚不宽裕，并无过多的资金用于对“先皇旧宫”的增饰；二是其间虽有康熙先后三次东巡，但在故宫只是以观瞻凭吊为主，并无固定的驻跸和典礼活动，也无必要对其进行增建和改建。

从乾隆东巡开始，已经逐步建立于盛京宫殿内举行庆典、祭祀等礼仪的制度。可是，这座宫殿中没有适合东巡到此的皇帝居住的处所。乾隆皇帝本人在乾隆四十三年（1778）所作《题迪光殿六韵》诗自注中就曾写道：

> 崇政殿为盛京宫正中临朝之所，其后为凤凰楼，又后为清宁宫祀神之处，皆不可居。丙寅（即乾隆十一年）春，于东厢构颐和殿以奉圣母驻憩，西厢即此。

正是出于解决驻跸需求而进行的扩建，才使得盛京宫殿从清入关一百年后开始得以续修，开始了其向皇帝东巡行宫历史的转变。

另外，续修也是为了尊藏实录、玉牒等宫廷文物。实录是以记载皇帝活动为中心的一朝国史，玉牒是皇帝氏族的宗谱，原只在北京收藏。乾隆八年（1743）乾隆初次东巡盛京由北京出发之前，传谕要求将历朝实录缮写满、汉文各一部送往盛京皇宫尊藏。礼部官员接旨后，对陪都宫殿内可供存放实录之处进行考察，认为崇政殿后的凤凰楼，高敞壮丽，堪以尊藏。拟请奉天将军会同盛京礼、工二部及奉天府尹办理。

此事议定之日（初六），恰逢乾隆帝启驾东巡盛京，此举应作为他为祖先宫殿增添的一份荣耀而付诸实施的程序。在此次东巡回京后不久，即乾隆九年（1744）九月十四日，有关官员又提出了一个新的建议：“……自顺治十八年起至今共纂修九份玉牒，理应一并恭送奉天尊藏，以垂永远。嗣后每次纂修玉牒，俟告成后将礼部尊藏一分均照此例恭送奉天尊藏，俟命下之日永为定例。”当日即获皇帝批准。于是，礼部官员又开始为在盛京宫殿内存放玉牒寻找处所，遂于乾隆十年（1745）正月咨文询问管理宫殿的盛京内务府：

“奉天崇政殿后凤凰楼除尊藏历朝实录、圣训外，可否将此九分玉牒照依本部所开尺寸造办格子，一并尊藏于凤凰楼。倘凤凰楼不能尊藏，或应另行酌定尊藏玉牒之所，祈即逐一会同酌夺定议。”讨论的结果是，因上述欲移藏沈阳的实录、玉牒等，此后每朝续修都要按制续送，从长远看，凤凰楼内难以悉数存放，所以乾隆皇帝作出决定，在盛京宫中修建专门用以收藏玉牒、实录的敬典阁、崇谟阁等一批新建筑。

乾隆初次东巡盛京的乾隆八年（1743），距清朝入主中原的顺治元年（1644）已经整整一百年。在此期间，清王朝统治者对中原汉族文化和典章制度已相当熟悉，与宫殿建筑相关的物质条件和技术条件也远远超过清入关前，但盛京宫殿在这一个世纪中却基本没有变化。因此，乾隆皇帝自乾隆八年（1743）第一次东巡盛京亲临故宫起，便决定在这里重兴土木，进行增修扩建，按照自己的意愿对这里原有的宫殿进行改造。

另一方面也是出于整体布局方面的考虑，对某些附属建筑作了较大的改造。这方面体现得最明显的是崇政殿前后的几组建筑。清入关前修建皇宫时，出于满族人在山区居住时因地势建造住房的习俗，对一些次要建筑间的对称和平衡问题并不十分重视，因此出现分布于正殿两侧的建筑长短不一、高低不等的情况。习惯于北京宫殿规整格局的乾隆皇帝，希望通过移建和改修，使之成为现存崇政殿前后东西对称的格局，以符合其审美需求。

乾隆时期对盛京宫殿的修缮、改建和扩建，开始时是适应东巡驻跸使用需求并结合日常的保护性维修，对某些入关前宫殿的局部进行改造的。其中比较重要的一处是崇政殿，因皇帝东巡时在此举行典礼，但殿内屏风宝座等均系皇太极时遗留，不便使用，所以乾隆皇帝命重新制作。乾隆九年（1744），又命于殿前增设日晷、嘉量。在维修的过程中，发现还有多处需要维修。

二、兴土木，扩院庭，添行宫

第一次对陪都宫殿的增建，据载，应为乾隆十一年（1746）三月十一日兴工启建，十三年（1748）三月内告竣完成。之前，乾隆皇帝已经看到“修建敬典阁等处工程”的全部方案，当时文献中提到这次工程的整体目的时说：“盛京宫殿规制庄重，作法崇古，经年久远，理宜增饰。今我皇上特旨于大宫左右添建楼阁，尊藏玉牒、实录以昭垂万祀。”可见此项工程是修旧和建新并举，而以建新为主要和公开的目标。

在这次工程中，增建的建筑主要有以下几处。飞龙阁，位于崇政殿前之东，原址为清太宗时期盖造的三间厢房（或称内班房）。本次工程中将厢房拆除，

沈阳故宫迪光殿内景

在其地建五间硬山式二层楼阁，并以原建于崇政殿后、本次工程中被拆除的“飞龙阁”命名，建成后作为收藏清诸帝御用武备等物品的库房。翔凤阁，原址为“银库”（或称财帛库）楼房七间，将原建筑拆除，建五间硬山式二层楼房一座，并以原位于崇政殿后东侧、本次工程中拆除的“翔凤楼”改为“翔凤阁”命名，以与东侧之飞龙阁对应，后来用以存放历代书画及各宫殿陈设器物。在崇政殿后东、西侧建日华楼、霞绮楼，均为三间硬山式二层厢楼。在日华、霞绮二楼之北建师善斋、协中斋，均为五间硬山式房。

东所在崇政殿至清宁宫间早期宫殿之东，为新建行宫，供东巡驻跸时皇太后使用。最南为琉璃宫门，入内第一座院落中东、西各有三间值房，后来的档案中曾称之为“阿哥所”，应是供随驾东巡的皇子居住之处。正中为垂花门，入内为颐和殿、介祉宫、敬典阁等各院落。颐和殿位于东所第二进院落北侧正中，歇山顶面阔三间，供东巡时东所内举行正式礼仪活动时使用。介祉宫位于东所第三进院落正中，为硬山顶面阔五间，是东巡时皇太后驻跸的寝宫。宫后有小型庭园，供皇太后驻跸时休息游赏。敬典阁位于东所第四进院落中，歇山顶二层楼阁，进深面阔均为三间，供存储奉旨送往盛京的玉牒专用。阁南有琉璃宫门一座，使敬典阁所在区域形成一个相对独立的院落，以示在功能上区别于其南侧三进院落的皇太后行宫。

西所位于崇政殿至清宁宫间早期宫殿之西与东所相对应区域，为新建行宫，供东巡期间皇帝、后妃使用。最南为琉璃宫门，入内第一进院落东西各值房三间，北侧正中为垂花门，入内为迪光殿、保极宫、继思斋、崇谟阁等各院落。迪光殿位于西所第二进院落北侧正中，歇山顶面阔三间，供皇帝东巡时处理政务使用。殿西侧山墙外有净房一间。保极宫位于西所第三进院落北侧正中。硬山顶面阔五间，为东巡时皇帝驻跸的寝宫。宫前东西各有抄手游廊共九楹，与迪光殿后廊相连。继思斋，位于西所第四进院落中，三波浪卷棚顶面阔三间，为东巡时随驾后妃居住之处。前有穿廊三楹与保极宫明间北门相连。崇谟阁，位于西所继思斋之后，样式同敬典阁，为存储奉旨由京送至的清历朝实录、圣训等专用。

沈阳故宫继思斋内景

此次工程中对一些清入关宫殿建筑也进行了改造。

这次工程分为新建和拆修、添盖、粘修几类，竣工后盛京宫殿的面貌发生了很大变化。在现在的中路，最南部正对大清门改建了琉璃影壁，两侧的朝房、奏乐亭修整一新，与东西的文德坊、武功坊及正面的宫门相互呼应，使宫殿门前形成相对完整的独立单元，更加规矩整肃。将大清门内东侧盛京礼部收贮銮驾和乐器的楼房七间“折去北边二间”“移至南边盖造”，将大清门内西侧原有的财帛库（亦称银库）七间，此楼后为盛京内务府收贮棉花布匹楼房九间、楼南转角楼十一间，改为翔凤阁五间、阁后楼七间、转角楼九间。这样，崇政殿前东西两侧建筑形成对称的新布局，使殿前庭院更加宽敞整齐。崇政殿前安设日晷、嘉量，将殿前掐边水平月台起高，殿前石狮一对移至大政殿前，殿前阶陛、扶栏改修缩短，重新安装三组抱鼓石，更具“金銮殿”气派。崇政殿南北两侧的八座阁、楼、斋，在名称、式样、体量、坐落等各方面都两两对称，改变了以前长短不均、高低不等的随意布置，使崇政殿在功能和布局上都成为辉煌肃穆的皇宫外朝区域中心。

在崇政殿至清宁宫这一中轴线主体建筑的东西两侧增建了颐和殿、介祉宫、迪光殿、保极宫、继思斋等东所、西所建筑组群，以当时北京皇家宫苑风格的宫殿楼阁，取代南北中轴线上主体建筑两侧原有较简易的附属性建筑物，既解决了皇帝东巡驻跸和收藏宫廷文物之需，也使本区域建筑布局趋于协调美观。创建已逾百年的“国初旧宫”，与清朝中期的“盛世”融为一体，具有为当朝皇帝所用的新功能。

沈阳故宫颐和殿内景

沈阳故宫颐和殿外景

沈阳故宫西所宫门

沈阳故宫西所游廊

沈阳故宫崇政殿前安设的日晷、嘉量

沈阳故宫东所垂花门

乾隆时期增建的建筑，大量吸收了中原的建筑风格。如东、西所的垂花琉璃门、保极宫前的抄手游廊等均为移植江南风格的传统建筑形式，宫殿内外的彩画装饰也明显带有清中期关内的特征。新建的东、西所给人的印象是小巧幽静、清雅别致，制作精美的宝床、红案和雕花嵌画的楠木隔扇，与旧宫殿简练实用、朴素无华的风格形成鲜明的对照。这一时期对陪都宫殿的修缮，首先是出于实际需要，即解决驻跸问题和升殿、祭神、筵宴等典礼活动的需要；在完善使用功能的同时，乾隆皇帝又要求尽力地美化、抬高先皇旧宫的地位。

另外，还将大政殿后正房五间改建为七间，以移贮銮驾、乐器等。乾隆四十年（1775）后，又扩建至现在的规模。

在这次工程中，增建、改建的宫殿建筑“共殿宇房屋二百三十五间，成砌墙垣二百九十丈”，外加“栅栏、挡众、铺墁、海墁、甬路、散水”等项，这次工程的规模是很大的。

沈阳故宫保极宫前院

乾隆初年扩建、修缮工程竣工后，盛京宫殿“旧宫新用”所面临的主要问题基本得到解决。乾隆十三年（1748）以后的近30年中，这里主要是在增加收藏品和对新宫殿内部陈设进行装修，没有再增添新建筑。从乾隆四十三年（1778）皇帝第三次东巡前后，至乾隆四十八年（1783）第四次东巡之前，由于各方面的需要，又陆续进行了几次较大规模的增建工程，形成清代盛京宫殿的最终面貌。

供东巡谒陵期间皇帝后妃居住的西所，于乾隆十三年（1748）建成后，经乾隆十九年（1754）皇帝第二次东巡盛京驻跸，基本适合使用需要，但其内附属建筑数量略少，使皇帝驻跸期间一些活动尚有不便之处。因此，当乾隆四十三年（1778）皇帝第三次东巡至盛京之前，又进行了一些小规模的增建。据有关文献记载，此次新建各工程为：西琉璃门东、西两边新建便门各一座，垂花门东、西两边新建便门各一座，迪光殿东、西两边新建黄瓦配殿各三间，继思斋东、西两边新建黑瓦值房各三间，崇谟阁后新建黑瓦房七间。这些房屋

沈阳故宫敬典阁

并不都是直接供皇帝后妃使用，除迪光殿配殿为随驾东巡的内阁、军机处、六部等官员候旨办事之处外，余者或为方便出入，或为宫女太监住用，或供存放杂品等，可以视为对乾隆初年所建行宫使用功能的进一步完善。

三、太庙与嘉荫堂

乾隆时期对陪都宫殿的第二次大的增建，是在乾隆四十三至四十八年（1778—1783）。

盛京太庙的移建是乾隆时期对陪都宫殿增建的重要项目之一。陪都宫殿大清门之东，原为明代所建道观“三官庙”，内祀天、地、水三官。皇太极修建皇宫时，并未因其距宫门甚近而将其拆除，而且直至清入关后，庙中始终香火不断，并受到皇帝的特殊重视。乾隆四十三年（1778），乾隆帝第三次东巡驻跸盛京宫殿时，“命重修盛京天坛、地坛，移建太庙于大清门东”。其目的是

沈阳故宫太庙内景

沈阳故宫太庙与文德坊

为恢复陪都盛京原有的“坛庙之制”。当时皇太极时期所建堂子基本保存完好，天坛、地坛虽因多年不用有所损坏，但基址尚存，修理并非难事。唯设于抚近门外 5 里的清入关前太庙（创建于崇德元年，顺治初年改称“四祖庙”）已因废置多年而不存。乾隆皇帝却误认为大清门之东的三官庙就是盛京太庙原址。于是有关官员便奉旨拆除大清门东的太庙并将其移建到德盛门内路东新址，又在其原址上修建新的盛京太庙。此项工程乾隆四十三年（1778）由皇帝钦定，于乾隆四十五年（1780）秋或次年春动工，至四十六年（1781）五月完工。

新建盛京太庙位于大清门东侧垫起的高台之上。其全部建筑为：大殿三间、东配殿三间、东顺山房二间、西配殿三间、西顺山房二间、宫门三间、东西角门楼二座、曲尺墙随墙门二座。太庙建成后，于乾隆四十八年（1783）乾隆第四次东巡时开始投入使用，存放由京送至的清历朝帝后谥册谥宝。

乾隆时期对陪都宫殿的扩建，另一个重要项目是对文溯阁等西路宫殿的兴建。

文溯阁是仿照宁波范氏藏书楼“天一阁”之制而建的，外观为两层，硬山式，面阔5间，加西侧楼梯间为6间，进深3间。黑琉璃瓦辅以绿剪边，黑色属北方玄武，壬癸水，含避火之意。除屋脊用吻兽外，各垂脊仅用雕刻海水云装饰，寓水从天降、以水灭火之意。阁下层前后均出檐廊，额枋绘画“河马负图”“翰墨册卷”等苏式彩画图案，使用的是蓝、绿等“冷调”色彩，上以白色书卷，蓝色封套为图案，又间绘河马负图，喻“河出书，洛出图”，表明中国图书历史源远流长。内外廊柱都用绿色油饰。在整个故宫中，只有文溯阁呈现一种与皇家氛围不同的淡雅的冷调，从阁顶的瓦件、廊前的柱子到隔扇门窗等，都是绿色的。这种冷色的格调不仅与文溯阁作为藏书楼的身份相协调，而且使人想到碧水、蓝天、清风、明月等，自然产生一种阴凉安静和深远凝重的感觉。

前檐两侧山墙各有卷门，其上悬砌绿琉璃垂花门罩，门下各有四级踏跺。阁内则为三层式建筑。在阁内上下两层中间的东、北、西三面，另外加有一层回廊式的格局，俗称“仙楼”，其北面占2米多宽，东西两侧各占一间之地，使阁内正中三间形成两层高的敞厅。上层平面全部是藏书空间，书架沿轴线方向并列布置。另外，在阁内下层靠北，又以隔扇分出近两米宽的过道，形成高低错落、前后掩映的多变布局。

沈阳故宫的西路建筑是围绕贮存《四库全书》的文溯阁而建的。文溯阁南面有南宫门，为三间悬山顶屋宇式建筑，明间设门为通道，东、西间前后有槛墙及窗，为守护者所用，是以文溯阁为中心的独立区域的正门。文溯阁北面是仰熙斋，为7间卷棚硬山顶，亦称“七间殿”，是与文溯阁配套的书斋。“仰”即“仰望”，“熙”即“兴盛”。乾隆皇帝御制诗《仰熙斋》说：

沛里弦歌户口滋，百年休养乐民祺。

毋容易亲熙和比，率自勤劳昔日治。

沈阳故宫文溯阁

仰熙斋两侧有游廊与文溯阁相连，两座建筑的组合呈现中殿式的总体院落空间布局。再北侧是九间殿，为9间硬山卷棚顶建筑，亦称“罩房”，内以3间为一个单元，室内设有宝座和乾隆御书对联，东西各有配房三间，是与文溯阁、仰熙斋布局和功能配套的建筑。

文溯阁之东建有一座方形碑亭，盝顶翘脊，四角为曲尺形红墙，其间各有栏杆。亭正中置乾隆御制文石碑，正面文《文溯阁记》，满、汉文合璧书刻，是对文溯阁的兴建过程及命名的记载。乾隆皇帝在《文溯阁记》中谈到“北四阁”的立意，说：

四阁之名，皆冠以文，而若渊、若源、若津、若溯，皆从水以立义者，盖取范氏天一阁之为，亦即见于前记矣。若夫海，渊也，众水各有源，而

沈阳故宫文溯阁匾额

同归于海，似海为其尾而非源，不知尾闾何洩，则仍运而为源。原始反终，大易所以示其端也。津则源穷之径而溯之，是则溯也、津也，实亦追源之渊也。水之体用如是，文之体用顾独不如是乎？恰于盛京而名此名，更有合周诗所谓溯涧求本之义，而予不忘祖宗创业之艰，示子孙守文之模，意在斯乎！意在斯乎！①

位于文溯阁区域之南的嘉荫堂，清代档案中称其为“看戏殿”，系以供皇帝东巡驻跸时观戏为主要功用。其明间正前方院内即戏台，台后“扮戏房”及东、西两侧围廊，与嘉荫堂共同构成四面封闭的格局。中间形成了一个东西长30米、南北长20米的天井。

在这组建筑中，北侧的嘉荫堂为正厅，面南背北，是帝后赏戏之所。在嘉荫堂的稍间设有暖阁，供皇帝、后妃小憩之用。嘉荫堂为面阔五间，硬山卷棚式建筑，在面向戏台的一面开敞，有60厘米高的木栏杆作为分隔。栏杆中间为两米宽的通道。与栏杆上方正对为额枋下的倒挂楣子和雀替，做工精细，刀法流畅。栏杆与楣子构成了一幅完美的图画，增加了建筑的层次感。

扮戏房是最南侧的建筑，其北延伸出正方形的戏台建筑。扮戏房与戏台在功能和构造上都是一个结合紧密的整体。戏台是司戏人员歌舞之所。扮戏房为司戏人员上场前化妆、演出中候场的地方。扮戏房面阔五间，是硬山卷棚式建筑，屋顶为青布瓦顶。戏台由扮戏房北侧正中引出，整个建筑建于90厘米的台基之上。它面阔9米，进深7米，为卷棚歇山式建筑。作为表演的场所，戏台东、西、北三面开敞，保证各观赏者视线的畅通。大木结构为六檩六架，梁架用12根方形柱支撑。12根方柱漆以绿色，四个角部均起梅花线，自然中流露着精美。对角部均有加固做法，整个建筑柱网四角对称，有角柱四根。戏台建筑使用了重昂五踩青绿斗拱作为檐下装饰。戏台的斗拱由于各部位斗拱坐斗尺寸均一致及柱头斗拱昂的上端没有承受挑尖状的梁头，而由与柱间斗拱一样

① 中国第一历史档案馆编:《纂修四库全书档案（下册）·四十七年御制〈文溯阁记〉》，上海古籍出版社1997年版，第2724—2725页。

远观沈阳故宫戏台

沈阳故宫戏台

的耍头代替，只起装饰作用。戏台斗拱间距较小，四角各置一攒，柱间十八攒，柱头多置一攒。斗拱自身造型层次分明，又进行紧密的排列，斗拱远观成为一个连续的整体，在檐下的一定水平空间内，变化明显，忽明忽暗，使得整个建筑美不胜收。戏台由于南面与扮戏房相接，没有多余的空间装饰斗拱，所以只在东、西、北三面施斗拱，而南侧相应的位置露出扮戏房北面的彩画部分，这样既解决了空间局促的问题，又达到了装饰效果，使戏台檐下变化得体，开敞明快。戏台额枋下装有倒挂楣子，顶棚为八边形藻井，正中为贴金的坐龙图案。藻井周围为井字天花，色彩艳丽，图案鲜明。

嘉荫堂与戏台成了“演”与“观”的统一体建筑，对视线的要求很高。根据对戏台建筑平面的研究，发现嘉荫堂及廊间与戏台之间的水平视角为29—36度。这一数值处在人头易于转动的范围内。而嘉荫堂内的水平视角大部分

沈阳故宫嘉荫堂游廊

位于眼睛易于转动的最大角度30度左右。经过计算，嘉荫堂与戏台的垂直视角，向上11度，向下3度，在人眼垂直视角的最佳范围内。可见戏台建筑完美地达到了实用功能的要求。

沈阳故宫戏台虽然规模不够宏大，但在空间的处理上有很多独特之处。东西围廊后墙均为青砖砌筑，使得戏台建筑群与外界完全分隔开来，使赏戏不受干扰，内部形成独立的空间，又有利于收拢音效，加强了观赏效果。围廊内部由于观赏的要求，柱间做坐凳栏杆，增加了通透性。

嘉庆皇帝两次东巡住在故宫时，都曾在嘉荫堂设晚宴，款待随驾东巡的王公大臣和盛京、吉林地区的高级官员，席间还有戏曲演出助兴，戏台的东、西两廊内便是王公官员们入宴观戏之处。

总之，经过乾隆十一年至十三年（1746—1748）的大规模增建和改建，陪都宫殿的“大内宫阙”较入关前有了显著的变化，在建筑名称、式样、体量、坐落方位等各方面都规整对称，一改清入关前之长短不一、高低不等的随意分布。崇政殿成为皇宫外朝区域的中心。而新增建的东、西所，则解决了皇帝东巡驻跸和庋藏宫廷文物之需，具备了为当朝帝王服务的新职能。创建已逾百年的“国初旧宫”与乾隆时期的“盛世”和谐并存。乾隆后期新建的西路建筑群，则使盛京宫殿平面布局变成了以中路为轴，东、西相辅的三个区域，为盛京宫殿建筑群增添了皇家园林建筑的特色，完成了其从满族地方政权宫廷建筑文化向传统封建皇家宫禁文化的转变。

四、沈阳故宫的空间布局

盛京宫殿自天命十年（1625）兴建，到皇太极时期已经建成了皇宫的规模和风范，在乾隆时期又进行大规模的维修、改建与增建。到乾隆四十八年（1783）最后一批增扩建工程竣工，其建筑活动经历清入关前后两个时期，努尔哈赤、皇太极和乾隆三朝，持续了150多年，最终形成几个时期宫殿建筑并存的积累式面貌。沈阳故宫在营建之初并没有一个完整的规划，而是在不同时期根据实

沈阳故宫东路全景

际需要逐渐改建、增建和补充的。这种积累式建造的宫殿建筑群，是沈阳故宫的主要特色之一，由此也决定了沈阳故宫在空间布局上的特点。

现在一般所论，沈阳故宫被分为东、中、西三路建筑群，各路自成单元，具有相对的独立性和完整性。各个时期的建筑又有着不同的风格和样式，包括建筑材料、建筑技术和民族特色、艺术风格等都各不相同，具有丰富的多样性。但从全局来看，又有统一的面貌和整体性特征，可以说是多样性、多元化之中的统一和完整性。

在努尔哈赤时期所建的东路建筑群，主体建筑大政殿与两侧呈八字形排列的十王亭，构成一组视野开阔的庭院。大政殿与十王亭的建筑布局，不仅反映了浓厚的满族特色和时代特征，也是以努尔哈赤为首的后金统治者的大胆创造。它是努尔哈赤崛起之初八旗制度在宫殿建筑中的反映，脱胎于当时兴兵打仗讨论军国大计时的“营帐”。通常都是主帅设大帐，而其余八旗诸将设凉幄于两厢。因此，大政殿和十王亭是把八旗制度在国家中的地位和八旗贝勒“共理国政”的政治制度，把他们讨论军国大计的军营“帐殿”，用砖木结构的形式固定下来，是努尔哈赤时期“君臣合署办公”政治体制的写照。所以，在沈阳故宫中出现了大政殿与十王亭这一君臣联席会议式的特殊建筑格局，而不是千百年来封建帝王们为体现唯我独尊的朝政体制而形成的那种宫殿布局形式。

中路建筑群，先有皇太极时期建成的“大内宫殿”，其广泛吸收中原汉文化，已经具有了中原皇家宫殿的基本规制，也形成了皇家宫殿的风范与气象。到乾隆时期，又进行了大规模的改建、修缮与增建，增加了东、西所的行宫部分，使其功能更加完善，更能适应皇帝东巡驻跸的需要。在中路大清门以南，有一座黄绿琉璃照壁，有东西朝房、朝楼，东西奏乐亭和文德坊、武功坊等，形成一个相对独立的空间，应是与北京故宫午门外相似的候朝区域。大清门东侧的盛京太庙，全部建筑都铺设黄琉璃瓦，与其他建筑群有明

沈阳故宫中路全景

显的不同，也自成一个独立的单元。在中路，大体形成了中国古代皇宫建筑“前朝后寝”的基本格局，以崇政殿为界限，前面是行政办公区，即“前朝”；后面是起居生活区，即“后寝”。这就与北京故宫的格局差不多了。所不同的是，北京故宫是“殿高宫低”，前朝的三大殿建筑在高台上；而沈阳故宫是“宫高殿低”，凤凰楼和五宫建在人工堆起的将近四米的高台上，因而人们习惯称其为“台上五宫”。

沈阳故宫中路建筑群大致分布依“前朝后寝”之制，符合中国古代宫殿建筑的基本布局原则。在中国古代，“前堂后室”开创了中国奴隶制和封建制宫廷“前朝后寝”的基本格局。在沈阳故宫，“前朝后寝”的严整建筑布局，与“前堂后宅”的建筑分隔一脉相承，是满族共同体新政治方针的体现，也是基本封建礼制建筑分区的延续。但仍有与中原历代皇宫不同之处，比如，按建筑南北中轴线均衡布局是汉族建筑群的基本规则，沈阳故宫中路宫殿虽符合这一原则，却是乾隆年间改建以后的结果。其初期面貌，崇政殿前左右两侧的厢房建筑并不均衡，其东为三间小平房（现飞龙阁位置）和七间厢楼（现东七间楼，但向北移二间位置），西为七间厢楼（现翔凤阁位置）和九间厢楼（现西七间楼位置），位于“金銮殿”前的“左辅右弼”，建筑高低长短各不相同。究其形成的原因，据有的专家分析，是满族在山区居住时，由于可供建房的平地并不多，所以很难使建筑群落的平面布局两侧完全对称，而他们刚刚进入平原地区时仍然对此习以为常。

中路院落的布局，体现了来自汉族宫殿、王府和民居建筑中纵深轴线院落格局的封建礼制观念。从大清门前的候朝空间，到大清门内的四进“前朝后寝”的封闭式纵深院落，不同于东路统一开放式的院落，体现出一种皇权至上、君臣有别的等级观念。这种观念也体现在建筑的布局位置上。满族民居崇尚“以西为尊”，在民居中老人是住在西屋的。但是在中路这个满族特色浓郁的台上五宫院落中，从正宫前的四宫位置上看，其尊卑次序依次是：东宫关雎宫、西宫麟趾宫、东次宫衍庆宫和西次宫永福宫。这显然依照的是汉民族文化中“尊左卑右”的宫室布局特点。此外，在四宫的位置上，东、西次宫比东、西宫向后退让而建，并在台阶和建筑的高度上也依次有所降低，体现了对等级观念的应用。东、西所的建造中，这种尊卑概念就十分清晰了，东所是作为太后居住之所，而帝后位于西所内。

乾隆年间在盛京皇宫中路主体建筑两翼新建了东、西所行宫。东所行宫建筑位于崇政殿、台上五宫之东，中轴线上的建筑由南向北依次为琉璃宫门、垂花门、颐和殿、介祉宫、敬典阁。西所位于崇政殿、台上五宫以西，由中轴线上南至北为琉璃宫门、垂花门、迪光殿、保极宫、继思斋、崇谟阁、七间房。东、西所在总体布局、建筑形式、装饰手段等方面受汉文化影响很大。

“前朝后寝”是中国古代宫殿建筑的基本规制。沈阳故宫符合这个规制，所以说沈阳故宫是中国古代宫殿建筑的一个突出代表。但是，如果把东路和西

路联系起来看，则又是另外一番景象。据有关史料记载，东路建筑虽说是努尔哈赤时期开始营建的，但有记载的使用还是在皇太极时期。东路建筑的功能在于，体现当时体制下的君臣合署办公，也就是八旗制度的一种形式化表现，所以它首先是一个行政办公的场所，起到了“外朝”的作用。其次，是作为举行重大庆典和礼仪活动的场所。比如有记载的，皇太极时期曾在大政殿举行过多次重大活动，顺治皇帝登基典礼、发布入关令，都是在大政殿举行的，到康熙、乾隆东巡，也曾在大政殿举行朝觐等活动。那么，与中路的“宫”相比，东路建筑群就形成了“东朝西寝”的格局。这也可以说是沈阳故宫的一个特色，只不过在以往人们的研究中，这一特点没有引起注意。实际上，在赫图阿拉的兴京、辽阳的东京，也有类似的布局。

沈阳故宫全景图

西路建筑群都是在乾隆时期建造的。自南向北，大体可分为两个区域：一是戏台区域，包括围房、办戏房、戏台、东西看戏房、嘉荫堂等，这个区域的主要功能是供皇帝及其后妃和陪同的大臣们在东巡时观戏休闲之用；二是文溯阁区域，包括宫门、文溯阁、仰熙斋、九间殿等，主要用来贮存《四库全书》等文献。西路建筑是乾隆年间增建的，可以说是“乾隆盛世”的产物。它位于沈阳故宫的最西侧，布局同东、中路一样，相对独立，自成风格。

西路建筑是以娱乐和阅览为主要功能的。它的纵向轴线与东路和中路纵向轴线相平行，这样与其他两路建筑结合得更加和谐统一。

西路建筑采用的是中国传统院落式的组合形式。单体建筑形式，在体量、色彩运用上都各成一系，各具风采。将这些风韵不同的建筑错落有序地摆设开来，就形成了典雅别致、秀美多变的风景。中轴线上的建筑分别为戏台、嘉荫堂、文溯阁、仰熙斋、九间殿等主要建筑，建筑的两侧对称布置着耳房或者游廊等，形成了一个个风格功能各异的庭院。院落层层推进，张弛得当，各种形式的建筑相映生辉，构成了西路建筑高洁雅致的风格。

西路中轴线上的建筑都由一条高出地面约 40 厘米、宽 4 米的甬路连接。甬路是西路中轴线的实体存在，由嘉荫堂至九间殿，贯穿南北。甬路面铺设方砖，两边镶铺阶条石，在每两个建筑中间甬路的两侧，均设有垂带踏跺。相对独立的芍药圃、梧桐院等院落中，以此甬路为分隔，使院落中的风景更加富于变化，突出清秀之感。用高出地坪的甬路来连接主体建筑，使得主体建筑与附属建筑截然分开，形成主次分明的构图。从立面上看，增加了建筑群的空间层次感，打破了平面配置的局限。

如果我们再把东、中、西三路建筑比较一下，可以看出，东路建筑主要是举行重大庆典活动的场所，其建筑风格具有浓郁的满族民族特色和八旗制度的色彩，也是沈阳故宫内最具特色的建筑群。中路建筑，包括皇太极时期的建筑和乾隆时期的建筑，具有皇宫的规制和气派，也更有中原汉族文化影响的元素，特别是乾隆时期增建的宫室，无论在风格上还是在营造技术上，都完全是采纳北京故宫的样式了。这一区域是沈阳故宫的主体部分，也是皇宫气象的主要体现。西路区域的建筑，带有明显的园林风格，戏台和文溯阁的主要功能则在于文化和娱乐方面。这样来看，我们就可以了解沈阳故宫的基本布局，从中也就看到了它的整体面貌。

从对沈阳故宫三路建筑的布局分析来看，虽然三路建筑是分期建造的，建筑风格呈现了丰富的多样性，功能上各成独立体系，但又有相当水准的完整性，形成了三路建筑各具特色而又承接相传的整体布局。从现存三路的整体布局上看，这种建筑群的整体性，在营建之初就在决策者们的考虑之内。例如东路最初形成是在原沈阳城内十字形主要街道的东北角，中路是在原有皇太极王府的基址上扩建而成，中路在建造时考虑了纵深长度与东路保持一致的情况，较为紧凑地安排了纵深五个院落，在使用空间基本合理的前提下，营造了宜人的院落尺度。东、西所在建造时为与中路形成整体性，利用中路与东路间的窄长空间形成东所，在西侧形成了不超过东侧院落尺度的西所，也是出于对整体性面貌的考虑。从院落总体空间布局方面看，三路建筑在处理整体性上体现了融合的特点，形成了建筑尺度上的整体一致性。

第十二章　曾经的“皇家文物宝库”

一、也曾是瑰宝琳琅

沈阳故宫不仅是著名的古代皇家建筑群，也是一座有着丰富藏品的博物馆。沈阳故宫的藏品，主要是清代宫廷遗物和清宫艺术品，是一座以清代宫廷艺术品收藏为主要特色的艺术博物馆。

在清代，盛京皇宫是与北京宫殿、热河（承德）行宫并列的三大皇家文物收藏所之一。据沈阳故宫博物院有关学者的研究和统计，至清朝末年，在这座建筑群中收藏的各种宫廷文物和图书达20余万件（册）。其中既包括供各宫殿陈设、供皇帝后妃驻跸使用和赏赐的物品，也有作为国史旧籍、先帝遗物、御赏古董、内府珍籍等收储的宫廷秘藏。除清帝每年常住的北京宫殿、京西御园、避暑山庄外，其他地方所藏清宫文物在种类和数量上都无法与之相比。

沈阳故宫藏清乾隆款粉彩九桃瓶

沈阳故宫的早期文物，是清朝开国皇帝努尔哈赤、皇太极及其后妃以及顺治皇帝留下的宫廷御用器物。清朝入关后，努尔哈赤、皇太极、福临等人的御用文物绝大部分被带入关内，进入北京紫禁城，另有一部分留在盛京当地的皇家寺庙内。这

沈阳故宫藏清剔红楼阁人物纹座屏

些清初文物均成为清宫旧藏，因传世数量有限，其历史价值极为珍贵。据清人昭梿在《啸亭杂录》中所载：清代中期，留在盛京皇宫的清初遗物，尚有努尔哈赤的绿皮云头旧履、清宁宫所置糠灯、皇太极所用鹿角椅等宫廷旧物。另外，宫内还藏有后金天聪至清崇德初年曾使用的满蒙汉文信牌、印牌等物。清中期，乾隆皇帝曾命人将清初带入北京皇宫的太祖、太宗朝文物进行修复，有的旧物已严重破损，则进行了复制。当时，“太祖高皇帝御用甲胄”“太宗文皇帝御用甲胄”“庄妃诰命”等文物或经修复，或被复制，得到较好的保存，至今，它们仍然收藏于北京故宫中。而另外一些重要的文物，如“太祖高皇帝御用剑”“太宗文皇帝御用腰刀”“太宗文皇帝御用鹿角椅”等，则被系上鹿皮条，上书满汉说明文字，由北京转送回盛京，或放于皇家寺庙内，或藏于盛京皇宫内，成为盛京最重要的清帝御用藏品。此外，清朝入关后，在盛京地区一些皇家寺庙内，如实胜寺（皇寺）、长宁寺、长安寺等，则一直收藏有少量清初皇帝的御用物品，供后人供奉和祭拜。如沈阳故宫现藏“清太宗御用黄色团龙纹常服袍”等，即属此类。

康熙朝时，曾数次向盛京皇宫送贮前朝及当朝皇帝御用弓矢、甲胄、鞍辔、刀枪等物。康熙帝初次至盛京谒陵期间，将原存北京的顺治皇帝生前所用部分武备如兵器、鞍具等移至盛京，于旧宫内“供奉”。按现存清代道光、光绪朝《飞龙阁恭贮各项器物清册》记载，康熙十年（1671），有“世祖章皇帝御用嵌松石珊瑚丝线鞦辔绣龙鞊镀金龙头铁镫鞍”等顺治帝御用马鞍18副、“世祖章皇帝御用黑面桦皮弓”等弓4张及御用箭176支，“恭贮”于盛京皇宫。此后，康熙二十一年（1682）、康熙三十七年（1698）仍有增加，乾隆、嘉庆、道光历次东巡谒陵时相沿成制，也都由北京运送前代皇帝所用武备至盛京皇宫收藏。自咸丰朝直到清末，即使皇帝未再出关谒陵，但仍按制而行。档册记载，宣统元年（1909）八月二十五日，光绪皇帝御用金桃皮弓一张、花皮弓一张、花箭等，共10支，入盛京皇宫飞龙阁“恭贮”。因此，沈阳故宫博物院所藏清帝御用武备形成从太宗朝至德

沈阳故宫藏王鉴墨笔《仿董原山水图》轴

宗朝比较完备的系列，成为渊源最久的一项特殊藏品。

清朝共有四代皇帝十次东巡，随行带来大量珍宝。道光之后的历代皇帝也陆续将北京皇宫中的珍宝移送至盛京皇宫珍藏，使盛京皇宫的藏品从种类到数量都十分可观。

据有关史料记载，在清帝东巡盛京期间，京师内务府为保证帝后在盛京举行各项礼仪及日常膳食、起居等需要，曾奉旨向盛京宫内输运了大批帝后御用器物，充实和丰富了盛京皇宫各个宫殿的陈设与御用物品。康熙曾三次亲谒祖陵，礼成后均入盛京宫殿行庆贺典礼、升殿筵宴，还要在旧宫正寝清宁宫进行祭神活动，盛京皇宫为此增设了祭器、食具、銮驾、卤簿等物。乾隆首次东巡后的三四十年间，在盛京皇宫内陆续增建了东、西所及西路诸建筑，供皇帝东巡盛京时皇太后、皇帝后妃等驻跸，这些场所的陈设品和皇帝巡幸盛京期间出行、举行典礼时所用的卤簿仪仗和乐器也是从北京移送来的。依据现有的清朝档案材料及存世实物看，清帝东巡为盛京皇宫带来的帝后御用物品主要有：皇帝、后妃御用卤簿仪仗、宫廷乐器、宫中祭祀用具、宫内陈设、家具、餐具、文房用品，还有帝后、妃嫔等人的服饰、佩饰等。据档案记载，康熙时期已将东七间楼作为专门存贮盛京典礼所用銮驾卤簿的库房，称之为“銮驾音乐楼”。按 1947 年出版的《东北文物展览会集刊》载文所述，当时沈阳故宫所遗存銮驾卤簿之物可分作四类：（1）辇舆类，如步舆、鞍勒等；（2）御用物品类，如交椅、提炉杆等；（3）仪仗类，如立瓜、卧瓜、龙凤扇、豹尾枪等；（4）乐器类，如画角、铜角、笙、笛等。四类总计百余件。这些卤簿仪仗和乐器，按其制作工艺及有关使用制度分析，大部分当系康、乾年间之物。根据清代史籍及档案记载内容看，清代皇帝所用卤簿仪仗的数量非常庞大，在盛京皇宫銮驾库内所贮数量远远少于卤簿仪仗的总数。这是因为清代在盛京收藏的器物毕竟不常用，其规格也远低于北京所用的最高等级。沈阳故宫博物院现藏文物中，尚有原藏于此的康熙时期的杖鼓、编钟等类宫廷乐器。

对处在重要地位的东北边陲官军、百姓进行赏赐，是皇帝东巡时安抚民心

沈阳故宫藏清康熙款珐琅寿山福海碗

的重要手段。故每次东巡盛京，均需动用国库银两财物，从京师带往颁发。此外，盛京皇宫还收贮了当地官绅向皇帝进献的各类珍宝。

与此同时，盛京皇宫也成为皇家的储物场所。在清王朝的康乾盛世，中国古代各类艺术都呈现了繁荣发展的局面。清朝的帝王，如康熙、雍正、乾隆等，都有很高的艺术造诣，对发展艺术有浓厚的兴趣，所以，当时的宫廷艺术也出现了大繁荣的局面。到乾隆朝，由于清帝国历经一百余年的发展和积累，宫廷中汇聚了普天之下众多奇珍异宝，其中既有历朝制作和流传的精美书画、瓷器、雕刻品等艺术品，也有康、雍、乾“三朝盛世”期间制造生产的瓷器、玉器、珐琅器、织绣品、雕刻品和书画艺术品等宫廷宝物。这些不可胜数的宫中珍宝，除少量实用外，绝大多数是为了宫中陈设及收藏所造。

乾隆皇帝出于对祖先宫殿的敬重，特谕在盛京皇宫收藏、供奉多项宫廷文物。乾隆四十四年（1779）六月，为了调剂北京库存瓷器的数量和种类，将十万件瓷器由京师移送至盛京宫殿。盛京内务府官员经过察看后选中了东七间楼作为储存场所。

从现存档案记载看，大量地从北京移送宫廷物品至盛京皇宫是在乾隆年间，乾隆十年（1745）至乾隆五十年（1785）间移送物品最为频繁，有时一年之内可达 20 次。乾隆年间的《黑图档》《盛京内务府档》中，有关由北京移送物品至盛京皇宫的记载繁多。乾隆八年（1743），首批近 2000 件宫廷器物和陈设运至盛京皇宫，其后乾隆九年（1744）、十年（1745）、十一年（1746）、十二年（1747）、三十五年（1770）、四十一年（1776）、四十二年（1777）、四十四年（1779）、四十五年（1780）、四十六年（1781）、四十七年（1782）、四十八年（1783）、四十九年（1784）、五十年（1785）、五十二年（1787）、五十四年（1789）、五十五年（1790）、五十六年（1791）、五十八年（1793）、五十九年（1794）都曾向盛京皇宫移送物品，每次所送物品少则数件、数十件，多则数千件，最多的一次有十万件。

乾隆初次东巡后决定，在翻建、改建盛京皇宫早期建筑的同时，增建行宫。此后五年间，新建一百多间宫、殿、楼、阁等建筑，其中包括专为收藏玉牒、实录、圣训所建的敬典阁和崇谟阁。乾隆四十三年至四十八年（1778—1783）间，又修建了盛京太庙和文溯阁等建筑，用来收藏帝后玉宝玉册和《四库全书》。

乾隆十三年（1748）左右建成的敬典阁、崇谟阁是盛京皇宫内收藏玉牒、实录、圣训之处。乾隆十年（1745）冬，定修建敬典阁等处工程，并命自顺治十八年（1661）起共纂修九份玉牒，“一并恭送奉天尊藏，以垂永远。嗣后每次纂修玉牒，俟告成后将礼部尊藏一分均照此例恭送奉天尊藏——永为定例”。崇谟阁所储皆为清代“国史秘籍”，其主要部分是历朝实录、圣训，此外还有记载清入关前历史宝贵资料的《满文老档》《汉文旧档》《满洲实录》等。至清末宣统年间，崇谟阁内所贮计有清代前五朝及乾隆、嘉庆、道光、咸丰、同治朝共十朝的实录、圣训，满、汉文实录共1513包，圣训380包，总计近1万册。光绪皇帝的《德宗实录》因于1920年才修成，因而未能送至盛京崇谟阁内收藏。乾隆四十三年（1778）八月，乾隆皇帝第三次东巡盛京。为恢复陪都坛庙之制，“命重修盛京天坛、地坛，移建太庙于大清门东”。建成后的盛京太庙专用于收贮清代诸帝后玉宝玉册。

二、《四库全书》入藏文溯阁

沈阳故宫院内的文溯阁，是为存贮《四库全书》而建的。文溯阁与《四库全书》是密不可分的，它们在历史上的命运也是紧密联系在一起的。

在盛京皇宫储存宝物和书籍，是清朝时的成例。乾隆皇帝明确规定，凡内务府刻印之书，每一种均以一部或数部送至盛京收藏。其用意一是供皇帝祭祀仪典时所用；二是借此提高盛京皇宫的地位，以示不忘祖宗之意。

《钦定四库全书》封面

中国历代王朝都有收集民间图书入藏皇宫的传统。例如唐自太宗至玄宗，两次组织人力抄书，并设立修书院。开元十九年（731）冬，玄宗“临幸”集贤院之际，四库书总数为89000卷。天宝十二年（753）日本第十二次遣唐使来中国时，玄宗曾准许大使藤原清河等纵览府库之所有书籍，并开放装饰有三史九经之三教殿，供其参观。雕版印刷术发明以后，书籍的刊刻成为一项盛大的文化事业，对于文化的传承与发展具有重大的意义。印刷术的发明，从根本上改变了图书的流通方式和人们的阅读方式，使阅读不再是少数人的特权，使得图书可以供大众共享。对于文明的发展史来说，这是一个具有重大意义的变化。

明清时代中华传统文化发展到一个新的高峰，其突出表现为当时对古代文化的系统化总结。明清是自觉总结前古文化历史的时代。实际上，当时的知识阶层对古典文化的高度成熟已有一定的感受和体认。例如清代学者纪昀说道：“自校理秘书，纵观古今著作，知作者固已大备，后之人竭尽其心思才力，不出古人之范围。”纪昀在几次主持乡试和会试时，将回溯经学史、史学史、文学史，评判各派学术宗旨与研究方法，讨论各类体裁的得失作为策问内容，亦显示了总结古典文化的意向。

对古典文化这种大总结的趋势突出表现在文学和学术领域。清代编纂了几部总集性质的大著作，其中最先编成的是《全唐诗》，共900卷，收录诗48000余首，2200余人。后又编《全唐文》1000卷，收录唐五代十国时期的文章 18484 篇，3042 人。后又编《唐文拾遗》72 卷和《续拾遗》16 卷，以补《全唐文》之不足。与之相媲美的还有《全上古三代秦汉三国六朝文》，共得 3497 篇，747 卷。

明清两代图书事业之盛，以编纂大型类书《永乐大典》《古今图书集成》和大型丛书《四库全书》为代表。类书是古代文献资料的汇编，它辑录各门类或某一门类的资料，按照一定的方法编排，是便于寻检、征引的一种工具书。类书类似于百科全书，有人称其为"古代的百科全书"。明代官修《永乐大典》和清代官修《古今图书集成》是我国历史上最大的类书。明成祖欲借修纂类书以炫耀文治，登基不久便命翰林侍读学士解缙等人负责编纂类书，融天下古今典籍于一书之中。参与编写的人员达 2169 人，于永乐五年（1407）书成，明成祖定其名曰《永乐大典》，亲自制序，称赞其"上自古初，迄于当世，旁搜博采，汇聚群书，著为奥典"。《永乐大典》共 22937 卷，目录 60 卷，分装成 11095 册，达 37000 万字，广收了上自先秦、下至明初的经史子集百家之言以及天文地理、阴阳医卜、僧道技艺等 8000 余种典籍。《永乐大典》早已散佚殆尽，现经多方收集，散藏于世界各地的只有 800 余卷。

《四库全书》是历史上最大的一部官修丛书，是明清文化发展的一件盛事。乾隆三十七年（1772），乾隆皇帝下诏征求天下藏书。同年十一月，安徽学政朱筠借征书之机提议校勘《永乐大典》，并将其中亡佚及不常见的古书抽出缮写，各自为书。此提议深得乾隆嘉许，这直接促成了《四库全书》的开馆纂修。《四库全书》以永瑢、纪昀等为总裁编纂，以全国各地采集、进献、内府原藏、敕撰等方式汇集天下之书，历十年成书。

《四库全书》可以称为中华传统文化最丰富最完备的集成之作。《四库全书》共收书 3460 多种，79300 卷，36000 多册，分为经、史、子、集四部，故名《四库全书》。其中"经部"分为"易、书、诗、礼、春秋、孝经、五经总义、四书、乐、小学"等 10 类，"史部"分为"正史、编年、纪事本末、别史、杂史、诏令奏议、传记、史钞、载记、时令、地理、职官、政书、目录、史评"等 15 类，"子部"分为"儒家、兵家、法家、农家、医家、天文算法、术数、

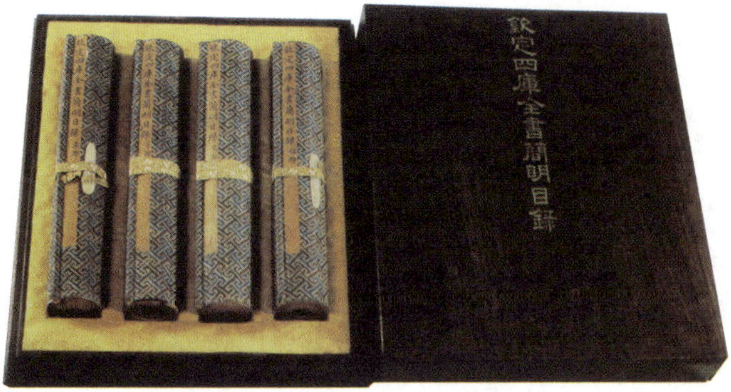

《钦定四库全书简明目录》盒

艺术、谱录、杂家、类书、小说家、释家、道家”等 14 类，“集部”分为“楚辞、别集、总集、诗文评、词曲”等 5 类。总共 44 类。

《四库全书》组建了庞大的编书队伍，从四库全书馆正式成立，到第一部书成，历任馆职者共 360 人。另外，担当誊写、装订等工作的有 3826 人。鸿才硕学荟萃一堂，盛况空前。虽然由数千人抄写，但字体风格端庄规范，笔笔不苟，如出一人。为了保证进度，还规定了抄写定额：每人每天抄写 1000 字，每年抄写 33 万字。5 年期满，抄写 200 万字者，列为一等；抄写 165 万字者，列为二等。按照等级，分别授予州同、州判、县丞、主簿等四项官职。发现字体不工整者，记过一次，罚多写 1 万字。由于措施得力、赏罚分明，《四库全书》的抄写工作进展顺利，每天都有 600 人从事抄写工作，每天至少可抄 60 万字。

《四库全书》是成于众人之手的一部巨著，它对清以前的历代典籍进行了系统的整理和全面总结，对我国古典文献的保存与流传发挥了重要作用。

《四库全书》成书之后，乾隆皇帝下旨抄录 7 份，分贮于北京紫禁城文渊阁、圆明园文源阁、盛京皇宫文溯阁、热河行宫文津阁、扬州大观堂文汇阁、镇江金山寺文宗阁和杭州圣因寺文澜阁。文渊、文源、文津、文溯阁被称为“北四阁”或“内廷四阁”，文汇、文宗、文澜阁被称为“南三阁”或“江南三阁”。

乾隆四十七年（1782）春，第一部“文渊阁藏本”《四库全书》抄录完成，并正式入藏北京紫禁城文渊阁。一年以后，即乾隆四十八年（1783）春，第二部“文溯阁藏本”《四库全书》也全部抄录完成。

不过，早在乾隆四十七年（1782）冬，内务府即开始将“文溯阁藏本”分批启运盛京。因为在翌年夏秋之际，乾隆皇帝将要进行第四次东巡，而在盛京宫殿驻跸期间，一个非常重要的活动就是要在新建的文溯阁内阅览《四库全书》。北京至盛京路途遥远，为了确保运输安全，书籍不致损坏，决定按地域分段负责运送：自北京至山海关由直隶总督负责，自山海关至盛京由盛京将军及奉天府尹负责。乾隆四十八年（1783）春，《四库全书》总校官陆费墀、将军永玮奉命专程赴盛京文溯阁陈设书籍，并在文溯阁东侧立《御制文溯阁记》碑，此为文溯阁正式藏书之开始。

入藏盛京皇宫文溯阁的《四库全书》先后分5批陆续运抵盛京：乾隆四十七年（1782）十一月，第一批《四库全书》1000函和《古今图书集成》576函由北京运抵盛京皇宫；一个月之后，第二批图书由京运到，计《四库全书》1491函。乾隆四十八年（1783）正月，第三批《四库全书》1500函运到；二月，又运到第四批1500函；三月，运到第五批260函，另有空书匣364个；九月初，又由京送到《四库全书总目》20函、《四库全书简明目录》3函、《四库全书考证》12函。至此，36000册“文溯阁藏本”《四库全书》已全部运送完毕，正式入藏文溯阁，并按经、史、子、集各部分类摆放在文溯阁的藏书架上。

文溯阁内藏书架按建筑结构分置于阁内3层，每个木架上标刻有“《四库全书》某部第某架”，以利于查阅者找到所需书籍。阁之下层存放着《四库全书》“经部”20架共960函及《四库全书》之《总目》《考证》《简明目录》35函，阁之中层“仙楼”内存放《四库全书》“史部”33架共1584函，阁之顶层存放《四库全书》“子部”22架1584函、“集部”28架2016函。除《四库全书》外，文溯阁下层还存放着《古今图书集成》12架共576函。

《四库全书》系乾隆时期由内务府督办的精品写本，图书装帧十分精美，每册书函之外套以特制的楠木书匣。全书所有卷册皆为软面包背装，各册封面采用不同颜色绢料以区别内容之不同，“经部”采用绿色绢，“史部”采用红色绢，“子部”采用青色绢，“集部”采用灰色绢，而《四库全书总目》《四库全书考证》《古今图书集成》则采用黄色绢。《四库全书》在内部装帧和版式设计上也十分考究，全书用纸均采用洁白坚韧的开化榜纸，书页的框界为朱色细栏，版心上栏题写“钦定四库全书”，页中题有各册具体书名，每种书卷之首冠以内容提要，每册在首、尾二页均钤有“文溯阁宝”和“乾隆御览之宝”玺印。

乾隆四十八年（1783）九月中旬，乾隆皇帝在盛京东巡中祭祀完三座祖陵后，驾临盛京宫殿。他于宫内驻跸 5 日，先后举行一系列祭祀及庆典活动。九月二十日，乾隆皇帝在皇十一子永瑆、皇十五子颙琰、皇十七子永璘及内阁大学士的陪同下，来到建成不久的文溯阁内，见到了自己倾心关注的文溯阁《四库全书》。

乾隆皇帝为文溯阁御笔亲题了两副楹联。一副是：

古今并入含茹万象沧溟探大本，
礼乐仰承基绪三江天汉导洪澜。

另一副是：

古鉴今以垂模敦化川流区脉络，
本绍闻为典学心传道法验权舆。

中厅还悬挂御制匾额：圣海沿回。

清朝廷对文溯阁及《四库全书》十分重视。为保护文溯阁及《四库全书》，特设立文溯阁衙门，由专人经管，设九品食俸催长 1 员、食饷催长 1 员，隶属于盛京内务府管辖。每年六月六日晾书一次。每年四月，由盛京工部供给樟脑 66 斤，野鸡尾毛掸子 10 把，短把鸡毛掸子 8 把，以备应用。隔一年工部派人裱糊门窗一次。所以，文溯阁《四库全书》在藏一百多年，一直保存完好。

文溯阁《四库全书》入藏后，进行过两次大规模的复校。乾隆五十二年（1787）五月，乾隆皇帝在避暑山庄翻阅文津阁《四库全书》时发现错讹，遂命将“内廷四阁”重校。五十五年（1790）三月，《四库全书》总纂之一陆锡熊带领总校和分校赴盛京，并将部分《四库全书》底本直接带入盛京，由陆锡熊“总司校签，仍兼分阅，与详校之刘权之、郑际唐、关槐、潘曾起、翁方纲等，每人应分一千余函，谨将各书逐段均派，按股阄分，以专责成而均功力”。在复校过程中，当地官员对书籍管理十分严格，校勘人员所校阅书籍，由盛京将军指派专人“查照总裁官开列书名图记清单，赴阁照单查出书籍，登记册档，用黄盘连匣盛贮，派官敬谨押役抬交收发所查收。校毕发回时，仍令照前敬谨押回”，查对明确后再“归架销档”。此次复校，历经 4 个月之久，至 7 月方才校毕，“计阅过书六千七百余函，此内点画讹误，随阅改处，查出誊写错落、字句偏谬书计六十三部，漏写书两部，错写书三部，脱误及应删处太多应行另缮书三部，匣面错刻、漏刻者五十七部”。

乾隆五十六年（1791）七月，纪昀带人对文源、文渊二阁《四库全书》进行第二次复校，又查出不少问题。陆锡熊等人见此情状，担心文溯阁《四库全书》虽经复校，恐难免有错，便上奏请再赴盛京。经乾隆皇帝允准后，陆锡熊等于翌年正月即前往盛京。然而陆锡熊一到盛京，即“以病寒卒”。遂由礼部侍郎刘权之接替，开始了对文溯阁《四库全书》的第二次复校。刘权之将原应由陆锡熊校阅的 1000 余函，与校勘人员认真复核，并“每人各付一册档，填写姓名其签改之处，并令详载各书卷数及某页某行，以便按籍抽核”。同时对照文源、文渊二阁的核阅清单，“随时核对缮补”。奉天府丞亦表示对校勘人员“交出各书归架时逐函抽看，如查出缺误，即拨回令其另校，务其详慎无误”。

此次校书工作进行了两个月。结束后，盛京地方官员将“所有校出各书，逐卷详查，照依次敬谨上架”。

三、盛京皇宫文物的流失

有清一代，沈阳故宫作为清朝的“开国圣迹”，受到极大的推崇。然而，到了清朝末年，国运衰败，盛京宫殿也遭受了前所未有的劫难。从清朝末年到民国时期，大量文物珍宝从沈阳故宫流出。

光绪二十六年（1900），东北地区兴起义和团运动，沙俄军队借口“护路”“剿匪”，派兵入侵辽东腹地。是年九月，南路俄军相继攻陷海城、牛庄、辽阳等城，逼近盛京。盛京将军增祺、副都统晋昌等人因惧怕国宝受损，匆忙将移放敬典阁的清初十方宝玺——“大清受命之宝”、“皇帝之宝”（三方）、“奉天之宝”、“天子之宝”、“奉天法祖亲贤爱民”、“制诰之宝”、“敕命之宝”、“广运之宝”，以及历朝皇帝“圣容”“行乐图”和翔凤阁存放的金条等装车抢运出宫，送往承德的热河行宫暂存。但此后这批国宝再也没能回归盛京皇宫。

同年10月1日，沙俄军队攻入盛京，占驻盛京宫殿，盛京皇宫沦为沙俄侵略军的屯兵驻扎之所。他们占领了盛京衙门等重要官署，进驻了昔日威严无比的皇家宫苑，哥萨克兵负责守卫宫殿，突击队和巡逻队负责守卫盛京将军官邸。11月，俄军逼迫盛京将军增祺签订《奉天交地暂且章程》，规定沙俄在盛京等处驻兵，遣散中国军队，收缴当地枪支、拆毁炮台等。这些规定意欲使沙俄的军事侵占合法化。他们还企图让李鸿章“请两宫（慈禧太后和光绪帝）移跸盛京，在彼与各国开议和局”。对于这一“章程”，清政府不予承认，以“擅立约章”的罪名，将增祺革职，委派驻俄公使与沙俄政府谈判。最后，沙俄政府不得不同意“废约”。俄军直到1903年才最后从盛京宫殿撤出。沙俄侵略军先后占领沈阳故宫长达两年半的时间，使这座宫殿的建筑和藏品受到了前所未有的破坏和劫掠。

在俄军占据盛京皇宫期间，1901 年 5 月符拉迪沃斯托克东方学院汉学教授鲁达科夫奉命率考察队前往盛京调查皇宫藏书。在两个多月的时间里，该考察队对皇宫文溯阁、凤凰楼、敬典阁、崇谟阁以及盛京将军衙门等处所藏图书与文物进行了仔细盘点，并为重要文献编制了目录。

俄军撤出盛京皇宫后，盛京内务府官员对翔凤阁、飞龙阁、东西七间楼、敬典阁、崇谟阁、太庙、文溯阁等处的藏品进行了详细的察验清点。据光绪二十九年（1903）《盛京宫殿行宫楼阁缺失陈设器物清册》所记，经过清点，发现有万余件藏品被盗丢失，大部分为金锭、金条、瓷器、书籍、墨刻等。其中各种器物 3000 多件，大小银锭 8000 个、重 6000 两，各种金器、金锭、金条等总计重达万两以上，各项瓷器 6300 多件。盛京太庙内收藏的清历朝帝后玉宝、玉册亦有损毁、丢失，原藏完整的 32 份玉宝、玉册中，共丢失孝和睿皇后、宣宗成皇帝、孝慎成皇后三份玉宝；玉册中有孝诚仁皇后玉册三页（满文一、汉文二）、孝懿仁皇后玉册三页（汉文）、孝慎成皇后玉册二页（满文）、孝全成皇后玉册二页（满、汉文）遭到损坏，另有孝哲毅皇后玉册首页损坏。文溯阁《四库全书》丢失 39 卷。这是盛京皇宫受到的最大的一次浩劫。

日俄战争时期，清廷提出交战双方不得扰动其“祖宗山陵宫殿”的要求，但俄日军队置若罔闻。俄军海军陆战队等曾闯入奉天宫殿，在大政殿前摄影留念，以示横行皇宫之“荣耀”。1905 年，日俄会战战场遍及盛京四周。俄军把总司令部设在沈阳故宫，占据各制高点，并将大炮架在城头，大炮发射时曾有墙体震裂的现象发生。日军攻城前，占领实胜寺作为总司令部，先用排炮猛轰城垣，轰毁了几座城楼、角楼，将西南城炸开大豁口，将其作为攻城的突击点。俄军撤退前还在沈阳故宫内掘地数尺搜寻财宝。

此外，还有一些珍宝以赠送的名义外流。光绪三十四年（1908），奉天巡抚唐绍仪以专使身份出访美国，行至盛京，奉慈禧太后旨意，取走奉天皇宫数件瓷器作为赠品。当时金梁任奉天旗务总办，他回忆说：“余戊申秋出关，适唐专使奉命聘美，特过沈阳取佳瓷数件挟之西游，谓备赠遗国主之用。方闻而讶之。”金梁问唐绍仪因何而来取古瓷器，唐绍仪说：“奉太后旨，提取盛京宫藏旧瓷，为赠馈品。”金梁向他索取“谕旨”，唐绍仪说是“太后面谕”。无奈，金梁只能让他挑选古瓷器。唐绍仪当即选得精美瓷器10件，金梁为之拍照存档，其中有“洋彩翠地锦上添花观音瓶”“雍正款五彩瓷花瓶”“瓷胎画珐琅白地山水瓶”等。

宣统元年（1909），英国名将希吉纳（或译希基拉尔）来北京访问，他对中国瓷器颇为艳羡，自诩“视兵如子，以瓷为妻”。他向当时任“监国摄政王”的载沣提出到盛京皇宫游览并索要藏瓷，载沣竟适其贪欲，允其自选两件，作为朝廷赠送给他的礼物。金梁等人接电后甚感为难。金梁想，如任其自选，必然要取大器重宝。因此，他采取紧急措施，事先将东七间楼瓷器库中大且精者百十件移贮别库。希吉纳到盛京后，参观楼内所陈瓷器，询问：“尚有佳者藏于何处？”金梁答曰：“已无。”这时希吉纳出示随身携带的瓷器藏品照片向金梁指问。金梁仍称不知。希吉纳无奈，只好选小瓶小尊二件，皆精瓷。当他还想选别的佳瓷时，被金梁急阻。事后金梁说：“幸藏其巨且精者，否则如康熙窑大花缸，缸高数尺，上绘万里江山一统图，倘意任之流海外，岂不为人笑哉？”金梁慨叹说：“（盛京皇宫）藏珍虽富，又能禁几人予取予携耶？”

民国元年（1912），当时握有奉省军权的陆军中将二十七师师长张作霖，为结交政界权要，命部下从沈阳故宫瓷器库藏品中选取“霁红小高瓶”“冬青釉带盖高罐”“冬青釉蒜头口大肚瓶”等瓷器数件，作为贵重礼品亲自携往北京赠送要员。

四、从盛京皇宫到古物陈列所

盛京皇宫原藏文物最大的一次流散是在古物陈列所建立以后。

清末就有建立皇家博物馆之议。早在19世纪末，随着变法图强的呼声日益高涨，康有为等维新派思想家就大力提倡新政，把兴办博物馆作为新政内容之一，并对文物古迹的保护和利用提出了许多具体意见。但中国最初出现的几座博物馆，均是外国人在中国创办的。光绪三十一年（1905），力行“实业救国”的张謇，在南通创办了中国历史上第一个公共博物馆——南通博物苑。这是中国人自己创建博物馆之始，开辟了中国人创办博物馆风气之先河。同年，张謇呈递《上南皮相国请京师建设帝室博览馆议》，主张仿效日本帝室博览馆之制，“奏请皇太后、皇上颁赐内府所藏”并“谕令京内外大小臣工及世禄之家、嗜古之士进其所藏”，在京师设立帝室博览馆，并“可渐推行于各行省”，还从建筑、陈列、管理、模型、采辑、表彰六个方面对博览馆的规制提出了具体建议。然而此议未被清朝皇室采纳。

1913 年（民国二年）张謇再次提出：“自金元都燕，迄于明清，所谓三海三殿三所者，或沿旧制，或扩新规，宫苑森严，私于皇室。今国体变更，势须开放……则所谓为地兴事者，非改为博物苑、图书馆不可！”并建议“博物院宜北海。至图书馆，则昔之内阁国史馆，文华殿、太和殿、武英殿、方略馆，甍宇相望，地位横通足设。以兹清切之区，为图书之府”。

民国元年（1912），民国政府教育部议于北京设立历史博物馆，并成立筹备处，欲以盛京故宫文物运京供其收藏及展览之用，并派戴克让、许丹、齐宗颐三人至沈阳“调查”，历时一个月，将盛京故宫所藏书画、瓷器及其他清宫器物全部验看一过，并抄录文物清册 20 本带回北京。但因“当时国是甫定，部务繁多，重以兹事体大迁延不决”，以致此事半途而废。1912 年 10 月 1 日，《内务部为筹设古物保存所致大总统呈》又提出：“查古物应归博物馆保存，以符名实。但博物馆尚未成立以先，所有古物，任其堆置，不免有散失之虞。拟请照司所拟，于京师设立古物保存所一处，另拟详章，派员经理。至各省设立分所之处，应从缓议。”①

1913 年 9 月，北洋政府内务部佥事、著名画家金城建议：“仿效法国罗浮宫的先例，将承德避暑山庄和沈阳故宫遗留文物运到内务部管理的紫禁城前

① 中国第二历史档案馆编：《中华民国史档案资料汇编·文化》，江苏古籍出版社 1991 年版，第 268 页。

朝，建立收藏、展示皇家艺术品的古物陈列所。”据此，北洋政府内务部呈请大总统袁世凯批准，决定于北京故宫“外朝”（乾清门以南，以三大殿为主）建立“内务部古物陈列所”。1913年12月24日制定的《古物陈列所章程十七条》申明：“本部有鉴于兹，默察国民崇古之心理，搜集累世尊秘之宝藏于都市之中，辟古物陈列所一区，以为博物院之先导，综我国之古物与出品二者而次第集之，用备观览，或亦网罗散失参稽物类之旨所不废欤。”1913年12月30日，古物陈列所筹备处正式迁入武英殿西配殿北二间办公。1914年2月4日，古物陈列所正式建立。

因当时故宫内廷建筑群及文物尚归逊清皇室管理，因此内务部决定从热河行宫（承德避暑山庄）和盛京皇宫调运文物以供收藏展览之用。1914年1月，内务部派治格（原镶红旗蒙古都统兼清宫护卫军都护史）和沈国钧赴沈阳，办理盛京皇宫陈设物品起运事宜。同行者有随员十余人和清室内务府福子昆等。此外，还带了北京奇宝斋古玩铺10余名工人前往，负责包装古物。他们在奉天都督张锡銮的协助下，从1月13日至3月24日，分六次将1201箱、114600余件（册）铜器、瓷器、书画、书籍、珠宝、文房用品等运到北京。所运文物，主要是原藏于飞龙阁的御用武备和古代铜器、原藏于翔凤阁内的各宫殿陈设物品、东七间楼的明清陶瓷，以及行宫宫殿内的家具陈设等物品，均属盛京皇宫所藏文物的精品。次年，沈阳故宫文溯阁《四库全书》《古今图书集成》也全部运至北京，陈放于保和殿，归属古物陈列所。运到北京的热河行宫文物计1949箱、117700件，同样数量巨大。不过，当时就有人认为，热河行宫藏品“不能如沈阳行宫之富丽与精美”。这些文物均经分门品类，登记册簿。然如此数量巨大，“仅编总册，未能精详”。直到1925年，方制作完成《古物汇总目录》。

除承德、沈阳运京文物外，古物陈列所建立后，还陆续接收了南薰殿收藏的历代帝王贤哲图像、雍和宫经书文物、柏林寺藏经版及各部、各地送交的文物，到1934年，古物陈列所藏品达28万余件。其间由内务部拨款，对收藏的部分贴落、画像进行了揭裱、临摹。

带有花絮性质的是，虽然从承德和沈阳运到北京的文物数量巨大，工程浩大，但当时的北洋政府认为“清室宝物仍归小朝廷所有”，古物陈列所的文物，就当作由清室借给民国政府陈列，到民国政府财政好转时，才支付全部价钱。经民国政府与逊清皇室双方约同古玩商家逐件审定，折中估价，“由民国承认属于清室的，从沈阳和热河皇宫运回紫禁城的宝藏总价值共达三百五十多万元”[①]。当未付价之前，这些古物暂作皇室出借民国之用。末代皇帝溥仪的英籍老师庄士敦（Reginald Fleming Johnston，1874—1938）在其回忆录《紫禁城的黄昏》中，也提到古物陈列所展览的文物是“借用”的。

沈阳和承德的文物相继运达北京后，“分置太和、中和、保和、文华、武英各殿”。后又将昭德门与体仁阁及左右配房，以及太和殿两掖间，一并改为盛京文物库房。1914 年 6 月，用美国退还庚款 20 万元在武英殿以西的咸安宫旧基建筑宝蕴楼库房，用来保存文物。宝蕴楼被称为中国近代博物馆史上第一座专门用于保存藏品的大型现代文物库房。

1914 年 10 月 10 日，古物陈列所在武英殿正式开幕，并自次日起售票，供各界人士参观。这是中国历史上的一件大事，也是中国博物馆发展史上空前的盛事。故宫老院长马衡先生说，古物陈列所“始具博物馆之雏形”，开创了国立博物馆之先河。还有评论说：古物陈列所是“明清北京皇宫成为博物院之权舆”，是“紫禁城向博物馆转变的第一篇章”。当时的古物陈列所只有武英殿一处展室，因此有时也用武英殿直接代称古物陈列所。

古物陈列所代表了我国 20 世纪 20 年代博物馆的水平，受到观众欢迎。从 10 月 11 日到月底的 20 天内，参观人数达到 11000 余人次，鲁迅、顾颉刚等知名人士都曾前去参观。

顾颉刚在《古物陈列所书画忆录（并序）》中写道：“民国六年（1917）十月，偶陪了戚长游三殿。顺道到古物陈列所参观。陈列所有两部分，文华殿

---

① 〔英〕庄士敦：《紫禁城的黄昏》，陈晓东译，山东画报出版社 2007 年版，第 230 页。

北京故宫宝蕴楼，古物陈列所的文物就曾存放在这里

里是书画，武英殿里是古代的彝器和宋以来的各种工艺品。我们进文华殿时，顿使我受一大刺戟。这里边真有许多好东西，尤其是宋代的院体画和明代的文人画，精妍秀逸之气扑人眉宇。把以前所见的一比，就显出我家收藏的粗陋，而珂罗版印本也已失了神采。我抑不住的喜悦，把我的心花也怒放了！我正想在笔记册上把极心赏的几帧的名目抄了出来，不幸瞥见小屏风上写着的参观规则是禁止摄影和笔记的，警察又狠狠地跟随，使我在怀中摸着了笔记册而不敢取出。退一步吧，想每帧多看上几眼，而同游的人又没有我的兴致，他们只是匆匆一走，我也只得随着出来。归后把记得的写出，有三四十件，戚长夸奖我的好记性。我道：'看了二百帧只记得三四十帧，这算什么好记性呢！看我明天再去，把所有的尽记了出来！'"[1] 顾颉刚还在文章中对古物陈列所的收藏

① 顾颉刚：《古物陈列所书画忆录（并序）》，《现代评论》1925 年第 19 期。

和展览提出了几条很重要的意见。

但鲁迅的评价似乎不高，他在10月24日日记上记载："游武英殿古物陈列所，殆如古董店耳。"[①]

随着古物陈列所的影响日渐扩大，开放面积和陈列文物数量也大大增加，来此参观的游客明显增多，其中外国游客占了很大比例。1916年以后几年中，博物馆陈列的那些引人入胜的艺术品吸引了来自世界各地成千上万的观众。古物陈列所对于外国人来所参观者亦特加优待，"平时每遇外国游历团来所，即于传心殿预备茶点接待，并分布英文说明书，俾以明了"[②]。古物陈列所先后接待过英国王子、法国元帅、美国将军、日本议长、俄国公使、美国美术陈列所所长、法国巴黎博物院院长等众多外国贵宾。另据统计，从1928年7月中旬到1934年，6年间共接待观众422000人次。其中1928年后半年观众人数为48182人次，1929年全年为62219人次，1930年全年为74408人，1931年全年达到最高的79304人次。

对于沈阳故宫来说，在其所藏文物迁运北京、入藏古物陈列所之后，基本上是物去楼空，原藏文物所剩无几，这座古老宫殿黯然失色。这些迁入古物陈列所的文物一去不复回，再也没能回到沈阳故宫。1930年10月，以国民政府主席蒋介石领衔的10名故宫博物院理事联名提出《完整故宫保管计划》，并经行政院通过。其中提出：将中华门至保和殿原属古物陈列所、国立历史博物馆的部分全部交由故宫博物院接收管理，古物陈列所"即由内务部、故宫博物院、沈阳故宫博物分院会同派人接收，组织点验会"，嗣"将沈阳移来之一部分仍移归沈阳故宫博物分院，以完沈阳历史上之古迹"。[③]然而，由于时局动荡，这个计划终没有实现。

---

① 《鲁迅日记》（上卷），人民文学出版社1976年版，第110页。

② 宋兆霖：《中国宫廷博物院之权舆——古物陈列所》，台北故宫博物院2010年版，第41页。

③ 宋兆霖：《中国宫廷博物院之权舆——古物陈列所》，台北故宫博物院2010年版，第58页。

在这些文物中，只有《永瑢芳园高韵轴》《宏旿松壑仙庐轴》等 12 幅书画作品，在 20 世纪 50 年代沈阳故宫博物馆因陈列展览需要，于 1959 年 7 月借调至沈阳故宫，1973 年 9 月补办了正式调拨的手续。这些原藏品通过北京故宫回拨的渠道，才得以回到沈阳故宫。

第四编　从皇宫到博物馆

第十三章 博物馆的初建与发展

一、金梁与沈阳故宫的因缘

现在，说起沈阳故宫博物院的历史，人们往往把金梁称为沈阳故宫博物院第一任院长和创办人。这种说法并不准确，但是，金梁确实与沈阳故宫结下了不解之缘，并在沈阳故宫向博物馆转变的过程中，发挥了重要的和不可替代的作用。

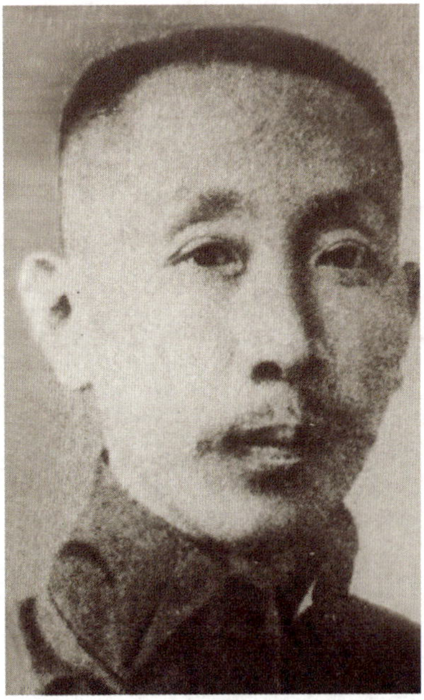

中年的金梁

金梁这个人很不简单，当时就被人称为“博物君子”。金梁，满族人，姓瓜尔佳氏，汉名关介之，号东八旗华旧史、小肃、东庐、瓜圃等，晚号不息老人、一息老人。隶满洲正白旗籍，杭州驻防旗人。金梁原字“锡侯”，清朝灭亡后，改为“息侯”。人问其故，他引《左传》楚子灭息的故事，是为了“志辱”。为此，他还作有元旦纪感诗一首——“元旦朝故主，不觉哭失声，虑众或骇怪，急归掩面行”，以表“忠义之裔，节孝之后”的一片忠心。金梁自小就聪明好学，七岁能诗，九岁读完《十三经》。清光绪二十八年（1902）壬寅科举人，三十年（1904）甲辰科进士，在北京历任内廷中书、京师大学堂提调、内城警察厅左厅知事、民政部丞参议等职。

在京期间，金梁曾给光绪皇帝上万言书，沈曾植称他“三上万言书，以忠直名海内”。汤寿潜的《戊戌上书记书后》一文曾详细记叙了这一事件：“金君梁满洲瓜尔佳氏，伏阙上万言书，言辞激烈，指斥宫闱，且直诋时相，请杀之以谢天下，万口宣传，中外名人争以一见颜色为荣幸。”文中所说的“时相”指的是与慈禧一起发动戊戌政变的大学士荣禄。荣禄身兼将相，权倾举朝，号为宠臣。金梁上书后不久，翰林院编修沈鹏也冒死上书，要求朝廷改弦更张，归政光绪，并处死荣禄、刚毅等奸臣及太监李莲英。不久天津《国闻报》刊登了沈鹏的言论，举国上下为之震动。恼羞成怒的慈禧颁布上谕指斥编修沈鹏“丧心病狂，自甘悖谬”，衣冠败类，即著革职，永远监禁。后人将金梁与沈鹏二人相提并论。金梁能在守旧势力猖獗的形势下主持正义，这在当时是非常难能可贵的。10 多年之后，慈禧因民政部保举召见金梁时，再度提起此事仍然“怒目相对”。

光绪三十四年（1908）秋，金梁在东三省总督徐世昌推荐下，出任奉天旗务司总办，同时还负责典守盛京皇宫。从此，他的一生就与盛京皇宫结下了不解之缘。这一年金梁 31 岁。

宣统元年（1909）初，金梁以奉天旗务司总办兼管内务府事务。七月四日，奉天旗务司改为旗务处，金梁续任总办。

此时的清朝已经是风雨飘摇，远在关外的盛京皇宫也破败不堪。金梁看到盛京皇宫所藏不断流出大内，痛心疾首。他于宣统二年（1910）七月，向东三省总督锡良奏请拟在盛京皇宫内成立“皇室博览馆”，并亲笔画图作贴说，目的是陈列皇宫殿阁中收藏恭储的器物，逐渐形成规模，以此可入世界皇室博物馆之林。这是中国首次提出建立公立博物馆。

八月二十日，总督锡良接纳金梁请设皇宫博览馆的建议，将“盛京大内文溯阁前建立博览馆折”和金梁的“绘图贴说”一并上奏朝廷。后来，摄政王载沣接到东三省总督锡良奏请盛京大内设立皇宫博览馆折，朱批“所有尊藏器物准其陈列齐整，敬谨瞻仰，毋庸另设博览馆名目。钦此”。此事遂作罢。

宣统三年（1911）夏，金梁任新民府知府。辛亥革命后，金梁担任清史馆校对。1916年，张作霖接任奉省大权后，先后任命金梁代理奉天清丈局长兼开埠筹备处总办、奉天省政务厅厅长，还授封北京政府三等嘉禾章。这时，金梁重新组织人力、招聘满汉学士，翻译奉天故宫崇谟阁的《满文老档》，其中有文氏等译员十余人负责此项工作。

《满文老档》系记录清太祖、太宗朝史事的珍贵文献，清入关后由沈阳带入北京。原档四十册，都是用无圈点的老满文书写的。乾隆中期曾命令用新、老满文各重修两份，一份存于北京皇宫，一份藏于盛京故宫的崇谟阁。崇谟阁位于盛京宫殿大内宫阙西所的后部，乾隆四十五年（1780）老档从北京运到盛京后，除内务府杂役定期晾晒通风外，无人可以接触。金梁主管盛京内务府事务时，曾阅览了崇谟阁中大量藏书。光绪三十一年（1905），日本人内藤湖南受日本外务省的派遣，以《朝日新闻》记者的身份，到盛京进行所谓史迹调查，进入崇谟阁等处翻查皇室典籍等，看到了《满文老档》。此后不久，1912年，他又以京都大学文科教授的身份进入崇谟阁，以搜集史料为名，将《满文老档》全部拍照后带回日本进行翻译研究。金梁对此颇为紧张，认为汉译工作迫在眉睫。因《满文老档》卷帙过多，全译非易，他决定将每一部分内容摘要译录，逐步译成汉文。他在《光宣小记》“汉文老档”中说：“满文老档余已全部译出，分订百卷，以卷帙过繁，不克付印。”

1917年5月，金梁因与宗社党有牵连，被调离奉天政务厅长一职，改任奉天北路道洮昌道尹。翌年秋，经他组织满汉学士摘要译录的《满文老档》，终于译成百卷汉文。为此，他又准备将“汉译老档”全本付梓刊印。不久，金梁被免去所任洮昌道尹及奉天辽源交涉员职，回杭州老家去了。以后金梁在张作霖幕中任参议，并请大总统徐世昌出版《四库全书目》，又重新校对《满文老档》，定名为《满洲老档秘录》，实为“汉译老档”选刊本。

民国建立后，金梁又先后至少三次向逊帝溥仪建议设立博览馆，比如1921年，他提出："臣复创设馆之议，时与东西博古专家往还讨论，皆极赞许，并允助成，尤应提前速办，此保护宫廷之大略也。"金梁此时建议设立博览馆的出发点是保护逊清皇室的财产，以图将来复辟。1924年2月，金梁被末代皇帝溥仪封为逊清小朝廷的"内务府总管"。他曾再次向溥仪提出建立皇室博览馆的建议，但没有被采纳。金梁在任职"内务府总管"之时，上"疏"溥仪20余道，矛头直指载沣，建议载沣告退，由溥仪"亲政"，因此被载沣撵出宫门。

二、东三省博物馆初建

辛亥革命推翻了清王朝的统治，但因逊清皇室尚存，皇帝的宫殿仍由内务府管辖。从1912年中华民国建立到1924年间，奉天故宫作为"皇室产业"，归"皇室"管理，盛京宫殿仍像在清末时一样，归内务府办事处管理，并且在

1900年的沈阳故宫大政殿

办事处的下面仍设有广储司和营造司等旧时机构，负责承办有关皇宫建筑维修、物品管理等事务，例由上三旗挑选甲兵，组成警卫守护皇宫内外。但实际上，此时内务府对有关奉天皇宫事务的处理，已不完全凭逊清小朝廷降旨钦定，而须经由中华民国政府相关部门批准决定。

由于奉天的皇室事务在清代已大为减少，加之经费支绌等原因，1914 年 7 月，经报请奉天巡按使公署批准并于财政厅、警察厅备案，盛京内务府将宫内警卫一律裁撤，遣散归旗。宫墙内外改由警察厅派警兵、卫队设岗守卫。1915 年 6 月，盛京内务府对其下属办事机构进行了改组，将原设各司及多余人员裁撤，办事处仍由坐办、帮办、会办等官员主持其事。

1921 年，内务府办事处改称“筹办皇产事宜处”，由总办、会办掌其事，人员设置基本未变，除负责经管逊清皇室的房屋、地产外，主要职责是管理和守卫奉天宫殿。几经改组的内务府，规模大为缩减，在很大程度上失去了皇室管理机构的真正作用。

在此期间，奉天皇宫常以奉天地方政府批文的特殊形式，对部分前来观瞻、考察的国内外人士实行开放，由内务府负责办理有关接待事项。如有外国人瞻仰，由外交部驻奉交涉司发给“可使用数日听便观览之一纸”，并派译员前往协同接待。于是，宫禁日开，奉天皇宫因此成为民国政府涉外活动的场所。据有关文献记载，在民国建立后的两年中，先后有意大利、美国、法国、德国、日本等国家的官绅和文化界人士，通过外交部与奉天地方政府联系，进入奉天故宫游览和考察。

1924 年 11 月 4 日，冯玉祥发动“北京政变”，末代皇帝溥仪迁出紫禁城，逊清小朝廷瓦解。奉天皇宫也因不再是皇室产业而被收归政府所有。1925 年初，奉天省政府正式接收了皇产事宜处管理的奉天宫殿及所有藏品，计有敬典、崇谟二阁原储玉牒、实录、圣训，西七间楼内外运后尚存书籍档案，以及后移入翔凤阁内的清宁宫等处祭器、御笔匾联等，另有立柜、圆方桌、宝座等宫内用具 70 余件，及鹿、熊皮和布匹等数项（件）杂物。自此，这座具有 300 年历史的清代宫殿，彻底脱离了皇家统治体系，在隶属关系上实现了重大转换，这

1905 年的沈阳故宫清宁宫

20 世纪 20 年代沈阳故宫大清门

意味着盛京皇宫在管理和使用上进入了一个新的历史时期。

1925 年 10 月 10 日，北京故宫被民国政府接收后，其“内廷”部分被辟为故宫博物院，正式对外开放。此事对奉天当局触动很大。北京故宫博物院最初的组织机构是“临时董事会”。该组织成员由史学、文学、军政各界的知名人士组成，设有 21 名董事，张学良将军是其中之一。

北京故宫成立博物院后，为陪都宫殿的发展提供了借鉴。于是，筹建博物馆很快提上议事日程，以沈阳故宫为基址的博物馆便应运而生。它从昔日的皇家禁地变成了向社会开放的文化教育场所。

“皇宫”变为“故宫”，皇家禁苑变为公共博物馆，这是沈阳故宫四百年历史上的一个重大事件，是一次重大转变。

在辽宁地区，最初出现的博物馆，是日本人在 1917 年于旅顺建立的“关东州都督府博物馆”，即旅顺博物馆的前身。而中国人自己在东北创办的首座博物馆，则是 1926 年在沈阳故宫内建立的东三省博物馆。沈阳故宫历史悠久、宫廷藏品丰富、古建筑保存完好，这三大条件，为创办具有近现代意义的公共博物馆，提供了有利条件。

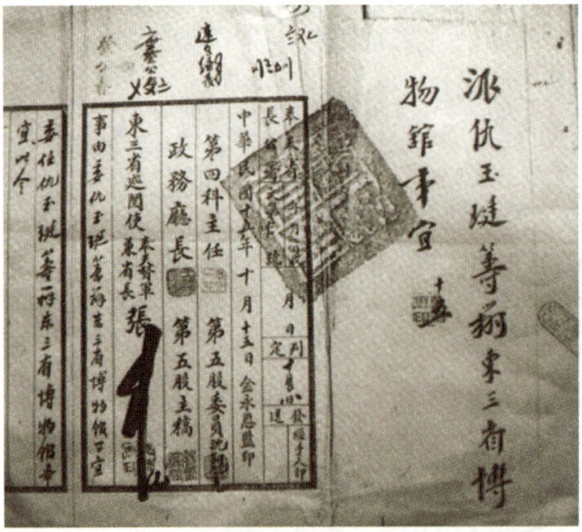

1926 年 10 月奉天公署委任仇玉珽筹办东三省博物馆的批文

1926 年，奉天省省长莫德惠提出清留都建馆议案，省议会通过后，遂在沈阳故宫内设立东三省博物馆。1926 年 11 月 16 日，经过一番准备，于沈阳故宫内组建了东三省博物馆筹办处。省政府委任前国会议员仇玉珽组建东三省博物馆筹备处，当时的媒体称他为筹办处处长，后期档案称其为馆长。馆舍为大清门至清宁宫的中路宫殿建筑。在清宫内前宪兵教练处特设博物馆筹备处，开始办公。当时的建馆宗旨是利用清代盛京故宫之旧迹，发扬地方文明，施设社会教育，促进文化发展。东三省博物馆建立后，无数仁人志士为之筹措办展。

东三省博物馆建立之前，沈阳故宫内的建筑多为外界占用。博物馆建立后，沈阳故宫东西两侧宫殿仍被占用，致使古建筑受到不同程度的损坏。经过清末民初15年的磨难，至20世纪20年代中期，昔日庄严肃穆、藏珍蓄宝的盛京皇宫，已是满目疮痍，珍藏寥寥。在1926年奉天省政府接收之前，“前清故宫”东、西两路和中路的东、西宫分别被外界占用，大清门南朝房区和太庙亦不属博物馆管理，故东三省博物馆的馆舍实际上只有大清门至清宁宫一线的几座宫殿。

在建馆之初，仇玉珽首先从组织人员、经费、裱糊修缮、征集古物、开馆展出等五个方面打开局面。主任（馆长）之下设四股，其组织机构为管理股、文牍股、会计股、庶务股。博物馆组织机构初步建立后，正式开始了筹办工作。

1926年沈阳故宫改建为博物馆后，其馆舍主要是沈阳故宫中路建筑部分。当时，宫殿建筑年久失修，亟待整理修缮。为了适应举办展览的需要，于1926年10月至1927年3月进行了一次维修工程，主要是对属于博物馆的中路建筑崇政殿、翔凤阁、飞龙阁、霞绮楼、日华楼、左翊门、右翊门、协中斋、师善斋、永福宫、关雎宫、衍庆宫、麟趾宫、东西配宫、清宁宫、凤凰楼下层等17处87间房屋进行室内裱糊、油饰等。为了展览采光的需要，改建了门窗、隔扇，窗户安装了玻璃。同时，省政府拨出专款对文溯阁建筑进行整理和修缮。

从1926年11月到1928年冬，经过两年的筹建，东三省博物馆无论是最初的文物征集、陈列室的开辟，还是首次陈列展览的举办，都取得了很大进展。但与北京故宫博物院的发展相比，东三省博物馆的进展速度相对迟缓。

正值东三省博物馆筹备之际，国内政局发生了重大的变化。1928年5月，奉系军阀在北伐军的进攻下节节败退，最后不得不由关内撤回东北老家沈

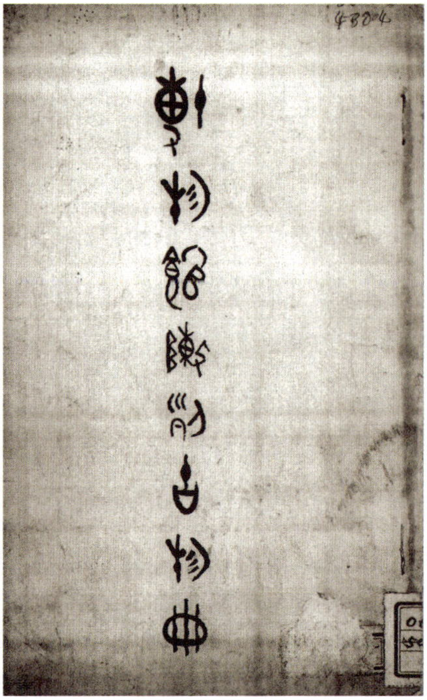

东三省博物馆古物陈列册

阳。因为沈阳为奉系军阀大本营所在地，退回的军队大批涌入城内。5 月 20 日，张作霖的帅府卫队进驻博物馆扎营，博物馆部分馆舍亦被部队所占，其中一些军队进入了沈阳故宫凤凰楼及台上诸宫殿内驻扎。筹办事务无法正常进行，博物馆业务工作陷于停顿。6 月 4 日夜，发生了震惊中外的“皇姑屯事件”。张作霖被日本军队炸死，东北局势更趋紧张。这样，刚刚筹办起来的博物馆工作，也不得不暂缓下来。

张学良主政东北后，为了使东三省博物馆获得更大的发展，奉天省政府先后在 1928 年末、1930 年 10 月两次对博物馆进行了改组，以挖掘其更大的潜能。改组后，博物馆有了新的起色，获得较快发展。

1928 年的第一次博物馆改组，制订了恢复馆务的各项工作计划：第一，拟将所有被外部机构占用的宫殿收回。沈阳故宫从民国以来陆续被许多机构占据，博物馆所占仅为崇政殿、凤凰楼、台上五宫及东西配宫这一区域。第二，拟向中央呈请将 1914 年袁世凯从盛京宫殿所运京之宝物全部请回，先可选择“重样者”运回，以充实藏品和陈列。张学良就此事向国民政府提出，国民政府已表示应允。第三，计划“扩充”展区。展区共分四部。东部（大政殿）为“地方部”，陈列各省征集之古物。中路（崇政殿、清宁宫一线）将陈列从北京归还的清宫旧物。西路（文溯阁、戏台、嘉荫堂、仰熙斋等）为图书部，陈贮《四库全书》及其他书籍、档案等。太庙亦欲开放，陈列玉宝、玉册。第四，实施点查。提出当时六项重点工作为点查、修理、陈列、开放、编审、调查。首先，将清宫剩余之物拿出来供给陈列。清宫旧藏自袁世凯将精器珍品运走之后，还有一部分存留。然后，博物馆计划对这部分文物进行清点，并按要求登记、造册。

三、金梁主政博物馆

1928 年 12 月 5 日，在张学良的建议下，奉天省省长翟文选邀请金梁担任博物馆委员长，“负责全面筹备事项”。在聘书中，誉金梁为“博物君子、考订专家”，“论史则笔擅三长，稽古则学邃六一”，当局对金梁寄予厚望。

金梁能够被聘为委员长，对于他自己而言也是夙愿得偿。他认为原有东三省博物馆的名称不是非常妥恰，此时北京故宫已经辟为博物馆两年，且成效可圈可点。他提议效仿北京故宫博物院的名称，改为“奉天故宫博物院”。因此，他函请奉天省政府将原定的历史博物馆和图书馆之称，改为“奉天故宫博物院”，成为和北京故宫相对等的两大皇家博物院。是年 12 月 15 日，奉天省议会在讨论金梁的建议时认为：“奉天故宫规模”与北京故宫相比“狭隘”，称“奉天故宫博物院”不宜。但可以去掉“故宫”两个字，改为“奉天博物院筹办处”。

1929 年 1 月初，奉天省署批准“奉天博物院筹办处”议定章程，筹办处改组为委员会，续聘请金梁为委员会委员长，主持院务工作，仇玉珽为古物部部长，冯广民为图书馆馆长，戴裕忱为总务处长、赵景祺为副处长。金梁掌管博物馆后，即行改革，认为博物馆应该“扩充”。他决定改组机构，组织清查古物，改造陈列设施，并以他多年的丰富经验，从点查、修理、陈列、开放、编审、调查等六项工作入手。他先从清理旧藏物品入手，开展筹办博物馆的有关事宜。这次清点工作异常顺利，筹办工作进展很快。在仇玉珽主持博物馆工作时，办馆方向是拟办成一座综合性质的地方博物馆。因此，将征集展品方向定为古物、东北各地特产和民俗物品。金梁的办馆方向主要是发挥奉天宫殿原藏宫廷遗物的作用，因此奉天博物院在获准清理清宫遗物之后，即确定以盛京皇宫建筑为馆舍，以清内廷遗物为展品，对外开放展览，这样可以使二者相得益彰。至此，筹备工作颇见成效。

奉天博物院还推出“金息庐藏古”展览会，展出金梁个人收藏的书画，有清太祖努尔哈赤骑马像、清高宗弘历骑马像、雍正五言联、乾隆岁朝清供图、乾隆御笔山水图、王石谷绘康熙南巡图、郎世宁绘雍正御容赐茶图卷、乾隆御容春园阅骏图卷，玉玺有广运之宝、孝恭仁皇后玉宝、康熙宸翰（石刻）、雍正宸翰（牙刻）、五福五代古希天子之宝等。金梁在整理奉天故宫古物时，发现《内府一统秘图》，后来经其努力，将此图影印出版。

1929 年 1 月，依照奉天省议会提出的议案，金梁开始组建点查古物组，对本院库藏古物一一清查，并予以登记、编号、拍照、绘图。

4 月 5 日清明节这一天，设在沈阳故宫的奉天博物院正式开馆，辟出的崇政殿、清宁宫、永福宫、衍庆宫、关雎宫、麟趾宫六个陈列室，分别展出宝座屏风、銮驾卤簿仪仗、清宫祭祀用物、宫廷乐器、皇家用门神对联等百余件清宫原藏物品。之后，又增加协中斋御用瓷器展览，并规定每逢星期日、节日、纪念日为开放日，如有团体及重要人物参观，可办理“特别参观”手续，门票为大洋二角。为使观者“一览了然”，博物馆编印了《东三省博物馆古物陈列册》。《东三省博物馆古物陈列册》中记载陈列的书画藏品有历代帝王画像 96 件，帝王御笔对联 2 副，嘉庆御笔纸匾 2 件，嘉庆御笔纸方 2 件，道光御笔匾 1 件，道光御笔方 1 件。

1929 年 4 月 15 日，奉天市改称沈阳市，“奉天故宫”改称“沈阳故宫”，“奉天博物院”改回旧称“东三省博物馆”。金梁仍然出任东三省博物馆委员长，他还为博物馆大门题写篆书“博物馆”牌匾，悬挂在沈阳故宫大清门前的柱子上。

10 月初，金梁将民国十三年（1924）所辑的《满洲老档秘录》由博物馆重排铅印本出版，全书共 10 卷，168 篇，分上、下两册。

1929 年末，鉴于博物馆业已成立，省政府将保存在奉天省省长公署府库的部分清宫藏品“悉数移送”博物馆。一并交还博物馆的有法帖 14 种、书画 18 件、刻经 1 件、织绣 2 件、铜器 9 件、瓷器 11 件、漆器 1 件、供器 12 件、玉石 13 件。此外，尚有省政府所存前清金州副都统银制官印 1 颗、典守永陵守司铜质关防 2 颗。这批由奉天省政府返还的文物，大多是沈阳故宫遗物中的精品。博物馆接收了这批文物，使博物馆藏品有所增添，陈列展出增色不少。

1930 年 8 月，辽宁省政府通过再次改组东三省博物馆决定：撤销仇玉珽馆长一职，任金梁为委员长，全权负责东三省博物馆。原委员会人员增加为 13 人，规定委员会每月召开一次全体会议，平时馆务由常委处理，并制定相关规章制度。

东三省博物馆在改组后，制定了有关陈列、展览、征集、保管的具体细则，完善了博物馆各项规章制度。领导机构的改组和各项制度的完善，标志着博物馆的工作已经逐步走上正轨，为进一步发展馆务奠定了基础。此后，还部分调整和充实了原有的陈列展览，可供陈列的展室得到增加和扩充，使陈列展览有所发展和变化。至 1931 年“九・一八”事变前，博物馆的各项业务工作有了显著的进步，成为东北地区最早创办、并具有较大影响的公立博物馆。

四、凄风苦雨十四年

1931 年 9 月 18 日，日本关东军发动了“九・一八”事变，向东北军驻地北大营发起进攻。关东军迅速占领沈阳城，并进而占领整个东北。

作家祝勇说：“沈阳市民一觉醒来，悲伤地发现青天白日旗已经换成了刺眼的膏药旗。平日里那些熟识的日本侨民已经拿起武器，以一份趾高气扬的神情，帮助他们的军队维持秩序。沈阳人的眼睛里，放出惊恐、疑惑的目光。这天的黎明，与黑夜有着同等的质地。这是一个长达 14 年的漫长黑夜的开始，这些中华民国的国民们从这个早上开始了他们的亡国奴生涯。他们在自己的国土上沦为下等国民。那时的他们还不知道，他们的噩梦将在什么时候结束。”[①]

“九·一八”事变发生后，沈阳被日寇武力占领，沈阳故宫处于日军控制之下，东三省博物馆陈列与其他馆务均被迫停下来。11 月 20 日，辽宁省恢复原称“奉天省”，12 月 15 日，伪奉天省政府成立，臧式毅担任伪奉天省政府主席。1932 年，日本扶植被辛亥革命赶下台的末代皇帝溥仪为“满洲国”傀儡皇帝，伪满洲国建立。这年，伪省政府主席臧式毅着手整顿，以恢复陷入瘫痪状态的东三省博物馆。

1932 年 4 月 10 日，臧式毅委任前奉天省议会议长张成箕为博物馆馆长，改原东三省博物馆为“奉天故宫博物馆”，隶属于“奉天省教育厅”管辖。伪满政权机构突出的特点是“次长制”，即由日本人实际控制权力的制度。为装点门面，各行政机关首长均由满系官吏充当。而其副手，即所谓的“次长”一律由日系官吏充当，掌握各部门的实权。日本政府派内藤宽为伪奉天故宫博物馆副馆长，又派“文学士秋贞实造”等来此“援助”“整顿”建馆。

伪奉天故宫博物馆成立后，张成箕以东三省博物馆时期的展览为基础，略作增删，对原东三省博物馆的陈列及保管物品进行了清理。1932 年 6 月 20 日，举行了开馆仪式，正式对外开放，还印制了《“奉天故宫博物馆”要览》。

在伪奉天故宫博物馆存在的四年间，此馆与原东三省博物馆相比，除增开翔凤阁外，无论陈列品的种类、数量，还是陈列室的分布，均无明显变化。张成箕提出要研究与奉天宫殿有关的材料，并进而指出：其目的，一个是收藏，一个是展览。

1934 年伪满洲国改称“满洲帝国”。1935 年设立了“旧清室陵庙宫殿承办事务委员会”。伪满洲国成立后，在沈阳故宫设“奉天陵庙办事处”。原奉天故宫博物馆的各宫殿统归伪奉天陵庙承办事务处管理。这个办事处的主要职责是管理清盛京三陵、盛京太庙和奉天宫殿。原奉天故宫博物馆的各宫殿和原属皇产事宜处管理的太庙，统归伪奉天陵庙承办事务处管理。

---

① 祝勇：《辽宁大历史：中华文明的抽样观察》，东方出版社 2013 年版，第 322—323 页。

1935年6月，伪满政府于原汤玉麟官邸设立“国立博物馆”，后改称“国立中央博物馆奉天分馆”。同年，“宫内府”始设置“旧清室陵庙宫殿承办事务委员会”，成员由“宫内官”兼任。1936年4月，将“奉天故宫博物馆”关闭，该馆所藏有关历史、艺术的藏品，大部分被移往伪国立博物馆。沈阳故宫原藏的各种书籍档案，诸如七间楼所藏书籍墨刻、清代档案，加之由伪省政府封存的敬典阁和崇谟阁玉牒、实录，以及文溯阁《四库全书》等，也陆续归属伪奉天图书馆。原奉天故宫博物馆所藏剩余物及宫殿统归伪奉天陵庙承办事务处管理。

1939年伪国立奉天图书馆改名为伪国立图书馆奉天分馆，馆址在沈阳大南门张氏大帅府。该馆成立后，原沈阳故宫西七间楼、文溯阁、敬典阁、崇谟阁等处藏书陆续归其管理 。

沈阳故宫旧藏《清实录》、“老档”、玉牒、圣训以及其他各种书籍档案等等，是研究“满蒙”问题极其难得的原始材料。为了“名正言顺”地使用这批历史资料，日本统治者将其一部分划归伪国立图书馆，一部分划归伪奉天陵庙承办事务处管理。并借此机会，将这些原始资料从沈阳故宫运出、破坏，最严重的是对《清实录》的挖补篡改。1933年10月17日，日本帝国主义借口“代替中国人民保护文化财产”，成立“满日文化协会”。不久沈阳故宫庋藏的清历朝实录被“日满文化协会”从沈阳故宫取走。1936年12月，日本帝国主义者将清历朝实录篡改后，影印了300部。1937年“日满文化协会”在日本东京影印盛京崇谟阁全部清实录。影印前恐怕其在历史上的侵华罪行被揭露，遂采取欺世盗名的卑劣手段，将“实录”中凡涉及日本侵华罪行的原始记录，尽予挖掉、篡改。

进入故宫的西大门，是一片方圆千余平方米的空地，名曰“轿马场”，民国初年被开辟为“市街小公园”，路北建“同泽俱乐部”，是市民的文娱场所。1934年，伪满当局成立了一个庞大的“帝政实施纪念事业帝政纪念塔建设委员会”，7月31日起，在沈阳故宫文溯阁前空地即轿马场施工，在此建一六角形花冈岩石塔，名为“大满洲国帝政纪念塔”。该塔的建立，使这座古老的宫殿变成伪满当局实施殖民统治的阵地和工具，对沈阳故宫古建筑的整体布局造成极其严重的破坏。这座塔在抗战胜利后被拆除。

五、“沈阳博物院筹备委员会”时期

1945年8月14日，日本天皇裕仁宣布无条件投降，翌日日本正式播发《终战诏书》，中国人民抗日战争取得全面胜利。抗日战争结束后，国民党教育部组织了各区教育接收辅导委员会。东北区的特派员为臧启芳，委员为周之风等。1946年4月，他们到达沈阳。周之风主要负责博物馆、图书馆的接收。在此之前东北区已经被“东北敌伪资产统一接收委员会教育组”接收过一次，负责人为张雾秋。主要接收了伪国立中央博物馆奉天分馆、伪国立图书馆奉天分馆，并分别改称沈阳博物馆、沈阳图书馆。

周之风又重新接收了“沈阳博物馆”，即前热河主席汤玉麟官邸。这里存放了汤玉麟从热河避暑山庄各庙宇裹携来的佛像和盗掘辽陵所得石刻等许多珍贵文物。随后，著名学者金毓黻来沈。周之风召开了文物接收报告会，会见了在沈阳的金石家、书法家王光烈和日本学者园田一龟等人。鉴于周之风一人负责接收沈阳图书馆和沈阳博物馆两馆，难以兼顾，特派考古专家阎文儒代理沈阳博物馆主任，周之风专任沈阳图书馆主任。

1946年春，辽宁省教育厅设立了“民众教育馆”。5月17日，教育厅又接收了奉天宫殿内的伪奉天陵庙承办事务处，将宫殿拨给教育馆作为馆舍，并于此办公。7月，“省立民众教育馆”对奉天宫殿内原有陈列室进行整理，利用遗存文物在部分宫殿中举办陈列展览，并正式开放。当时共有展品513种，分7个陈列室展出，多是一些拓片和较重的物品。辽宁省立民众教育馆1946年9月在接收伪国立中央博物馆奉天分馆后，对残存的物品进行了清点。

国民党教育部组建了国立沈阳博物院筹备委员会，沈阳故宫成为该筹委会的办公地所在，民众教育馆不得不解散，沈阳故宫成为东北博物馆的管理中心。辽宁的文物与博物馆界的事情实质上都在这里处理。1947年初，南京国民政

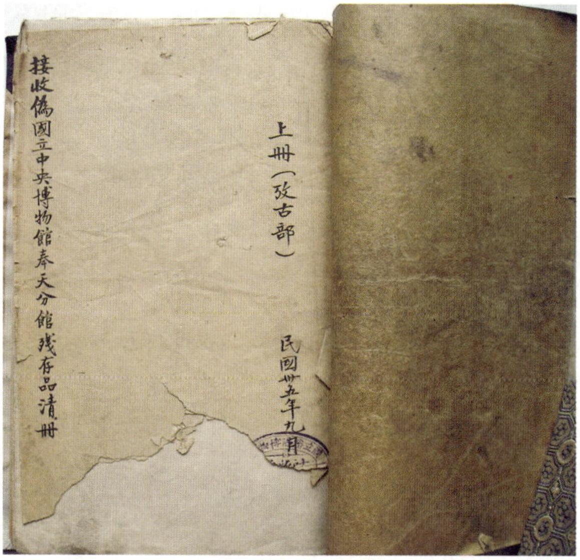

▲ 接收伪国立中央博物馆奉天分馆藏品清册

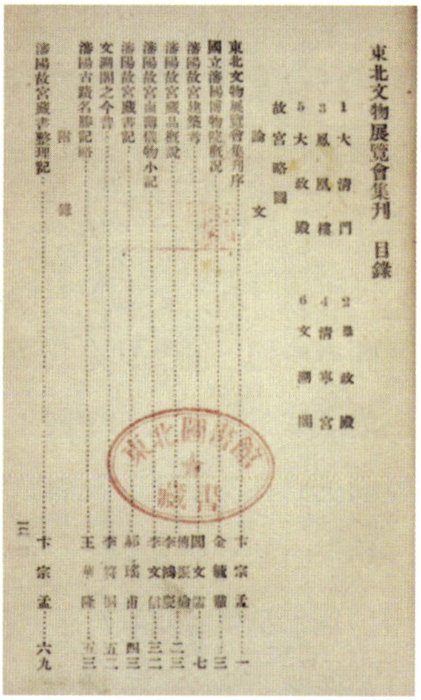
東北文物展覽會集刊　目錄

1 大清門　2 崇政殿
3 鳳凰樓　4 清寧宮
5 大政殿　6 文溯閣
故宮略圖

論文

東北文物展覽會集刊序……卞宗孟……一
國立瀋陽博物院概況……金毓黻……三
瀋陽故宮建築考……閻文儒……七
瀋陽故宮藏品概說
瀋陽故宮鹵簿儀物小記
瀋陽故宮藏書記
文溯閣之今昔
瀋陽古蹟名勝記略……王華隆
附錄
瀋陽故宮藏書整理記……卞宗孟……六九

▲《东北文物展览会集刊》目录

府教育部为仿效大英伦敦博物馆的形式，决定把沈阳博物馆、沈阳图书馆合并，在沈阳故宫院内成立了国立沈阳博物院筹备委员会。建立一座包括古物、图书、档案在内的综合性质的博物馆，成为与北平故宫博物院、南京中央博物院并存的三大博物院之一。筹委会与古物馆址设在沈阳故宫院内，图书馆和档案馆址另外去选，任命金毓黻为筹委会主任委员。

国立沈阳博物院筹备委员会所辖之古物馆原为伪国立中央博物馆奉天分馆。筹委会所包括的档案馆，是原来伪满的“国立中央图书馆奉天分馆”，还附设了“国务院旧记整理处”，随同图书馆一同被接收。伪国立中央博物馆奉天分馆原藏文物、资料 27830 件，到国民党国立沈阳博物院正式接收时，只剩下文物资料 9857 件。其中考古资料陶瓷碎片、出土的远古时代石器共计 6000 余件，实际上可供陈列展出的文物寥寥无几。所幸 1928 年辽州遗址辽代陵寝庆东陵辽圣宗耶律隆绪及其后妃陵墓出土了汉文、契丹文帝后哀册，因为体量庞大、沉重，没有被盗运走，得以逃过一劫。这便是东北博物馆仅存。而偌大的一个盛京皇宫，经过几次人为的肢解，藏品几乎为零。

国民政府接收沈阳故宫时，由于沈阳故宫的建筑已数十年未加系统整修，各宫殿房屋损坏相当严重。当时沈阳故宫的现状，据有关报告称："沈阳故宫建筑，自天命十年迄今，已有三百余年之历史；风雨之所侵蚀，鸟鼠之所剥，早已千疮百孔"，"惟自民元以来圮坏日甚"，"有如两侧配楼之飞龙、翔凤两阁屋檐均已倾坠；东西两七间楼破坏尤属不堪"，"西南转角楼且已倾圮，成为废墟"，"又如中间正殿之崇政殿、凤凰楼、清宁宫，表面虽甚整齐，一经动工修补，不无千孔百疮"，"他如太庙、敬典、文溯两阁、大政殿、十王亭均需修补，而嘉荫堂一处以有庞大会堂，所费工料尤钜"，"至于各殿阁之屋顶草木丛生，拔茅连茹，非经揭瓦见顶，将朽损之椽板易去，不能彻底安全"。且东西路及中路的东西宫长期被外界占用，由于多年战乱，各宫殿损坏严重，渗漏之处甚多，"非复完壁，非有彻底之修缮不为功"。因此，以此为新馆，不"鸠工修缮"，很难继续作为陈列室使用，因此整理修缮古建筑迫在眉睫。

1947 年 5 月，国立沈阳博物院筹备委员会经呈报允准，着手进行院址修缮工程，对沈阳故宫古建筑进行了一次较系统的维修。向南京政府请款二亿元，聘请清华大学中国建筑史主任赵政之莅馆主持修缮工程，组成院址修缮委员会，具体负责有关事务。

1947 年秋，国立沈阳博物院筹备委员会、辽宁省教育厅、沈阳市教育局、沈阳图书馆协会等单位，于"双十节"在沈阳故宫内联合举办了"东北文物展览会"。从 10 月 1 日开始筹备，将沈阳博物院所属全部文献合并陈列，并向社会公私收藏家专函征集展品。展览时间为 1947 年 10 月 10 日至 19 日，展览目的定为：发扬固有学术文化，推行社会教育。展览品类共分四类。第一类为史前遗物：史前时期之石器、陶器、角器、骨器、兵器及货币等。第二类为建筑品：古代建筑器材、图案、模型等。第三类为装饰品及日用品：铜器、玉器、瓷器、琉璃、景泰蓝、雕漆、织锦、刺绣等。第四类为书法：拓本和法帖等。提供者主要是沈阳博物院所属古物、图书两馆，所展者以清宫旧藏为多。展品首先是与东北有关的文物。其次是当时东北公私收藏的文物和东北人士的作品，亦有其他图书馆、古玩店和私人送展的。

展览共分为 12 个陈列室：其一，大清门为现代艺术作品展；其二，翔凤阁为陈执中旅行画专展；其三，协中斋为古代墓志展；其四，凤凰楼为清代卤薄仪物展；其五，衍庆宫为清代乐器、服饰展；其六，麟趾宫为古代铜镜、兵器展；其七，清宁宫为古代文献、佛教经像展；其八，关雎宫为历代陶瓷展；其九，永福宫为清代家具陈设展；其十，师善斋为清代武备展；其十一，崇政殿为历代书画展；其十二，飞龙阁为当代书画展。

东北文物展览会共陈列文物近 700 件，规模史无前例，是民国以来沈阳故宫开放 20 余年之最。展品涵盖了清宫旧藏的历史文物，征集、捐赠和出土的地方文物及当代艺术作品，内涵丰富。从形式上来说，此时的展品改为分类陈列，较伪奉天故宫博物馆时期的陈列，在每室中既陈列清代遗物，又悬挂历代帝后像，这是一个进步。各陈列室又构成一个整体，反映沈阳故宫和东北文物的整体风貌。

六、东北文物管理处

解放初期，东北是全国最先建立文物保护部门的地区。1948 年 4 月 3 日，东北行政委员会于哈尔滨市成立了东北文物保管委员会。由东北行政委员会副主任、著名民主人士高崇民先生兼主任委员，教育委员会主任车向忱兼副主任委员，由常务委员王修兼任办公处处长。这个委员会成立后的中心任务是将在战争期间散失在各个角落的历史和革命文物搜集起来，为新中国成立后的精神文明建设做好准备工作。当时处于解放战争的动荡时期，从部队里面抽调出来的工作人员对文物征集工作的业务知识还很有限，面临的困难也很多。尽管在这样的条件下，搜集与保护文物的工作仍然取得了一定的成果。东北文物保管委员会一开始接受了来自各方人士所藏文物的捐献，并接管从敌伪手中缴获的文物。东北文物保管委员会的各项工作都建立了严格的管理制度，分别予以登记、造册、上账，秩序井然。

1948年11月2日，人民解放军进城，沈阳解放。沈阳从此开始了城市发展历史的一个新的阶段，沈阳的文化建设也进入一个新的发展时期。沈阳解放后，东北文物保管委员会随即迁到沈阳，接管了设在沈阳故宫内由民国政府教育部组建的“沈阳博物院筹备委员会”，并设立了东北文物保管委员会办公处。11月3日，接管了设在三经路汤玉麟公馆的“沈阳博物院古物馆”，接收文物、资料8572件。第二年春天，东北文物保管委员会成立了东北文物管理处，隶属东北人民政府文化部，王修任处长，并在文物管理处设研究室，负责文物处所涉及的文博方面的业务研究。

以王修为主的东北文物保管委员会迁到沈阳后，在政府有关部门的关怀与支持下，得到了各方面、各阶层的大力支持，工作进展非常顺利。

东北文物管理处的办公地点设在沈阳故宫。王修于1948年至1952年间任东北文物保管委员会文化委员和文物处处长。文物处下辖东北图书馆，设秘书一人；下辖东北博物馆，设秘书一人；下辖沈阳故宫陈列所，设股长一人。文物处接管了盛京东陵、北陵等处，王修亲自兼任上述两个单位的负责人。由于以上各个单位都由王修统管，实际上已经是一个文博系统了，所有活动都在一起。为了使文物处的业务工作开展得更好，王修聘任了东北著名的画家、考古学家周铁衡为文物处的顾问。文物处下设了研究室，而当时一直在沈阳的东北博物馆工作的考古学家李文信，则是下设研究室的研究员。王修还委托周铁衡聘请齐白石的三子齐良琨来文物处任研究员，同时经白石老人的推荐，白石老人恩师胡沁园的孙子胡文效也来到了文物处任研究员。王修还聘任了原来就是博物馆工作人员的阎万章、杨成能、杨孟雄、沈延毅、朱子方等。当时的工作人员还有杨仁恺，研究室的成员还有金景方。这些顾问与研究员们为东北文物的征集、保护与研究作出了很大贡献。

1949年1月，郭沫若为参加会议途经沈阳，当时东北文物保管委员会请郭老为东北图书馆、东北博物馆题写匾额，并为图书馆题诗赠联。诗云：“鸭绿江头望，烟囱浑似林。两番罹浩劫，一旦扫沉阴。东北人民血，春秋内外心。我今真解放，旧迹渺难寻。”联云：“宋人方守株待兔；大道以多歧亡羊。”

郭老因为没有随身携带印章，王修请周铁衡为郭老刻引首印“推翻历史五千年”，款印“丁父”“郭沫若”。

东北文物保管委员会文物处在王修的领导下积极开展工作，1948 年末，接收了部队和银行拨交的溥仪等带到吉林通化大栗子沟的文物珍品。据记载，溥仪逃出长春伪皇宫之前，携走书画 4 箱，共计 80 件，系溥仪平时最为钟爱和极为贵重的珍宝。小金库中的珠宝，也全部带在身上。书画账目三册，连同书画赏赐目录账，共计 30 多本。这些珍宝与账册原在伪皇宫的缉熙楼中存放，1945 年 8 月 15 日溥仪即移交溥绍保存。后来其中最重要的历代书画珍品和珠宝首饰被部队收缴后，交到了有关部门，经点验又转到东北人民银行，后来又转拨交东北文物保管委员会。存放在银行的珍宝也都按照相关部门的要求严格管理，所有的工作都是有序进行的。一批珍贵书画和连同东北文物保管委员会零星征集的文物合在一起，已经蔚为大观，这些曾经深藏于内府的巨制后来交给了东北博物馆。这批珍宝大都是惊世之作，有晋人书《曹娥诔辞》，历仕隋唐的欧阳询所作的行书《仲尼梦奠帖》、行书《千字文》（传世作品仅为四件）等。另外，还有唐代开元时期张旭《古诗四帖卷》，绘画有唐代周昉《簪花仕女图卷》、张萱《虢国夫人游春图卷》、五代董源《夏景山口待渡图卷》、无名氏《神骏图卷》、西蜀黄荃《珍禽图卷》、宋代张择端《清明上河图卷》等。这些由溥仪盗运出宫并随身携带的惊世巨迹及首饰珠宝，都存放在沈阳故宫西所保极宫西稍间的库房中。

此时东北文物保管委员会的藏品非常丰富、质量上乘。时任中央文化部文物局局长的郑振铎看到这批文物中的部分珍宝时，赞羡地对王修说：“你是富农，我是贫农。”这些藏品在全国都占有举足轻重的地位。这一时期，在王修的直接领导和参与下，文物处大力收集、整理、保护了各类图书近 200 万册、珍贵文物 5 万多件。在上级部门的指导下，文物保管委员会后来把工作重点放在征缴由长春伪皇宫流散出去的书画上面。

国民党东北保安副司令长官、代理司令长官郑洞国曾购藏了一批“东北货”，他驻长春期间收购了一些从伪皇宫“小白楼”中散佚出来的历代书画。

1948年10月19日郑洞国率部起义后，将所购藏的“东北货”全部上缴给东北联军政治部。那时东北联军政治部主任周桓虽然非常爱好书画，但因为戎马倥偬，只嘱咐工作人员要妥善保存，就再无暇顾及。后来周桓任沈阳军区副政委，在清理多年战争年代中积累下来的文件与物品时，把郑洞国当年上缴的书画全部拨交给东北文物保管委员会保管。郑洞国上缴的藏品中最为名贵的有五代杨凝式行书《夏热帖》和唐、五代胡瑰《卓歇图》。在没有能够记录上邀人员名单的历代书画中，最为精到的有唐摹《万岁通天帖》，也称王氏一门书翰（或称王氏进帖）。

王修离任后，东北文物保管委员会文物处的领导工作由素有“中国保尔”之称的王化南接任。当时的工作重心仍然集中在伪皇宫散佚出来的书画上。东北文物保管委员会对“东北货”的征缴工作陆续进行数年，一直持续到50年代中期。东北文物保管委员会所收集和保存的清宫散佚珍宝，后来大部分划拨给了东北博物馆（现在的辽宁省博物馆前身）。

东北文物管理处对沈阳地区的博物馆建设作出很大的贡献，在藏品管理、文物的征集方面都曾作过非常具体的指导与实践。

1954年2月，中央人民政府文化部发文给沈阳故宫陈列所。内容如下：沈阳故宫原为清初王宫，其建筑本身即具有艺术价值，因此该所应为艺术性质的博物馆，除选择重点布置原状陈列及当时历史文物陈列外，主要以清代艺术品综合陈列，表现清代劳动人民在艺术上的智慧与创造（其中可以与建筑本身关系密切的明末清初及康熙、乾隆等时代为重点）。此文为沈阳故宫陈列所作出的明确定位。

与此同时，文物管理机构的正规化进程也在加快。文物处原来下辖的东北图书馆、东北博物馆、沈阳故宫陈列所分别独立。原东北图书馆的档案部独立成为辽宁省档案馆。在东北文化部的主持下，原有的藏品如《四库全书》等善本书籍由东北图书馆收藏接管。东北文物保管委员会所接收的截获溥仪在大栗子沟交出的清宫散佚书画及原藏于东北博物馆的旧藏文物，由东北博物馆收藏接管。《清实录圣训等稿本》、实录、玉牒等原藏于盛京皇宫的档案由东北档

1951 年沈阳书画界人士合影

案馆收藏。溥仪在大栗子沟上缴随身携带的珠宝、盛京皇宫旧藏清代宫廷遗物及古建筑由沈阳故宫陈列所负责接管。

1955 年 4 月，经上级批准，自 5 月 1 日起沈阳故宫陈列所改名为“沈阳故宫博物馆”。

1961 年 3 月 4 日，清沈阳故宫被列为首批全国重点文物保护单位，受到了妥善的保护。

1986 年 8 月 5 日，沈阳故宫博物馆定名沈阳故宫博物院。

第十四章　沈阳故宫现藏文物

一、民国时期的文物征集

如前所述，1926年，在东北有识之士的大力筹措下，经奉天省议会批准，参照北京故宫博物院之制，在沈阳故宫旧址成立了东三省博物馆筹备处，利用沈阳故宫的宫殿建筑，开辟为公众博物馆。

东三省博物馆的成立，得到了社会各界有识之士的大力支持，人们纷纷捐款献物，使沈阳故宫的文物藏品有所增加。当时，随着沈阳旧城城门及城内古建筑的拆除，部分清代文物被送至沈阳故宫，成为建馆初期重要的文物藏品。这一时期收入沈阳故宫的“十经幢”“盛京定经钟”“抚近门门额”“怀远门门额”等，成为今天研究沈阳地方史的珍贵实物。

博物馆还通过公开征集的方式，在东三省向社会征集古物，以增加博物馆收藏。从博物馆筹办之初，奉天省长公署即根据筹办处呈文的请求，通令奉天省省内各县并转咨吉林、黑龙江两省，为博物馆征集可供陈列的古物和地方民俗物品。据《奉天省长公署档》载，1927年8月13日，东三省博物馆筹办处就征集陈列物品一事呈文奉天省长公署，文中说：“职馆开办后，所有详细组织计画，尚未厘定妥协，良以事属草创，不得不博访周咨，未可草率从事，惟应行陈列物品，必须先行择要征求，以免临时延误。职馆之设，一方为发扬地方文明，一方为施设社会教育。三省地域辽阔，物产殷繁，收罗不广，无以尽品类之大观，收罗不精，或不免泛滥而寡当。兹拟征集物品简章缮呈钧鉴，如蒙俯允，即请通令各县，并转咨吉、黑两省转饬，查照办理，以期迅捷。”同年 10 月 26 日，奉天省长公署批转之《东三省博物馆征集物品简章》。

按其章程所列，征集品范围主要是古物、东北各地特产和民俗物品，拟办成一座综合性地方博物馆。此次征集的展品，据《博物馆陈列古物册》“东三省博物馆筹备记略”所载：1907 年在北镇县万紫山出土了古琉璃瓦一块，因其质地坚硬如铜，时称“铜瓦”。1927 年 11 月，北镇县知事王文璞以重金从古玩铺中购得，赠予博物馆陈列展览。然此次征集所得甚少，远不敷展出之用。

1928 年，吉林省怀德县士绅赵昔勋赠送清成亲王永瑆法书《诒晋斋法帖》石刻 36 方半。永瑆（1752—1823），字镜泉，号少丁、即斋，号诒晋斋主人，清乾隆皇帝第十一子。他自幼学习书法，作拨镫法，名重一时，成为清宫书法

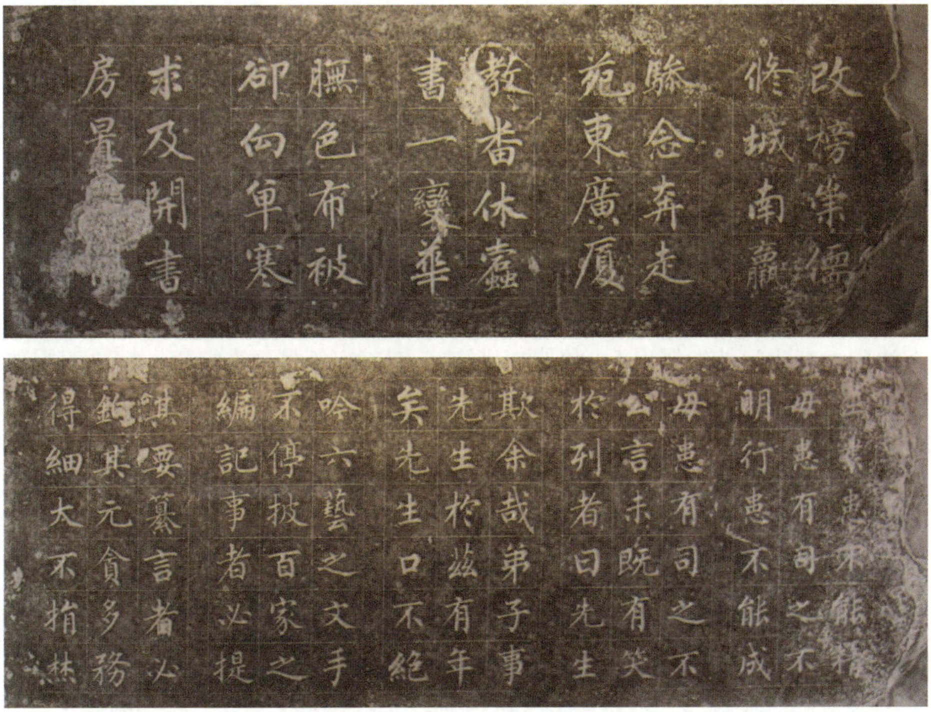

吉林士绅赵晋勋捐献的清成亲王永瑆法帖刻石，沈阳故宫藏

第一人，深受乾隆皇帝赞赏，八旗子弟多写其书。乾隆四十四年（1779），受命《四库馆》总裁，几次扈从乾隆外出巡幸。乾隆五十四年（1789）被封为成亲王，乾隆六十年（1795）任满洲都统事。嘉庆帝继位后，命他在军机处行走，总理户部，掌管吏部，同时让他改组这些机构，以阻止和珅的追随者在其中再掌权柄，并将和珅在圆明园附近一处被籍没的园林之一部分赐给了他。其时，白莲教起义已从中原地区蔓延到西北，清王朝衰微的信号已经显示出来，翰林院教习洪吉亮迫于这种形势，上书永瑆，直言不讳地道出官场中的贪污腐败现象，甚至言及皇帝本人。永瑆将此信转呈皇帝后，洪吉亮被判以“大不敬罪”斩首，接着改为流放新疆伊犁。此事后，永瑆受到猜疑，在永瑆总理户部六个月后，即被解去朝中一切要职。为了排遣心中郁闷，他深研书法与诗词。嘉庆十九年（1814），嘉庆命他选出所书精品刻石，拓片成帖，并以永瑆大量珍藏图籍与书画的书斋名，将其拓本题为《诒晋斋法帖》。从此，永瑆登上了书法大家的行列，与刘墉、翁方纲、铁保齐名，并称清代“四大书法家”。他的书法上追王羲之、王献之，下掩褚遂良、虞世南，馆阁诸贤竞相模仿。永瑆这批刻石真迹尤其贵重。馆长仇玉珽为褒扬赵晋勋无私捐助之举，特请省长翟文选手书“翰墨扬芬”匾额以赠。

1930 年 4 月 30 日，在沈阳十里码头，工人挖出两个半麻袋的古铜钱，奉辽宁省政府令归属东三省博物馆。同年 5 月 16 日，在地坛处，工人发现辽代男女石人等古物，奉辽宁省政府令归属东三省博物馆。这一年 5 月，大亨公司在沈阳大东边门外发掘出石椁 1 具。石椁上镌盛宗年号开泰七年，椁之四周雕以龙雀龟蛇等形，椁盖刻凤凰牡丹花纹。同时挖掘的还有古陶瓶 1 尊、石人 2 个等。后由辽宁商务会副会长卢广绩赠送博物馆陈列。

1928 年末，博物馆的一项重要工作，就是将 1914 年沈阳故宫“旧藏”运京后部分“存留”予以清点。早在 1924 年 10 月奉天省政府接收沈阳故宫时，便将其藏品分存两处保管：一处仍藏于沈阳故宫，另一处移到奉天省长公署“封存”。为解决展品不足的问题，博物馆开始清点“遗存”，并将省署“封存”之“旧藏”返还。1929 年 1 月 14 日，奉天省议会根据《奉天省议会暂行规定》

第16条第9项之规定，提出在沈阳故宫“陈列清宫物品”的议案：“查省城前清故宫积存古物为数甚多”，拟仿照北平故宫博物院的办法，“尽具所有”，于清宫之内“分类陈列”。1月30日，奉天省政府批准此议并致函博物馆查明核办。其时博物馆由委员长金梁暂代院务，金梁着手清点“遗存”，进行筹办事宜。这年4月，这些“遗存”清点完毕，并分类陈列。金梁所撰《东三省博物馆古物陈列册叙》对清点、挑选、陈列展品情况也有详细记载：崇政殿陈列銮驾，清宁宫陈列祭器，永福宫陈列乐器，衍庆宫陈列杂品，关雎宫陈列文苑，麟趾宫陈列武备，“历代帝王画像，分悬于壁”。

当时清点之部分展品，曾制版、发行，其出版物现成为考证博物馆展品来源的可靠依据。沈阳故宫敬典阁、崇谟阁、文溯阁、西七间楼等在归属博物馆管理后，曾进行了清点，并挑选出一些展品陈列。据金梁所撰《东三省博物馆古物陈列册叙》言：敬典阁之玉牒，崇谟阁之实录及西七间楼“所留殿版书籍，当与文溯阁《四库全书》，合设藏书楼，并属于博物馆”。1930年10月26日，金梁提出“筹办图书部计划”，12月派人入“西档库”，即西七间楼，整理殿版书籍408种、历朝圣训50箱、上谕黄白摺22件、御笔墨拓341种。清点敬典阁，自顺治至光绪年间玉牒黄档152包、红档235包；清点崇谟阁，从太祖到文宗各朝实录1513包、实录图2包、老档14包、太祖至文宗圣训380包。此年间东三省博物馆出版的《满汉合璧清内务府一统舆地秘图》，即其清点之功。此图为绘有经纬网的清代全国地图，共41幅。附有《清内务府一统舆地秘图排号全目》。1931年，东三省博物馆还以清点之珍贵藏品编印、出版发行《圆明园东长春园图》。

据《奉天省长公署档》藏一份1929年“文物清单”记载，“点验东陵公园所存之两坐箱、一立柜内藏物品”，计青花盘8个、青花壶3个、白釉碗1个、绿釉碗1个、黄釉碗8个、黄釉盘79个等。上云：“10月2日，奉指令派秘书赴东陵监视清点箱柜物品等，因遵于本月4日驰赴东陵”，“查点内存物品”，“令列清单一纸，签请交博物馆保存”，落款“秘书蔡云辰”。1929年末，奉天省长公署还根据博物馆的移交请求，“悉数移送”曾于署内保管的沈阳故宫原藏一批宫廷文物。计有法帖 14 种、书画 18 件、刻经 1 件、织绣 2 件、铜器 9 件、瓷器 11 件、漆器 1 件、供器 12 件、玉石 13 块，此外尚有奉天省政府所存金州副都统银制官印 1 颗、永陵守司铜质关防 2 方，一同交博物馆保存。

1930 年冬，博物馆为扩大展览，先是派东三省博物馆常务委员卞鸿儒奉省政府之命，随中央研究院考古学家梁思永等人，赴热河考古发掘古物，后带回一些展品归博物馆入藏。

二、杨令茀摹画帝王像

博物馆筹办处为增加展品，在古物征集收效甚微的情况下，闻说北京故宫文华殿藏有历代帝王画像，女画师杨令茀专擅临摹。于是，仇玉珽向奉天省长莫德惠请示复绘这批帝王像，以解决陈列之急。莫德惠将此事委托在北京时任故宫博物院副委员长的奉天省人袁金铠，经过袁金铠与画师杨令茀接洽，杨令茀当即慷慨应承。在价格上，杨令茀以自绘自裱每幅百元，袁金铠请示莫德惠后，最后以每幅价格 80 元订立合同。计划绘制帝王像 96 幅，上自伏羲氏下至明代各帝王。

杨令茀是江苏无锡人，出身望族。自幼酷爱文学，勤习书画。8 岁时，师从江南著名画家吴观岱学画。后就读于上海务本女子中学，毕业后，执教于江苏如皋小学和南京女子师范学校。1911 年，随长兄度支部丞参杨味云去北京，得以拜文坛耄宿樊山为师，并结识陈师曾、林琴南、廉泉等人，得到他们的教诲和指点，画艺及诗文日益精进。她在北京举行过个人画展，并与齐白石一起办过画展。不久，被推荐到古物陈列所当画师，得以观赏临摹历代名作，尤致力于临摹历代帝王和皇后的画像。1916 年时，曾进入逊清皇宫为瑜太妃侍读，一直到冯玉祥驱逐溥仪出宫时，始随瑜太妃迁出。大内古书画极多，杨令茀见到自己欣赏的画，则照样临摹，署古作者名字，并仿刻篆章。

杨令茀受雇东三省博物馆后，于北京故宫武英殿重摹历代帝皇像。至

沈阳故宫藏杨令茀摹《明孝懿庄皇后像》

1928年4月，已绘出画像72幅，她将这批画先期送抵“东省”即奉天省，还将她雕塑的颐和园模型作为赠礼送给博物馆。杨令茀所绘的一部分帝王像交付博物馆筹办处后，博物馆曾为此举办了一次公开展览。

消息一传开，满城轰动，前来参观者络绎不绝。当时博物馆仅占沈阳故宫中路，其况之盛是可想而知的。

沈阳故宫博物院现还藏有杨令茀临摹的一幅《明孝懿庄皇后像》。此外还藏有她的画作《墨笔博古图轴》和《设色山水图轴》。

三、沈阳故宫现藏文物的来源

20世纪50年代，负责东北地区（主要是沈阳市）文博事务的东北文物管理委员会，对所属各博物馆进行改组划分，原民国时期的沈阳博物院（筹备处）主体部分定名为辽宁省博物馆，原沈阳博物院的古物馆，定名为沈阳故宫博物馆。此后，原东北文物管理委员会所属绝大多数文物，划归辽宁省博物馆；属于沈阳地区的各类古物、文化遗存，被划分到沈阳故宫保管和收藏。

根据1954年2月中央人民政府文化部通知精神，沈阳故宫把书画征集的主要方向放在明清书画上面。

沈阳故宫博物馆成立之后，考虑到馆藏文物较少的实际情况，经过多方奔走与协商，与北京故宫、南京博物院、上海市文物管理委员会等单位建立了联系，经过省市文物主管部门、国家文物局协调和批准，由这些文物单位调入各类文物，特别是从北京故宫博物院调入了大量清宫旧藏及明清艺术品文物，从而丰富了沈阳故宫馆藏文物。沈阳故宫博物院现在的主要文物藏品，就是由20世纪50年代文物调入开始形成。

沈阳故宫的文物调入，主要来源于北京故宫博物院。当时，调入沈阳故宫的文物就是按照北京故宫的藏品进行分类和保管的，调入的文物主要有瓷器、珐琅器、宫廷遗物、玻璃器、书画、杂项、织绣品、雕刻品、漆器、陈设品、金属器、武备等。据北京故宫前院长郑欣淼披露的数字，数年间北京故宫拨给沈阳故宫的文物共计 7546 件。据郑院长介绍，从 1949 年至 1980 年，北京故宫先后把大量宫廷藏品及珍贵文物调拨给不少博物馆、图书馆及其他机构，总共有 84000 件之多。这其中，调拨给辽宁省的就有 9950 件。

值得注意的是，在北京故宫调拨给沈阳故宫的文物中，原属古物陈列所的文物有：绘画 226 件，铜器 11 件，银器 4 件，漆器 36 件，珐琅器 21 件，玉器 21 件，瓷器 46 件，织绣 36 件，竹木牙角 5 件，盆景花插 13 件，文具 48 件，生活用具 106 件，钟表 1 件，宗教文物 12 件，武备 9 件，共计 595 件。关于古物陈列所与沈阳故宫的渊源，前文已经提到过，沈阳故宫的原藏文物大部分调入了古物陈列所。那么，在这些由北京故宫调入沈阳故宫的原属于古物陈列所的文物，就有可能部分属于沈阳故宫的原藏。这些文物，流转数十年，颠沛流离，最后又回到了它们的“老家”。

此外，沈阳故宫还从民间多方征集文物。1954 年，中国百货公司沈阳分公司供应科给沈阳故宫陈列所无代价拨给了 22 件文物资料，其中书画有小郎世宁画 1 张、大郎世宁画 1 张等，共 10 件。旅大市（今大连市）图书馆把《努尔哈赤龙虎将军敕封》1 件无偿拨给沈阳故宫陈列所。

1950 年，清末代皇帝、伪满洲国傀儡皇帝溥仪从苏联被引渡回国。1959 年末，经多年改造，溥仪被宽大释放。他感谢人民政府的宽释，将自己收藏的金银珠宝器全部捐献出来，除一少部分调入北京故宫外，其余大部分入藏辽宁省博物馆。1960 年后，相关部门考虑到这批珍宝中大部分为清宫旧藏，故将溥仪珍宝全部调入沈阳故宫收藏。这批藏品共计 454 件（套），成为今天国内外研究溥仪个人以及其藏品最重要的实物。

1959 年和 1960 年的收集采购，对于沈阳故宫的文物收藏意义很大。1959 年，沈阳市政府向沈阳故宫拨款 30 万元用以征集书画。在那个年代，30 万元无异于天文数字。根据“1959 年文物收入（入藏）清单”记载，本年度通过多种途径，如购入、征集、捐赠、关系单位无偿调拨等形式，又增加了书画藏品。1960 年，由时任副馆长的杨孟雄同志带队，全体业务人员齐心协力，奔赴全国各地进行征集。他们充分利用有限的资金，征集一定的书

沈阳故宫藏清掐丝珐琅挂屏

画藏品，奠定了沈阳故宫博物馆书画藏品的基础，为后来的陈列展览、研究宣传作出贡献。

根据沈阳故宫收藏目录，当时沈阳故宫曾从北京的荣宝斋、宝聚斋、宝古斋、西单文物商店、万聚兴，上海的荣宝斋、朵云轩、墨缘阁等处大量购买藏品。还从当时书画家及收藏名家手中购买。这些名家包括黄胄、李丕基、穆蕴华、靳伯声、张万里、刘海粟等人。

20 世纪 80 年代，沈阳故宫又多次进行文物征集。1985 年，征集文物的地点主要是北京，经文物专家介绍，从文物商店等几处购得近百件文物，以瓷器、漆器和玉器为主，还有大量的文物资料。瓷器有唐代白釉壶，宋代耀州窑刻花盘、堆塑皈依瓶、瓷枕，金代刻花白釉大盘、白釉高足碗，元代白釉黑花梅瓶，明代龙泉刻花大盘等；漆器有明代剔红杯、彩漆攒盒；还有几件象牙雕刻、留黄竹刻人物针盒、玉观音山子；字画类有傅伒人物卷片、傅佺梅花水仙片及山水卷、傅僩的几幅花鸟条等。后来，还购买到齐良芷的两件墨虾图片及墨笔拜石图片等。其中唐代白釉壶造型美观，壶为白釉，短流，短柄，腹下无釉，高 17.2 厘米，口径、足径均为 6.7 厘米。金代的刻花白釉碗，碗里刻荷花纹，底足露胎，高 7 厘米，口径 21 厘米，足径 6.5 厘米。

1986 年，征集文物的地点主要是天津，所购文物以家具、书画、瓷器类为多。字画有张宗苍《浅降寒江钓雪图》、成亲王书《五言诗真迹》轴、王雪涛《花鸟条》、翰林八条屏、林琴南山水条、肃亲王的写经卷、溥心畬《设色人物》条等。其中张宗苍《浅降寒江钓雪图》是书画中的佳作。家具有仿明圈椅、多宝格、红木嵌大理石椅子、硬木雕花条案和书案、春凳等。瓷器有隋代黄釉两系壶，明代三彩寿星，宋白釉大碗和白釉瓷灯，元钧洗，明龙泉花盆、龙泉葵瓣盘、德化双兽面耳炉、茶叶末釉楂斗、明末青花瓜楞罐，清仿白土定八角水盂、青花人物炉、仿宣影青洗子、乾隆窑变瓶等。

1987 年，有近百件文物入藏，其中有几十件是从北京文物店购买的。所购文物以绣品类为主，其中有红缎绣花蝶钱包、云头花卉扇套、纳纱彩绣荷包等。这些绣品大都图案精美，工艺精湛。如红缎绣花蝶钱包为红粉缎地绣蝴蝶，牵牛花、佛手、黑丝线锁边，最高处为 12 厘米，最宽处 12.8 厘米。

1988 年和 1989 年，文物征集工作是为出国文物展和在博物院内陈列展览筹备辅助文物，主要是到苏州、扬州等地购买。这两年购得的文物基本上是家具类，以小巧携带方便为原则，有红木多宝格、红木琴桌、红木花几、明代红木雕花暖格床等 100 多件。此外还为沈阳故宫博物院举办的民俗展购买了两件光绪年间的建漆提篮和竹编大提篮。其中红木多宝格、红木琴桌、红木花几等几件家具，不仅造型美观，而且雕工很精致。红木琴桌为透雕葫芦纹围板，卷云头，四腿及足均雕绶带纹，高 83.5 厘米，长 120 厘米，宽 42 厘米。红木花几为圆面，五足，下部有一圆雕连接五足，几肩有凸雕回纹，高 88 厘米，径长 30 厘米。

1990 年和 1991 年这两年主要是在辽宁省内及扬州地区征集文物。其中 1991 年应该是沈阳故宫博物院自实行文物征集工作以来征集较多的年份，无论是书画类文物还是瓷器类文物，精品都很多。瓷器中有隋代青瓷鸡头龙首四系罐，金代白地褐花梅瓶，元代白地黑花拜石图罐，明代龙泉印花家款碗、万历青花婴戏图六楞小罐、万历青花王羲之爱鹅图罐，清代雍正青花五福捧寿图盘、乾隆款黄釉五彩花卉大碗。书画类有张宗昌山水条、杨晋山水册页、李鳝墨笔菊花公鸡图、蒋敬设色秋馆听潮图等。此外，还有清初硬木刻白菜洗、玉龙钩等杂项文物。隋代青瓷鸡头龙首四系壶是隋代大件典型器，器形规整，整个鸡首壶为半釉，全高 49.5 厘米。盘口、鼓

沈阳故宫藏清木根雕双虎

腹、颈部有两道箍，肩部两侧各有对称的两个系。整个器物的主体也在肩部，肩部有一鸡首，头顶鸡冠，昂首，雄纠纠地目视前方。肩部对称的另一边是一龙头，呈口衔盘口状，造型栩栩如生。因隋代传世的文物珍品极少，尤其是大型器更是少见，所以该鸡头壶被鉴定为国家一级品。

1992 年是沈阳故宫投入征集费较多的年份之一。征集来的几十件文物主要是在扬州文物商店购买的，精品很多。字画有陈洪绶草书条幅、李鱓松树中堂、边寿民芦雁行书斗方轴、蒋璋山水人物中堂、郑板桥竹石中堂、顾符祯山水人物斗方、张赐宁山水条幅。瓷器有五代越窑粉盒，元代龙泉大洗，雍正仿官釉洗口瓶，雍正粉彩花卉盘，雍正青花镂空博古图大盘等。其中五代越窑粉盒是为填补院藏文物空白而购买的。此盒造型规矩，全高 4 厘米，盖上图案为划花对称双鸟，间以对称云纹，肥美的鸟雀还有唐代画法的遗风。盒口 9.3 厘米，盖口 10.4 厘米。瓷釉色青中微泛黄，呈现出一种还原色调。无论是器物造型，还是装饰的花纹、划花的手法，都可以说是五代越窑的典型器。元代龙泉大洗也是一件难得的佳品。清代边寿民芦雁行书斗方轴分为上下两部分，上幅为边寿民所书的行书轴，下幅为边寿民最有特色的芦雁图，这种形式的作品在边寿民的传世画作中不多见。上有行书款“边颐公”白文方印，下图款为两方朱文印：一是“山阳”朱文长方印，一是“颐公”朱文印。材质为绫，全幅长 145 厘米，宽 48.7 厘米，画心长 38 厘米，宽 27 厘米。此画堪为边寿民的传世佳作，它和郑板桥的《墨笔竹石图》经国家鉴定委员会专家鉴定后，均被编入《中国古代书画目录》。

此外，沈阳故宫对当代优秀艺术品、名家书画作品，也有陆续收藏。

四、《竹荫西狑图》入藏沈阳故宫

郎世宁是清代来华的意大利传教士画家。他的绘画题材颇为广泛而多变。他的油画、水彩风景画、历史风景画以及战争画等，大都具有意大利古典主义的画风和表现手法。他一生为清廷宫苑、行宫画了大量的人物画、风景画、花鸟画、年节画、扇画、珐琅画等。据《清宫廷画家郎世宁年谱》可知，郎世宁在清宫50年中，不仅创作了内容丰富、数量惊人的绝画名品，而且以其众多的传世珍品丰富了中国与世界的艺术宝库。据记载，郎世宁传世作品有百余件，分别收藏于世界各地，其中以故宫博物院和台北故宫博物院所藏为大宗。比如著名的《百骏图》《聚瑞图》《孔雀开屏图》《十骏马图》与《十骏犬图》，都收藏在台北故宫。

沈阳故宫所藏郎世宁作品不多，除了《竹荫西狑图》外，还有一幅绢本《松石羚羊图》。此画创作于雍正四年（1726），是郎世宁早期的绘画作品。在画面的右侧绘有苍松二株，下为绿茵茵草地，旁有秀石，松树与石缝间长出翠竹，翠竹边站立着一只羚羊。画面注重光线明暗和物象立体感的表现，因此极为生动。还有一幅《松鹤图》，纵223厘米，横142厘米，是巨幅画作。此图为绢本设色，郎世宁画松鹤，宫廷画家唐岱补巨石。巨石挺立于苍松之后，郎世宁参照西洋绘法，皴擦不明显，但有较好的立体感。一对羽毛绚丽丰润的仙鹤统松而追逐，神态生动逼真。地面画有各种花草，各具其态。古松苍劲挺拔，干枝弯曲，松根裸露而且盘根错节。全图洋溢着祥和的气氛。

沈阳故宫藏郎世宁《松石羚羊图》

那么，郎世宁的作品，特别是那幅《竹荫西狑图》，是如何入藏沈阳故宫的呢？

《竹荫西狑图》是在1960年由沈阳故宫当时负责藏品征集的工作人员从北京买来的。《竹荫西狑图》的右下落款是：“臣郎世宁恭绘”。另钤有“怡亲之宝”一印，可知此图曾为怡亲王收藏。这位怡亲王，即世人熟知的“十三阿哥”允祥，他在康熙晚期诸皇子争位中力挺雍亲王胤禛，最终使其登上皇帝大位，因此备受雍正帝的器重。有人猜测说，当郎世宁绘制完成《竹荫西狑图》后，雍正皇帝十分喜爱画中这只充满灵性、力量，表情乂非常温

沈阳故宫藏郎世宁、唐岱合绘《松鹤图》

沈阳故宫藏清沈铨设色《丹凤朝阳图》

和的猎犬，即将它亲赐给十三弟允祥。其目的之一是将精美的宫廷画作赏赐给十三弟，以显示对他的恩宠；其二则应是以这种方式委婉地予以警策，借物喻人，以画面中这条温顺忠诚的猎犬来提醒允祥，一定要保持一贯的忠心与恭敬，以避免给自己惹来祸患。这种猜测并没有什么文献上的根据，但备此一说，也为这幅画增添了一些传奇色彩。

但《竹荫西狑图》是怎样从王府流落民间，其间又有多少曲折的故事，就不为人知了。反正曲曲折折，最后经沈阳故宫的文物征集人员从北京的一个私

清郎世宁设色《竹荫西狑图》

人藏家手里买了回来。这位藏家是惠孝同。

惠孝同原名惠均，字孝同，号柘湖，别号松溪、晴庐，是近代著名画家。新中国成立后，历任北京中国画研究会常委、中国美术家协会会员等。惠孝同山水传统功力深厚，构图颇具巧思，所作树石古厚浑茫，意境深幽，在寻觅新时代山水画发展的新途中也作出了可贵的探索。

惠孝同出生于大官僚家庭，他的父亲耆龄在溥仪“小朝廷”时，曾任“内务府大臣”，家中书画收藏极其丰富。李嵩的《货郎图》、王诜的《渔村小雪图》这些美术史上的稀世珍品，都曾经被惠孝同收藏过。他曾把许多珍贵藏品卖给故宫博物院，其中包括宋代王诜的《渔村晓雪图》等。1960年沈阳故宫从他手里购入的，除了郎世宁的《竹荫西狑图》外，还有郎世宁的另一幅画作《羚羊图》。此外，还有《康熙南巡图卷》（草稿第二卷）等15幅珍贵明清图卷。

买回郎世宁的《竹荫西狑图》画作后，经过一系列的登记入账手续，最终被藏到了文物库房里。从北京买回来后，负责鉴定的专家当时就给定为一级文物。而沈阳故宫博物院保管部的资料也记载着，1988年，谢稚柳等著名鉴定家在观摩了这幅画后说：“好，太好了！”谢稚柳当时是国家文物局古代书画鉴定小组组长、国家文物鉴定委员会委员，他的评价，一言九鼎。

五、入藏沈阳故宫的溥仪珠宝

1945年8月17日，伪满洲国皇帝溥仪等人在沈阳东塔机场被苏联红军俘虏，同时查获了溥仪随机携带的两大提箱物品，箱内有金盘、镶宝石怀表、金首饰合、红珊瑚手镯、纯金项链、纯金发针、珍珠饰品、青金石雕像等大小几百件名贵宝物。其后，溥仪以重要战犯身份被押往苏联的赤塔市，其收藏的这两大箱金银珠宝器物也随之被运往苏联。在苏联囚禁期间，溥仪等人先后被关押于赤塔的莫罗科夫卡收容所、伯力红河子看守所、第45特别战俘收容所等处。在长达5年的囚禁时间里，溥仪深恐被引渡回国后受到惩处，便以援助苏联经济建设为由，将一部分珠宝首饰捐献出去，企图以此讨好苏联，争取留居在国外。他还将少部分首饰、手表等赠给当地官员和看守人员，而将其中最好的一部分留下来藏进一个黑色皮箱的箱底夹层里。另外，他将一些镶有宝石、钻石的金手镯、袖扣和零散珍珠、钻石、宝石等赠与跟随他的侍从和亲属，或是胡塞乱藏，有的甚至投入暖炉中毁掉。

1950 年 8 月 1 日，根据中苏有关协议，苏方将溥仪及其随从人员和其他日本战犯一道，用专列遣送回中国，溥仪收藏珠宝的皮箱也被一起移交给中国政府。溥仪作为战犯被关押在抚顺战犯监狱。后来，溥仪将这批珍宝中的“乾隆田黄三链章”等少数珍品捐赠给北京故宫博物院收藏。其他的绝大部分金银器、玉石器及御用男女表，则仍藏在那个黑皮箱的夹层中。溥仪把这些珠宝当作命根子，他在《我的前半生》中说：“在苏联时，有一天夜里举行防火演习，我一听见警报，连衣服也顾不得穿，首先是扛起这个皮箱向外跑。”溥仪说，在监禁期间，“这皮箱简直成了压在我心坎上的越来越沉的黑色负担”。[①] 1952 年夏天，溥仪决定将这批珠宝交出来。战犯管理所的所长说可以将这些珠宝暂时代为保存，还给了溥仪一张收条。溥仪说：“黑色包袱卸下来了，一片乌云过去了。”“交出了那批东西，我从那时开始看到了一条新的出路。”[②]1958 年，战犯管理所所长通知他，政府正式接收了这批珠宝。

溥仪最后交出来的这批珍宝先是保存于东北博物馆，20 世纪 60 年代初整批转入沈阳故宫博物馆收藏。这就是目前沈阳故宫博物院所收藏的溥仪御用珍宝的来源。杨仁恺先生曾说：将溥仪挟逃时所获的国宝拨归前东北博物馆接收典藏，名正言顺，本无问题。而东北博物馆从全面考虑，将全部珠宝玉翠转交沈阳故宫，也是出于全局观点，值得称许。

沈阳故宫博物院现在所藏溥仪御用珍宝共 454 件套，其中包括清代中晚期宫内制造的玉器、宝石器，由国外购买的各类用表，以及民国时期和伪满洲国

① 爱新觉罗·溥仪：《我的前半生》（全本），群众出版社 2007 年版，第 327 页。
② 爱新觉罗·溥仪：《我的前半生》（全本），群众出版社 2007 年版，第 327、502 页。

沈阳故宫藏穿珍珠凤凰佩花

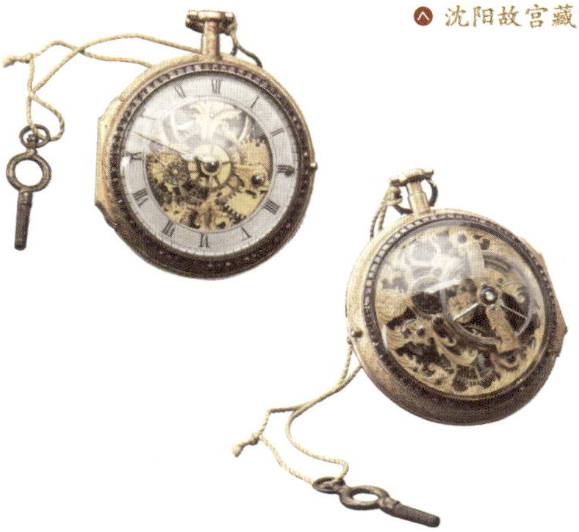

沈阳故宫藏 18 世纪末英国制造银壳大怀表

沈阳故宫藏珐琅珍珠怀表

时期制造的溥仪御用金银器皿和少量首饰品。这批金银珠宝藏品，都具有重要的历史价值和艺术价值。

沈阳故宫所藏溥仪御用金银珠宝藏品，以藏品的实际使用功能进行划分，可以分为首饰、佩饰、陈设、文房用品、器皿、佩表、首饰散件等几大类。

沈阳故宫院藏溥仪御用金银珠宝器中的绝大部分，为清代中晚期所制造，也有少量的金银器皿制造于伪满时期，这部分金银器皿的底部多刻有年款或生产制造的店款。其中最值得注意的是一件“烧珐琅八宝花开金勋章项链”。这个项链为钢质镂空开金制成，链身共有 43 节，其中正面正龙绕珠纹链饰 1 节，八宝图案链饰 8 节，八卦“乾”“坤”二字链饰各 1 节，均为绿、蓝色珐琅质（烧蓝）工艺制成，另有镂空纯梅花形的链饰 10 节、盘肠形的连接链 20 节，均为抛光开金制成。这个项链已经缺失龙饰下部的星形勋章，但仍不失为伪满皇帝御用的代表之物。从此件勋章项链的纹饰、工艺及制造水平看，应为当时日本人制造并颁赠给溥仪的荣誉勋章项链。沈阳故宫所藏其他溥仪御用金银器皿，基本以实用餐具为主，包括：“义虞永和”款刻花银碗，“北京宝华楼”款刻瓜瓞双喜银碗，“大同元年”款双喜银碗以及银筷、叉、匙等餐具等。

沈阳故宫现藏溥仪御用金银珠宝物品中，有一项非常重要的高档实用品，即 10 余件镶嵌有宝石、珍珠的各类御用的怀表、手表、戒指表和观赏表，其中以精美的大小怀表居多。它们多为金、银胎或开金所制，表面及表带也多镶有名贵宝石。这些名表制造于 18、19 世纪或者 20 世纪初，均产自英国、瑞士两国，其中绝大多数是清宫原藏，少数为民国时期溥仪婚后购置，有的则是他赠送后妃的礼品表。清宫原藏的名表为清代中晚期入藏，大多为亲信大臣等进贡、西方传教士奉献或是由粤海关等处从欧洲直接购买，因而具有较高的历史价值。这批难得一见的藏表原来的市场价值即已不菲，又因末代皇帝溥仪的珍藏和使用，因而具有极为特殊的传奇色彩。

沈阳故宫所藏清末帝溥仪御用金银珠宝中的玉石类、宝石类首饰品，多数是成色纯正的翡翠、玛瑙、璧玺、珍珠、水晶等贵重宝石，其中的绝大部分为清代中晚期所制玉石、宝石佩饰和首饰品。

沈阳故宫博物院所珍藏的溥仪御用金银珠宝藏品，是中国封建社会最后一代王朝、最后一位皇帝的特殊见证之物。末代皇帝溥仪的一生可谓起起落落、一波三折。他一生中的“御用”之物至今得以保存的也不在少数，但是，能够像沈阳故宫院藏这批金银珠宝如此集中，又如此具有历史价值、文物价值和商品价值的藏品并不多。

2012 年春天，沈阳故宫博物院与台北故宫博物院、法国卡地亚联合在台北故宫举办的“皇家风尚”大展，其中有 80 多件展品来自沈阳故宫博物院，这些文物都是当年末代皇帝溥仪出宫时散佚的珠宝首饰和配饰等。在这次展览中，溥仪的这些珍贵文物受到观众的关注，成为这次展览的一大亮点。

六、沈阳故宫现藏文物举要

经过多年的收集收藏，沈阳故宫博物院现有文物十数万件，其中有不少一二级文物珍品。这些文物按照文物质地和使用功能，共分为 24 大类。

在清王朝正式建立前的后金时期，女真族尚在形成和扩张之中，其社会制度正由带有军事民主特点的奴隶制向初期封建制过渡，女真人也正由原始的狩猎生活逐步向农耕经济过渡，武装、拼杀与战争是当时全部活动的主旋律。因而，这一时期沈阳故宫留存下来的宫廷历史文物，多为皇帝个人使用的武装器械，如“清太祖努尔哈赤龙虎将军剑”“清太宗皇太极御用腰刀”和“清太宗皇太极御用牛角弓、御用哨箭”等。此外，在沈阳故宫还保留下来大量与当时战争有关的军事实用类物品，如有传达皇帝谕旨、命令所持的木制“蒙文信牌”“汉满蒙文皇帝之宝信牌”，以及作为报警和传令使用的铁制“大金天命云板”等等。

沈阳故宫现藏宫廷遗物类文物，主要包括玉宝、玉册、萨满祭祀用具和各种门神、殿内悬挂的绢纸类匾联以及宝座、龙椅、金漆几、皇帝出行专用的卤簿仪仗等，具有重要的历史价值及观赏价值。皇帝在宫廷中最重要的活动是临朝听政，在大殿举行继位、册封、颁诏、赐宴、觐见及朝贺等各种典礼活动，在便殿接见臣工、议论政事等。盛京皇宫

沈阳故宫藏清掐丝珐琅宝相花大冰箱

沈阳故宫藏清世祖章皇帝玉宝

的主体大殿大政殿、崇政殿是努尔哈赤、皇太极、福临三朝临御之正殿。西所迪光殿则是乾隆皇帝东巡时使用的便殿。这几个殿的内部陈设布置各有不同。大政殿内空间有限，在地坪之上设宝座、屏风。木雕金漆宝座造型方正沉稳，遍雕各式云龙、宝相花、螭等纹饰，嵌玉多块。屏风亦木雕金漆，七扇相连，体势高大，雕饰手法与宝座相同。后柱对悬木质金漆铜字长联，为乾隆御制御书。座前置珐琅角端、太平有象等陈设。崇政殿御座布置较大政殿更显端庄威严。宝座木雕金漆，为四足连托式结构，造型大方华丽，遍雕云龙纹，飞动流畅。后立木雕金漆屏风，云龙夭矫，五扇相连，中扇稍大，扇中方型开光，雕康熙帝御书集经铭句。屏风造型别致，纹饰精彩。迪光殿为西所便殿，宝座、屏风等级较正殿低，体量略小，风格活泼。宝座为红雕漆，靠背正中窗式开光，雕山水人物，其余部分雕饰云龙、云蝠、花卉。内外满雕，纹饰繁密。屏风朱漆雕云龙纹。屏心上段黑漆地阴刻填白漆《御制瑞树歌》，为乾隆御制御书；下段四方框黑漆地白漆画竹松梅兰，极雅致。

帝后日常起居之宫室家具则为非礼仪式家具。清代家具用料粗大厚重，体量宽大，纹饰繁密，精雕细刻，采用多种工艺、材料进行装饰，突出其美观和华丽，不以人体舒适为准则。这种倾向发展到极致，便是上述宝座、屏风之类的殿堂家具，造成君临天下、俯视苍生的威势。沈阳故宫的常用家具，多罗汉榻、太师椅、桌案、箱柜之类，多是紫檀、花梨、红木等贵重材料制作，花样翻新，装饰华丽。沈阳故宫现藏陈设类文物，共328件（套），包括清朝宫廷的各类内宫陈设器物，如屏风、插屏、挂屏、立镜、匾联等，制作材质有木质、漆质、珐琅、玻璃、玉石、瓷质、纸绢等。多数文物为清宫原藏，具有较高的研究价值与观赏价值。

沈阳故宫现藏织绣类文物，主要是清朝宫廷的各类织绣品，包括皇帝、后妃、王公大臣和文武官员的各类服装、冠帽、鞋靴、佩饰、衣料、活计、坐褥、靠垫及艺术品等。沈阳故宫所藏御物中，帝后冠服是重要的藏品项目。历代王朝皆极重视冠服制度，以别等级、示尊卑。清代亦不例外。自崇德之初即厘定上下冠服，到乾隆朝，法式加详，增改既定，为一代之制。清代冠服沿袭其骑射民族特点，保留满洲旧俗，如薙发结辫，适用北方之冠帽，便于骑射之袍褂、配挂朝珠等。亦兼纳前朝服仪，如用龙、蟒、十二章等汉族传统纹饰，大臣着补服以示品级等。其制极严，冠服式样、种类、用料、用色、纹样、饰物都各有定制，不得僭越。皇帝有衮服、朝服、吉服、常服、行服等不同场合的冠服。同种冠服又分四季节令而用不同的衣料。色用明黄、石青。冠饰和朝珠必以东珠为用。皇后、妃、嫔等女式冠服，亦有朝服、吉服、常服之分。冠饰东珠之数量，袍服之用色，绣龙之多少，宝饰品种、数量皆按等级有所区别。王子袍服用金黄色，绣龙和冠珠有定数，朝珠不得用东珠，余随所用。亲王朝服、补服用蓝、石青色，绣团龙，余与王子同。郡王以下等级各有差。其配偶随其夫制。文武臣僚，冠顶以红宝石、蓝宝石、珊瑚、水晶等为饰，称顶戴，以区别品阶。袍服用蓝、石青色，前后缀以方形有花纹的织物，称补子；文臣以仙鹤、锦鸡、孔雀等，武臣以麒麟、狮、豹等标志品级。帝后袍服用料极为贵重，裁制、绣饰皆极精美。沈阳故宫所藏帝后冠服，都是清代的典型之作，可以窥见清代冠服制度之一斑。如黄色团龙纹常服袍，是皇太极所服的龙袍，锦缎团龙，为早期遗物，极为珍贵。石青缎彩绣平金团龙衮服，是康熙皇帝玄烨所服，前胸、后背、左右肩绣五爪金龙，肩龙各抱日、月，极为精彩。明黄芝麻纱彩绣平金龙袍，是乾隆皇帝弘历之所服，绣金龙九条，彩绣十二章，满饰云蝠、八宝、海水等纹，极为绚丽。另一件金索子锦面棉甲，累丝鎏金盔，是乾隆大阅时所穿的戎装，制作精工，形制威武。

沈阳故宫现藏瓷器类文物，以清代宫廷用器为主，也就是清宫官窑瓷器，另外还有一定数量的明代瓷器。该类文物包括明清时期各种彩瓷、单色釉瓷，特别是清康、雍、乾、嘉、道、同、光各朝官窑瓷器，数量众多，青花、五彩、三彩、粉彩、斗彩以及各种单色釉品种齐全，器物上装饰有各种传统纹饰图案，花鸟、走兽、人物、山水、几何图案应有尽有，器物造型多种多样，大器小件品类齐全，反映了清朝盛世至清晚期瓷器工艺的发达与鼎盛。清代制瓷更趋成熟，各个品种齐头并进，在釉彩、造型、纹饰各方面更有创新，超越前代，达到空前的技艺高度，是中国瓷器史上的黄金时代。从康熙朝起，皇家对制瓷极为重视，设官窑厂，或官搭民烧，委派官员监制。康熙朝有臧（应选）窑、郎（廷极）窑，雍正朝有年（希尧）窑，乾隆朝有唐（英）窑，都创造了极好的业绩。康熙时创粉彩画法，釉彩雅致，有浓淡晕染之变化。又创珐琅彩，以玻璃质釉料烧瓷，别具风韵。素三彩、墨彩、宝石红、豇豆红、鳝鱼黄等都是一代名作。雍正官窑除进一步精制上述瓷品外，仿古瓷也极为发达，官、哥、汝、钧，无一不备，又烧制胭脂水、碧玉绿等新颜色釉，青花、五彩也有突出成就。乾隆朝瓷艺更精，单色釉烧制五彩缤纷，达50多种色彩。款式新奇、纹饰复杂、制作精工、描绘规整，皆一时之妙。又有仿古铜、古玉、漆木、花果之仿古象生瓷，皆惟妙惟肖，巧夺天工。但追求奇巧、炫耀奇型繁纹之风，使瓷艺走上歧途。嘉、道之后便渐不如前了。沈阳故宫所藏瓷品中，有众多的名品，如明永乐白釉暗花串枝莲纹梅瓶，康熙黄地三彩绿龙盘、康熙五彩十二月花杯，雍正斗彩龙凤纹大盘、胭脂水碗，乾隆粉彩十六子灯笼瓶、霁蓝活腰环葫芦瓶等，都是具有代表性的官窑精品。

沈阳故宫现藏绘画类文物十分丰富，尤以明清绘画最为出色，在国内各大博物馆中占有极其重要的地位，囊括了明代、清代众多绘画大家的精妙之作。院藏明代绘画中，有明初“浙派”领军人物戴进及其传人吴伟、张路的作品，有宫廷花鸟画家吕纪的佳构；有明中期“吴门四家”沈周、文徵明、唐寅的优秀作品，有“白阳青藤”（陈淳、徐渭）二位写意花鸟大师的力作，有明中晚期“松江派”“华亭派”领袖宋旭、董其昌等人作品；还有明晚期“武林画派”创始人蓝瑛和人物画大家陈洪绶所画作品等。其他像陆治、文嘉、宋旭、邵弥、卞文瑜、项圣谟等人的画作，也是沈阳故宫院藏绘画作品中的佳作。院藏清代绘画在国内藏品中占有重要地位，其中清初“四王吴恽”（王时敏、王鉴、王翚、王原祁、吴历、恽寿平）的作品有数十件。院藏清初“四僧”（弘仁、髡残、朱耷、石涛）的作品也很丰富。此外，院藏绘画中还有众多的“扬州八怪”作品，“金陵八家”作品，袁江、袁耀袁氏父子作品及清中晚期闵贞、潘恭寿、奚冈、张崟、改琦、费丹旭、戴熙等人的作品。清代指头画作品、皇室画家作品、清代宫廷画家作品，也有较为丰富的收藏量，这些精品绘画构成了沈阳故宫所藏清代绘画的主体。所藏高其佩及高凤翰、李世倬、傅雯等人的指画作品，在社会上具有重要影响；皇室画家允禧、弘旿、永瑢的多幅画作，是外界所难得一见的；众多的清代宫廷画家作品除有郎世宁所绘《竹荫西狑图》《松石羚羊图》，王翚的《康熙南巡图》外，另有王原祁、冷枚、杨晋、沈宗敬、蒋廷锡、唐岱、张宗苍、丁观鹏、董邦达、邹一桂、姚文瀚、钱维城、徐扬、钱载、董诰等多位画家的精心之作，可谓盛况空前，收藏富有。除了明清时期众多大家的绘画作品外，沈阳故宫还院藏“海派”赵之谦、吴昌硕、“四任”的作品及近现代著名画家齐白石、张大千、溥儒、黄宾虹、徐悲鸿、傅抱石、李苦禅、

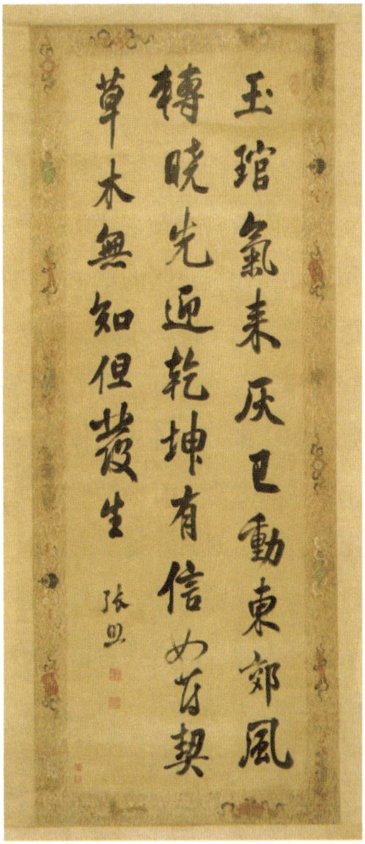

沈阳故宫藏张照行书轴

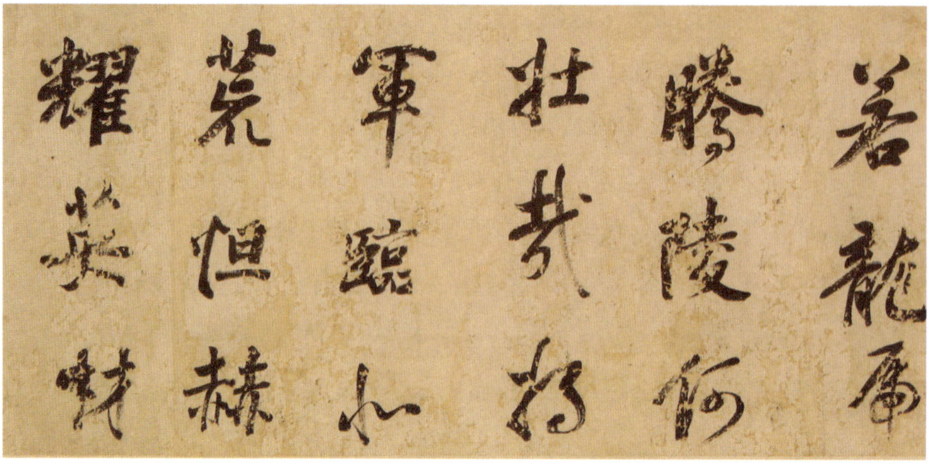

沈阳故宫藏明董其昌楷书

石鲁等人的作品，不仅数量多，而且质量精。

沈阳故宫现藏书法类文物，以明清两代书家作品为多，包含了众多名家之作。如明代祝允明的草书《洛神赋》卷，草法精妙，纵横开阖，飞动流畅；文徵明《醉翁亭记》手卷，高头大卷，行书大字，与常见文氏小楷、小行书之面貌迥异，极见功力；明代大家吴宽、邢侗、陈继儒、董其昌、黄道周、倪元璐、张瑞图、米万钟等人的作品，均是笔墨多姿，神态出众。清代书法为沈阳故宫书法收藏之重。有清初时期傅山、王铎、朱耷等名家作品，清中期北方四大名家翁方纲、刘墉、成亲王永瑆、铁保的作品，以及南方梁同书、王文治、钱沣、姚鼐等名家的作品。此外，还有较多康熙、雍正、乾隆等清朝帝王和张照、董诰、汪由敦等清宫朝臣留下的书法作品，从而使书法作品成为沈阳故宫藏品的一大特色。

沈阳故宫现藏雕刻类文物，主要包括明代、清代的各类玉器、竹、木、牙、角、石质雕刻器。玉器中又含有翡翠、玉石、珊瑚、玛瑙、水晶等各项，许多藏品不仅材质名贵，而且雕工精美，反映了明清时期高超的雕刻水准。在自然物质中，中国人最为喜爱的是玉。珍玉、敬玉、礼玉、赏玉、佩玉的情结，数千年绵延不绝。“君子比德于玉”，玉成为高尚、纯洁、坚贞的象征，被广泛应用于礼制、装饰、玩赏、服饰等各个领域。清代是中国玉文化最为繁荣、最为辉煌的时期。特别是乾隆皇帝，酷爱玉器，积极提倡，皇朝典仪，起居服用，尽皆用玉。内务府造办处设玉作，专司制玉事务。苏州、扬州、京师形成制玉中心。这一时期，所制玉器不可胜记，巧匠辈出，巨制迭现。清代玉器除礼制之用，如天子宝玺、玉宝玉册、祭祀器皿外，主要制为宫廷所用之陈设、器皿、饰物等。仿古之作有仿商周彝器、战国秦汉圭璧之类，时尚之作有山子、座屏、瓶尊、文房、人物禽兽造型摆件、牌饰等，生活器皿有酒具、茶具、餐具、妆奁之类。沈阳故宫藏玉皆为内府玉坊所制。在制玉工艺的带动下，清代其他品料的雕刻工艺也与之俱进。水晶、玛瑙、翡翠、象犀、竹木诸色雕件，也都形成了各自的雕艺。犀角雕玉兰花插、牙雕群仙楼阁笔筒、黄杨木雕灵芝如意等，都是沈阳故宫所藏精品。

沈阳故宫的漆器类文物，包括清朝多种工艺制成的漆器制品，如有剔漆、描金漆、彩漆、髹漆等，具体实物有宝座、屏风、挂屏、炕桌、方几、圆几、文具、宴盒等，绝大多数是清宫旧藏的实用器和艺术品。金银珠宝类文物，主要是清朝末代皇帝溥仪个人使用和收藏的金银器、珠宝器及怀表等藏品。现藏杂项类文物，主要为清宫制造和收藏的笔、墨、纸、砚、盆景、各式用扇、梳妆用具、解食刀、火镰及诰命、清宫钟表等。此类文物由于是清宫旧藏，故历史价值极高。玻璃器类文物，为各类样式、各种颜色的玻璃制品，大多数为清代宫廷制造，少数文物由海外制造并进入清宫收藏。品种有瓶、缸、盆、罐、盒、盘、碗、杯、花插、花觚、花篮等十几类。

乐器类文物，包括铜鎏金双龙纽攫珠龙纹编钟、灵璧石朱漆描金攫珠龙纹编磬以及乐麾、柷、敔、戏竹等。打击乐器有：彩绘双龙纹建鼓、红漆行鼓、红漆彩绘抬鼓、彩绘大杖鼓、红漆彩画大鼓、皮面彩绘小杖鼓、羊皮彩漆手鼓等。吹奏乐器有：铜制蒙古角、大铜角、小铜角、金口角、黑漆画角、乾隆款朱漆描金云龙纹排箫、红漆描金埙、刻花描金云龙笙等。弹拨乐器有：乾隆款

沈阳故宫藏清大八音盒

沈阳故宫藏清铜镀金鸟音座钟

沈阳故宫藏清铜镀金鸟音钟

七弦琴、琵琶、奚琴等。这些乐器应用于清帝祭祀坛庙以及宫廷朝会、筵宴及皇帝出巡等活动中。

沈阳故宫现藏考古类文物，主要是沈阳市考古部门提供的沈阳地区出土文物，集中于原始时期、汉代、宋代、元代及明清等几个时期，另有一些文物为社会征集入藏。该类文物主要包括石器、玉器、陶器、瓷器、铜器、钱币、铁器、首饰等，对研究沈阳地区的历史、文化具有一定的价值。现藏碑志类文物，共56件（套），大多为沈阳故宫旧藏。该类文物主要包括石碑、墓碑、石函、石雕、砖雕等项。碑志藏品的代表作品有“辽代石经幢”（大十面）、“元代沈阳路城隍庙碑”、“清豫王府影壁”、“清安达礼墓碑”、“清萨尔浒战碑”、“清锡伯族家庙碑”、“清成亲王永瑆作品（部分）”，以及清代盛京城“抚近门”“德盛门”“镇边门”的门额等，具有重要的地方史研究价值。现藏古建附件类文物，主要为盛京皇宫原藏，包括各宫殿内部、外墙壁悬挂的匾额、对联、楹联及石雕附件等。具有代表性的藏品有“清金漆赶珠龙紫气东来铜字匾”“清金漆赶珠龙正大光明铜字匾”“清金漆雕赶珠龙泰交景运铜字匾”等。它们寄托了皇帝的思想，表现了皇家丰厚的文化底蕴和宫殿陈设的庄严。

沈阳故宫现藏金属类文物，包括金银器、铜器、铁器、锡器、青铜等，做工包括浇铸、錾刻、滚压、打磨等工艺。器物有金银器具、金属食具、酒具、金属兵器、金属货币和其他实用金属器等几大项。金银器具包括鎏金佛、盘、碗、壶、杯及高足杯、蜡台、勺、匙、叉等；金属饮食具及酒具包括火锅、火碗、盘、碗、杯、爵、角、匜、壶、鼎、盆、勺、刀、叉、炉、水囤等；金属兵器包括刀、戈、剑、矛、枪、炮等；金属货币包括春秋战国及汉、唐、宋、清代的制钱，币种有布币、刀币、半两、圆钱等；其他实用金属器包括手炉、香炉、花觚、铜镜等。

现藏钱币类文物，包括古代各个历史时期的各类钱币，集中于战国、宋代、明清以及现代红军苏维埃时期，钱币品种有铜钱、纸币、银圆等，对研究古代钱币及其发展具有一定意义。

现藏武备类文物，包括印牌、信牌、刀、剑、弓、箭、橐鞬、枪、炮、海螺、马鞍、马鞭、棉甲、头盔、锁子甲等，数量众多，种类齐全，反映出清王朝骁勇善战、崇尚武功的家训国俗。

七、沈阳故宫的十大经典文物

在沈阳故宫博物院所藏的数万件文物珍品中，有许多是举世无双的国宝级文物。这些文物，可以说件件都是举世惊艳的文化珍宝，件件都是价值连城的艺术杰作。不过，像许多著名的博物馆一样，还要特别介绍几件最有代表性的藏品。比如法国卢浮宫有“蒙娜丽莎”“胜利女神”“断臂维纳斯”等“三宝”，台北故宫博物院也有“翠玉白菜”“肉形石”“毛公鼎”等“三宝”。那么，沈阳故宫有哪些特别重要的、可以称为“镇院之宝”的藏品呢？2006年沈阳故宫博物院建院八十周年之际，经过专家评选，选出了十件有突出文化价值和艺术价值的藏品，作为沈阳故宫“十大镇馆之宝”。这十大经典文物是：

（1）清太祖努尔哈赤宝剑

清太祖努尔哈赤所用之剑，是极少数努尔哈赤传世实物之一，举世无双，弥足珍贵。这把剑的剑刃为钢制，全长80.5厘米，刃长58.3厘米，刃宽3.1厘米，柄长19厘米，格长3.2厘米，格宽9.9厘米，柄首宽8.3厘米。这把剑做工精良，纹饰图案丰富多彩。柄首为铜质海棠形，开光内錾刻天官、鹿、鹤图案，柄身包以牛角。剑镡为铜制，中间开光内刻玉兔、祥云图案，两端为龙首、鱼身纹饰。从剑柄、剑镡纹饰图案看，该剑有“加官进禄”“玉兔呈祥”的寓意。剑鞘分节外包铜皮和鲨鱼皮面，有横箍7道，鞘表面另镶有铜质镀金螭虎纹和菱形花卉纹饰。清乾隆年间曾为此剑佩以皮条，其上用汉、满两体文字书写“太祖高皇帝御用剑一把，原在盛京尊藏”字样。根据明万历二十三年（1595）明朝廷曾敕封努尔哈赤为龙虎将军一事，有关专家学者推断该剑即为明朝所授“龙虎将军剑”。

（2）清太宗皇太极腰刀

此件腰刀为实战器械，应是清太宗皇太极在战争中所用之物，为极少数皇

沈阳故宫藏努尔哈赤御用宝剑

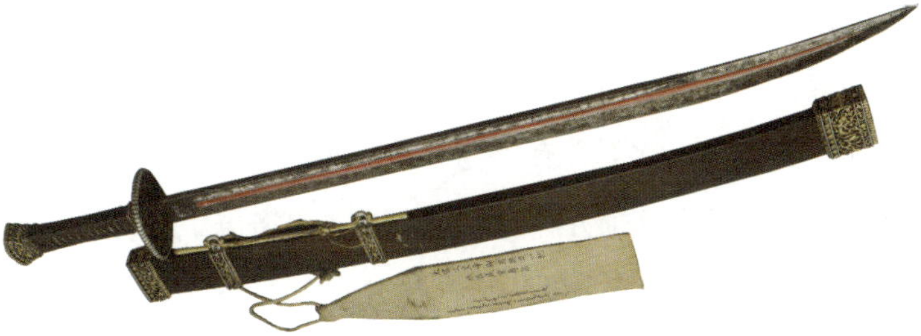

沈阳故宫藏皇太极御用腰刀

太极传世实物之一，其历史价值、文物价值极高。刀刃为钢制，全长 94.5 厘米，刀长 75 厘米，刀宽 4 厘米，刀厚 0.6 厘米，刀形似朴刀，刃口锋利，钢质极优，刀身铸有两道血库；镡呈椭圆形，长 9 厘米，宽 8.5 厘米；柄长 15 厘米，柄部用皮条缠绕，柄首铜质累丝镂空鎏金龙纹；鞘为木制，长 77.8 厘米，宽 5.4 厘米，厚 1.3 厘米，外包鲨鱼皮，有固定铜系环两个，镂空龙纹鎏金铜箍四道。乾隆年间附制长形皮条，上书满、汉两体文字“太宗文皇帝御用腰刀一把，原在盛京尊藏”各两行。乾隆中期曾移存北京，后又送回盛京皇宫（沈阳故宫）收藏。

（3）清皇太极鹿角椅

清太宗皇太极所用鹿角椅，是清初极少数传世文物之一。制作于后金天聪至清崇德年间（1627—1643），质地为角、木结构。椅上部以鹿角制成靠背形状，鹿角共 12 支叉，4 叉作为与椅交合的支柱，8 叉以靠背为中心分开，左右各 4 叉，八叉鹿角匀称地向四下张开；椅下部为木制，椅面呈长方形，椅心以棕绳编织；椅下四腿外加护板并浮雕花卉，涂以金红色漆面，椅腿下部为四足托泥式；椅前下部有木制脚踏。全椅通高 119.2 厘米，靠背长 63.2 厘米，鹿角围长 184.5 厘米，左角长 93.5 厘米，右角长 91 厘米；椅座高 57 厘米，椅面长 82.8 厘米、宽 52.7 厘米。椅背正中刻有乾隆十九年（1754）乾隆皇帝御制诗一首：“弯弓曾逐鹿，制器拟乘龙。七宝何须羡，八叉良足供。庋藏常古质，山养胜新茸。那敢端然坐，千秋示俭恭。”后题“敬咏太宗文皇帝所制鹿角椅一律。乾隆甲戌秋九月御笔”，款下方有“乾、隆”连珠印。该椅为清太宗皇太极御制，后又为清高宗乾隆帝修饰并雕以御制诗文，更增添了此椅的帝王气象。清

沈阳故宫藏皇太极御用鹿角椅

沈阳故宫藏后金铁铸大金天命云板

入关后，各代皇帝多按此椅制作本朝鹿角椅，以示遵祖崇武之制。

（4）后金铁铸大金天命云板

清初时期八旗官兵驻防边城报警之用具，亦为宫廷内部之传讯用器。此云板铸造于后金天命八年（1623），为当时驻城八旗官兵报警传令之用。云板高 55.5 厘米，上部宽 36 厘米，下部宽 44.5 厘米，厚 1.2 厘米，重 12.5 公斤。全板为生铁一次浇铸而成，上、下部分均呈云朵形状，板身为长条形。上部有一圆孔，为穿系挂绳所用，一面铸纹较少，仅在下部云头内铸有少量花卉纹饰；另一面铸有文字和花卉图案，上下云朵表面铸卷草花纹，云头内各铸有一朵凸起花卉，两面下部中心均为圆形敲击凸点，周围饰有花瓣纹。板身中部一面铸有汉文文字，右侧为楷书双勾体“大金天命癸”，左侧为楷书阳文“亥年铸牛庄”，两行字底下有楷书阳文“城”字。

（5）金代交龙钮大钟

金代交龙钮大钟，为沈阳市内著名的古代传世文物，在清代曾长期用于盛京（今沈阳）城内定点报时之用。全高 210 厘米，下口径 125 厘米，重约 3000 公斤。大钟铸于金天德三年（1151），后金天命六年（1621）努尔哈赤巡视辽南盖州时，获此钟并运到辽阳东京城，天命十年（1625）迁都沈阳时运至城内。清崇德二年（1637）皇太极传旨建盛京城钟楼，将钟悬挂于钟楼之上，并一直使用到清末。1930 年钟

沈阳故宫藏金代大钟

楼拆除时，大钟被移入沈阳故宫内收藏。大钟上部呈圆形，顶部铸有单环形双螭龙钮。钟表面铸有四组阳文横向双环形线和多组竖向双道短线，中层一区内竖向阴刻铭文，楷书 16 行共 175 字，记载铸钟经过及匠人、僧人名字。底部口径稍大，铸成六个弧形波纹。

（6）清郎世宁设色《竹荫西狑图》

《竹荫西狑图》，为清中期著名西方传教士画家郎世宁所绘，绘于雍正朝（1723—1735）。郎世宁（Giuseppe Castiglione，1688—1766），意大利人，天主教耶稣会修士，1714 年被教会派往中国，康熙末年以画供奉内廷。曾奉命参加圆明园欧洲式样建筑物的设计工作，并任奉宸院卿。擅长人物肖像、鸟兽、山水及历史画，尤精画马。以欧洲技法为主，注重物象的解剖结构、光影效果及立体感，开创清代宫廷中西绘画兼用之风，对后世影响巨大。

《竹荫西狑图》为设色绢本。全画纵 360 厘米，横 143 厘米，画心纵 246 厘米，横 133 厘米。画面设色翠竹三株，与竹同生有癞瓜。瓜藤与竹枝相互缠绕低垂成荫，同时有熟透的癞瓜结出鲜红的果实，挂于竹间藤蔓上。一只西狑站立于芳草地上，地面有多种奇花异草，其目视前方，神态宁静怡然。右下自题：“臣郎世宁恭绘”。右上角钤：“怡亲王宝”朱文方印。

（7）清王翚等设色《康熙南巡图》

《康熙南巡图》，为清初著名画家王翚主持绘制，本卷为“圣祖南巡回

沈阳故宫藏《康熙南巡图》（局部）

銮图第二卷”稿本。约绘于康熙三十三年（1694）。设色纸本。全画纵 68 厘米，横 2560 厘米，心纵 67 厘米，横 2030 厘米。画面绘康熙南巡回銮一路景致。自南京雨花台起，经雷峰塔、金山、郭璞墓、纱帽洲、刘家山、燕子矶等，最后到达瓜洲。画滚滚长江碧波荡漾，南巡船只浩浩荡荡行驶在江面上，所经山川市镇车水马龙，呈现一片繁荣的景象。此画无画家款印。根据文献记载，主要作者为王翚及其弟子杨晋。康熙二十八年（1689）康熙皇帝第二次南巡，两年后，在都察院左都御史宋骏业的主持下，画卷开始绘制，经过 3 年时间方告完成。此图总体设计及图中山水树石均出自王翚手笔，人物及牛马等为杨晋所画，房屋、舟车等由供奉内廷的其他画家绘制。画面宏大，人物众多，充分展示了康熙南巡的盛举。

（8）清雍正款青花红龙大盘

雍正朝是清朝瓷器制造业最高峰的时期。此件器物为雍正时期的宫廷御用器。盘高 8.7 厘米，口径 47.4 厘米，底径 27.6 厘米。此盘为雍正时期较大件器，胎质细腻，造型规整。青花为雍正时期典型色，盘心是一条正面红

沈阳故宫藏清雍正款青花红龙大盘

色五爪盘龙，在青花绘制的海水江崖中追逐一颗红色火焰珠。盘腹部另有四条红龙，在青花如意云纹中互相追赶，神态各异。盘扳沿处绘青花海水江崖纹，盘外腹部与盘内腹部彩绘相同纹饰，盘底有青花楷书“大清雍正年制”六字两行双圈款。

（9）清乾隆款嵌珐琅缠枝花卉钵

此件器物为清乾隆朝御制用以贮物和陈设的大件珐琅器，铜胎鎏金。全高22厘米，口径28厘米，腹径52厘米。器身通体饰缠枝莲纹，口沿镀金，口沿下饰一周白色云头纹，中部既腹部一周饰有八宝（法轮、法螺、宝伞、白盖、莲花、宝瓶、金鱼、盘肠）。八宝用红色勾画，突出了器物的立体之感，下面又有八个宝相花托衬，宝相花内为白色，外为红色，为“莲托八宝”。这种纹饰清代宫廷较多见。底刻有“乾隆年制”四字楷书款。钵是僧徒食器，如饭钵、茶钵、乳钵等，这件器物是观赏器之一。

沈阳故宫藏清乾隆款嵌珐琅缠枝花卉钵

（10）清乾隆御笔紫气东来金漆赶珠龙纹匾

此匾为乾隆皇帝亲笔题写，木雕、铜字宫殿陈设式挂匾。匾为木制长方形，四周为宽边浮雕金漆云龙纹饰，共有九条雕龙，上沿正中为一条正龙，两侧各有一条行龙，下沿中间为二龙戏珠纹，两侧各有一条行龙，左、右边框各有一

沈阳故宫凤凰楼乾隆御题“紫气东来”匾

条升龙，龙首均为圆雕制成，并安有金属丝龙须。匾内沿为深红色，匾心为洋蓝色平面，中间镶有铜制乾隆帝御笔行书“紫气东来”四字，题字上部中央有阳文篆书“乾隆御笔之宝”玺印。匾长 217 厘米，高 87 厘米，厚 16 厘米。该匾现悬挂于沈阳故宫凤凰楼下大门上方。

第十五章　风风雨雨文溯阁

一、文溯阁《四库全书》的进京与复归

沈阳故宫的文溯阁为贮藏《四库全书》而建。清朝廷对《四库全书》十分珍爱，百般呵护，所以百余年间几乎无事。然而，到了清朝末年，国力不济，内忧外患，《四库全书》也命运多舛，七阁所藏损失过半。文溯阁本《四库全书》虽保存完好，但此后也经历了许多磨难。

日俄战争期间，俄国军队在盛京皇宫驻扎，盗走许多珍贵文物。俄军撤出盛京皇宫后，盛京将军增祺等人对宫内藏品进行察验，有万余件藏品被盗丢失，大部分为金锭、金条、瓷器、书籍、墨刻等，其中文溯阁《四库全书》丢失 39 卷。如前所述，1905 年日本人内藤湖南曾进入沈阳故宫，他在文溯阁翻阅《四库全书》时，发现“间有缺册”，“疑为俄军占驻时掠去”。

1914 年，古物陈列所建立，从盛京皇宫调拨 11 多万件珍贵文物运往北京，划归古物陈列所收藏展览之用。第二年，沈阳故宫文溯阁《四库全书》《古今图书集成》也全部运京，归属古物陈列所，陈放于紫禁城保和殿。《奉天通志》记载：“文溯阁《四库全书》于民国四年（1915）由都督段芝贵移运北京。”《奉天通志》还写道：文溯阁《四库全书》移运北京，“本省人士至以为憾”。

按照“清帝逊位优待条例”的规定，这些运往北京的原藏沈阳故宫珍宝文物还是属于“小朝廷”的财产，古物陈列所展览的文物是“借用”的性质。1922 年，溥仪“小朝廷”因经费困难，准备将文溯阁《四库全书》以 120 万元售给日本人。消息传出，舆论大哗。北京大学教授沈兼士听闻溥仪有卖文溯阁《四库全

书》的打算，于4月22日致函教育部，“竭力反对，其事遂寝”。迫于社会各界的压力，溥仪卖书之事遂作罢。国宝免遭劫难，沈兼士立下大功。

这位沈兼士先生还为保存清宫档案作出了重大贡献，是清末档案整理的开拓者。他当时主持北京大学研究所国学门，在此前的1921年，他得知清代内阁大库档案被时人视为无用之物已售于纸商制作还魂纸用后，立即争取教育部支持，将残存的1506麻袋大库档案划归北京大学，并主持成立档案整理委员会进行整理，开高等学府整理清代档案之先。1925年后，沈兼士兼任初创的故宫博物院常务理事、文献馆馆长等职。经过多年的努力，他把馆内久经堆积、次序凌乱的大量清代档案整理就绪，引起近世学者对于基本史料如档案一类的重视和应用。蔡元培先生称赞他说：“有功史学，夫岂浅鲜！”

这里插一段介绍一下董众这个人，他对文溯阁《四库全书》回归沈阳作出了很大贡献。董众，字袖石，原名董春元，1892年出生于奉天省（今辽宁省）法库县丁家房村，少年入村塾读书，1919年考取北京高等师范学校国文部，师从章太炎弟子吴承仕（检斋）、诗圣黄节（晦闻）、古籍名家高步瀛（阆仙）三位国学大师。1924年毕业后，董众跟随吴承仕教授先后到北京中国大学中文系等大学任教，不久被聘为教授。在就学期间，董众连续数年在京师图书馆研读文津阁本《四库全书》，积累了大量读书笔记和资料。董众还曾进入古物陈列所仓库内，亲眼看到了被冷落的文溯阁《四库全书》。后来他进入北平故宫古物陈列所，对文溯阁《四库全书》进行研读、核对，开始勘察、检索文溯阁《四库全书》的缺损状况，并到故宫“清室善后委员会”借出文渊阁本《四库全书》，以之为蓝本，补钞文溯阁《四库全书》之缺损。因此，董众成为民初遍览文渊阁、文津阁和文溯阁《四库全书》的第一人。

1925年“北平事变”后，奉天省教育会会长冯广民等人于当年6月赴北京参加段祺瑞政府召集的“清室善后会议”。董众带领冯广民到古物陈列所参观，见到部分陈列于保和殿的文溯阁《四库全书》。冯广民甚为感叹：“《四库全书》，有清一代文献集古艺文之大成，我奉文化之所系也，人遗之而我不能保之，士君子之耻也，转而东之，余之责焉。”6月6日，冯广民写信给奉天省省长王永江，陈述保护《四库全书》的重要价值和索还的必要性。

冯广民等人赴天津求助于张学良，又至北京，求助于在北京的奉籍要员，如参议杨宇霆、农商部代总长莫德惠和古物陈列所会办梁玉书等，“拟将库书收还，深蒙赞同”。王永江对冯广民的倡议大为赞同，他电告在天津的张作霖，同时电告在北京的杨宇霆、莫德惠等人，请他们在民国政府中斡旋。张作霖接到王永江电函后，立即回电，要王永江放心，说此事定可办到。杨宇霆致电当时的教育总长章士钊，称文溯阁藏本为“奉省旧物，仍归奉省保存”，言辞恳切。章士钊接电后即提出阁议。1925 年 7 月 20 日，段祺瑞临时执政府国务会议议决，令古物陈列所将文溯阁《四库全书》运回沈阳，贮置于原阁。

收到内阁会议通过议案允许将书运回的消息后，奉天方面立即派冯广民、张元俊 2 人来到北京与董众会合，抓紧时间同内政部、教育部接洽，办理文溯阁《四库全书》清点、交接、火车托运等各种繁杂的手续。

冯广民等邀集旅京的奉天省人士，董众邀请其在北京弘达学院东北籍师生，在故宫的保和殿前对《四库全书》进行清点、检查、交接、装箱，内务部和教育部以及古物陈列所都派专人前来监督交接事宜。根据冯广民向省长王永江所做汇报记载：8 月 3 日，完成交接任务，共 6176 函，装 810 箱。8 月 4 日，雇人由保和殿扛运至左掖门外；5 日运至火车站，列车已备齐随时装运；6 日下午 9 时装运事竣，“谨加封锁”，11 时启行，8 日凌晨 1:30 分到达奉天火车站，上午 9 时“交钧署派员接管”。

这样，36000 余册《四库全书》和 5000 余册《古今图书集成》全部运回沈阳。

《四库全书》从北京运回沈阳后，一直归奉天省教育会管理。因文溯阁当时为军队所占，并且其建筑亦须修缮，故暂存于奉天省教育会会址沈阳城内文庙内。1926 年 6 月至 9 月，奉天省政府拨专款对文溯阁建筑进行整理和修缮，冯广民亲自指挥文溯阁的修缮工作。同时，经奉天省教育会呈请，奉天省政府同意，建立由奉天省议会、奉天省教育会、东北大学、奉天省教育厅、奉天市政公所等机关要员、各界名流组成“文溯阁《四库全书》保管委员会”，以保

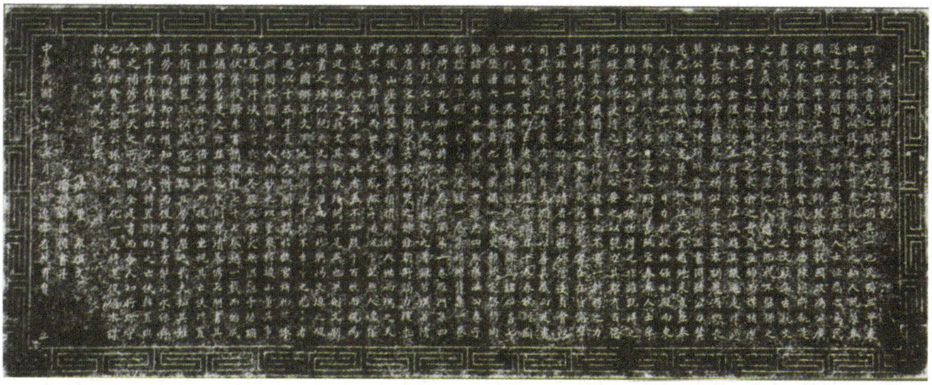

嵌于沈阳故宫文溯阁东围墙的《四库全书运复记》勒石

护此书，并商请部队移出。

根据董众对《四库全书》的勘察核对，1926年夏，省教育会对其提出的文溯阁本《四库全书》内缺损的书籍进行确认和补钞，确认文溯阁本《四库全书》缺损16种72卷。对此，冯广民派谭峻山赴北京，同董众一起，仿照文渊阁本《四库全书》进行补钞、制书。董众从故宫博物院借出文渊阁本《四库全书》，租赁北京弘达学院房间，购进上等笔墨纸砚等资材，组织领导二十几位文人学士，每天用工整的小楷抄写、补撰、修复，其装帧、装潢、书写格式、钤印均依样书仿制文溯阁本《四库全书》。从1926年夏季开始赴京抄写，“越一载而始成”。这些补缀72卷77册的文溯阁新书，极其精美考究，达到御制内府写本水平，经过精细打包运回奉天。《奉天通志》有此记载：《四库全书》“由京运回，庋置原阁时，尚缺栾城集一部”，乃请人“照文津阁本抄录补足，乃成全帙”。

1926年11月15日，文溯阁修缮工程完工。1927年初，复将《四库全书》入藏阁中，结束了10余年书阁分离的历史，得以“书阁合一”。保管委员会决定将文溯阁作为《四库全书》永久收藏之所。

文溯阁《四库全书》流落异地十数载璧还，一时成为东三省文化界的一大盛事。1928年7月，董众主持奉天文溯阁《四库全书》展示会，敦请各界名士检阅阅读《四库全书》。

奉天省教育会为纪念《四库全书》运复回归，并告诫后人，不要使此书再遭“亡佚转置”之苦，永久存贮文溯阁，使之“垂千古，传万世”，遂撰文《文溯阁四库全书运复记》，镌于砖刻，嵌于文溯阁围墙东壁，以志纪念。1931年6月1日，辽宁省教育会姬振铎会长、王化一副会长在文溯阁前举行《文溯阁四库全书运复记》石刻落成仪式。《文溯阁四库全书复运记》由参与此项工作的董众撰稿，其中详细记载了文溯阁《四库全书》运复全书因转置而遗失，佚亡阙书目及补修之经过与艰难，更表现了辽宁有识之士为保护国家民族重宝秘籍，在十分艰难的条件下所做的不懈努力。

早在1926年11月，奉天省政府决定在沈阳故宫原址上建立东三省博物馆筹备处。1928年，金梁任东三省博物馆委员长，拟选印《四库全书》，用文溯阁本校印，并议续修总目。张学良对此大为支持，并迅速召开多次高规格军政会议，研究影印、续修、校雠等事项，提出创办文溯阁《四库全书》校印馆，一次捐赠20万，请金梁担任《四库全书》坐办，主持出版《四库全书》。金毓黻记载：“其初规模壮阔，并欲大购遗书，广招名宿，为续修《四库提要》之举，限期竣事。前书印迄，接印续书。又以《库书》删改错漏，触目而是，不可不借资别本，遍校一次，于是议三事次第实现。”并将全盘计划通电全国。执笔通电的主要人士，是张学良从广东专聘来纂修《奉天通志》的藏书家伦明，由张学良、翟文选、杨宇霆署名。通电称：“世界学者所震惊独一无二最伟大最完备之四库全书，人人欲一寓目以为荣幸者，现已着手印行，公之世界矣。论此书之伟大，则全部36275册，计230万页，每页两面有字，以较西式书之单页，实460万页也。论此书之完备，则自中国始有文字以后至清代（乾隆四十七年）以前，中间包括5000余年，所有历史、民族、社会、政治、制度、宗教、天象、地舆、物产、文艺、哲理、美术、医算、农工、商矿及百家杂学等，一无所遗，内容丰富，无可比拟。当清代乾隆，国运全盛，威力大伸，征服边境诸蛮之后，乃出其全力，尽征搜公家私家藏书，又慎选朝野名流学士，开馆修纂，凡书中有伪作者，空疏者，皆一一辩而出之，弃其糟粕存其精华，每纂成一书，拟撰提要冠于篇首，撮举著书人履历及书之概要，呈经御览审定，其书之精详可知。当时所收之书，有一大部分之书系相传孤本，未有刻板者，又有一大部分之书，当时虽有刻板，已属难得，传至今日，又成孤本者，故全书十分之九，外间无从得见。得其一二册，已足弥贵，况其全乎！故有此书，而其他中国之书可废。”“学良等爰发宏愿，拟垫私财，就兹巨编。”

在此期间，董众撰写了6000多字的《选印文溯阁四库全书议》，对《四库全书》的改删、弃取、忌讳、伪误、阙漏进行了考证，从全书的内容、版本、社会需要、印刷技术等方面，说明全印工程巨大，徒耗物力，无此必要；同时主张聘请海内知名学者，鉴选珍本影印。金毓黻在其《静晤室日记》中对董众的《选印文溯阁四库全书议》敬佩之至，感叹道：“往岁董秀（袖）石君撰《选印〈四库全书〉议》，为极有价值之文，今日取而重阅之，觉其征引颇富，持论极正。”金毓黻在日记中写道：“刊印文溯阁《四库全书》为吾东北最高当局之创议，经时三载，未克实现，而吾友董君袖石乃有选印之议，高阆仙、金息侯更撰选印目录以证成之。”

但金梁等人选印文溯阁《四库全书》这一计划，因在筹办过程中遇到的困难太多，耗资巨大，终未能实现。据伦明回忆说：“金息侯同年梁，同客沈阳校刊文溯阁《四库全书》，事成为人忌阻，唯续编书目，倍增旧目，余一手所成，息侯为张学良作序。息侯前在京提议校印《四库》文源、文渊两本，皆事败垂成。今文渊阁已出样本，国联秘书长艾文诺已定留百本，亦为人所阻，息侯与余同抱伤心。”

二、“新阁”与书阁分离

前述《四库全书》回归沈阳后，成立了“文溯阁《四库全书》保管委员会”。1931年“九·一八”事变后，委员会“各委员散居各处，招集不易，加以经费无着，已陷于停顿状态”。12月15日，伪奉天省政府成立。其秘书处在查知保管委员会各委员的情形后，认为：《四库全书》的保护问题“关系綦重，须有负责人员常驻管理，方免发生意外”。于是，在1932年1月18日呈文：拟请伪奉天省政府妥善派员，前往驻守，“以维现状”。臧式毅于当月28日签署训令，委派“秦化田暂行管理”。秦化田、关景勋作为文溯阁保管员，开始点查《四库全书》。

1932年2月12日，秦化田等呈报点查情况，《四库全书》共103架、6144函，《古今图书集成》12架、576函，《四库全书总目》20函，《四库全书考证》12函。其中，经部第7架第226函第227函，原书“日讲诗经解义”短缺，函内装有残本《四库全书总目》8册，因前管理人员“业经远离，无从查考”。余者均系满函，并无缺少。

1932年5月，根据伪奉天省教育厅厅长韦焕章的建议，伪奉天省政府重新组织了文溯阁《四库全书》保管委员会，并拟定了组织大纲，专司保管文溯

沈阳故宫文溯阁原库房内书架

阁《四库全书》事宜，直接隶属于伪奉天省教育厅，受省长、厅长之监督，会址设于沈阳故宫文溯阁院内。

1932年5月，伪国立奉天图书馆成立。17日，臧式毅“训令”伪奉天省署教育厅，为整理图书、便于保管，将文溯阁《四库全书》划归伪国立奉天图书馆，金毓黻任副馆长。

据1938年伪国立奉天图书馆编辑的《文溯阁四库全书要略及索引》载，在金毓黻的主持下，1932年9月至1933年3月，历时6个月，对《四库全书》进行了一次彻查。

后又在北平依文津阁本补抄3种，计12册841页。

1935年，辽海书社铅印发行了《文溯阁四库全书提要》一书，正文前有金毓黻撰《解题》，收录提要3470种。《文溯阁四库全书提要》是将文溯阁中每部书的书前提要辑出，仍按四部分类的方法编纂成书，以方便读者阅览，对于研究文溯阁本《四库全书》的收录情况、书籍信息、提要撰写者的学术水平和学术观点、与《四库全书总目提要》和其他阁本提要的异同等方面都具有重要的学术参考价值。

伪国立奉天图书馆在清点文溯阁《四库全书》后，因文溯阁多年失修、出现渗漏现象，在文溯阁前西南处修建了一座二层楼书库，称为“新阁”，因其建筑为钢筋水泥结构，又俗称“水泥库”。1937年6月，新阁竣工，文溯阁《四库全书》和《古今图书集成》全部移入，原配书架仍留在文溯阁。新阁藏书顺序不变，书架统一改为四格。1938年编辑《文溯阁四库全书要略及索引》，该书详尽地记录了“书阁分离”的实情。

1939年，伪国立奉天图书馆改名为伪国立图书馆奉天分馆，馆址在沈阳大南门张氏大帅府内。该馆成立后，原沈阳故宫西七间楼、文溯阁、敬典阁、崇谟阁等各处藏书，都划归其管理。

在伪满时期，有关文溯阁《四库全书》有三点值得特别提起：一是1935年，伪国立奉天图书馆副馆长金毓黻将文溯阁《四库全书》提要辑录出来3470种，加上无提要4种，文溯阁《四库全书》收书为3474种。这个数字较《四库全书总目》缺 15 种，但较存世的另外两部《四库全书》收书多出数种，可以说明文溯阁本《四库全书》比存世的其他两阁本都更全、更完整，如较台北故宫博物院所藏文渊阁《四库全书》所收 3460 种多 14 种，较北京国家图书馆所藏文津阁本《四库全书》所收 3470 种多 4 种。二是 1937 年“新阁”即“水泥库”的建立和使用，使文溯阁本实际上已经“书阁分离”了。三是在 1932 年伪国立奉天图书馆建立后，《四库全书》就划归到图书馆系统管理，脱离了沈阳故宫博物馆体系的管辖，虽然它一直就在沈阳故宫的院子里。

沈阳故宫文溯阁内景

三、书与阁的再离别

1945年“八一五”光复后，国民政府派东北区的教育辅导委员会委员金毓黻、周之风接收东北文物，阎文儒代理沈阳博物馆主任，周之风任沈阳图书馆主任，萧渭为图书馆总务主任，以蔡运环为文溯阁分馆管理员，保管《四库全书》。

1946年8月，周之风组织全馆人员清点《四库全书》，费时3个月完成。计上层子部原22架，改为33架、1584函、9071册、566779页。集部原28架，改为42架、2016函、12265册、670494页。原中层改为下层，史部33架、1584函、9408册、73217页，下层经部20架、960函、5509册、365875页。殿本图书集成12架、576函、5020册。此外，还有殿本四库总目20函、127册。内府写本《四库全书》考证12函、72册，不归架。至于全书内容，其通行本简明目录虽经著录，而本阁实无其书者，及有函无书者，卷数缺佚者，或卷数重复者，前无提要各项者，并皆列表以详，说明真相。函架册数，书架配置，也作了图表，以便检查。

1945年日本战败投降后，东北即成为国共两党两军争夺的焦点。到1947年，东北解放军转入攻势，东北蒋占区日益缩小。1948年春季以后，沈阳及其外围已完全孤立，形势愈见危殆。在这种形势下，1948年4月，国民政府欲将国立沈阳博物院古物、图书两馆所藏古物、档案及《四库全书》等珍藏，运往南京“保管”。中央图书馆负责人蒋复璁几次建议教育部部长朱家骅，欲将文溯阁《四库全书》运到中央图书馆。4月24日，朱家骅电令国立沈阳博物院筹备委员会主任委员金毓黻为“东北文物暂时迁运保管委员会”主任委员，负责设法抢运现存东北之文献、古物，迁移至“安全”地点保存、收藏。该委员会由7人组成，隶属于南京国民政府教育部。金毓黻旋即赴北平部署文物搬迁一事。据国立沈阳博物院呈东北“剿总”司令部政委会报告载：是年6月初，拟将沈阳故宫珍藏之计划运出者，有盛京太庙所藏清朝“历代帝后玉宝、玉册”，计玉宝 29 颗、玉册 32 份、宋辽瓷器精品 45 件；图书馆所藏“殿版图书”，即闵刻书籍，计《三经评注》等 17 包、88 种、109 函、551 册；崇谟阁所藏内府写本《清实录》《满文老档》及文溯阁《四库全书》等，准备陆续分批空运。文溯阁《四库全书》，原拟运至南京中央博物院筹备处。

但此计划公布后，激起了辽沈文化界的强烈反对，也招致“国立沈阳博物院”负责人阎文儒等人的“阻挠”。阎文儒是我国著名考古学家，早年入北京大学文科研究所，师从著名历史学家、考古学家向达教授。1943至1945 年，阎文儒随西北科学考察团一起，赴敦煌、酒泉、张掖、武威等地考古，为中国现代考古学的启蒙作出了重要贡献。抗战胜利后，应恩师金毓黼之聘赴沈阳任职，先后任沈阳博物院博物馆主任、博物院委员、秘书长、代理主任委员，东北大学教授，在东北文化界享有很高的威望。

阎文儒就此事到国民党东北行辕政务委员会申请制止。他强调：“《四库全书》系我国文化之大成”，“是一部极为珍贵的典籍”。“此书在 1916 年被袁世凯盗运北京古物所，损失严重”，直至 1925 年经奉天省教育会会长冯广民等多方奔走，方得以运回东北，“运复匪易”，如再重蹈覆辙，一代国粹，必难保存。况且，此书“关系东北文化之启迪”，似应与东北共存。“当局顾虑到强运此书”，局势会更加不利。于是，东北行辕政务委员会不得不取消了将《四库全书》运走的决定。是年 7 月 13 日、15 日，东北行辕政务委员会分别致电教育部和国立沈阳博物院筹备委员会，决定此事“缓办”。7 月 21 日，朱家骅回电，对此决定表示同意。这使文溯阁《四库全书》得以幸免再次外运的命运。有些文章说文溯阁《四库全书》在 1948 年运到北平，北平解放后又运回沈阳。经查相关文献，可知这一说法是不准确的。

1949 年，东北图书馆（后来的辽宁省图书馆）接收了沈阳博物馆的图书馆的全部藏书，文溯阁《四库全书》亦归其管理，仍存放于新阁；同年 6 月，对这套书进行了认真的清点，并把清点结果制成表格，清点册数为 36315 册。赵琦主持了此项工作，刘发和杨仁恺曾参加了清点整理《四库全书》的工作。

1950年，朝鲜战争爆发。东北图书馆于当年10月，将文溯阁《四库全书》，连同在沈阳故宫陈列所院内所存宋元珍善本图书，再一次运出沈阳，运到黑龙江省讷河县，存放在讷河城外一所已改造成小学校的关帝庙里。1952年夏，讷河发生水灾，又将《四库全书》迁运到北安。朝鲜停战后，1954年1月，《四库全书》运回沈阳，存放在沈阳故宫院内的新阁里。此后的十几年中，《四库全书》存放在沈阳故宫院内"新阁"，隶属辽宁省图书馆。省图书馆一直派专人负责保管工作。1964年1月，沈阳故宫博物馆曾提出"请将《四库全书》归还故宫"的申请报告，但没有下文。

1965年，辽宁省图书馆以战备为由，请示省文化厅将《四库全书》调离辽宁。省文化厅又请示中共辽宁省委，省委批示同意后，由文化厅呈文给文化部，建议将辽宁省图书馆收藏的文溯阁《四库全书》拨交西北地区图书馆

沈阳故宫文溯阁正面

收藏。文化部党组于同年9月4日以“（65）文党153号公函”告知辽宁省文化厅同意拨交，说已经报请中央宣传部并中央文教小组批准，经与中共中央西北局商定，指定由甘肃省图书馆收藏。文化部办公厅于1966年3月7日以“（66）文厅图字24号”给辽宁省文化厅下文，做出“基于备战需要，将辽宁省图书馆收藏的文溯阁《四库全书》一部拨交甘肃省图书馆收藏”的决定，并指示两省文化厅（局）直接联系办理交接。1966年4月14日，甘肃省文化局给文化部去电话，要求辽宁省文化厅把文溯阁《四库全书》运到兰州办理点交手续。翌日（4月15日），文化部办公厅以“（66）文厅图字48号”电复甘肃省文化局，指示：“这部图书是国宝，为了减少该书在装箱、拆箱中受到损坏（特别是装书的楠木匣很脆，易于损坏），以在辽宁省图书馆办理点交为好。”

1965年6月，辽宁省图书馆用了一个月的时间对全书进行了清点和保养。逐函、逐册、逐页地清理，将水迹、斑点、破损等情况详细地记在了清点卡片上，凡发现有破损处均做了修补。还整理出了一个完整的《文溯阁四库全书检查纪要》，装订成15册。《检查纪要》记文溯阁《四库全书》共计6199函，36313册，79897卷。另有《简明目录》《总目》《考证》《分架图》等39函，265册。同时还藏有《古今图书集成》一部，576函，5020册。历史上对文溯阁《四库全书》有过多次清点，数字略有不同。而辽宁省图书馆的这份《文溯阁四库全书检查纪要》为最晚近的，数字应该比较准确。根据当时省委领导的指示，辽宁省图书馆组织修复组，集中对100余册进行了修补和重新装裱。

1966年5月10日，甘肃省图书馆给甘肃省文化局报送了《关于文溯阁〈四库全书〉的接收和保管工作的计划》。这个计划对接收时间和人员配置做了详细的安排。9月，甘肃省图书馆指派5人为接收小组前往辽宁接收，9月10日到达沈阳。9月13日，辽宁、甘肃两馆正式开始点交，分成5个小组，由两馆各1人组成。交接地点就是在沈阳故宫院内的新阁书库。交接以藏书为主，对照辽宁省图书馆文溯阁《四库全书》卡片目录逐函、逐种、逐册进行清点。并且根据辽宁省图书馆的《文溯阁四库全书检查纪要》，依次从斑点、污染、虫蛀、长毛、水湿、破损等方面考核记录是否准确，同时还翻书页，检查原记录是否有遗漏。两馆点交人员用了两个星期的时间完成了点交和装箱工作，包括《古今图书集成》一部及有关资料在内，共装了两种规格的大小木箱 963 箱。《文溯阁四库全书检查纪要》也一并交于甘肃省图书馆。9 月 29 日，经辽宁、甘肃两省文化厅（局）商定，由辽宁省图书馆、甘肃省图书馆在沈阳签订了《文溯阁〈四库全书〉交接书》。

在沈阳铁路局的精心安排下，在高度保密的情况下，文溯阁《四库全书》于 10 月 7 日开始启运，共装了 3 个车皮，辽宁省图书馆派两人与甘肃省图书馆 5 人共同押运，10 月 13 日安全护运到兰州土门墩货场。10 月 15 日，由辽

沈阳故宫文溯阁外廊柱

宁省文化厅、甘肃省文化局共同给中央文化部报送了《关于文溯阁〈四库全书〉交接情况报告》。

自此，文溯阁本《四库全书》便长久地离开了沈阳，《四库全书》之“书”与文溯阁之“阁”真的就“离别”了。虽然在此之前很久，《四库全书》已经不是存放在文溯阁之中，而是在“新阁”的水泥库里，但毕竟还都是在沈阳故宫的院子里，“书”与“阁”可以彼此守望。

承载着众多历史故事的文溯阁《四库全书》，已经成为中华文化发展进程中的一个符号，一个带有传奇色彩的文化象征。

而在沈阳故宫，我们现在只能看到文溯阁依然屹立，而文溯阁里面只有空空如也的藏书架了。这是沈阳故宫的一大遗憾。

结语

沈阳故宫已经有将近400年的历史了。400年来，这座瑰丽恢宏、大气庄严的古代宫殿建筑群，伫立在祖国的东北大地上，默默地注视着人世间的你来我往、纷争变迁，倾听着时间的流淌、历史的歌唱。

400年来，曾经的主人早已化作烟云，曾经的喧闹已成为人们讲述的故事，曾经的王朝只留下远远的背影。唯有这座曾经的皇宫锦苑，依然保持着它熠熠的光辉，依然展现着它永久的魅力和无限的价值。

沈阳故宫的价值，首先在于它是一座历史的胜迹，保存着丰富的历史信息。所有的遗迹都是历史的见证。沈阳故宫见证了清王朝的兴起，见证了清王朝草创时期的艰辛与卓绝。沈阳故宫是清朝初年政治、军事决策的中心。正是在这座皇宫里，在皇太极在位的十几年中，这里发生了许许多多的重大事件，既有计谋高超的运筹帷幄，又有胜利归来的盛大庆典，既有大宴群臣的欢歌艳舞，又有风云诡谲的宫廷斗争。这时的清政权已经占据了整个东北地区，粮草充备，兵强马壮，为入主中原做好了充分的准备。

他们从这里出发，一路向西，建立了中国历史上最后一个统一的封建王朝，创造了康乾盛世。然而，盛京皇宫是他们的“龙兴之地”，是他们宏图伟业开始的地方，是一代王朝的胜迹。所以，在整个清代，盛京皇宫受到了最高规格的尊崇与保护，并进行了多次的维修与增建，更显得富丽堂皇，威严大气，巍峨壮观，气宇轩昂。它所在的盛京则被作为陪都，保持着繁荣兴旺的景象。

从康熙时代开始，有四代皇帝十次东巡祭祖，缅怀祖先的功德事业，祭祖谒陵，以展孝思。历次东巡，皇帝大都驻跸在盛京皇宫。皇帝在这里生活起居，处理政务，会见地方官员和各界贤达，犒赏有功人员，瞻仰旧宫遗物，举行颁昭、筵宴、赏赐等庆典活动。盛京皇宫享受着无尽的荣光。历代清帝东巡，都留下大量的御制诗、匾额、楹联等作品。盛京皇宫御制诗文，多为诸帝有感而发，即兴之作，状景抒情，感物言志，或缅怀祖先创业之艰难，感叹守成之不易；或吟咏八旗之神武精神，抒发后世之敬仰之情；或描绘盛京之妙美景色，题颂旧宫之古朴壮美。其中不乏佳构名句，生花妙笔，为盛京皇宫增添异彩。

沈阳故宫不仅具有独特的历史价值，还具有丰富的艺术价值。当年盛京皇宫的营建，按照中国古代皇宫营造的模式，融合满族人的民居习俗，形成了前朝后寝的完整格局，具备了皇宫的气势和规模。与北京明清故宫相比，沈阳故宫也具有自己的特色，有自己独特的风格和格局，具有浓郁的满族风格和满族文化特色。沈阳故宫丰富的满族文化特色，使其成为满族文化精神的一个重要象征。沈阳故宫是在继承中国古代建筑传统的基础之上形成的有民族特征、时代特征和地方特征的皇宫建筑群，具备独特的价值。

沈阳故宫还收藏着大量的文物珍品，其中大部分都是清代宫廷艺术品。这些宫廷艺术品达到了中国古代社会发展的最高水平，是中国古代艺术品的杰出代表。其中有大量清代的书画作品、瓷器、珐琅器、玉器、家具等，其工艺之精湛、质料之考究、造型之奇特、构思之奇巧，都令人叹为观止。沈阳故宫的清代文物，充分反映出清王朝作为泱泱大国的风范与气度，其中所蕴含的文化内涵与人文精神是极其深厚的。

沈阳故宫是中华传统文化的一个载体。沈阳故宫不仅是指这座古代的宫殿建筑群，而且代表了以沈阳故宫为载体的宫廷文化，也就是以故宫为代表的中国古代皇家文化。故宫本身就是一座“大文物”，包含着丰富的文化内涵。皇家文化是中国传统文化的一个重要组成部分。了解故宫，就是从故宫这个载体的角度，了解中国古代的皇家文化，以及它所体现的中国传统文化的基本精神。

历史价值、艺术价值和文化价值，是沈阳故宫的精神内涵，是它强大的生命力之所在。而随着时间的流逝，世事的变迁，它的价值越会得到彰显，会被越来越多的人所了解。因为，唯有属于历史文化的价值，才有永恒的光彩。

沈阳故宫，这座位于关外的皇家宫殿，这座全国仅存的两大宫殿建筑群之一，其金碧辉煌的建筑，其丰富的宫廷艺术藏品，都承载着清朝几百年的历史，承载着博大精深的中华文化传统。沈阳故宫，既是一座琳琅满目的文化宝库，也是一个含义丰富的文化符号。过去的历史已经逝去，而这座古老的宫殿，还在给今天的人们讲述着往昔的辉煌，讲述着几百年前那些有意思的故事。

沈阳故宫史事年表

公元	年号	事项
1559	明嘉靖三十八年	努尔哈赤出生。
1583	明万历十一年	努尔哈赤以“十三副遗甲”起兵。
1592	明万历二十年	皇太极出生。
1625	明天启五年，后金天命十年	三月初三日，后金汗王努尔哈赤自辽阳东京城启程，迁都沈阳，翌日入沈阳城。始兴建沈阳宫殿。
1626	明天启六年，后金天命十一年	八月十一日，努尔哈赤病逝。九月一日，努尔哈赤第八子皇太极继承汗位，昭告天下，以次年为天聪元年。
1627	明天启七年，后金天聪元年	正月初一日 ，皇太极率诸贝勒诣堂子、拜天，御殿受诸贝勒及文武群臣朝贺。
1628	明崇祯元年，后金天聪二年	正月十六日，由皇太极抚养的贝勒岳托之女以公主身份下嫁蒙古科尔沁博尔济吉特氏台吉满朱习礼。
1629	明崇祯二年，后金天聪三年	以诸贝勒代替“三大贝勒”值月分掌国政。
1632	明崇祯五年，后金天聪六年	元旦朝贺，皇太极始御殿“南面独坐”，废除与三大贝勒并坐旧制。
1633	明崇祯六年，后金天聪七年	正月，封长女为固伦公主，下嫁博尔济吉特氏敖汉部台吉班第。
1634	明崇祯七年，后金天聪八年	正月， 定沈阳城名为“天眷盛京”。皇太极纳察哈尔林丹汗妻窦土门福晋巴特玛璪为妃。十月，科尔沁部贝勒吴克善送妹海兰珠归嫁皇太极。
1635	明崇祯八年，后金天聪九年	林丹汗妻苏泰太后及子率众来归，献传国玉玺。皇太极纳林丹汗多罗大福晋娜木钟为妃。十月，谕改族名诸申为满洲。

（续表）

公元	年号	事项
1636	明崇祯九年，清崇德元年	正月十六日，第二女固伦公主下嫁察哈尔林丹汗之子额尔克孔果尔额哲。四月，皇太极即皇帝位，上“宽温仁圣皇帝”尊号，建国号为大清，改元崇德。定盛京皇宫各宫殿名称，立候朝规则。营建太庙，追谥列祖及加封亲王、郡王等。七月，册封福晋哲哲为中宫皇后、东大福晋海兰珠为关雎宫宸妃、西大福晋娜木钟为麟趾宫贵妃、东侧福晋巴特玛璪为衍庆宫淑妃、西侧福晋布木布泰为永福宫庄妃。十一月，册封和硕固伦公主、和硕福晋、多罗福晋、多罗贝勒福晋、和硕公主。
1637	明崇祯十年，清崇德二年	春，建文德坊、武功坊。七月八日，关雎宫宸妃生皇八子，颁诏大赦。
1638	明崇祯十一年，清崇德三年	正月二十八，皇八子卒。三十日，永福宫庄妃生皇九子，即清世祖福临。
1639	明崇祯十二年，清崇德四年	正月，三女固伦公主下嫁科尔沁博尔济吉特氏祁他特。
1641	明崇祯十四年，崇德六年	正月，皇四女固伦公主下嫁科尔沁博尔济吉特氏卓礼克图亲王吴克善之子毕勒塔噶尔。二月，以皇七女淑哲公主指配俄齐尔桑之子铿吉尔格。三月，以皇八女固伦公主指配科尔沁博尔济吉特氏土谢图亲王巴达礼之子巴雅思护朗。五月，以皇六女固伦公主指配伊尔根觉罗氏、固山额真阿山之子夸札。九月十七日，关雎宫宸妃病逝。追封为元妃，谥“敏惠恭和”。
1642	明崇祯十五年，清崇德七年	四月二十日，多罗武英郡王阿济格等以攻克锦州、松山、塔山上表庆贺。五月初五日命擒获之明国总督洪承畴、总兵祖大寿等朝见，皇太极御崇政殿受降。

（续表）

公元	年号	事项
1643	明崇祯十六年，崇德八年	八月八日，皇五女固伦公主下嫁内大臣和硕额驸恩格德尔之子索尔哈。八月初九日亥刻，皇太极于清宁宫病逝。二十六日，皇太极第九子福临于大政殿即皇帝位。以次年为顺治元年。九月，安奉皇太极梓宫于昭陵。上尊谥：应天兴国弘德彰武宽温仁圣睿孝文皇帝，庙号太宗。
1644	明崇祯十七年，清顺治元年	四月，顺治皇帝御笃恭殿赐多尔衮大将军敕印，命“代统大军往定中原”。八月，福临自沈阳迁都燕京（今北京）。
1671	清康熙十年	九月，康熙皇帝首次东巡。谒福陵、昭陵后入盛京城内观览宫殿。御大清门宴赏盛京将军以下文武官及年老致仕官员。豁免奉天府所属地方十年、十一年正项钱粮。
1682	清康熙二十一年	三月，康熙皇帝以平定三藩之乱东巡盛京拜谒祖陵，宴赏如例。驻跸崇政殿前厢房。
1698	清康熙三十七年	十月，康熙皇帝以平定准噶尔部叛乱，奉孝惠章皇后东巡盛京。谒福、昭陵及永陵后入皇宫，至太祖、太宗所御宫殿观览。举行隆重筵宴赏赐文武官员。
1743	清乾隆八年	九月，乾隆皇帝奉皇太后东巡谒陵，入盛京驻跸皇宫。御崇政殿受贺，御大政殿，赐宴。诣清宁宫祭神。作《盛京赋》，命将清历朝实录送一份至盛京尊藏。
1746	清乾隆十一年	增建师善斋、日华楼、协中斋、霞琦楼、颐和殿、介祉宫、敬典阁、迪光殿、保极宫、继思斋、崇谟阁等建筑。于十三年竣工。
1750	清乾隆十五年	恭送列圣御容及五朝实录尊藏盛京。
1752	清乾隆十七年	设立盛京总管内务府大臣职，由盛京将军兼任，管理宫殿诸项事务。

（续表）

公元	年号	事项
1754	清乾隆十九年	九月，乾隆皇帝奉皇太后东巡入盛京故宫驻跸。御崇政殿受贺，赐诸王文武大臣官员及朝鲜国使臣、准噶尔部首领宰桑等宴。御大政殿赐宗室觉罗等宴。入清宁宫祭神。
1778	清乾隆四十三年	八月，乾隆皇帝第三次东巡，谒三陵，驻跸盛京新建宫殿。御大政殿阅校射，奖赏有差。诣清宁宫祭神。命移建太庙于大清门东。重设谏木于大清门旁。
1781	清乾隆四十六年	增建文溯阁、仰熙斋、嘉荫堂等西路建筑，于四十八年竣工。
1783	清乾隆四十八年	由京师送太祖高皇帝、孝慈高皇后、太宗文皇帝、孝端文皇后、孝庄文皇后、世祖章皇帝、孝惠章皇后、孝康章皇后、圣祖仁皇帝、孝诚仁皇后、孝昭仁皇后、孝懿仁皇后、孝恭仁皇后、世宗宪皇帝、孝敬宪皇后、孝圣宪皇后玉册玉宝奉至盛京太庙安放。 九月，乾隆皇帝东巡至盛京，诣太庙行礼，恭阅奉安五朝册宝。驻跸盛京宫殿。命将盛京皇宫大清门外两侧下马木牌，换立石碑。观览文溯阁并作《御制文溯阁记》。御迪光殿，勾到秋审官犯，服制及云南、贵州情实罪犯。
1799	清嘉庆四年	高宗纯皇帝、孝贤纯皇后、孝仪纯皇后玉册玉宝及改制孝敬宪皇后、孝圣宪皇后玉册玉宝入藏盛京太庙。
1805	清嘉庆十年	八月，嘉庆皇帝东巡至盛京，诣太庙尊藏册宝前行礼。驻跸盛京宫殿。入清宁宫祭神。御崇政殿，以谒陵礼成颁诏天下。赐宴赏赍、于嘉荫堂赏戏。作《盛京颂》。

（续表）

公元	年号	事项
1818	清嘉庆二十三年	八月，高宗实录及圣训、玉牒尊藏盛京。九月，嘉庆皇帝东巡盛京，诣太庙尊藏册宝前行礼。御崇政殿赐皇子、亲藩等宴，颁赏。驻跸盛京旧宫入清宁宫祭神，赐皇子及扈从宴。
1822	清道光二年	新制仁宗睿皇帝、孝淑睿皇后册宝及改制孝敬宪皇后、孝圣宪皇后、高宗纯皇帝、孝贤纯皇后、孝仪纯皇后册宝尊藏盛京太庙。
1829	清道光九年	九月，道光皇帝东巡盛京，至太庙尊藏册宝前行礼。奉皇太后居介祉宫，恭谒祖陵礼成，御崇政殿庆贺，颁诏天下。奉皇太后诣清宁宫祭神。
1858	清咸丰八年	九月，孝和睿皇后、宣宗成皇帝、孝穆成皇后、孝慎成皇后、孝全成皇后册宝及改制孝贤纯皇后、孝仪纯皇后、仁宗睿皇帝、孝淑睿皇后册宝，仁宗睿皇帝圣容、宣宗成皇帝实录、圣训尊藏盛京。
1868	清同治七年	十月，孝静成皇后、文宗显皇帝、孝德显皇后册宝及改制孝淑睿皇后、孝和睿皇后、宣宗成皇帝、孝穆成皇后、孝慎成皇后、孝全成皇后册宝，文宗显皇帝圣容、实录、圣训尊藏盛京。
1879	清光绪五年	九月，穆宗毅皇帝圣容、实录、圣训尊藏盛京。穆宗毅皇帝、孝哲毅皇后册宝及改制孝穆成皇后、孝慎成皇后、孝全成皇后、孝静成皇后、文宗显皇帝、孝德显皇后册宝尊藏盛京太庙。
1888	清光绪十四年	十月，玉牒及孝贞显皇后玉册、玉宝，尊藏盛京。
1900	清光绪二十六年	闰八月，俄军占领盛京皇宫，后于二十九年三月退出。内务府点查各楼阁藏品，缺失数千件。

（续表）

公元	年号	事项
1905	清光绪三十一年	四月，日本人内藤湖南以大阪《朝日新闻》记者身份进入沈阳故宫，得见《满文老档》等清初秘籍，并将《汉文旧档》等晒蓝制版携归。
1908	清光绪三十四年	盛京内务府改为“盛京内务府办事处”。成立奉天旗务司，金梁任旗务司总办。
1909	清宣统元年	从三旗中挑选甲兵，于盛京皇宫成立警卫。归属内务府办事处辖治。
1912		十二月，张作霖派人从东七间楼瓷器库提精美瓷器数件，携往北京。内藤湖南再度进入故宫，拍摄《满文老档》《五体清文鉴》等，将底片携归。
1914		三月，北洋政府将盛京皇宫所藏御用珍宝、古彝书画、玉器、瓷器等11万多件调往北京，归古物陈列所管理。
1915		文溯阁《四库全书》和《古今图书集成》被运往北京。内务府办事处改组。
1921		内务府办事处改称“筹办皇产事宜处”。
1925		年初，奉天省政府接收盛京宫殿。八月，文溯阁藏《四库全书》和《古今图书集成》运回沈阳。
1926		十一月十六日，于沈阳故宫内成立东三省博物馆筹办处，仇玉珽任馆长。
1927		于西路添建斯文门。
1928		五月五日至十日，沈阳故宫中路陈列室首次对外开放。十二月，东三省博物馆改称“奉天博物院筹办处”，金梁任博物馆委员长。
1929		复“东三省博物馆”旧称。仇玉珽为馆长，金梁为委员长，于四月正式对外开放。

（续表）

公元	年号	事项
1932		四月十日，东三省博物馆改称伪奉天故宫博物馆，隶属于伪奉天省教育厅。六月二十日开放。
1934		四月，伪奉天故宫博物馆关闭，藏品移往国立博物馆。沈阳故宫归伪满“奉天陵庙承办事务处”管理。
1935		于文溯阁前添建水泥藏书库。
1946		国民党接收沈阳故宫，成立辽宁省省立“民众教育馆”，对外开放。
1947		一月，合并沈阳博物馆和沈阳图书馆，在沈阳故宫成立“国立沈阳博物院筹备委员会”，金毓黻为筹备委员会主任委员。五月，进行院址修缮工程，拆除损失严重的转角楼等建筑。十月，与辽宁省教育厅等单位联合举办“东北文物展览会”，展期10天。
1948		国民党政府令将沈阳博物院所藏文物珍品运往北平。十一月二日，中国人民解放军解放沈阳。东北文物保管委员会接收沈阳故宫。
1949		成立“故宫陈列所”，战效忱为负责人。沈阳故宫陈列所清理仓库时，在信牌套夹层及屏风衬纸中发现明朝成化年至万历年档案若干和利马窦绘世界地图、九边图、宫中乐图屏风等古物。
1955		5月1日，改名为沈阳故宫博物馆。
1956		公布沈阳故宫为省级重点保护单位。
1961		3月4日，清沈阳故宫被列为首批全国重点文物保护单位。
1966		3月，文化部决定，将文溯阁本《四库全书》调往甘肃省图书馆收藏。

（续表）

公元	年号	事项
1986		8 月，改称“沈阳故宫博物院”。
2004		7 月 1 日，沈阳故宫作为明清皇宫扩展项目列入世界遗产名录。

主要参考文献

[1] 雷从云、陈绍棣、林秀贞：《中国宫殿史》，百花文艺出版社 2008 年版。
[2] 李治亭主编：《清史》，上海人民出版社 2002 年版。
[3] 张玉兴：《明清史探索》，辽海出版社 2004 年版。
[4] 祝勇：《辽宁大历史：中华文明的抽样观察》，东方出版社 2013 年版。
[5] 杨余练等：《清代东北史》，辽宁教育出版社 1991 年版。
[6]〔美〕魏斐德著：《洪业——清朝开国史》，陈苏镇等译，江苏人民出版社 1992 年版。
[7] 王冬芳、季明明：《女真——满族建国研究》，学苑出版社 2009 年版。
[8] 李亚平：《帝国政界往事：前清秘史——在路上的拐角处》，北京出版社 2007 年版。
[9] 孙文良、李治亭：《明清战争史略》，江苏教育出版社 2005 年版。
[10] 徐彻、张树：《清初二帝》，沈阳出版社 2017 年版。
[11] 徐彻：《努尔哈赤》，中国文史出版社 2011 年版。
[12] 陈捷先：《努尔哈赤事典》，紫禁城出版社 2010 年版。
[13] 徐彻、董显声：《皇太极》，中国文史出版社 2011 年版。
[14] 韩春艳：《洪业——皇太极的盛京春秋》，哈尔滨出版社 2010 年版。
[15] 杜家骥：《皇太极事典》，紫禁城出版社 2010 年版。
[16] 徐广源：《大清皇陵探奇》，沈阳出版社 2012 年版。
[17] 李凤民：《沈阳昭陵史话》，东北大学出版社 2011 年版。
[18] 白洪希：《清入关前都城研究》，辽宁大学出版社 2007 年版。

[19] 沈阳一宫两陵志编纂委员会编著：《沈阳福陵志》，辽宁民族出版社2006年版。
[20] 彭定安主编，顾奎相分卷主编：《沈阳文化史》（古代卷），沈阳出版社2014年版。
[21] 姜念思：《沈阳史话》，沈阳出版社2017年版。
[22] 马秋芬：《盛京流云》，沈阳出版社2018年版。
[23] 佟悦：《清代盛京城》，辽宁民族出版社2009年版。
[24] 温淑萍、王艳春：《盛京遗珍》，沈阳出版社2017年版。
[25] 沈阳文史研究馆编：《盛京福陵》，沈阳出版社2015年版。
[26] 武斌主编：《沈阳故宫与世界文化遗产》，辽宁大学出版社2007年版。
[27] 武斌主编：《冲突中的融合——清初满族政权对汉文化的吸收》，现代出版社2012年版。
[28] 武斌主编：《清沈阳故宫研究》，辽宁大学出版社2006年版。
[29] 武斌：《沈阳故宫博物院》，沈阳出版社2012年版。
[30] 武斌：《沈阳故宫论》，现代出版社2013年版。
[31] 武斌：《故宫学与沈阳故宫》，故宫出版社2016年版。
[32] 武斌：《旧宫遗韵》，沈阳出版社2020年版。
[33] 邓庆：《清末民国沈阳故宫史事钩沉》，现代出版社2012年版。
[34] 周维新：《沈阳故宫院藏书画源流》，万卷出版公司2010年版。
[35] 沈广杰：《金梁年谱新编》，现代出版社2012年版。
[36] 朴玉顺、陈伯超：《沈阳故宫木作营造技术》，东南大学出版社2010年版。

瀋陽故宮全景圖

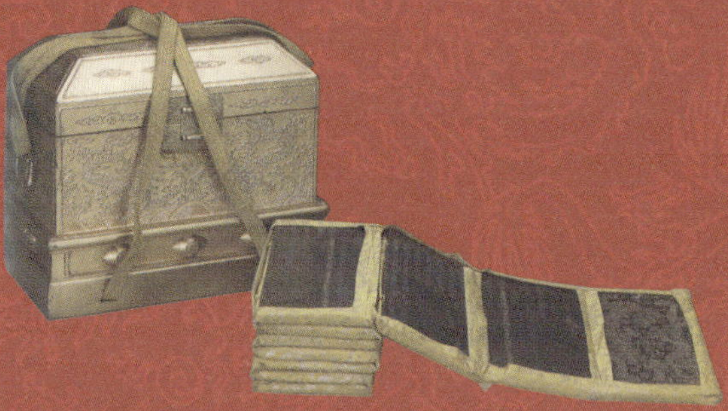